Dieter Riesenberger

Geschichte der Friedensbewegung in Deutschland

Von den Anfängen bis 1933

Vandenhoeck & Ruprecht
in Göttingen

Sammlung Vandenhoeck

CIP-Kurztitelaufnahme der Deutschen Bibliothek

Riesenberger, Dieter:
Geschichte der Friedensbewegung in Deutschland :
von d. Anfängen bis 1933 / Dieter Riesenberger.
– Göttingen : Vandenhoeck und Ruprecht, 1985.
(Sammlung Vandenhoeck)

ISBN 3-525-01332-9

Umschlag: Michael Rechl
Umschlagfoto: Protestdemonstration republikanischer Jugendverbände gegen die Ermordung des deutschen Außenministers Walther Rathenau vor dem Berliner Schloß 1922. Mit freundlicher Genehmigung des Bildarchivs Preußischer Kulturbesitz, Berlin.

Schrift: Times auf der Linotron 202/5
Satz: Fotosatz Otto Gutfreund, Darmstadt
Druck und Einband: Hubert & Co., Göttingen

Inhalt

Vorbemerkungen

(1) Unter »Friedensbewegung« werden jene Organisationen verstanden, die – von der Verwerflichkeit und Sinnlosigkeit des Krieges ausgehend – Konzeptionen entwickeln, Methoden erarbeiten und konkrete Vorschläge unterbreiten, die den Krieg verhindern und schließlich unnötig machen sollen. Die Friedensbewegung ist als bürgerlich-liberale Reformbewegung entstanden; sie wird deshalb formal-definitorisch als »bürgerliche« Friedensbewegung von dem später entstandenen sozialistischen Antimilitarismus abgegrenzt. Wenn die Begriffe »Friedensbewegung« und »Pazifismus« synonym verwandt werden, dann deshalb, weil sich seit der Jahrhundertwende die Bezeichnung »Pazifismus« weitgehend durchsetzte.[1] Allgemein gebräuchlich ist die Bezeichnung »Pazifist« für Mitglieder der Friedensbewegung oder für nicht organisierte Anhänger der ihr zugrunde liegenden Ideen.

(2) Namen einzelner Pazifisten wie Bertha von Suttner, Carl von Ossietzky oder Kurt Tucholsky sind einer breiten Öffentlichkeit zwar bekannt; weniger bekannt dürfte sein, daß sie, wie zahlreiche andere Prominente und auch Nicht-Prominente, einer organisierten Friedensbewegung angehörten, die heute weitgehend vergessen ist. Auch die historische Forschung hat sich der Geschichte der deutschen Friedensbewegung nur »sehr zögernd« genähert, soweit sie es nicht vorzieht, die Existenz der Friedensbewegung zu ignorieren.[2]

(3) Wie die Freiheitsbewegung gehört die Friedensbewegung zu den Verlierern in der deutschen Geschichte. Während jedoch nicht zuletzt auf Anregung des verstorbenen Bundespräsidenten Gustav Heinemann die gescheiterten Freiheitsbewegungen größeres Interesse fanden – so etwa die deutschen Jakobiner oder das Hambacher Fest –, steht eine breitere Beschäftigung mit der Geschichte der Friedensbewegung noch aus. Dabei belegen schon die bisher vorliegenden Arbeiten zur Geschichte der Friedensbewegung,[3] daß die

deutsche Geschichte sehr viel reicher an Rand- und Nebenströmungen ist, als eine auf die Hauptströmungen der historischen Entwicklung fixierte Geschichtsschreibung zeigen kann. Gerade die Berücksichtigung solcher Rand- und Nebenkräfte wie der Friedensbewegung vermag klären zu helfen, warum und mit welchen Mitteln und Methoden die Hauptströmungen sich durchsetzten.

I.
Von der Friedensliteratur zur Friedensbewegung

Die Gründung von Friedensgesellschaften zu Beginn des 19. Jahrhunderts in den USA und in England bedeutet einen Wendepunkt in den Bemühungen um den Frieden. Das historisch-politische Interesse richtet sich auf diese neue Form des Einsatzes für den Frieden, die bis in die Gegenwart und gerade in der Gegenwart große Bedeutung hat. Ein geraffter Überblick über die Friedensliteratur soll jedoch daran erinnern, daß die Bemühungen um den Frieden kein Privileg des 19. und 20. Jahrhunderts sind. Die Friedensliteratur ist in zweifacher Hinsicht beachtenswert. Zum einen ist sie eine spezifische Antwort auf die »Herausforderung durch das politische Schicksal, das in der Entfaltung der Staatsraison gegeben war«, eine Antwort aus dem »Gedankenerbe der abendländischen Kultur«;[1] zum anderen sammelte sich in der Friedensliteratur ein Fundus an Überzeugungen, Überlegungen und Erfahrungen, an Plänen, Projekten und Projektionen an, von denen die organisierte Friedensbewegung noch heute zehrt.

Im Jahre 1959 veröffentlichte Kurt von Raumer eine Dokumentation der »Friedensrufe und Friedenspläne seit der Renaissance«,[2] die er mit dem Abdruck der »Klage des Friedens« (Querela pacis) des Erasmus von Rotterdam einleitete. Erasmus eröffnet »an der Schwelle von Mittelalter und Neuzeit eindrucksvoll und mit dem ganzen Gewicht seines Namens die Reihe der modernen Friedensrufer«.[3] Die »Klage des Friedens« ist noch sehr stark von der christlichen Argumentation geprägt. Erasmus beruft sich auf das Neue und das Alte Testament, die »nichts als Friede und Eintracht« predigen; er appelliert an seine Leser und an ihren Friedenswillen: »Alle haben denselben Stammvater, denselben Religionsstifter, alle sind durch das gleiche Blut erlöst, durch dieselbe Taufe geweiht, durch die gleichen Sakramente gespeist.« Ebenso eindringlich – und darin zeigt sich die neuzeitliche Argumentationsweise – ist Erasmus' Berufung auf den Harmoniegedanken des Kosmos, dem die Humanität der Gesinnung und des Verhaltens der Menschen zueinander entspreche. Dem Menschen sei als einzigem Lebewesen »die Kraft der Vernunft eingegeben. Diese bildet eine so gemeinsame Grundlage für sie, wie sie den anderen Geschöpfen insgesamt versagt ist... Allgemein angeboren sind die Keime von Zucht und Tugend; dazu eine gütige und sanfte, zu gegenseitigem Wohlwollen geneigte Sinnesart, welche das Geliebtwerden fördern und die Befriedigung gewähren soll, anderen Leuten selbstlos Gutes zu erweisen... Daher kommt es, daß man gewöhnlich als ›menschlich‹ bezeichnet, was dem gegenseitigen Wohlwollen dient; dabei erklärt das Wort ›Menschlichkeit‹ nicht etwa nur unsere Natur als solche, sondern die der Natur des Menschen angemessenen Sitten.« Die Bedeutung der erasmischen Friedensschrift als Dokument des Übergangs vom Mittelalter zur Neuzeit besteht in der Verbindung von christlich geprägtem Friedensdenken und dem Glauben an die Humanität des Menschen.

In der »Klage des Friedens« zeigt sich aber auch das Dilemma christlich-humanistischer Friedensethik: »Erasmus analysiert ungeschichtlich, weil er einen stoisch guten Willen und eine weltbürgerliche Vernunft voraussetzt, und er argumentiert moralisch, weil er vom sittlich guten Willen und nicht vom geschichtlichen Verblendungszusammenhang spricht, den die christliche Theologie seit Augustinus peccatum originale, Erbsünde nennt. Christus erscheint in der querela pacis deshalb nicht als Erlöser aus jener Schuld, die zum Frieden unfähig macht, sondern als pazifistischer Mahner.«[4] In säkularisierter Form bleibt diese Friedensethik bis zum Ausbruch des Ersten Weltkrieges dominierend. Wie schon bei Erasmus verstellte auch in der Friedensbewegung des 19. Jahrhunderts das Beharren auf einer weltbürgerlichen Vernunft den Blick für die Faktoren, die »in den Strukturen der Gemeinwesen, in den zwischenstaatlichen Beziehungen und im Wollen und Fühlen der Menschen«[5] der Realisierung des Friedens entgegenstehen. Der personalen Ansprache, durch die Erasmus die Mächtigen seiner Zeit vom Krieg abhalten und für den Frieden gewinnen will, entspricht die personal ausgerichtete Propaganda der Friedensbewegung in ihrer ersten Phase. Es zeugt jedoch für die Ehrlichkeit des Erasmus, wenn er trotz seiner umfangreichen literarischen Tätigkeit im Dienst des Friedens schließlich bekennt: »Bis jetzt hat man nicht gehört, daß jemand durch meine Schriften ein schlechterer Soldat geworden ist.«

Erasmus lebte zu Beginn jener großen europäischen Kriegsepoche, die bereits in den achtziger Jahren des 16. Jahrhunderts begann und erst mit der zweiten Hälfte des 17. Jahrhunderts endete.[6] Die Kriege dieser Epoche erschreckten die Zeitgenossen durch neue Formen der Kriegführung: die Schußwaffen mit ihren Varianten vom Gewehr bis zur Artillerie, die Söldnertruppen, allgemein eine Ausweitung, Intensivierung und Brutalisierung des Krieges. Die Friedensschriften von Erasmus, das zwischen 1536 und 1539 geschriebene »Kriegsbüchlein des Friedens« von Sebastian Franck, die Abhandlung von Paracelsus zur »Auslegung der zehn Gebote Gottes« (1533), aber auch die Holzschnitte A. Dürers lassen die Kriegsmüdigkeit und Friedenssehnsucht dieser Zeit erkennen. Furcht und Panik verbreiteten vor allem die Söldner, die im Verlauf des 16. Jahrhunderts zu »zuchtlosen Haufen« abgesunken waren.[7] Der Söldner ist für Erasmus der »gottlose Soldat, für eine Handvoll Geld zu Gemetzel und Mord geführt«; S. Franck verurteilt die »Büberei« dieses Kriegsvolkes, da »alle Gesetze schweigen, alle Ehrbarkeit darniederliegt, ja, sich geziemt, was sie gelüstet«. Hatte bereits Erasmus die Doktrin vom »gerechten Krieg« zumindest in Zweifel gezogen, so lehnte der ganz aus dem Evangelium und sehr viel stärker religiös empfindende S. Franck die Praxis des »gerechten Krieges« entschieden ab; Paracelsus verdammte gar jeden Krieg als Sünde und schloß in diese Beurteilung auch ausdrücklich den Krieg gegen die Türken ein, dessen Notwendigkeit Erasmus noch verteidigt hatte.

Der moralische Appell an die Mächtigen bestimmt auch die Friedensschrift »Le Nouveau Cynée« von E. Crucé, einem unbekannten Magister aus Paris. Bewußt wendet er sich »nicht an das gemeine Volk, das in der Abhängigkeit eines Herrn lebt und in seinem Handeln keinerlei Grundsätze hat ... Vielmehr sind's Eure Gnaden, davon dies schmale Büchlein eine günstige Aufnahme erhofft, in Eure Hände leg ich's voll Vertrauen, Allerdurchlauchtigste, Großmächtigste und unüberwindliche Monarchen.« Zwar argumentiert auch Crucé auf der moralischen Ebene, aber seine Argumentation ist nicht mehr christlich-religiös, sondern weltlich-pragmatisch geprägt. Crucé stellt fest, daß Kriege nach außen »entweder um der Ehre oder des Vorteils willen oder zur Wiedergutmachung eines Unrechts oder endlich auch als reine Waffenübung unternommen werden. Man könnte noch die Religion hinzufügen, hätte nicht die Erfahrung gelehrt, daß dieselbe meist nur zum Vorwand dient.« Sowohl die Vernunft als auch die geschichtliche Erfahrung müßten aber die Mächtigen erkennen lassen, daß »der Krieg das Ansehen eines

Fürsten weit eher gefährdet als vermehrt«. Die wahre Größe eines Fürsten liege »im pünktlichen Gehorsam seiner Untertanen und dem sicheren Besitz seines Staates«. Der Krieg führe dagegen zu einem Nachlassen des Gehorsams und der Achtung. In einem allgemeinen Frieden sieht Crucé ein treffliches Mittel zur Verhinderung von Unruhen und Ungerechtigkeiten. Er entwirft ein umfangreiches innenpolitisches Programm, in dessen Mittelpunkt Maßnahmen zur Förderung von Wirtschaft und Handel stehen, um die Menschen zu beschäftigen, damit sie sich nicht »die Zeit mit der Störung der öffentlichen Ruhe vertrieben«. Den allgemeinen Frieden macht der Pariser Magister davon abhängig, daß »dem Bürger sein Privilegium, dem Fremden Gastrecht und aller Welt die Freiheit in Handel und Verkehr« garantiert werden. Erstmals wird damit die Freiheit des zwischenstaatlichen Handels als Faktor des Friedens in die Diskussion eingebracht.

Um 1600 hatten die Glaubenskriege – außer in Deutschland – ihren Abschluß gefunden. Diese religiösen Bürgerkriege und ihre Überwindung bildeten die Voraussetzung für die Ausformung des absolutistischen Fürstenstaates, der dadurch, daß »die Fürsten, auch wenn sie als Anhänger einer Religion Partei waren, sich als Fürsten über die Religionsparteien stellten«, zum Garanten des inneren Friedens wurde.[8] Der Preis für die Überwindung der Bürgerkriege war aber die Anerkennung der absoluten Gewalt der Fürsten. Dieser Vorgang spiegelt sich in einer umfangreichen Flugschriftenliteratur vor allem in Frankreich, die ihren Ausgangspunkt zum einen in dem durch das Edikt von Nantes (1598) hergestellten Religionsfrieden, zum anderen in der ebenfalls 1598 erreichten vorläufigen Beendigung des Krieges mit Spanien hatte. In dieser Flugschriftenliteratur wird der Überwindung des religiösen Bürgerkrieges, der religiösen Toleranz, dem inneren Frieden überhaupt als Voraussetzung für den Erhalt des Staates absoluter Vorrang eingeräumt.[9] Auch E. Crucé warnt entschieden davor, Glaubensfragen mit Mitteln der Gewalt zu lösen, wenngleich er einräumt, es gebe zwar »ein Glaubensbekenntnis und eine Kultform, denen der Vorzug vor anderen gebührt. Da dies aber eine übernatürliche Gnade ist, so kann sie nur durch Gott, nicht durch die Menschen zuteil werden... Sie sollen nicht darauf sinnen, die Überzeugung anderer gebieterisch ihrem Willen anzupassen, die ihnen völlig gleichgültig sein kann, wenn jene sich in den Grenzen ihrer Bescheidenheit halten und nicht die öffentliche Ruhe stören... Es ist nicht Sache des Menschen, Glaubensirrtümer zu bestrafen oder zu korrigieren. Das steht vielmehr dem zu, der die

Herzen und geheimsten Gedanken kennt.« Dieser Befürwortung der religiösen Toleranz entspricht auch bei E. Crucé die bedingungslose Anerkennung der fürstlichen Souveränität; die Herrscher seien »Gottes Stellvertreter und ihm allein verantwortlich, daher es vermessen ist, wenn Menschen Rechenschaft von ihm fordern, und Frevel, ihren Stand oder Person anzugreifen«. E. Crucé mahnt aber nicht nur zum Frieden; er setzt sich auch mit dem Problem auseinander, wie der Friede zu organisieren sei. Die Einzelheiten seines Planes mögen skurril sein, entscheidend ist sein Kern. An einem bestimmten Ort – vorgeschlagen wird Venedig – sollen Botschafter als Vertreter ihrer Herrscher eine ständige Konferenz bilden, von der auftretende Streitigkeiten durch einen Urteilspruch der ganzen Versammlung entschieden und durch wirksame Mittel auch exekutiert werden. Diese ständige Botschafterkonferenz soll also in erster Linie eine Art »institutionelles« Schiedsgericht darstellen,[10] ein Vorschlag, der von der Friedensliteratur weithin aufgegriffen und weitergetragen wurde, bis ihn dann im 19. und 20. Jahrhundert die Völkerrechtswissenschaft weiterentwickelte. Die Völkerrechtler der frühen Neuzeit dagegen haben mit Ausnahme von Hugo Grotius dem »institutionellen« Schiedsgericht keine Beachtung geschenkt. Selbst das »isolierte« Schiedsgericht wurde in der politischen Praxis vom 16. bis zum 18. Jahrhundert kaum angewandt. Wenn dennoch die Institution der Schiedsgerichtsbarkeit zwischen der »Internationalität des Mittelalters und der Neuzeit«[11] eine der wichtigsten Brücken darstellt, wenn vor allem die mittelalterliche Einrichtung des isolierten Schiedsgerichts »beinahe die Urform der Verkehrsgewohnheiten zwischen den neuzeitlichen Staaten« werden konnte, so ist dies in erster Linie der Friedensliteratur des 17. und 18. Jahrhunderts zu verdanken.[12] Auffällig ist, daß weder in Crucés Plan noch im »Grand Dessin« des ehemaligen französischen Ministers Sully, der eine föderativ aufgebaute »République Chrétienne« für Europa vorschlug, die Schwierigkeiten diskutiert werden, die solchen Plänen aus der Souveränität der Staaten erwachsen mußten. Selbst W. Penn geht in seinem »Essay über den Frieden Europas« (1693) über den möglichen Einwand, sein Plan zur Bildung einer europäischen Liga oder Konföderation und eines durch Mehrheitsbeschluß entscheidenden europäischen Staatenhauses stehe im Widerspruch zur fürstlichen Souveränität, recht schnell hinweg: Es sei ein Irrtum zu glauben, dadurch werde den Fürsten die Souveränität genommen, denn sie blieben »im Innern souverän, wie sie es stets waren. Weder ihre Macht über das Volk, noch die gewöhnlichen Einkünfte, die sie von ihm beziehen, würden reduziert – abgesehen davon, daß, was eine natürliche Folge ist, der Kriegsetat verringert oder zum Vorteil des Ganzen besser verwendet werden würde.«

Dem Optimismus W. Penns liegt die Überzeugung zugrunde, Kriege wären lediglich »Duelle der Fürsten« und die Einrichtung eines europäischen Staatenhauses würde zu persönlichen Freundschaften zwischen Fürsten und Staaten führen – »was dahin zielt, Kriege auszurotten und statt ihrer den Frieden in tiefes und fruchtbares Erdreich zu pflanzen«. Als Gegensatz zu der Zwietracht zwischen den Fürsten Europas entwirft Penn das Idealbild der bürgerlichen Familie, deren Grundlage das »Wohlbefinden« sei, das sich »immer einstellt, wo die Natur den ihr gebührenden Platz einnimmt«. Die Fürsten dagegen unterwürfen sich und ihre Angehörigen dem Eigennutz, dem Ehrgeiz und der Habsucht; sie handelten gegen Recht und Würde und verstießen damit gegen die Natur. Schon K. von Raumer hat darauf hingewiesen, daß die Vorliebe Penns für Vergleiche aus dem bürgerlichen Familienleben und die Übertragung der Verhaltensnormen dieses Familienlebens auf die politische Ebene mit der Infragestellung der überlieferten Feudalwelt zu erklären ist.[13] Indem Penn bürgerliche Verhaltensweisen zu Normen für das politische Handeln einer aristokratisch geprägten Gesellschaft erklärt, spricht er sein Urteil über diese feudale Ordnung. Gerade in England setzte sich gegen Ende des 17. Jahrhunderts konkurrierend zur aristokratischen Kultur eine von nonkonformistischen religiösen Gruppen getragene bürgerlich-kleinbürgerliche Gegenkultur durch, deren Einfluß vor allem auf den »vorgelebten bürgerlichen Lebensformen« beruhte; die engere Familie wollte nicht nur »eine kleine Kirche, sondern auch die kleinste Einheit des staatlichen Gemeinwesens sein«.[14] Auch Penn sieht den Frieden nur dann gewährleistet, wenn die Grundsätze der familialen Ordnung für alle sozialen Gebilde verpflichtend sind: »Nach denselben Regeln der Gerechtigkeit und Klugheit, nach denen Väter ihre Familien, Magistrate ihre Städte, Ständeversammlungen ihre Freistaaten und Fürsten ihre Länder und Königreiche regieren, kann Europa seinen Frieden unter seinen Staaten bewahren.« Die Gerechtigkeit gilt für Penn als die Grundlage jeder sozialen Ordnung und ist mit Friede identisch. Die Regierung ist das »Hilfsmittel der Gerechtigkeit und also auch des Friedens«; sie ist »das Ergebnis der Gesellschaft, die zuerst aus einer vernünftigen Zielsetzung des Menschen hinsichtlich des Friedens entstand«. Daraus ergebe sich für die Fürsten die Verpflichtung, ihre Vertreter in das europäische Staatenhaus zu entsenden, um »Rechtsbestimmungen festzusetzen für die souveränen Fürsten, die sie wechselseitig halten müßten«. Der Quäker W. Penn, der auf seinen Reisen durch Holland und Deutschland im Jahre 1677 die Folgen des Krieges kennengelernt hatte, wurde zum Anwalt eines »Friedens durch Recht« – nicht in Form obrigkeitlicher Ordnung, sondern als »genossenschaftliche Ordnung freier, von unten aufsteigender Gemeinverbände und Individuen.«[15]

Am Beginn des 18. Jahrhunderts steht das »Projet pour rendre la paix perpétuelle en Europe« von 1713 des Abbé Saint-Pierre, das in der Bearbeitung durch Rousseau bekannt wurde. Der Abbé schreibt in der Tradition der französischen Friedensliteratur, die den Friedensgedanken weitgehend mit einer Rechtfertigung bzw. Begründung der Hegemoniestellung Frankreichs in Europa verband; zugleich faßt er die schon in der früheren Literatur ausgebreiteten Argumente zusammen. In seinem »Projet« ist noch kaum zu erkennen, was dann die Friedensentwürfe der Aufklärung auszeichnet: die Verbindung der Idee des »Ewigen Friedens« mit einem auf den Vernunftglauben gegründeten Fortschrittsoptimismus, einer säkularisierten Moral und einer kosmopolitischen Grundhaltung. Zentraler Gesichtspunkt in der umfangreichen Friedensliteratur des 18. Jahrhunderts ist die »Unvereinbarkeit des Krieges mit der sittlichen Würde des Menschen, seine philosophische und ökonomische Unvernünftigkeit . . . Weltbürgerliches Denken . . . galt als Kennzeichen des ›denkenden‹ Kopfes, des ›aufgeklärten‹ Menschen, der, weit über die Christenheit hinaus, die Einheit der Menschheit als Gesellschaft vernunftbegabter Wesen verstand und daraus den Antrieb humanitären Handelns erfuhr«.[16] In den Friedensschriften der Aufklärung schlagen sich auch die großen politischen und ökonomischen Entwicklungen der Epoche nieder. Die machtpolitische Rivalität zwischen England und Frankreich und – in dieser Rivalität eingebettet und sie bestimmend – die seit etwa 1740 beginnende allgemeine Expansion des europäischen Handels[17] prägen die Schrift des französischen pazifistischen Schriftstellers Saintard, den »Roman politique sur l'état présant des affaires de l'Amérique« (1756), und die Abhandlung Benthams über »Grundsätze für Völkerrecht und Frieden« (1786/89). Die wachsende Bedeutung des Handels erweist sich aus pazifistischer Sicht als potentieller Friedensfaktor.[18] Die Möglichkeit, den ewigen Frieden zu realisieren, liegt für Saintard »in dem allgemeinen Handelsgeist . . . sie wird eines Tages verwirklicht sein, wenn jede Nation den Handel mit ihren Schiffen vollführt und ihre Industrie in bestimmten Verhältnissen denjenigen ihrer Nachbarnationen angleicht, so daß der allgemeine Handelsgeist in gemilderter und gemäßigter Form überall auf den Geist der Erhaltung hinauslaufen wird.« Die Entwicklung der ökonomischen Kräfte wird zur treibenden Kraft, das »rein wirtschaftliche Interesse« und die wirtschaftliche Entfaltung zum Inhalt dieses kommenden Friedens.[19] Ebenso betont der Engländer Bentham den friedenfördernden Charakter des Handelsgeistes: »Jeder Handel ist in seinem Wesen vorteilhaft, auch für den Teil, für den er es am wenigsten ist. Jedweder Krieg ist seinem Wesen verderblich.« Handelsgeist und Friede in ihrer gegenseitigen Verschränkung sind bei Bentham ökonomisch bedingte Folgerungen aus dem Nützlichkeitsprinzip, was den Kern seiner politischen Theorie ausmacht.[20]

Gegen Ende des 18. Jahrhunderts veröffentlichte I. Kant seine Abhandlung »Zum ewigen Frieden« (1795); sie gilt als Höhepunkt der europäischen Friedensliteratur und wurde immer wieder neu aufgelegt. Kant behandelt erstmals das Friedensproblem in einem umfassenden Entwurf, der in einzigartiger Weise Philosophie, Völkerrecht und historisch-politische Prognose zusammenführt.[21] Gerade im Hinblick auf die Bemühungen der Friedensbewegung vor dem Ersten Weltkrieg, ein friedenstheoretisches Konzept zu erarbeiten, sind die Aussagen Kants von Bedeutung. Zumal Kants Ausführungen selbst nicht ganz widerspruchsfrei sind, muß eine gedrängte Zusammenfassung der Kantschen Gedankengänge letztlich unbefriedigend bleiben.[22] Einerseits spricht Kant davon, daß die »große Künstlerin Natur« ein Garant des ewigen Friedens sei, aus deren »mechanischen Laufe sichtbarlich Zweckmäßigkeit hervorleuchtet, durch die Zwietracht der Menschen Eintracht selbst wider ihren Willen emporkommen zu lassen«; diesen Eindruck von einer objektiven Gesetzmäßigkeit in der Natur, die den Frieden auch gegen den Willen der Menschen geradezu erzwingt, verstärkt Kant, wenn er ausdrücklich feststellt: »Wenn ich von der Natur sage: sie will, daß dieses oder jenes geschehe, so heißt das nicht soviel als: sie legt uns eine Pflicht auf, es zu tun (denn das kann nur die zwangsfreie praktische Vernunft), sondern sie tut es selbst, wir mögen wollen oder nicht.« Andererseits relativiert Kant diese gesetzmäßige Selbsttätigkeit der Natur. Die Menschen könnten sich die Mechanismen der Natur nur dadurch begreiflich machen, daß sie ihr »den Zweck eines sie vorher bestimmenden Welturhebers unterlegen«. Kant schließt aus, daß der Endzweck der Natur erkannt werden kann: Er könne nur »hinzugedacht«, an sie herangetragen werden. Dann aber sei der ewige Friede kein selbsttätiger Mechanismus, kein naturgesetzlicher Vorgang mehr, sondern eine »Idee, die zwar in theoretischer Absicht überschwenglich, in praktischer aber ... dogmatisch und ihrer Realität nach wohl gegründet« sei. Zu diesen Realitäten zählt Kant auch den Handelsgeist, der mit Krieg unvereinbar ist und den »edlen Frieden erzwingt – allerdings jedoch nicht mit hinreichender Gewißheit, um die Zukunft desselben (theoretisch) zu weissagen, aber doch in praktischer Absicht zulangt und es zur Pflicht macht, zu diesem (nicht bloß chimärischen) Zweck hinzuarbeiten«. Der Friede kann also nicht abgewartet werden; er muß erarbeitet werden. Da die Staaten nicht bereit seien, ihre Freiheit aufzugeben, sich Zwangsgesetzen zu unterwerfen und eine »Weltrepublik« zu bilden, so bleibe – »wenn nicht alles verloren werden soll« – die Errichtung eines Völkerbundes als Ersatzlösung, um so Kriege einzudämmen und abzuwenden, jedoch »mit beständiger Gefahr ihres Ausbruchs«. Kant ist einerseits von der Notwendigkeit des Friedens überzeugt; gleichzeitig unterscheidet er sich in seiner Skepsis von dem unreflektierten Optimismus der aufklärerischen Friedensliteratur. Er sieht aber doch in der französischen Republik, die ein »mächtiges und aufgeklärtes Volk« sich geschaffen hat, einen Kristallisationspunkt zu einer föderalistischen Vereinigung. Mit der Entstehung der französischen Republik scheint in der politischen Realität existent, was Kant in seinem ersten Definitivartikel zum ewigen Frieden als Forderung erhebt: »Die bürgerliche Verfassung in jedem Staate soll republikanisch sein.« Damit hat Kant zwischen innerstaatlicher Ordnung und zwischenstaatlichem Frieden erstmals einen Kausalzusammenhang hergestellt.

Die Geschichte der organisierten Friedensbewegung beginnt mit der Gründung von Friedensgesellschaften in den USA und in Großbritannien. In den Jahren 1815/16 entstanden in den USA zahlreiche lokale Friedensorganisationen, so beispielsweise die New York Peace Society, die Massachusetts Peace Society oder die Peace Society in Ohio; die verschiedenen Gruppen wurden 1828 durch W. Ladd in der American Peace Society zusammengefaßt. Unabhängig davon entstand die Londoner Peace Society. Die Gründer der Friedensgesellschaften waren Männer des täglichen Lebens; sie waren Kaufleute, Lehrer, Professoren oder Geistliche, kurz gesagt, Angehörige des Mittelstandes,[23] die zuvor schon Erfahrungen in der lokalen oder auch regionalen Politik gesammelt hatten. Vordergründig kann man die Entstehung dieser Friedensgesellschaften als eine Reaktion auf die Kriege im Europa der napoleonischen Ära betrachten, aber auch auf den englisch-amerikanischen Krieg (1812–1815), der vor allem in den Neuenglandstaaten sehr unbeliebt war. Die Biographien der Gründer dieser Vereinigungen zeigen jedoch, daß es falsch wäre, das Entstehen dieser neuen Form der Sorge um den Frieden allein als Folge der Kriege in Europa und in den USA anzusehen; sie ist vielmehr Bestandteil einer umfassenden bürgerlichen Reformbewegung aus christlicher Verantwortung. David L. Dodge (1774–1852), Gründer der New Yorker Friedensgesellschaft, setzte sich gleichzeitig für die sozialen Belange der Arbeiter ein; W. Channing (1780–1842), Rechtsanwalt und Mitbegründer der Bostoner Friedensgesellschaft, kämpfte für die Verbesserung des Volksschulwesens und gegen die Sklaverei; W. Allen (1770–1843), Mitbegründer der Londoner Friedensgesellschaft, gehörte mit Th. Clarkson zu den Führern der Anti-Sklaverei-Bewegung. Der Charakter der Friedensbewegung als Teil der bürgerlichen Reformbewegung wird auch in der 1821 von dem englischen Quäker J. T. Prices initiierten »Société de la Morale chrétienne« deutlich. Diese strebte danach, die christliche Lehre für die sozialen Beziehungen fruchtbar zu machen: »Wirken für den Frieden, Abschaffung der Sklaverei, Reform der Gesetze über die Todesstrafe ... gehörte zu ihrer Zielsetzung.«[24] Aus dieser Gesellschaft, der auch Lamartine und B. Constant angehörten, erwuchs im Jahre 1841 das Comité de la Paix als erste französische Friedensgesellschaft. Der enge Zusammenhang zwischen der Anti-Sklaverei-Bewegung und der Friedensbewegung, die Bedeutung der Anti-Sklaverei-Bewegung für die Entwicklung der Friedensbewegung wird in der Person von J. Sturge deutlich erkennbar. Ein wohlhabender Kaufmann aus Birmingham, war der Quäker J. Sturge Mitbegründer der Friedensgesellschaften in Birmingham und Worcester und zugleich Organisator der Anti-Sklaverei-Bewegung in England. Von ihm ging im Jahre 1838 die Anregung aus, im Kampf gegen die Sklaverei Unterstützung in Europa und in den USA zu suchen. Zwischen März und August 1841 bereiste er die USA, um für einen Kongreß gegen die Sklaverei zu werben. Von Anfang an verfolgte er gleichzeitig die Absicht, sich über »die Vorbedingungen zu vergewissern, die in Amerika für eine Konferenz der Nationen zwecks Förderung eines beständigen und allgemeinen Friedens bestehen«.[25] Sein Besuch bei der Bostoner Friedensgesellschaft führte zu dem gemeinsamen Entschluß, einen internationalen Friedenskongreß zu veranstalten. Dem ersten Anti-Sklaverei-Kongreß im März 1842 (Paris) folgte im Juni 1843 ein zweiter Kongreß gegen die Sklaverei in London; ihm schloß sich unmittelbar der erste internationale Friedenskongreß an. Für die frühe Phase der Friedensbewegung ist es charakteristisch, daß sie – als Teil der bürgerlichen Reformbewegung – ihren ersten Durchbruch erreichen konnte eben in der Verbindung und im Bündnis mit der erfolgreichen Anti-Sklaverei-Bewegung. Für die organisierte Friedensbewegung wirkte sich die Verbindung mit der Freihandelsbewegung und deren Führer R. Cobden (1804–1865) ebenfalls vorteilhaft aus.

Die Freihandelsbewegung in England ging aus dem Kampf gegen die hohen Getreidezölle und die daraus resultierenden steigenden Getreidepreise hervor. Die Abschaffung der hohen Kornzölle in nordenglichen Industriestädten war das Ziel der Anti-Corn-Law Associations, aus denen 1839 die Anti-Corn-Law League entstand. Der Protest gegen die Kornzölle wurde »zum Symbol des Kampfes der aufsteigenden neuen industriellen Mittelschichten um gleichberechtigte Berücksichtigung ihrer ökonomischen und politischen Interessen gegenüber jener der Aristokratie und der ihr verschwisterten Gruppen des älteren Handelsbürgertums ...«; von der Beseitigung der Zölle erhoffte sich die Freihandelsbewegung eine Belebung der wirtschaftlichen Entwicklung und »letztlich die allmähliche Entstehung eines neuen internationalen Systems, in dem die friedliche Konkurrenz von demokratischen Nationen an die Stelle der kriegerischen Auseinandersetzungen aristokratischer Eliten treten werde«.[26] Die Freihandels- und die Schutzzoll-Lehre traten damit nicht mehr »nur als wirtschaftliche Doktrinen, sondern zunehmend anspruchsvoller als Weltverbesserungsprogramme hervor.«[27] Für R. Cobden bedeutet Freihandel die Möglichkeit, das Gift des Krieges auszurotten; er allein werde den Menschen die Freude an der Zivilisation bringen. Der Freihandel entspreche der moralischen und intellektuellen Natur des Menschen, da er die Völker durch die Überwindung der Rassen- und Glaubensgegensätze, durch die Überwindung der nationalen Gegensätze in friedlicher Arbeit zusammenführe und somit zur Sicherung des Friedens beitrage. Dieser Entwurf einer Welthandelsgesellschaft mußte die überkommenen Formen staatlicher Macht- und Außenpolitik wie Rüstung und Krieg ablehnen. R. Cobdens Motto lautete denn auch: »So wenig wie möglich Verkehr zwischen den Staaten, so viel wie möglich Verbindung zwischen den Völkern der Welt.« In seinen Bemühungen, alle Kräfte für sein Ziel zu sammeln, unterstützte R. Cobden auch die Friedensbewegung.[28] Gleichwohl war R. Cobden kein Pazifist, auch wenn er auf pazifistischen Veranstaltungen und Kongressen als Redner auftrat. Cobdens Agitation für Freihandel und Friedensbewegung war von der Überzeugung getragen, daß in dem mit aller Kraft und Energie geführten

Wettbewerb in Handel und Industrie England als die führende Kulturnation die anderen Nationen übertreffen werde. Zwar vertrat Cobden auch die Forderung nach Schiedsgerichtsbarkeit und Abrüstung; sollte aber die Handelsfreiheit Großbritanniens behindert werden, sah er im Krieg ein notwendiges und legitimes Mittel nationaler Gegenwehr. So ergab sich zwischen Freihandels- und Friedensbewegung zwar eine weitgehende Kongruenz, auch eine Übereinstimmung im Ziel; es blieb aber eine unterschiedliche Bewertung des Krieges, die eine Folge der unterschiedlichen Interessenlage und Motivation beider Bewegungen ist. Diese Differenz wurde jedoch von keiner Seite hervorgehoben und spielte für die praktische Zusammenarbeit beider Bewegungen keine Rolle. »Beide Weltanschauungen konnten nebeneinander für den Frieden wirken.«[29]

Zu freiem Handel und Wirtschaftsaustausch als friedensförderndem Faktor hatte sich schon die Friedensliteratur des 18. Jahrhunderts bekannt; auch die zunächst stark religiös geprägten Friedensgesellschaften waren für diese Vorstellung offen. In den Arbeiten, die zu den von der American Peace Society 1831 bzw. 1834 veranstalteten Preisausschreiben eingingen, wird die Einführung des Freihandels als Voraussetzung für eine friedliche Gesinnung gefordert: »Laßt also die Türen des internationalen Handels so weit als möglich geöffnet werden; laßt es den Bürgern aller Länder erlaubt sein, sich in Freiheit und Freundschaft zu begegnen; laßt sie, soweit als durchführbar, auf der Grundlage vollkommener Gleichheit behandelt werden; laßt die Gesetze jeder Nation lediglich als öffentliche Wächter des Rechts für alle innerhalb ihrer Rechtssprechung betrachtet werden, nicht als Freibrief des Monopols, das seinen Mitbürgern Vorteile sichert, während der gesamte Rest der Menschheit ausgeschlossen ist; und dann werden nationale und althergebrachte Feindschaften aufhören zu existieren. Dann werden alle Bewohner der Erde sich als ein gemeinsames Volk betrachten; das Schwert wird zur Pflugschar gemacht werden und es wird keine Kriege mehr geben.«[30] Auch in den Zuschriften zu den 1832 von der Genfer Société de la Paix und zu den 1841 von der Pariser Société de la Morale Chrétienne gestifteten Preisausschreiben werden Freihandel und internationaler Verkehr gefordert. Damit waren auch von seiten der Friedensgesellschaften die Voraussetzungen für eine Zusammenarbeit mit der Freihandelsbewegung gegeben. Aus dieser Verbindung zogen in erster Linie die Friedensgesellschaften Vorteile, da die Freihandelsbewegung über bessere organisatorische und propagandistisch-agitatorische Möglichkeiten verfügte und deren rational-utilitaristische

Argumentation die rigorose religiös-moralische Grundhaltung der Friedensorganisationen wirkungsvoll unterstützte.

Als eine soziale Bewegung[31] ist die Friedensbewegung nicht nur Teil einer umfassenden bürgerlichen Reformbewegung; in ihrem Ursprung ist sie Ausdruck für den politischen Emanzipationsprozeß des Bürgertums. Diesen Emanzipationsprozeß des Bürgertums seit dem 17. Jahrhundert beschreibt der Historiker R. Kosellek als »Ausbruch aus dem privaten Innenraum, auf den der Staat seine Untertanen beschränkt hatte. Jeder Schritt nach außen ist ein Schritt ans Licht, ein Akt der Aufklärung. Die Aufklärung nimmt ihren Siegeszug im gleichen Maße, als sie den privaten Innenraum zur Öffentlichkeit ausweitet. Ohne sich ihres privaten Charakters zu begeben, wird die Öffentlichkeit zum Forum der Gesellschaft, die den gesamten Staat durchsetzt. Schließlich wird die Gesellschaft anpochen an den Türen der politischen Machthaber, um auch hier Öffentlichkeit zu fordern und Einlaß zu erheischen.«[32] Die Ausweitung der Öffentlichkeit im Zusammenhang mit der sich formierenden bürgerlichen Gesellschaft auch im spätabsolutistischen Preußen, das noch keine parlamentarisch-repräsentativen Gremien kannte, und später im napoleonischen Frankreich, in dem diese Gremien keine Rolle spielten, ist offensichtlich. Der Kodifikation des Preußischen Allgemeinen Landrechts (1794) und dem Code Civil gingen Befragungen bzw. Preisausschreiben voraus, um die öffentliche Meinung am Gesetzgebungswerk zu beteiligen. Diese Gesetzbücher sind »nicht nur im Interesse der bürgerlichen Gesellschaft«, sondern auch »in deren spezifischem Medium« entstanden: »Sie sind vielfach durch das öffentliche Raisonnement der zum Publikum versammelten Privatleute hindurchgegangen.«[33] Eigenständige politische Funktionen konnte die bürgerliche Gesellschaft allerdings nur dort übernehmen, wo es – wie ein kritischer Beobachter schon 1802 feststellte – »seit langer Zeit gewöhnlich geworden ist, über die Minister und die Regierung frei zu urteilen« (wie in England), oder auch bei einer »Nation, welche eine freie Verfassung hat« (wie in den USA).[34] Unter solchen Rahmenbedingungen ist es möglich, daß das »politische Raisonnemennt der Privatleute« sich als Öffentlichkeit konstituiert und organisiert; daß es als Zwischengewalt zwar ohne Auftrag, aber nicht ohne Autorität zwischen den Repräsentanten des Volkes und dem Volk selbst steht. Die Meinung des »raisonierenden Bürgertums« ist nicht mehr »einfach opinion«, sie entspringt nicht »bloßer inclination«, sondern bemächtigt sich aus privatem Nachdenken der public affairs und stellt sie öffentlich zur Diskussion.[35] In diesem Sinn sind Gründung und Tätigkeit der bürgerlichen Reformbewegungen, wie die Anti-Sklaverei-Bewegung und die Friedensbewegung, typische Beispiele für den Emanzipationsprozeß des Bürgertums. In diesem Prozeß gewannen die bereits im 17. und 18. Jahrhundert entwickelten Formen der Herstellung von Öffentlichkeit spezifisch politischen Charakter. Die während der Aufklärung von den Akademien gern gestellten Preisfragen[36] wurden von den Friedensgesellschaften als Mittel zur Beeinflussung der öffentlichen Meinung eingesetzt. Die Friedensgesellschaften gründeten eigene Zeitschriften. Seit 1819 gab Worcester für die Massachusetts Peace Society die Zeitschrift »The Friend of Peace« heraus; ebenfalls seit 1819 erschien für die Londoner Friedensgesellschaft der »Herald of Peace«. Mit den Preisausschreiben und den Zeitschriften schuf sich das politisch raisonierende Bürgertum seine auf öffentliches Wirken hinzielenden Organe. Darüber hinaus adaptierte es jenes Medium repräsentativer Öffentlichkeit, das bisher ein Privileg der fürstlichen Machthaber war: den Kongreß. Die Kongresse hatten nicht nur die Funktion, politische Probleme zu lösen; sie dienten auch zur Selbstdarstellung politischer Machtträger vor ihrem Publikum. Wenn die Anti-Sklaverei-Bewegung 1842 in Paris und die Friedensbewegung 1843 in London ihre ersten Kongresse abhielten, die Friedensbewegung die Abhaltung von Kongressen schließlich institutionalisierte, so drückt sich darin besonders deutlich der Anspruch des emanzipierten, politisch engagierten Bürgertums aus, im Rahmen der nunmehr »entfalteten bürgerlichen Öffentlichkeit« aktiv zu werden.

Die Gründer der frühen Friedensgesellschaften waren in erster Linie motiviert von ihrer religiös-christlichen Überzeugung, daß der Krieg mit den Gesetzen des Christentums nicht vereinbar ist. Stellvertretend für viele Zeugnisse, soll aus einem Rundschreiben der Massachusetts Peace Society zitiert werden; hier zeigt sich auch, mit welcher Zuversicht die Friedensfreunde auf die Durchsetzung christlicher Prinzipien und damit auf das Ende von Kriegen hofften: »Wir beabsichtigen, diese Gesellschaft auf so umfassenden Prinzipien zu errichten, daß sämtliche Freunde des Friedens, welche in diesen oder jenen Dingen divergieren, umfaßt werden. Wir wünschen die Sache des Friedens durch Methoden zu fördern, denen alle Christen zustimmen müssen – indem wir mit aller Klarheit und Bestimmtheit den friedlichen Geist der Heiligen Schrift herausstellen, und indem wir die Aufmerksamkeit der Gemeinde auf Wesen, Geist, sowie Ursachen und Folgen des Krieges lenken. Wir hoffen, daß durch die Zusammenarbeit der Friedensfreunde in allen Nationen und durch die fortschreitende Erleuchtung der christlichen Welt ein friedlicher Geist auf die Regierungen übertragen wird – und daß auf diese Weise das Auftreten von Krieg und der Glaube an seine Notwendigkeit zunehmend verringert wird, bis er von allen Christen mit demselben Grauen betrachtet wird, mit dem wir jetzt auf die überkommenen und barbarischen Sitten früherer Zeiten zurückblicken.«[37] Doch schon in dieser ersten Phase der Friedensbewegung kam es zu jenem Gegensatz zwischen gemäßigtem und radikalem Pazifismus, der in der Geschichte der Friedensbewegung bis in das 20. Jahrhundert wirksam bleibt. Während W. Channing unter Berufung auf die »Sicherheit der Freiheiten« als Zweck des Staates den Verteidigungskrieg als letztes Mittel anerkannte, lehnte sein Freund und Mitarbeiter Worcester den Verteidigungskrieg ab und stellte sich auf den Standpunkt der »non-resistance«. Jeder Staat bemühe sich, dem anderen »die Schuld des Angriffs aufzubürden, sich selbst aber das Ansehen der Verteidigung irgendeines Rechtes oder der Ahndung eines erlittenen Unrechts zu geben. Auf diese Weise entschuldigt sich jede Regierung und beschuldigt die andere mit allem Blutvergießen und Elend, das die Folge des Krieges ist. Diese Tatsachen sind jedoch weit entfernt, einen Beweis für die Rechtmäßigkeit des Krieges abzugeben. Sie bieten vielmehr einen Grund für seine Abschaffung dar. Wenn dem Gewissen der Angreifende als ein Mörder und für das vergossene Blut als verantwortlich erscheint, wenn die Verblendung, die den Kampf begleitet, derartig ist, daß jede Partei die andere für die angreifende halten kann, so muß darin gewiß eine ernsthafte Gefahr gesehen werden.«[38]

Mit der Entstehung der Friedensbewegung als einer »sozialen Bewegung« gewannen die Bemühungen um einen dauerhaften Frieden eine neue Qualität. Diese Entwicklung vollzog sich im Rahmen der politischen Emanzipation des Bürgertums.[39] Andererseits konnte die Friedensbewegung doch erst im Bündnis mit stärkeren sozialen Reformbewegungen, mit der Anti-Sklaverei-Kampagne oder mit liberalen Kräften, wie der Freihandelsbewegung, ihre ersten Erfolge erreichen. Da die Position des Bürgertums in Deutschland sehr viel schwächer war als in den USA, in Großbritannien und auch in Frankreich, mußte die Friedensbewegung in diesem Land mit gleichviel größeren Schwierigkeiten rechnen.

II.
Die internationalen Friedenskongresse (1848–1853) und die Anfänge der Friedensbewegung in Deutschland

Im Anschluß an den Antisklavereikongreß fand am 22. Juli 1843 in London der erste internationale Friedenskongreß statt. Dem Anspruch auf Internationalität wurde der Kongreß jedoch nur sehr eingeschränkt gerecht. Von den insgesamt 324 Kongreßteilnehmern kamen 292 aus England, aus den USA reisten 26 Teilnehmer an, und das kontinentale Europa war lediglich mit 6 Besuchern vertreten. Diskutiert wurde vor allem auf Verlangen der amerikanischen Delegation das Problem des »gerechten« Krieges, d. h. die Frage, ob die Führung eines Verteidigungskrieges moralisch zulässig ist oder nicht; eine Einigung konnte nicht erzielt werden. Zu dieser grundsätzlichen Diskussion steht die Tatsache, daß der Kongreß an 54 Regierungen eine Resolution mit der Aufforderung sandte, auf den Krieg als politisches Instrument zu verzichten und in staatliche Verträge Schiedsklauseln einzubauen, in einem seltsamen Verhältnis: auf der einen Seite eine Diskussion, die im Kern eine revolutionäre Veränderung im Verhalten der Staaten implizierte – auf der anderen Seite ein Appell an den guten Willen der Politiker. Diese scheinbare Inkonsequenz ist jedoch charakteristisch für den Pragmatismus der frühbürgerlichen Friedensbewegung, die als Teil einer umfassenden bürgerlichen Reformbewegung weder willens noch in der Lage war zu revolutionärem Handeln. Allerdings zeigte sich bei dem »Oregon«-Zwischenfall, einem Grenzkonflikt zwischen Kanada und den USA (1845/46), daß die Friedensbewegung nicht nur auf die Regierung mit Appellen einzuwirken, sondern durch neue Formen der Öffentlichkeitsarbeit auch Druck auf die Regierungen auszuüben suchte. Um der Kriegshysterie entgegenzuarbeiten, wurden fertig gedruckte Friedensadressen englischer Städte nach Amerika versandt, um dort, als »Friendly International Adresses« in amerikanische Zeitungen eingelegt, den Amerikanern die friedliche Gesinnung der Bevölkerung Englands zu vermitteln. »Über den Kopf der Regierung hinweg, trotz der Intrigen der Diplomaten, sprach ein friedlich gesonnenes Volk zu dem anderen.«[1] Wenn diese Aktion auch keinen erkennbaren Einfluß auf die friedliche Lösung des Konflikts hatte, so war die Friedensbewegung doch nicht zuletzt durch die Methode der »Manuscript Letters« einer größeren Öffentlichkeit bekannt geworden.

Erfinder dieser »Manuscript Letters« war der amerikanische Kongregationalist E. Burritt (1810–1879), der Erneuerer der amerikanischen Friedensbewegung[2] und Organisator der internationalen Kongresse. E. Burritt gelangte über sein religiös motiviertes philanthropisches Engagement zum Pazifismus. Seine Bedeutung für die Geschichte der Friedensbewegung liegt in dem großen organisatorischen Geschick, mit dem er die ersten internationalen Friedenskongresse vorbereitete. Er war aber auch der Prototyp des pazifistischen »Wanderpredigers« – einer Erscheinung, die aus der Quäkerbewegung bekannt ist und in der Friedensbewegung vor dem Ersten Weltkrieg eine wichtige Rolle spielte. Nach einer Agitationsreise durch England im Jahre 1846 begann er mit der Vorbereitung der Friedenskongresse. Zusammen mit H. Richard, dem Sekretär der Londoner Peace Society, und dem Belgier A. Visscher reiste er durch Europa, um mit den schon bestehenden Friedens- und auch Freihandelsgesellschaften in Verbindung zu treten. Die nationalen Friedensgruppen sollten sich darum bemühen, bekannte Wissenschaftler oder Künstler für die Kongresse zu interessieren, um das öffentliche Interesse auf diese zu lenken. Auch mit den Regierungen nahmen die drei Pazifisten Kontakt auf und warben um die Anwesenheit von Regierungsvertretern auf den Kongressen. Unterstützt wurden sie von R. Cobden, dem Repräsentanten der englischen Freihandelsbewegung, der ebenfalls im Jahre 1846 nach Frankreich, Deutschland, Rußland, Italien und Spanien reiste, um für diese Kongresse zu werben. Da sich der ursprüngliche Plan, den nächsten Friedenskongreß in Paris abzuhalten, wegen der revolutionären Vorgänge nicht durchführen ließ, fand der Kongreß in Brüssel statt vom 20. bis 22. September 1848. Englische, amerikanische, französische und belgische Pazifisten besuchten diesen Kongreß, dem der belgische Philanthrop und Pazifist A. Visscher präsidierte. Da die Resolutionen der folgenden Kongresse letztlich auf die Resolution des

Brüsseler Friedenskongresses zurückgehen und nur unwesentlich von ihr abweichen, ist die Brüsseler Resolution ein aufschlußreiches Dokument für diese Phase der Friedensbewegung:

»1. Da die Berufung auf die Waffen, um die internationalen Streitigkeiten zu unterscheiden, ein Gebrauch ist, welchen zugleich die Religion, die Vernunft, die Gerechtigkeit, die Humanität und das Interesse der Völker verdammen, so ist es für die zivilisierte Welt eine Pflicht und ein Heilmittel, aufzusuchen und anzunehmen die Maßregeln, die geeignet sind, die völlige Abschaffung des Krieges herbeizuführen.

2. Es ist von der höchsten Wichtigkeit, bei den Regierungen darauf zu drängen, daß man mittelst eines Schiedsgerichts ... auf freundlichem Wege und nach Regeln der Gerechtigkeit, die Streitigkeiten schlichte, welche sich hinter den Nationen erheben könnten. Besondere Schiedsrichter oder ein höchster internationaler Gerichtshof würden in letzter Phase das Urteil sprechen.

3. Es ist zu wünschen, daß in naher Zeit ein Völkerkongreß, zusammengesetzt aus Repräsentanten eines jeden unter ihnen, sich vereinige, um ein die internationalen Beziehungen regelndes Gesetzbuch zu verfassen ...

4. Es ist statthaft, die Aufmerksamkeit der Regierungen ehrfurchtsvoll auf die Notwendigkeit zu richten, durch eine allgemeine und gleichzeitige Maßregel in ein Entwaffnungssystem einzutreten, welches, indem es die Staatslasten verringert, zugleich eine dauernde Ursache zu Aufreizung oder Unruhe verschwinden ließe. Das wechselseitige Vertrauen und der Austausch der guten Dienste sind jedem Land ebenso günstig wie die Aufrechterhaltung des Friedens und die Entwicklung des Völkerrechts.«[3]

Der Kongreß stellte – auch wenn diese Feststellung in den Resolutionen nur sehr verhüllt zum Ausdruck kommt – einen Zusammenhang her zwischen Demokratie und Frieden. In der Empfehlung an die Regierungen, durch Abrüstung die Steuerlast zu verringern und damit die innenpolitische Stabilität zu sichern, dokumentiert sich schließlich das Interesse der bürgerlichen Friedensbewegung an der Vermeidung eines Umsturzes, ein Motiv, das in dem 1899 ins Deutsche übersetzten Buch J. von Blochs »Der Krieg« (6 Bde.) systematisch durchgezogen wurde.

Die von den Pazifisten verfolgte Methode, durch die Beteiligung prominenter Zeitgenossen größere öffentliche Resonanz zu erzielen, bewährte sich auf dem Friedenskongreß in Paris (22.–24. Aug. 1849).

Es war gelungen, den Erzbischof von Paris zur Annahme des Ehrenpräsidiums und den französischen Schriftsteller V. Hugo zur Übernahme des Vorsitzes zu bewegen. Neben 23 Delegierten aus den USA, 300 englischen, 230 französischen und 23 belgischen Delegierten nahmen erstmals auch einige deutsche Vertreter teil. Die vom Kongreß verabschiedete »Adresse an alle Völker und Regierungen«, in der die Resolutionen der Öffentlichkeit übermittelt wurden, fand allerdings keine Aufmerksamkeit. In Erinnerung blieb jedoch die große Eröffnungsrede V. Hugos, die dann in Deutschland auf dem Höhepunkt der deutsch-französischen Verständigung nach dem Ersten Weltkrieg im Jahre 1926 in der Zeitschrift »Archiv für Politik und Geschichte« abgedruckt wurde:

»Dieser religiöse Gedanke, der Weltfriede, alle Nationen durch ein gemeinsames Band verknüpft, das Evangelium als oberstes Gesetz, die Vermittlung an Stelle des Krieges – ist dieser religiöse Gedanke auch ein praktischer Gedanke? Viele positive Geister, wie man heute zu sagen pflegt, viele Politiker, die, wie man sagt, in der Handhabung der Geschäfte alt geworden sind, erwidern: nein. Ich aber antworte: Ja! (Bravo und Beifall!) . . .

Ein Tag wird kommen, wo es keine anderen Schlachtfelder mehr geben wird als die Märkte, die sich dem Handel öffnen, und die Geister, die für die Ideen geöffnet sind. – Ein Tag wird kommen, wo die Kugeln und Granaten von dem Stimmrecht ersetzt werden, von der allgemeinen Abstimmung der Völker, von dem ehrwürdigen Schiedsgericht eines großen, souveränen Senats, der für Europa das sein wird, was das Parlament für England, was die Nationalversammlung für Deutschland, was die gesetzgebende Versammlung für Frankreich ist. (Großer Beifall) . . . Ein Tag wird kommen, wo man sehen wird, wie die beiden ungeheuren Ländergruppen, die Vereinigten Staaten von Amerika und die Vereinigten Staaten von Europa (Beifall) Angesicht in Angesicht sich gegenüberstehen, über die Meere sich die Hand reichen, ihre Produkte, ihren Handel, ihre Industrien, ihre Künste, ihre Genien austauschen, den Erdball urbar machen, die Einöden kolonisieren, die Schöpfung unter den Augen des Schöpfers verbessern, um aus dem Zusammenwirken der beiden unendlichen Kräfte, der Brüderlichkeit der Menschen und der Allmacht Gottes für alle das größte Wohlergehen zu ziehen! (Großer Beifall.) . . . Von nun an wird das Ziel der hohen und wahren Politik folgendes sein: den Nationalitäten zur Anerkennung zu verhelfen, die historische Einheit der Völker wiederherzustellen und diese Einheit durch den Frieden mit der Zivilisation zu verbinden, die

Gruppe der zivilisierten Völker unaufhörlich zu vergrößern, den noch barbarischen Völkern ein gutes Beispiel zu geben und die Kriege durch Schiedsgerichte zu ersetzen. Mit einem Wort, und darin ist alles enthalten: Das Recht muß das letzte Wort sprechen, das in der alten Welt von der Gewalt gesprochen wurde. (Große Bewegung.)

Meine Herren, ich sage es zum Schluß, und dieser Gedanke kann uns ermutigen: Nicht erst seit heute hat die Menschheit diesen Weg der Vorsehung eingeschlagen. In unserem alten Europa hat England den ersten Schritt getan, es hat zu den Völkern gesagt: Ihr seid frei! Frankreich hat den zweiten Schritt getan, es hat zu den Völkern gesagt: Ihr seid souverän! Jetzt wollen wir den dritten Schritt machen, und alle zusammen, Frankreich, England, Deutschland, Belgien, Italien – Europa und Amerika, wollen wir den Völkern sagen: Ihr seid Brüder! (Ungeheurer Beifall.) –.«[4]

In dieser eindrucksvollen, rhetorisch hervorragend aufgebauten Rede vereint sich der religiös-humanitäre Glaube an die Heraufkunft des Friedens mit zivilisatorischem Fortschrittsoptimismus; die Verbindung von Demokratie und Frieden findet ihre Ergänzung in der Anerkennung der nationalen Einheit als Voraussetzung für die europäische Einigung. Ferner dokumentiert der Pariser Friedenskongreß die Verbindung von Friedensbewegung und Freihandelsbewegung besonders deutlich. Zahlreiche Vertreter der französischen und der englischen Freihandelsbewegung, an erster Stelle R. Cobden, waren anwesend. Auf den Einfluß R. Cobdens geht eine Entschließung zurück, die »zu Ehrsuchts- und Eroberungskriegen bestimmten Anleihen und Auflagen« abzulehnen und den internationalen Verkehr zu fördern.[5] Auf die Interessengemeinschaft von Friedens- und Freihandelsbewegung geht auch die Anwesenheit deutscher Teilnehmer zurück: Der Schriftsteller Fr. von Bodenstedt und Prof. Michelet nahmen als Vertreter der preußischen Freihandelsvereine am Kongreß teil.[6] Wahrscheinlich auf ihren Antrag beschloß der Kongreß, im folgenden Jahr in Frankfurt a. M. zu tagen. Es liegt nahe, diese Wahl in Verbindung mit der Nationalversammlung zu sehen; der Tagungsort der Nationalversammlung bot sich als Tagungsort für einen Friedenskongreß geradezu an. Als der Friedenskongreß am 22. August 1850 in Frankfurt zusammentrat, war die Revolution von 1848 gescheitert: die Nationalversammlung hatte sich aufgelöst. A. Ruge, der als Mitglied der radikal-demokratischen »Donnersberg«-Fraktion in der Paulskirche eine allgemeine europäische Abrüstung und die Errichtung einer demokratisch-republikanischen Ordnung gefordert hatte,[7] richtete seine Grußadresse an den Friedenskongreß aus dem Exil in Brighton.[8]

Der Frankfurter Friedenskongreß (22.–24. August 1850) wurde von 550 Teilnehmern besucht; aus England kamen 230 Teilnehmer, aus den USA etwa 100 Teilnehmer, aus Frankreich lediglich 7 Delegierte. Die geringe Zahl von nur 40 deutschen Kongreßteilnehmern wurde darauf zurückgeführt, daß »die ganz eigentümlichen Verhältnisse unseres Vaterlandes es verschulden, wenn bei diesem Congresse nicht eine unendlich größere Zahl von deutschen Mitgliedern sich beteiligt hat«.[9] Andererseits nahmen über 2000 Frankfurter als Besucher an dem Kongreß teil: ein Hinweis darauf, daß das Interesse der Frankfurter Bevölkerung doch beträchtlich gewesen sein muß. Die Eröffnungsrede des Kongreßpräsidenten, des ehemaligen liberalen Staatsministers und Staatsrats Jaup aus Darmstadt, belegt, daß auch nach dem Scheitern der Paulskirche das liberale Bürgertum die Zuversicht nicht ganz verloren hatte, wenn er erklärte: »Aber die Zeit ist da oder steht nahe bevor, wo kein Staat mehr regiert werden kann, ohne gesetzliche Teilnahme des Volkes. Haben daher Sprache und Presse – durch Druckschriften, Volksversammlungen, Missionen, durch ähnliche entsprechende Mittel – den Völkern die Überzeugung gegeben, Krieg sei nicht notwendig, nur auf einem Vorurteil beruhe er: so werden die Freunde des Friedens immer mehr und mehr allgemein werden, immer stärker und stärker in Anträgen gesetzgebender Versammlungen wiederholt werden. Wirken wird dieses nicht im Sturmschritt; jede durchgreifende Reform erfolgt stufenweise; die Idee derselben muß gepflanzt werden in dem Sinn der Völker; Zeit bedarf sie, um zu keimen und Früchte zu tragen. Aber nach und nach, wenn die öffentliche Meinung stets bestimmter sich bildet, immer häufiger sich ausspricht, werden auch die Regierungen ihre Pflicht und ihr Heil darin erkennen, denselben Grundsatz zu befolgen und ein Vorurteil aufzugeben, das alsdann jeder Grundlage entbehrt. Denn so groß auch die Macht der Regierungen, monarchistischer oder republikanischer sein mag – eine Gewalt ist stärker als die Macht aller Regierungen, die Gewalt der öffentlichen Meinung. Sie wird helfen! (Großer Beifall).«[10]

Diese Zuversicht auf eine evolutionäre Entwicklung, die angesichts der politischen Situation in Deutschland kaum gerechtfertigt war, gründete sich auf einen umfassenden Fortschrittsoptimismus. Wer an den Fortschritt glaube, werde auch »die Idee des allgemeinen Friedens in ihrem Zusammenhange mit der allgemeinen Bildung und mit der Ausdehnung des Verkehrs und Handels erkennen«.[11] In der

Propagierung dieser allgemeinen Prinzipien sahen die ersten Friedenskongresse ihre wichtigste Aufgabe. Es wäre jedoch ungerecht, ihnen deshalb und wegen des damit verbundenen Verzichts auf die Auseinandersetzung mit politischen Problemen einen Vorwurf zu machen. Es gehört zu den Eigentümlichkeiten sozialer Bewegungen in ihrer frühen Phase, daß eine ungebrochene Selbstgewißheit ihnen die Erarbeitung konkreter Planung als überflüssig erscheinen läßt.

Auf dem Kongreß wurde deutlich, mit welchen Schwierigkeiten die Friedensbewegung in Deutschland rechnen mußte. Die Deutschen, so erklärte das Frankfurter Kongreßmitglied Dr. Creizenach, seien wenig geneigt, die Aussicht auf den ewigen Frieden »mit unbedingter Freude« zu begrüßen: »Denn diejenigen Kriege, an denen noch das Geschlecht unserer Völker Teil genommen hat, sind in unserer Vorstellung mit allem Großen und Schönen verknüpft, was die Menschenbrust belebt. Denn jene Kriege waren nicht darauf berechnet, unschuldige indische Völkerstämme dem Handelsegoismus zu Liebe zu unterjochen, oder dem Ruhmesphantom einer zweideutigen Stromgrenze nachzujagen: sondern deutsche Bildung und Volkseigentümlichkeit vor Vernichtung zu schützen. Auch gilt es noch jetzt in Preußen wie in ganz Deutschland nicht für eine Herabsetzung, sondern für eine Vollendung des Menschen und Bürgers, daß er wehrhaft sei. Und vielleicht müssen wir wehrhaft sein, um dereinst einen Menschenstrom abzuwehren, der sich über Europa ergießen und seine ganze erkämpfte Bildung und Freiheit mit Einschluß der Friedenscongresse wegschwemmen könnte.«[12] Es stimmt nachdenklich, daß selbst bei einem Teilnehmer des Friedenskongresses, der zudem noch Schriftführer dieses Kongresses für Deutschland war, die Befreiungskriege fast zu einem Mythos stilisiert wurden.

Nach den Friedenskongressen in London (1851), Manchester (1852) und Edinburgh (1853) riß die Reihe internationaler Friedenskongresse für lange Zeit ab; die erste Phase der bürgerlichen Friedensbewegung war damit beendet. Sie hatte zwar keine konkreten Erfolge erzielen können. Immerhin aber konnte sich die Friedensbewegung in dieser Phase als eine internationale Bewegung darstellen und die öffentliche Aufmerksamkeit – wenn auch begrenzt – auf sich lenken. Im Verlauf der Friedenskongresse veränderte sich auch die Friedensbewegung selbst. Zwar spielte die Berufung auf die christliche Lehre immer noch eine große Rolle; hinzu kamen aber »allgemeine rational-moralische-philanthropische und utilitaristische Grundsätze, die sich in der Welt Geltung verschaffen mußten, um den Krieg überflüssig zu machen«.[13] Mit ihren Resolutionen zur

Schiedsgerichtsbarkeit, zur Kodifikation des Völkerrechts und zur Abrüstung gaben die Friedenskongresse die Stichworte, die fortan im Mittelpunkt der pazifistischen Arbeit stehen sollten. Unverkennbar ist aber auch, daß die Friedensbewegung ihre ersten Erfolge nur im Bündnis mit effektiveren Reformbewegungen erzielen konnte; sie war noch keine eigenständige politische Kraft.

Der Frankfurter Friedenskongreß hatte nur geringfügige Auswirkungen auf pazifistische Aktivitäten im Deutschland der Reaktion. An ihm teilgenommen hatte der Arzt Dr. Motherby im Auftrag der frei-evangelischen Kirche in Königsberg, die von Pfarrer J. Rupp betreut wurde; nach seiner Rückkehr legte er der Gemeinde »dringend an's Herz, die gute Sache der Friedensidee und des Kongresses im allgemeinen wie im einzelnen einer besonderen und erschöpfenden Diskussion in engeren Kreisen zu unterwerfen«.[14] Bereits am 20. September 1850 fand die Gründungsversammlung der Königsberger Friedensgesellschaft statt; über 100 Mitglieder traten sofort bei. Selbst im lokalen Bereich mußte sich also die Friedensbewegung an bereits vorhandene Gruppierungen anbinden, die inhärent pazifistisch ausgerichtet waren. Die Tatsache, daß es sich in diesem Fall um eine frei-evangelische Gemeinde handelte, wirft ein bezeichnendes Licht auf die evangelische Landeskirche in Preußen, aus der nämlich Pfarrer Rupp entlassen worden war, als er das Verhältnis von Kirche und Staat zu kritisieren und die Mitbestimmung der Laien in kirchlichen Angelegenheiten zu fordern wagte. Nach seiner Entlassung gründete J. Rupp 1846 die erste frei-evangelische Gemeinde in Königsberg; ihr Organ war das Wochenblatt »Der Ostpreußische Volksbote«. Die Gemeinde stellte dann ihr Wochenblatt der Friedensgesellschaft zur Verfügung. Die Gründungsgeschichte der Königsberger Friedensgesellschaft zeigt zudem eine enge Verbindung mit den religiös motivierten Friedensgesellschaften in den USA. In der Beilage des Ostpreußischen Volksboten, die als »Der Völkerfriede« erschien und als erste pazifistische Zeitschrift in Deutschland bezeichnet werden kann, wurden öfter Auszüge aus den »Ölblättern für das Volk« von E. Burritt veröffentlicht, Mitteilungen und Artikel aus dem »Herald of Peace« (Boston) nachgedruckt. Im Unterschied zu den amerikanischen Pazifisten und in Übereinstimmung mit dem kontinentalen Pazifismus lehnte die Königsberger Friedensgesellschaft die Kriegsdienstverweigerung ab. Sie wandte sich jedoch entschieden gegen die Verherrlichung der Befreiungskriege und trat damit in bewußten Widerspruch zu den Äußerungen deutscher Vertreter auf dem Frankfurter Friedenskongreß: »Haben diese Kriege das geringste dazu beigetragen, in den Völkern, die sie führten, jenes Bewußtsein der Würde, jene Verachtung des Unrechts, der falschen Größe, der Gewalt, jene Besonnenheit und Ausdauer zu erzeugen, ohne die jedes Volk der Freiheit unfähig ist, auch wenn das Schicksal gelegentlich wie 1848 den Einfall hat, sie einem Volk an den Hals zu werfen?« Ebenso entschieden wandte sich die Königsberger Friedensgesellschaft gegen den sog. »Patriotismus« und seine Frucht, den Franzosenhaß: »Wir wissen alle, wie jene berüchtigte Franzosenfresserei auf demselben Stengel gewachsen war, der die letzten Blüten des deutschen Patriotismus trieb. Und hat sich der preußische Patriotismus, mit dem uns die letzten Jahre bekannt gemacht haben, von etwas anderem als von Einbildungen genährt?« In diesem Patriotismus sah die Königsberger Friedensgesellschaft das entscheidende Hindernis für die Ausbreitung der Friedensidee in Deutschland; ein Blick in die Geschichte und auf die Landkarte mache deutlich, daß es von der künftigen Entwicklung abhänge, ob Deutschland »zum gefährlichsten Gegner des europäischen Völkerfriedens oder zu einem unüberwindlichen Verteidiger desselben werde«.[15]

Im Vorstand der Königsberger Friedensgesellschaft waren die typischen Berufe des bürgerlichen Mittelstandes – Arzt, Pfarrer und Kaufmann – vertreten. Dennoch übte die Friedensgesellschaft auch eine gewisse Anziehungskraft auf die Arbeiterschaft aus. F. Grünhagen, ein Mitglied des aufgelösten Königsberger Arbeitervereins, der schon an den Frankfurter Friedenskongreß eine Grußadresse gesandt hatte, um ihn auf die soziale Komponente des Friedensproblems aufmerksam zu machen, verfaßte im Jahre 1850 eine Broschüre, in der er die Friedensfrage eng mit der sozialen Frage verknüpfte und sie von ihr abhängig machte. Unter dem Einfluß Proudhons forderte er das Recht auf Arbeit für alle, die Beseitigung überkommener Privilegien und die Einführung einer gerechten Steuerverteilung. Erst mit der Beseitigung der sozialen Mißstände »kann und wird der bewaffnete in einen wirklichen Frieden sich lösen«; die stehenden Heere seien eine Folge der sozialen Mißstände. Damit aber übte F. Grünhagen Kritik an der Friedensbewegung; mit ihrer Forderung nach Abschaffung der stehenden Heere bekämpfe sie nur »die äußere Erscheinung, die Folge der inneren Krankheit« und ignoriere damit die eigentliche Ursache.[16] Die Königsberger Friedensgesellschaft war offen genug, diese Schrift nicht nur in ihrer Wochenbeilage »Der Völkerfriede« ausführlich zu rezensieren; es scheint sogar, daß die Kritik nicht ohne Folgen blieb. Jedenfalls betonte Pfarrer Rupp in einer Versammlung der Gesellschaft, mit der »ungestörten Anwendung und Entwicklung der menschlichen Arbeitskräfte stehe alles, was den Krieg fördere, in unversöhnlichem Widerspruch«.[17] Es ist nur konsequent, wenn die Gesellschaft die übertriebene Furcht vor Sozialismus, Kommunismus und »roter Republik« kritisierte.[18]

Diese Verbindung zwischen liberalem Bürgertum und Arbeiterschaft ist vor allem das Verdienst des Königsberger Pfarrers Rupp. Der Königsberger Festungsbauverwaltung unterstanden über 1500 Arbeiter, die sich – seit 1844 unter der staatlichen Unterdrückung in Ostpreußen leidend – am Märzaufstand 1848 beteiligten.[19] Für die am 18. und 19. März gefallenen Arbeiter hielt Pfarrer Rupp in einer Königsberger Gemeinde am 26. März 1848 einen Trauergottesdienst,[20] eine Handlung, die ihm sicherlich die Sympathie der Arbeiter einbrachte. Nicht zuletzt diese Verbindung der Königsberger Friedensgesellschaft mit der Arbeiterschaft führte dazu, daß die Polizei am 15. Mai 1851 die Friedensgesellschaft auflöste und bei den Vorstandsmitgliedern Hausdurchsuchungen vornahm. »Die Reaktion war damals offenbar so mächtig, daß niemand es ohne Gefahr wagen durfte, ihr zu opponieren.«[21]

Während sich zwischen 1860 und 1890 außerhalb Deutschlands die organisierte Friedensbewegung auf nationaler und internationaler Ebene weiterentwickelte und feste Formen annahm, gab es in Deutschland selbst – außer der Gründung des Frankfurter Friedensvereins am 23. Oktober 1886 – bis zur Gründung der »Deutschen Friedensgesellschaft« im Jahre 1892 keine nennenswerten pazifistischen Aktivitäten. Daß Deutschland an solchen Entwicklungen keinen Anteil hatte, scheint die These vom »Sonderweg« der deutschen Geschichte zumindest aus der Sicht der Geschichte der organisierten Friedensbewegung zu bestätigen. Aus dieser Sicht erweist sich das Scheitern der Paulskirche als eine entscheidende Zäsur. Auch für Vertreter der radikal-demokratischen Richtung in der Paulskirche wie A. Ruge und J. Fröbel war die Friedensfrage eng mit der nationalen Frage verbunden. Auf dem Frankfurter Friedenskongreß hatte die nationale Frage für den liberalen Demokraten Dr. Creizenach, der dem »Jungen Deutschland« nahestand,[22] unbedingte Priorität vor der Friedensfrage. Offensichtlich hatten auch die englischen Pazifisten auf dem Frankfurter Friedenskongreß erkannt, welche Schwierigkeiten die ungelöste deutsche Frage für die Verbreitung der Friedensbewegung in Deutschland mit sich bringen mußte. Deshalb wohl hat auf dem Frankfurter Friedenskongreß der Sekretär der Londoner »Peace Society« H. Richard nicht nur die Bedeutung der Paulskirche gewürdigt, sondern auch ein leidenschaftliches Plädoyer für ein geeintes Deutschland abgelegt.[23] Wie die Eröffnungsrede V. Hugos auf dem Pariser Friedenskongreß (1849) zeigt, wäre es falsch, darin nur eine faktische oder freundliche Geste gegenüber den deutschen Gastgebern zu sehen. Die Wiederherstellung der »historischen Einheit der Völker« (V. Hugo) galt als Vorstufe, als notwendige Voraussetzung für eine europäische Friedensordnung. Im Scheitern der Paulskirche und ihres Versuchs, sowohl die Einheit der Deutschen als auch eine liberal-demokratische Ordnung zu stiften, liegen auch die Ursachen für die glücklose Geschichte der Friedensbewegung in Deutschland.

Hatte vor der Reichsgründung 1870/71 die ungelöste nationale Frage einer Verbreitung der Friedensbewegung im Wege gestanden, so verbesserten sich nach der Reichsgründung die Rahmenbedingungen keineswegs. Die Reichsgründung als eine »Revolution von oben« verfestigte eine Entwicklung, die schon in den sechziger Jahren eingetreten war: eine »opportunistische Anpassung an die siegreichen Kräfte, die sich vor allem in Form einer forcierten gesellschaftlichen Angleichung an die traditionellen Führungsschichten, in einer Verjunkerung der Bourgeoisie, äußerte . . . Angesichts der Gefahren, die den besitzenden Schichten von einer wachsenden sozialrevolutionären Bewegung drohten, verlangten große Teile des Liberalismus die Einsetzung staatlicher Zwangsmittel zur Unterdrückung der sozialistischen Agitation. Daß die nationale Parole, die in den sechziger Jahren noch eine antifeudale und somit sozial progressive Funktion gehabt hatte, nunmehr immer stärker eine sozial konservative und repressive Rolle spielte, war ein Reflex der veränderten Interessenlage des Bürgertums.«[24] Damit war einer Friedensbewegung in Deutschland weitgehend die soziale Basis entzogen. Hinzu kam eine immer breiter greifende »Mobilisierung des kleinbürgerlichen Gesinnungsmilitarismus«,[25] die jede Annäherung an pazifistische Vorstellungen und Gedankengänge blockierte. Daran scheiterten wohl auch die Anstrengungen E. Löwenthals, der im Jahre 1869 in Dresden einen »Europäischen Unionsverein« gegründet hatte. Im Jahre 1870 veröffentlichte er die Schrift »Der Militarismus als Ursache der Massenverarmung in Europa und die europäische Union als Mittel zur Überflüssigmachung der stehenden Heere«. Im Jahre 1874 führte er seinen inzwischen aufgelösten Verein unter dem Namen »Deutscher Verein für internationale Friedenspropaganda« in Berlin weiter. Aber auch dieser Verein konnte sich dann nicht mehr behaupten, als E. Löwenthal, wegen Majestätsbeleidigung verurteilt, das Deutsche Reich verließ, um seiner Gefängnisstrafe zu entgehen. E. Löwenthal, der vom süddeutschen Liberalismus geprägt war und F. Lassalle kennengelernt hatte, unternahm noch einmal den Versuch, in einer pazifistischen Bewegung den Linksliberalismus und den gemäßigten Sozialismus gemeinsam anzusprechen, auch wenn er insgesamt die Realisierung des Friedens »als ein bürgerliches Ziel« verstand.[26] Da E. Löwenthal aus sozialpolitischen Gründen für die Beibehaltung der Monarchie eintrat, geriet er in Gegensatz zur »Internationalen Liga für Frieden und Freiheit«, die in der Durchsetzung der demokratischen Republik in Europa die Voraussetzung einer erfolgreichen Friedensarbeit sah. Die Initiativen E. Löwenthals blieben allerdings Episoden; sie sind aber gerade deshalb aufschlußreich für die politischen und gesellschaftlichen Verhältnisse im Deutschen Reich. Zwar fanden sich immer wieder Persönlichkeiten, die sich für die Überwindung des Krieges und den Völkerbundsgedanken, für Schiedsgerichtsbarkeit und Abrüstung einsetzten.[27] Aber erst im Jahre 1886 konnten Friedensvereine in Frankfurt, Berlin, Darmstadt und Stuttgart gegründet werden – bezeichnenderweise aber nicht durch deutsche Bürger, sondern als Ergebnis zweier Agitationsreisen des Engländers H. Pratt, der im Jahre 1880 die »International Arbitration and Peace Association« ins Leben gerufen hatte. Die Vorbereitungen zur Gründung dieser Vereine waren ebenso systematisch wie mühevoll. H. Pratt stellte zunächst eine Liste von 30 bekannten Männern zusammen; er suchte sie alle persönlich auf und lud sie anschließend zu einer Versammlung in ein Hotel ein. Von den genannten Gründungen konnte sich lediglich der Frankfurter Friedensverein behaupten, der sich später der »Deutschen Friedensgesellschaft« anschloß.[28] Zum Vorsitzenden des Vereins wurde Franz Wirth (1826–1897) gewählt, ein Sohn von J. G. A. Wirth, der auf dem Hambacher Fest eine führende Rolle gespielt hatte. Wirth war in Frankfurt ein hochgeachteter Bürger. Als erfolgreicher Patentanwalt finanziell unabhängig, gehörte er zeitweise dem Stadtrat an. Er gehörte zu den Gründungsmitgliedern der Frankfurter Gewerbekasse, des Vereins zur Verbreitung von Volksbildung, des Arbeiterbildungsvereins, des Journalisten- und Schriftstellervereins und des Turnvereins. Er verkörperte eine glückliche Verbindung von liberal-demokratischer Tradition und sozialem Engagement des aufgeschlossenen Bürgertums. Dennoch konnte auch der Frankfurter Friedensverein bis zur Gründung der »Deutschen Friedensgesellschaft« 1892 keine größeren Erfolge erzielen. Eine persönliche Anerkennung für Wirth bedeutete jedoch seine Berufung in das 1892 gegründete »Internationale Friedensbüro« in Bern und in den Vorstand der »Deutschen Friedensgesellschaft«. Die einzigen deutschen Vertreter auf den internationalen Friedenskongressen kamen bis 1893 aus dem Frankfurter Friedensverein.

Über die Entwicklung des Frankfurter Friedensvereins sind wir recht gut unterrichtet. Die Anfänge waren sehr bescheiden. Im ersten Jahr konnten zwar 50 Mitglieder gewonnen werden, bis 1891 jedoch lediglich 21 weitere Mitglieder. Der Verein verfügte zwischen 1886 und 1891 pro Jahr über durchschnittlich 80,– RM Einnahmen. Interessant ist die Zusammensetzung der ersten fünfzig Mitglieder im Jahre 1886. Fast alle Mitglieder waren in freien Berufen tätig und damit relativ unabhängig: Unter ihnen befanden sich 6 Bankiers, 12 Kaufleute und 9 Fabrikanten bzw. Geschäftsinhaber, jedoch nur 2 protestantische Geistliche und 1 Lehrer.[29] Bemerkenswert ist das starke Interesse der Frankfurter Geschäfts- und Handelswelt, die sich seit jeher durch Toleranz und Weltoffenheit auszeichnete. Damit kontrastierten die Repressionen von staatlicher Seite, denen die Mitglieder des Friedensvereins ausgesetzt waren. Viele Leute fürchteten, sich »zu kompromittieren, wenn sie dem Frankfurter Friedensverein beiträten. Obwohl dieser in seinen Aufrufen und in seiner Jahresversammlung am 10. März 1888 einstimmig erklärte, daß er sich nicht in die Tagespolitik einmische und seine Mitglieder ohne Rücksicht auf Glaubensbekenntnis und Parteistellung aufnehme, wurde er doch von der Regierung während vieler Jahre als politischer Verein behandelt, seine Versammlungen erst nach vorheriger Anmeldung bei der Polizei gestattet und von einem Kommissar überwacht. Die neu eingetretenen Mitglieder mußten ebenfalls bei der Polizei gemeldet werden.«[30]

III.
Die Friedensbewegung im Deutschen Kaiserreich

Der organisierten Friedensbewegung gelang es im letzten Drittel des 19. Jahrhunderts, sowohl innerhalb der einzelnen Staaten ihre Basis zu vergrößern als auch sich international zusammenzuschließen. Es ist zweckmäßig, einen kurzen Überblick über diese Entwicklung zu geben; nur dann scheint es möglich, die spezifischen Probleme der Friedensbewegung im kaiserlichen Deutschland und deren Stellung innerhalb der internationalen Organisation sichtbar zu machen.

Zunächst könnte man vermuten, daß der sich seit dem Krimkrieg (1853–1856) ausbreitende staatliche Machtegoismus, das Schwinden eines europäischen Solidaritätsbewußtseins keineswegs günstige Voraussetzungen bot für eine Friedensbewegung. Dieser Eindruck ist jedoch nur bedingt richtig. Gerade die Krisen und Kriege in den 50er und 60er Jahren haben insofern stimulierend gewirkt, als man verstärkt nach Möglichkeiten suchte, die Krisen abzuwenden und Kriege zu verhüten. Die spontanen Äußerungen und Aktionen bei Ausbruch der Krise um Luxemburg (1867) zeigen, daß in Teilen der französischen und der deutschen Bevölkerung der Friedenswille durchaus lebendig war. Berliner Maschinenbauer richteten eine Friedenserklärung an ihre französischen Kollegen, französische Studenten sandten Friedensadressen an ihre deutschen Kommilitonen (am 9. bzw. 14. April 1867). Am 26. April 1867 begann in der Pariser Zeitung »Le Temps« zugunsten einer deutsch-französischen Verständigung eine Leserbriefaktion, die durch einen Aufruf Fr. Passys ausgelöst wurde.[1] Der Erfolg dieser Aktion bewog Fr. Passy dazu, noch im gleichen Jahr während der Weltausstellung in Paris die »Ligue internationale et permanente de la paix« zu gründen.

Der Pariser Friedensvertrag, der den Krimkrieg beendete, brachte nicht nur Vereinbarungen über die Humanisierung des Krieges mit sich, sondern enthielt auch eine Empfehlung an die Regierungen, die zu einer Belebung der Diskussion über das Völkerrecht führte: In Artikel 8 des Pariser Vertrages wurde der »im Sinne der Kriegsverhütung zukunftsweisende Grundsatz« niedergelegt, daß bei einem Konflikt einer der Mächte mit der Türkei »vor dem Rekurs zu den Waffen die Vermittlung der anderen Signatarmächte angerufen werden sollte«.[2] Auch war im 23. Protokoll des Pariser Kongresses angeregt worden, bei allgemeinen internationalen Konflikten sich des Instruments der Vermittlung zu bedienen. Damit gewann der Gedanke der Schiedsgerichtsbarkeit neue Aktualität. In der Tat hat England in den Krisen von 1859, 1866 und 1870 – wenn auch ohne Erfolg – unter Berufung auf den Pariser Vertrag seine Vermittlung angeboten. Seit 1870 entstanden neue Institutionen, die sich mit völkerrechtlichen Fragen befaßten. Im Jahre 1873 wurde das »Institut du droit international« gegründet; zu seinen Mitgliedern zählte auch der bekannte Völkerrechtler J. C. Bluntschli. In den jährlichen Sitzungen wurden Probleme der Schiedsgerichtsbarkeit, der rechtmäßigen Verteidigung im Kriegsfall und der Humanisierung des Krieges behandelt. Das Recht des Staates auf Kriegsführung wurde allerdings bei aller Bemühung um Kriegsverhütung grundsätzlich nicht in Frage gestellt.

Ebenfalls im Jahr 1873 entstand dank der Aktivität der amerikanischen Pazifisten E. Burritt und J. B. Miles die »Association for the Reform and Codification of the Law of Nations« (1895 in »International Law Association« umbenannt). Im Unterschied zum »Institut du droit international« gehörten der Association nicht nur Völkerrechtswissenschaftler an, sondern mit J. B. Miles und H. Richard auch Mitglieder der englischen und amerikanischen Friedensbewegung; ihr ging es vor allem um den Fortschritt des Völkerrechts »in its practical application and in public opinion«. Bei der Forderung, die Vermittlung als Mittel der Kriegsverhütung auszubauen,[3] bezog man sich wiederum auf den Pariser Vertrag.

Das Interesse an der Schiedsgerichtsbarkeit stieg, als im September 1872 die USA und Großbritannien ihren Streit um Alabama einem Schiedsgericht unterbreiteten. Im Jahre 1873 stellte H. Richard, Sekretär der Londoner Peace Society und Abgeordneter, im Unterhaus den Antrag, mit anderen Staaten über die Einrichtung eines allgemeinen Schiedsgerichtssystems zu verhandeln. Der Antrag wurde mit 98 gegen 88 Stimmen angenommen, blieb aber ohne Auswirkungen. Dennoch führte dieser Erfolg dazu, daß in zahlreichen Parlamenten entsprechende Anträge gestellt wurden.[4] Die Zusammenführung der Parlamentarier, die sich für die Einführung der Schiedsgerichtsbarkeit einsetzten, zu einer internationalen Organisation war vor allem das Verdienst des englischen Parlamentariers W. R. Cremer (seit 1885 Mitglied des Unterhauses), der schon 1871 die »Workmen's Peace Association« gegründet hatte. Im Zusammenwirken mit F. Passy, dem Gründer der »Ligue international pour la paix« (1867) und der »Société pour l'arbitrage entre les nations« (1870), Führer der Freihandelspartei und von 1881 bis 1889 Mitglied der Deputiertenkammer, organisierte er eine Konferenz der Parlamentarier in Paris (29./30. Juni 1889).[5] An dieser ersten Konferenz der Interparlamentarischen Union nahmen 96 Parlamentarier aus sieben Staaten teil; deutsche Parlamentarier waren nicht anwesend. In den Resolutionen forderten die Parlamentarier die Regierungen auf, sich bei zwischenstaatlichen Streitigkeiten einer schiedsgerichtlichen Regelung zu unterwerfen. An die Parlamentarier und deren Wähler appellierten sie, die Politik ihrer Länder im Sinne der Gerechtigkeit, des Rechts und der Brüderlichkeit zwischen den Nationen zu beeinflussen. Die Interparlamentarische Union richtete im Jahre 1892 in Bern ein ständiges Büro ein. Sie wurde in der Öffentlichkeit bald bekannt, und Regierungen unterstützten sie mit jährlichen Subventionen. Bis zum Jahre 1914 gehörten der Union etwa 3600 Parlamentarier an. Die Interparlamentarische Union war zwar keine ausgesprochen pazifistische Organisation; mit ihren Aktivitäten für die Einführung der Schiedsgerichtsbarkeit und ihrem Eintreten für die Abrüstung in den letzten Jahren vor dem I. Weltkrieg blieb sie jedoch pazifistischen Zielsetzungen verbunden.

Auch die Friedensbewegung, die zwischen 1850 und 1860 stagnierte und Rückschläge hinnehmen mußte, erlebte in den siebziger und vor allem in den achtziger Jahren einen neuen Aufschwung. Bereits 1867 hatte sich in Genf die »Ligue internationale de la paix et de la liberté« konstituiert. Die Liga war »eine von fortschrittlichen Intellektuellen, wie Victor Hugo und John Stuart Mill, und radikalbürgerlichen Politikern, wie John Bright, gegründete Internationale, doch gehörten ihr auch Revolutionäre, wie Garibaldi und Alexander Herzen, und Sozialisten, wie J. P. Becker, Bakunin und Louis Blanc, an; Bakunin war sogar Mitglied ihres Zentralkomitees.«[6] Wohl unter Bakunins Einfluß war auch eine starke Delegation der englischen Arbeiterbewegung auf dem Gründungskongreß der Liga vertreten, zumal Bakunin gerade unter dem »rechten« Flügel der englischen Arbeiterbewegung zeitweise zahlreiche Anhänger zu gewinnen vermochte. Offensichtlich haben auch die Vorstellungen Proudhons von einem dezentralisierten und föderalistisch aufgebauten Europa als einer »confédération de confédérations« auf dem Gründungskongreß eine Rolle gespielt,[7] die mit den Vorschlägen V. Hugos für ein auf Freiheit und nationaler Selbstbestimmung beruhendes Europa durchaus vereinbar schienen. Der gleichzeitig in Lausanne tagende zweite Kongreß der Ersten Internationale sandte an den Gründungskongreß ein Grußtelegramm. Die drohende Annäherung zwischen linksliberalem Bürgertum, Proudhonismus und Bakunismus bewog K. Marx zu seiner apodiktischen Verurteilung der Liga, die er als eine »totgeborene Gesellschaft von Bourgeois-Republikanern« bezeichnete.[8] Gegen Ende der sechziger Jahre sah K. Marx wohl, daß der Bakunismus »die Internationale zu desorganisieren drohte«.[9]

Der kleinste gemeinsame Nenner der heterogen zusammengesetzten Liga bestand in der Überzeugung, daß politische und soziale Freiheit notwendige Voraussetzungen für den Frieden seien. An den Meinungsverschiedenheiten über die konkreten Inhalte dieser Freiheiten und daran, auf welchem Wege diese Freiheiten durchzusetzen wären, scheiterte die Liga. In ihrem Programm, das soziale und demokratische Zielsetzungen ebenso wie die nationale Selbstbestimmung umfaßte, spiegeln sich die Grundfragen der Epoche. Schon auf dem Gründungskongreß 1867 prallten die Gegensätze aufeinander. Im Jahre 1868 verließen die Mitglieder der Internationale die Liga, da die Liga nicht bereit war, ihre radikal-sozialistischen Ziele zu unterstützen. Die Liga konnte zwar noch pazifistische mit linksbürgerlich-demokratischen Forderungen vereinbaren, nicht jedoch gleichzeitig »eine Plattform für bürgerliche Pazifisten und sozialrevolutionäre Revisionisten« bilden.[10]

Trotz aller Bemühungen, trotz Gründung einiger Zweigstellen ist es der Liga nicht gelungen, sich durchzusetzen; ebenso erfolglos war die »Ligue internationale et permanente«, die Fr. Passy im Jahre 1867 gegründet hatte. So zeigt sich, daß Versuche, die Friedensbewegung durch Gründung international angelegter Vereinigungen zu stärken, letztlich scheitern mußten, solange in den einzelnen Staaten dafür keine ausreichende Grundlage vorhanden war. Der erste Versuch, einzelne nationale Gruppen zu koordinieren, erfolgte im Jahre 1878. In Paris – hier fand gleichzeitig zum drittenmal die Weltausstellung statt – trafen sich 16 Friedensgruppen aus Frankreich, England, Italien, den USA, den Niederlanden, Schweden und Österreich. Noch aber waren diese Gruppen zu schwach, als daß eine periodische Zusammenkunft oder gar die Errichtung einer Zentralinstitution sinnvoll gewesen wäre. Die Diskussionen auf diesem Pariser Kongreß bestätigen, daß die Frage der Schiedsgerichtsbarkeit – ähnlich wie bei den Vereinigungen für Völkerrechtsfragen – immer mehr in den Mittelpunkt rückte.

In den USA gelang es der Friedensbewegung nach dem Bürgerkrieg (1863–1865) relativ schnell, sich zu regenerieren; sie löste sich teilweise von ihrer religiösen Orientierung, wenn auch die Quäker weiterhin ein bestimmendes Element blieben. Entschiedener noch als die amerikanische wandte sich die englische Friedensbewegung unter dem Einfluß von H. Pratt (1824–1907) der völkerrechtlichen Thematik zu; dabei durfte die englische Friedensbewegung im Gegensatz zu den kontinentaleuropäischen Friedensvereinigungen auf Unterstützung aus der Arbeiterschaft rechnen. In Frankreich konnte die Friedensbewegung nach der Festigung der Dritten Republik (1880) und infolge des wachsenden Gewichts der »classes moyennes« neue Anhänger gewinnen. In den skandinavischen Ländern wurden zwischen 1882 und 1886 neue Friedensorganisationen gegründet. In der Schweiz und in Italien, in Holland und in Belgien bestanden bereits verschiedene Friedensgruppen. Das Wachstum und die Verbreitung der Friedensbewegung boten nun die Voraussetzung zur Gründung einer internationalen Organisation. Nur wenige Tage nach dem Beschluß von Parlamentariern, im Jahre 1889 den ersten Interparlamentarischen Kongreß nach Paris einzuberufen, trafen sich in der französischen Hauptstadt am 11. November 1888 Vertreter verschiedener Friedensgesellschaften.[11] Sie beschlossen für das folgende Jahr die Einberufung einer Weltfriedenskonferenz. Dieser erste Weltfriedenskongreß tagte vom 23.–27. Juni 1889 im Trocadéro in Paris unter dem Vorsitz von Fr. Passy. Im Jahre 1892 wurde dann das »Berner Internationale Friedensbüro« als zentrale Institution und Koordinationsstelle der Friedensgesellschaften gegründet.

Paris war von den Friedensvereinigungen und von den Parlamentariern als Tagungsort gewählt worden aus Anlaß der Weltausstellung von 1889. Damit nahm man eine Tradition auf, die der Friedenskongreß von 1851 mit der Wahl Londons begonnen und die 1878 der Friedenskongreß in Paris aufgenommen hatte. Diese Tradition wurde, wenn auch nicht kontinuierlich, bis zum Ersten Weltkrieg beibehalten.[12] Sicherlich hoffte man, so das Interesse einer breiten Öffentlichkeit auf sich zu ziehen. Man kann in dieser Praxis auch eine Parallele zu jenen Kongressen der Friedensbewegung aus der ersten Hälfte des 19. Jahrhunderts sehen, die des öfteren mit Kongressen der Anti-Sklaverei-Bewegung zusammenfielen. Wie in diesem Zusammentreffen von Friedenskongressen mit Kongressen der Anti-

Sklaverei-Bewegung der kulturell-humanitäre Charakter der Friedensbewegung in ihrer frühen Phase zum Ausdruck kommt, so drückt sich in dem Zusammenfallen von Friedenskongressen und Weltausstellungen der Fortschrittsoptimismus des in der Friedensbewegung engagierten Bürgertums aus.

Das Deutsche Reich war neben Rußland und Österreich-Ungarn praktisch der einzige Staat in Europa, in dem – mit Ausnahme des stagnierenden Frankfurter Friedensvereins – keine pazifistische Organisation bestand. Aber auch nachdem B. von Suttner und A. H. Fried im Jahre 1892 die »Deutsche Friedensgesellschaft« gegründet hatten, blieben die Vertreter der Friedensbewegung im kaiserlichen Deutschland nicht nur eine rein numerische Minderheit – das waren sie, wenn auch nicht so extrem, in anderen Staaten ebenfalls –, sondern eine gesellschaftlich und politisch diskriminierte Minderheit.

1. Ideologisch-programmatische Positionen in der Deutschen Friedensgesellschaft

In seinem Nachruf auf B. von Suttner, die am 21. Juni 1914 gestorben war, würdigte A. H. Fried die Bedeutung dieser Frau für die Friedensbewegung in Deutschland: »Sie waren so innig miteinander geworden, die Bewegung und die Frau, daß die Bezeichnung für beide beinahe synonym geworden ist. Bertha von Suttner war das lebende Symbol der Bewegung, gegen das die Gegner daher auch mit Vorliebe ihre Angriffe richteten.«[1] Die Geschmacklosigkeit dieser Angriffe noch im Jahre 1914, also gegenüber einer siebzigjährigen Frau, bezeugt der Bericht über ein Winterfest der Frauenvereinigung des Alldeutschen Verbandes (Ortsgruppe Berlin). Auf dem besagten Fest wurde ein kleines Bühnenspiel mit dem Titel »Die Waffen nieder?« aufgeführt. Es behandelte »die leidige Vertrauensseligkeit und Gutmütigkeit des deutschen Michels, der sich zum Schaden unserer politischen Weltmachtstellung nur zu oft vom smarten John Bull, von der charmierenden Marianne oder dem bramarbasierenden Wodkakoff übertölpeln und einseifen ließ. Aber auch der die Tatkraft und Entschlußfähigkeit so unheilvoll lähmende Einfluß des ›Weltbürgermeisters‹ und seiner Tochter ›Kosmopolinchen‹ ... wurde mit ebenso kräftigen Gegenhieben bedacht, wie das rührselige utopistische Friedensgeschrei der unermüdlichen Bertha von Suttner, die als larmoyante Wirtin des Gasthauses ›Zum Völkerfrieden‹ auftrat.«[2] Aber auch innerhalb der Friedensbewegung war B. von Suttner lange umstritten. Der schärfste Angriff sowohl auf die Person als auch auf die angeblich verhängnisvollen Auswirkungen der engen Verbindung von Friedensbewegung und Person kam im Jahre 1925 von C. von Ossietzky. Er machte die österreichische Baronin für den unpolitischen Charakter der deutschen Friedensbewegung verantwortlich. Er nannte sie eine »Priesterin des Gemüts, die den Königen und Staatsmännern ins Gewissen redete und die halbe Aufgabe als gelöst sah, wenn sie freundlicher Zustimmung begegnete«. Es habe ihr an männlicher Tatkraft und ungetrübtem Tatsachenblick gefehlt; sie sei im Äußerlichen haften geblieben, anstatt bis zum Kern vorzustoßen: »So war um die Friedensbertha allmählich ein sanftes Aroma der Lächerlichkeit, und dieses Aroma ist der deutschen Friedensbewegung unglücklicherweise geblieben bis zum heutigen Tag.«[3] Gegenüber dieser lieblosen Charakteristik, die eine einseitige Schuldzuweisung umfaßt, liest sich die Würdigung B. von Suttners durch Fr. Heer vom Jahre 1966 »wie ein gezielter Gegenentwurf«, gut gemeint, aber ebenso einseitig: »Die Suttner! Wir können uns heute diese starke Frau gar nicht männlich genug – im Denken und Tun männlich – gar nicht genug nüchtern, unsentimental, kämpferisch vorstellen.«[4] Erst in jüngster Zeit erkannte man, daß B. von Suttner es verstand, sowohl an die »Empörung der Vernunft« als auch an die »Empörung der Herzen« zu appellieren. Als »erfolgreiche Tendenzschriftstellerin beherrschte sie selbstverständlich die sentimentalen und melodramatischen Töne. Sie war aber ebenso eine kritische Journalistin, die nüchtern Ereignisse analysieren und bewerten konnte. Sie war ohne Zweifel eine kämpferische Natur, aber sie liebte es auch zu moralisieren. Sie war aufgrund ihrer persönlichen Entwicklung in der Lage, ihre eigene Klasse durchaus zu kritisieren, aber sie blieb in vielem auch ihrer Denkweise verhaftet.«[5] Offensichtlich fällt es auch der historischen Friedensforschung schwer, sich B. von Suttner zu nähern; sie befaßt sich viel lieber mit der pazifistischen Theorie A. H. Frieds.[6] Zwar wird die Pionierrolle B. von Suttners durchaus anerkannt, zugleich aber auch wird auf Züge »weiblicher Sentimentalität« bei ihr hingewiesen. Die Feststellung, bei B. von Suttner seien kaum Ansätze für eine pazifistische Theorie erkennbar, entspricht diesem Bild.[7]

Der Roman »Die Waffen nieder!«, den B. von Suttner im Jahre 1889 veröffentlichte, hat in Deutschland zahlreiche Auflagen erlebt und ist in zwölf Sprachen übersetzt worden. Der überwältigende

Erfolg ihres Romans verstärkte bei B. von Suttner die Absicht, durch die Gründung von Friedensgesellschaften in Österreich (1891) und im Deutschen Reich (1892) die Friedensbewegung zu fördern. Von nun an stellte sie ihr Leben in den Dienst dieser Bewegung. Dieses Engagement führte dazu, daß man die Friedensbewegung mit B. von Suttner identifizierte; es führte aber auch dazu, daß man die Persönlichkeit B. von Suttners sowohl innerhalb als auch außerhalb der Friedensbewegung, zu ihren Lebzeiten als auch nach ihrem Tod auf die Autorin des Antikriegsromans »Die Waffen nieder!« reduzierte. Daran war B. von Suttner selbst nicht unbeteiligt. Sie wußte um den großen Erfolg ihres Romans, sie genoß ihn auch und setzte ihn bewußt für die Friedenspropaganda ein. In ihren Werbevorträgen für die Friedensgesellschaft nahmen Rezitationen aus ihrem Roman einen wichtigen Platz ein, bildeten oft den Höhepunkt, eingerahmt von musikalischen Vorträgen und aufgelockert durch Tanzeinlagen. Programmatische Aussagen beschränkten sich meist auf die Forderung nach Abschaffung und Überwindung des Krieges durch die Einführung der Schiedsgerichtsbarkeit. Ihre Versammlungen waren Proteste gegen die Unmoral des Krieges; emphatisch trat sie für Menschlichkeit, Gerechtigkeit und Harmonie ein.[8]

Vor dem Erfolgsroman »Die Waffen nieder!« war im Jahre 1889 unter dem Pseudonym »Jemand« eine zeitkritische Abhandlung B. von Suttners unter dem Titel »Das Maschinenalter. Zukunftsvorlesungen über unsere Zeit« erschienen. In diesem Buch, das Themen wie Patriotismus, Frauen, Liebe und Ehe, Soziologie und Politik, Religion, Literatur und Wissenschaft des 19. Jahrhunderts behandelt, liegt »der Schlüssel zum Denken Bertha von Suttners«;[9] es widerlegt das Klischee von der naiven, unreflektierten Friedenskämpferin. In den »Zukunftsvorlesungen« schlägt sich das Studium philosophischer und naturwissenschaftlicher Literatur nieder, spiegelt sich vor allem der Einfluß H. Spencers und seiner Evolutionstheorie, die Lehre L. Büchners von Kraft und Stoff und H. Taines Philosophie der Kunst. In der Evolutionstheorie, in der Lehre von der Entfaltung der Naturgesetze, sieht die Autorin »die sicherste Legitimation aller Freiheitsbestrebungen – denn was ist Freiheit anderes, als die ungehemmte Möglichkeit der Entfaltung? ... So fanden sich alle, die bislang verstreut für Schrankenniederreißung stritten – Arbeit, Handel, Frauen, Vernunft, Erziehung – nunmehr auf einem Feld zusammen und erkannten, daß sie im Grunde nach einem Ziel strebten, nach dem von der Natur selbst aufgestellten Ziele: volle Entfaltung.«[10] In der Erkenntnis vom Wesen der naturgesetzlich verankerten Entfaltung liegt für B. von Suttner das Prinzip aller Kulturentwicklung, aber auch die Möglichkeit, Ungerechtigkeiten und Mißbräuche wie Sklaventum oder Arbeiterelend als menschliche Fehler zu korrigieren – allerdings unter der Voraussetzung, daß man sie als solche erkennt. Die Entwicklungslehre erhalte den Charakter einer Humanitätsreligion, da sie den Irrtum vorherrschender Dogmen, wie Paradies, Sündenfall und Sintflut, erkannt habe und nachgewiesen habe, daß die Menschheit »in fortschrittlicher Entfaltung begriffen sei und dazu beanlagt, unter Verzichtleistung auf eingebildete Himmel, sich ihr Erdenheim immer schöner und glückbringender zu gestalten . . .: nämlich das Reich des Friedens und der Freude, der Gerechtigkeit und Vernunft«.[11] Die Entfaltung der Menschheit umfasse demnach die gesamten kulturellen Erscheinungen, vor allem aber auch die soziale Frage, der B. von Suttner – hier sehr viel offener als A. H. Fried, der sich fast ganz auf das Problem der internationalen Beziehungen konzentrierte – große Aufmerksamkeit entgegenbrachte. Die Evolutionstheorie entsprach in besonderem Maß den Bedürfnissen des liberalen Bürgertums, da sie einerseits Argumente gegen den reaktionären Konservatismus als auch andererseits gegen den revolutionären Sozialismus bereitstellte. In der Soziologie als der Wissenschaft vom naturgesetzlichen Fortschritt der Menschheit und nicht im »sogenannten Sozialismus« der Sozialdemokraten oder Kommunisten »in Gestalt von Strikes und Arbeiteraufständen mit Straßenkämpfen und Mordbrennerscheinungen«[12] liege die Möglichkeit, die soziale Frage zu lösen; dabei wird ausdrücklich auf den »Allwohlbund« verwiesen, dessen Forderungen nach »Beglückungsgemeinschaft, Völkerhaftpflicht, Landeszinsallnützlichkeit, Entelendigung, Erdzinsgemeinschaft und Allveredelung, Rechtswohlthätigkeit, Gemeinschaftsliebthätigkeit, fortschreitende Veredelungspflege im Gegensatz zur Ich-Bestiengier« unterstützt werden. Innerhalb dieses kulturellen Reformansatzes auf der Grundlage einer uneingeschränkten Fortschritts- und Wissenschaftsgläubigkeit müsse der Krieg als eine Erscheinung wirken, die »unsern Abscheu am meisten weckt«.[13] Angesichts des kulturellen Fortschritts werde der Krieg zum Anachronismus; angesichts der technischen Entwicklung müsse sich der Krieg selbst ad absurdum führen und »an Stelle der Gewalt das Recht – daß heißt: an Stelle der nationalen Selbstjustiz das internationale Schiedsgericht treten«.[14] In der Vorstellung von einer kosmopolitischen Entwicklung, in der die geschichtliche Differenzierung nach Nationen in einer Gemeinschaft der Völker aufgeht, in der selbst spezifische Eigentümlichkeiten wie

»Trachten, Tänze, Gebräuche« verschwinden, liegt der vom »wissenschaftlichen« Pazifismus, wie ihn A. H. Fried entwickelt hat, abgelehnte utopische und auch ahistorische Grundzug dieses Denkens. Dagegen hat B. von Suttner die zentrale These A. H. Frieds bereits vorweggenommen, nämlich daß die Überwindung des Krieges eine Folge des durch die Naturgesetze bedingten Organisationsvorganges der Gesellschaft sei, noch »ehe der Mensch es erlernte, ihr – in Befolgung ihrer eigenen Gesetze – die Wege zu weisen und zu ebnen und ihren Schritten die gewollte Richtung zu geben«. Der Fortschritt vollziehe sich auch »ohne absichtliches menschliches Dazuthun«, könne jedoch durch die Zielsicherheit bewußten menschlichen Handelns beschleunigt werden.[15]

Es ist somit nur bedingt richtig, wenn über B. von Suttner gesagt wurde, sie habe wenig Interesse für Theorie gezeigt, sie habe sich weniger auf intellektuelle Genauigkeit als auf die Kraft des Enthusiasmus verlassen.[16] Richtig ist allerdings die Beobachtung, daß sie in ihrer Vortragstätigkeit vor allem die moralische Verwerflichkeit des Krieges betonte, Erziehung und Aufklärung als Mittel zur Überwindung des Krieges hervorhob; vielleicht hat ihr gefühlsbetonter Moralismus auch manchen daran gehindert, sich der Friedensbewegung anzuschließen.[17] Vor allem aber war sie eine erfolgreiche Werberin für die »Deutsche Friedensgesellschaft«, wenn es auch übertrieben klingt, ihr »agitatorischer Einfluß« sei »über alle Maßen« groß gewesen.[18] B. von Suttner hat – und damit trug sie zu dem ihr entgegengebrachten Vorurteil selbst bei – die Denkprozesse, die sie zu ihrer Überzeugung von der moralischen Verwerflichkeit des Krieges geführt hatten, nicht in ihre propagandistischen Veranstaltungen eingebracht. Vielleicht hat B. von Suttner diesen Mangel selbst verspürt. Im Jahre 1898 veröffentlichte sie ein von ihr als »Phantasiestück« bezeichnetes Buch, in dem sie versuchte, Elemente einer pazifistischen Theorie im Kleide des Gesellschaftsromans zu vermitteln.[19]

Der evolutionär begründete Wissenschafts- und Fortschrittsoptimismus und die auf dieser Grundlage erhoffte Überwindung des Krieges als Bestandteil des kulturellen Fortschritts hatten bedeutende Auswirkungen auf die seit 1892 im Deutschen Reich organisierte Friedensbewegung:

1. Die »Deutsche Friedensgesellschaft« verstand sich lange Zeit als eine Kulturbewegung; in diesem Selbstverständnis traf sie sich mit zahlreichen bürgerlich-progressiven Kulturbewegungen ihrer Zeit. »Die ethischen, freireligiösen und vielfältigen sozialreformerischen Bewegungen, ja selbst die Frauenbewegung und – jenseits des bür-

gerlichen Bereichs – die Arbeiterbewegung wetteiferten auf verschiedenen Wegen und mit verschiedenen Methoden in der Erreichung dieses umfassenden Zieles.«[20] Diese allgemeine gesellschaftliche Einbindung der Deutschen Friedensgesellschaft brachte zwar den Vorteil, daß sie in der Zielsetzung für die verschiedenen Gruppierungen einen gemeinsamen Bezugspunkt bildete; andererseits bedingte diese Einbettung zunächst einen Verzicht auf politisches Engagement und verhinderte damit eine stärkere Profilierung der Deutschen Friedensgesellschaft. B. von Suttner wurde in ihrer Überzeugung von der Überwindung des Krieges als einer moralisch-ethischen Verpflichtung von W. Foerster (Vorsitzender der »Deutschen Gesellschaft für ethische Kultur«) und M. v. Egidy (Gründer einer überkonfessionellen religiösen Erneuerungsbewegung) unterstützt. Sie wurde die überragende Repräsentantin des ethisch-humanitären Pazifismus. Es ist jedoch ungerecht, ihre Person allein für den unpolitischen Charakter der deutschen Friedensbewegung verantwortlich zu machen.

2. Der auf der Evolutionstheorie aufbauende Fortschrittsoptimismus bedingte die Doppelstrategie der Deutschen Friedensgesellschaft, im Interesse der Friedenserhaltung einerseits auf Erziehung und Aufklärung der Bürger und andererseits auf Appelle an die verantwortlichen Politiker und Regierungen zu setzen. Der Glaube an die »Veredelungsmöglichkeit« der Menschen und die Überzeugung, daß die Förderung des Völkerfriedens ein Anliegen »aller humanitären und kulturellen Bestrebungen« ist und nur insofern »auf den Gang der Politik im allgemeinen Einfluß zu nehmen berufen ist«, sollte es möglich machen, daß »die Scharen der Friedensfreunde aus allen Ständen, aus allen Parteien sich bilden können. Daher kommt es auch, daß in den Mitgliederverzeichnissen der verschiedenen Friedensvereinigungen die Namen von Whigs und Tories, von Sozialisten und Aristokraten, von Freidenkern und Kirchenfürsten nebeneinander stehen.«[21] Diese humanitär-appellative Grundhaltung ist zwar für die bürgerliche Friedensbewegung insgesamt charakteristisch; sie ist jedoch in der Deutschen Friedensgesellschaft besonders ausgeprägt, während sich die englische und französische Friedensbewegung bereits intensiv mit den völkerrechtlichen Problemen der Kriegs- bzw. Friedensfrage beschäftigten. Eine Bestätigung dieser Doppelstrategie schienen das Friedensmanifest des russischen Zaren und die Einberufung der ersten Haager Friedenskonferenz (1899) zu bringen. Die anfängliche Begeisterung wich jedoch bald einer schmerzhaften Ernüchterung.

3. Die Überzeugung von der naturgesetzlich wirkenden Kraft des

Fortschritts und damit von der Überwindbarkeit des Krieges befähigte die relativ kleine Anzahl aktiver Pazifisten innerhalb der »Deutschen Friedensgesellschaft« dazu, in rastlosem Einsatz, unter Hinnahme beruflicher Nachteile und oft bis zu psychischer Erschöpfung für die Friedensidee tätig zu sein. Von diesem unerschütterlichen Glauben daran, daß die Verwirklichung des Friedens kein utopisches Ziel, sondern eine realistische Erwartung sei, zeugt ein Brief B. v. Suttners an M. v. Egidy: »Die ethische Gesellschaft, das einige Christentum, die Friedensbewegung, die Sozialdemokratie: alles das will ernst, wenn auch auf verschiedenen Wegen, demselben Ziel entgegen – und es wird!«[22]

Das Programm der Deutschen Friedensgesellschaft von 1897 nannte neben der Überwindung nationaler Vorurteile und Leidenschaften durch mannigfaltige und intensive Beziehungen zwischen den Völkern zwei konkrete Schwerpunkte, um im Verhältnis zwischen den Nationen »an Stelle der Gewalt das Recht« zu setzen:

»Das Hauptmittel hierzu bildet das internationale Schiedssystem. Beginnend mit Schiedsgerichten für den einzelnen Fall . . . fortschreitend zu dauernden Schiedsgerichtsverträgen wird dieses System gekrönt werden durch die Errichtung eines ständigen internationalen Schiedsgerichtshofes, welchem die Staaten unter Wahrung ihrer Unabhängigkeit und Selbständigkeit sich freiwillig anschließen.

Eine bittere Frucht des bisherigen Zustandes ist der sogenannte bewaffnete Friede, in Wahrheit ein schleichender Krieg, der durch fortwährendes gegenseitiges und daher nutzloses Wettrüsten am Mark der Völker zehrt und die Beseitigung sozialer Mißstände und die Erfüllung der notwendigsten Kulturaufgaben in hohem Grade erschwert. Als notwendige Folge zunehmender innerer und äußerer Friedfertigkeit wird sich eine allmähliche möglichst gleichmäßige Verminderung der Rüstung aller Staaten ergeben, wodurch die erdrückenden Lasten erleichtert und die Gefahren vernichtender Völkerkriege abgewendet würden.«[23]

Mit diesem sehr vorsichtig formulierten Programm nahm die »Deutsche Friedensgesellschaft« bereits bekannte Vorstellungen der Friedensbewegung auf. Die bescheidenen Ergebnisse der Haager Friedenskonferenz vom Jahre 1899, die zwar die Einführung der fakultativen Schiedsgerichtsbarkeit – d. h. die freiwillige Anrufung eines Schiedsgerichts bei zwischenstaatlichen Streitfällen durch die betroffenen Staaten – vorsah, das Rüstungsproblem aber vertagte, führten zu einer Neubesinnung. Offensichtlich waren die Einführung der obligatorischen Schiedsgerichtsbarkeit und Abrüstungsmaßnahmen angesichts des bestehenden Zustandes zwischenstaatlicher Beziehungen nicht erreichbar. Hier liegt der Ansatzpunkt für die Bemühungen A. H. Frieds um eine überzeugende pazifistische Strategie, die ihn zum Begründer des »organisatorischen« Pazifismus machte.

Der Anspruch des von A. H. Fried entwickelten organisatorischen Pazifismus ist hoch: Er will nicht den Krieg als Symptom bekämpfen, sondern die Ursachen, die ihn hervorbringen, beseitigen. Diese Ursachen sieht er in der unzulänglichen Regulierung des Zusammenlebens der Staaten untereinander, in der Anarchie der zwischenstaatlichen Beziehungen. Den Krieg versteht er lediglich als »ein Symptom, das Ergebnis einer tieferliegenden Ursache. Er entsteht aus den noch nicht ganz organisierten Beziehungen der Staaten, aus der noch vorherrschenden zwischenstaatlichen Anarchie.«[24] Der ungeordnete Zustand der zwischenstaatlichen Beziehungen führe zu jener Nervosität, die »überhaupt das charakteristische Merkmal der internationalen Beziehungen unserer Zeit ist. Dieses Beobachten der Lebensbetätigung und Entwicklung der anderen, dieses ängstliche Erwägen der Einflüsse dieser Erscheinungen auf den eigenen Staat und das Streben, jene Lebensäußerung der anderen lahmzulegen, ihre Wirkungen vom eigenen Staat nach Möglichkeit abzuhalten und wenn dies nicht geht, sie mit Gewalt, das heißt durch Krieg abzulenken, zu unterbinden oder ganz zu vernichten, dieses kurzsichtige Lavieren und verzweifelte Umherblicken bildet den Inhalt unserer heutigen internationalen Politik, die Hauptbetätigung unserer modernen Diplomatie.«[25] Damit gelang A. H. Fried eine richtige Diagnose der europäischen Politik, die spätestens seit dem Krimkrieg (1856–1859) ihren Fundus an »gesamteuropäischer Solidarität« verloren hatte, bei der das Verhältnis der Großmächte untereinander »unter keinem anderen Gesetz mehr stand als dem eines immer stärker allein bestimmenden Ringens um Machtbehauptung und Machterweiterung« und in der die Sicherheit in Europa »entscheidend von dem subjektiven Verantwortungsgefühl der führenden Staatsmänner« abhing.[26] Diesen Zustand bezeichnete A. H. Fried nicht als »Friede« im pazifistischen Sinn, sondern als »kein Krieg« – eine Differenzierung, die den modernen Friedensbegriff vorwegnimmt. A. H. Fried wollte aber mehr als nur eine Diagnose seiner Zeit geben; er wollte nachweisen, daß der anarchische Zustand der zwischenstaatlichen Beziehungen in Widerspruch stehe zu den Gesetzmäßigkeiten des kulturell-zivilisatorischen Entwicklungsprozesses. Auf diesem hypothetischen Grundsatz baute A. H. Fried seine pazifistische Theorie auf. Den kulturell-zivilisatorischen Fortschrittsprozeß erkennt er im Wirken der Technik, die zur »Vereinigung der Kräfte, zur Teilung der Arbeitsleistung, damit zur Erhöhung der Arbeitswirkung und zur Gemeinsamkeit der Interessen« führe. Die technische Entwicklung gilt ihm als die Triebkraft des gesellschaftlichen Fortschritts, als »Schöpferin der Kultur – Kultur verstanden als Ordnung innerhalb der Menschheit; und Friede ist die Funktion der Kultur.«[27] In den weltweiten Ausdehnungen des Nachrichtenwesens, im Welthandel und im Verkehrswesen, in der Errichtung internationaler Büros und Institutionen sieht A. H. Fried die Tendenz, den »Kreis der Völker immer enger zu schließen und die getrennten Teile näherzubringen. Das Ganze strebt einem harmonischen Einklang zu.« Dagegen herrsche im politischen Verkehr zwischen den Staaten noch immer der »konservative Grundsatz, sich den neuen Forderungen nicht anzupassen, noch den Kleinbetrieb des Einzelstaates an Stelle des politischen Großbetriebes der Staatengesellschaft vorwalten zu lassen.«[28] Wiederum war die Diagnose richtig. Der Internationalismus gewann vor dem Ersten Weltkrieg in der Tat eine neue Qualität. Als technisch-adminstrativer, ökonomischer und kulturell-humanitärer Internationalismus bildete er eine gegenläufige Bewegung zu nationalistischen und imperialistischen Bestrebungen. Zwar gingen von Wirtschaft, Handel und Kapital trotz »protektionistischer Nationalwirtschaften und neomerkantilistischen Strebens nach Kolonien und Einflußsphären« pazifizierende Wirkungen aus; sie konnten sich jedoch nicht durchsetzen: »Der ökonomisch-kommerzielle Internationalismus ist daher je länger je weniger eine Macht, die den politischen Machttendenzen entgegenwirkt, sondern eine Kraft, die sich mit ihnen zusammenfindet.«[29] A. H. Fried dagegen sieht in der Verbreitung des Internationalismus die Auswirkung eines naturgesetzlichen Vorganges, der auch die Anarchie der zwischenstaatlichen Beziehungen notwendigerweise in eine geregelte Organisationsform transformieren werde. Er betrachtet die Durchsetzung der internationalen Organisation, die an Stelle der Macht die Herrschaft des Rechts setzt, als reale Grundlage der Friedensbewegung, die er wiederum als Konsequenz dieses objektiven Vorganges einordnet. Aus dieser Standortbestimmung ergibt sich folgende Definition von Wesen und Ziel der Friedensbewegung: »Die Friedensbewegung will die Erkenntnis eines durch die Naturgesetze bedingten Organisationsvorganges der Gesellschaft erwecken, um durch die bewußte Mitwirkung der Menschheit in der Richtung der natürlichen Entwicklung sie möglichst schnell zum möglichst höchsten Ertrag ihrer Arbeit gelangen zu lassen.«[30] Diese Wesens- und Zielbestimmung der

Friedensbewegung stimmt mit den evolutionstheoretischen Überlegungen B. von Suttners überein, wobei sie von A. H. Fried mit einem enormen statistischen Material untermauert und systematisch auf die Friedensbewegung bezogen werden. Es ist bezeichnend, daß in dieser Definition »Friede« als Ziel gar nicht mehr ausdrücklich genannt wird; er wird als Ergebnis der von A. H. Fried prognostizierten Entwicklung einfach vorausgesetzt. Das eigentliche Ziel, die Errichtung einer umfassenden Friedensordnung, wird eine Frage der richtigen Erkenntnis der weltgeschichtlichen Entwicklung, ein »Problem der geistigen Optik«. Die Aufgabe der Friedensbewegung reduziert sich darauf, das Sehvermögen der Zeitgenossen zu schärfen. Die Überzeugung, daß der Friede als Funktion und Ergebnis des weltgeschichtlichen Evolutionsprozesses sich von selbst einstellen werde, verführte A. H. Fried zu der Äußerung, die Friedensbewegung habe es nicht nötig, aktiv um Anhänger zu werben; der Pazifismus brauche lediglich abzuwarten, bis sich »die Richtigkeit seiner Ziele der großen Masse bemächtigt hat. Er nützt bis zu dem Tage, wo die Erkenntnis sich der Massen oder der Mehrheit ihrer Führer bemächtigt haben wird, die von ihnen unbewußt gelieferten Kräfte aus, um ihnen die von ihm gewollte Richtung zu geben.«[31] Der Pazifist verzichtet damit auf politische Arbeit; er wird zum Friedenstechniker.

Angesichts des anarchischen Zustandes der zwischenstaatlichen Beziehungen richtete A. H. Fried seine Kritik gegen die »Selbstgewalt und Selbstherrlichkeit« der souveränen Staaten. Er forderte die Weiterentwicklung der zwischenstaatlichen Beziehungen zu einem Staatenverbund, der zugunsten des gesamten gesellschaftlichen Interesses eine teilweise Preisgabe der Souveränität bedinge, dafür aber auch ein höheres Maß an Sicherheit und Wohlstand gewährleiste. Die Bildung einer »Staatengesellschaft« vollziehe lediglich nach, was sich im technisch-wirtschaftlichen und kulturell-humanitären Bereich bereits durchgesetzt habe. Dabei handelt es sich nach den Vorstellungen A. H. Frieds nicht um eine politische Organisation etwa in Form einer von ihm als utopisch bezeichneten Idee der »Vereinigten Staaten von Europa«, sondern um eine »soziale« Organisation: »Nicht zu einem Bundesstaat wird die zwischenstaatliche Organisation führen, mit einer politischen Zentralgewalt und Unterdrückung der Selbständigkeit eines jeden einzelnen. Um eine Genossenschaft selbständiger Staatengebilde wird es sich handeln, die ihre Souveränität freiwillig und nur um jenen Teil beschränken werden, der notwendig sein wird, um die gemeinsamen Interessen der neuen

Gesellschaft besser vertreten zu können. Aus der Überzeugung heraus, daß diese gemeinsamen Interessen sich täglich erweitern, die Aktionsfähigkeit eines jeden Staates infolge der wachsenden Interdependenz beschränkter wird, werden die Staaten sich zusammenschließen, gerade um ihre Selbständigkeit besser wahren zu können, die ihnen inmitten der zwischenstaatlichen Anarchie verloren ginge.«[32] Aus der wachsenden Zahl zwischenstaatlicher Abmachungen – wenn auch unterhalb der politischen Ebene –, aus der Zunahme der schiedlichen Beilegung zwischenstaatlicher Konflikte glaubte A. H. Fried die Anzeichen für eine neue Organisationsform der zwischenstaatlichen Beziehungen erkennen zu können.

Das Programm, das A. H. Fried der Friedensbewegung vorschlug, gliedert sich in zwei Hauptpunkte: 1. Schutz des Organisationsprozesses vor hemmenden Einflüssen der Gegenwart. Dazu zählen Abbau der nationalen Vorurteile, Förderung des Verständnisses zwischen den Völkern und Unterstützung des »geistigen« Verkehrs durch internationale Fachverbände, Wettbewerbe und Briefwechsel. 2. Ausbau des Organisationsprozesses durch Verbesserung des Nachrichten- und Verkehrswesens, durch Abbau von Handelshemmnissen. Eine große Bedeutung wird der Entwicklung des internationalen Rechts und der Schiedsgerichtsbarkeit zugesprochen. Auf politischer Ebene werden die Anpassung der Politik an die Entwicklung des Völkerrechts gefordert, die Einrichtung periodisch tagender Staatenkongresse und die Abschaffung der Geheimdiplomatie.[33]

Dagegen fehlt in diesem Programm die alte pazifistische Forderung nach Abrüstung. Das Rüstungsproblem ist für A. H. Fried nicht direkt lösbar, sondern – da es die augenfälligste und drückendste Folgeerscheinung der internationalen Anarchie darstelle – nur durch die Beseitigung der Ursachen, d. h. durch die Beseitigung der zwischenstaatlichen Anarchie. Solange die zwischenstaatliche Anarchie noch vorherrsche, spricht A. H. Fried den Rüstungsanstrengungen sogar eine positive Funktion zu, denn gerade »die Hypertrophie der Rüstungen ist es, die die Staaten zu Enthaltsamkeit von kriegerischen Unternehmungen nötigt und dadurch eine günstige Situation für die Entwicklung und Stärkung der internationalen Organisation schafft.«[34] Man kann in diesen Formulierungen eine Vorwegnahme der Abschreckungstheorie erkennen. In der Einbeziehung der Rüstungsproblematik in eine umfassende Theorie sieht Fried einen entscheidenden Unterschied zu der früheren, von ihm als »utopisch« bezeichneten Phase der Friedensbewegung. Andererseits ist jedoch nicht zu verkennen, daß die passive Haltung gegenüber der Rüstungsfrage im Ergebnis eher zur Rechtfertigung und Stabilisierung der bestehenden Praxis beitrug als zu ihrer Veränderung. Es war das Hauptanliegen von A. H. Fried, die Friedensbewegung durch eine in sich geschlossene Theorie auf eine realistische Grundlage zu stellen und sie vom Odium des Utopischen zu befreien. Dabei ging A. H. Fried von einer in vielem zutreffenden Analyse seiner Gegenwart aus. Sein Versuch allerdings, durch die Verbindung des empirischen Befunds mit dem Evolutions- und Fortschrittsdenken eine pazifistische Theorie zu entwickeln, das kollektive Verhalten von Menschen und die politischen Intentionen von Staaten einer wissenschaftlichen Rationalität zu unterwerfen, ist gescheitert. Gerade die Gleichsetzung des technisch-zivilisatorischen Fortschritts mit dem gesellschaftlich-sozialen Entwicklungsprozeß läßt außer acht, daß eine »Vervollkommnung des technisch-wissenschaftlichen Instrumentariums ... in sich keine Gewähr für eine Verwendung nach höheren Prinzipien als denen der Urhorde« enthält.[35] In A. H. Frieds pazifistischer Theorie zeigt sich eine spezifische Schwäche liberalen Denkens, das immer in Versuchung steht, Fortschritte auf Teilgebieten mit dem Fortschritt der Kultur insgesamt gleichzusetzen.[36] Auf dieser Gleichsetzung beruht die Friedsche Theorie, da sie von der unumgänglichen Anpassung der zwischenstaatlichen Organisation an den sich ausbreitenden Internationalismus unterhalb der politischen Ebene ausgeht. Zwar erweiterte die Zunahme der transnationalen Beziehungen auf kultureller, sozialer und vor allem technisch-wirtschaftlicher Ebene den Rahmen der Interaktionen im internationalen System; grundsätzlich aber behielt die Ebene staatlicher Politik »eine Eigenständigkeit, zumal die hier im Vordergrund stehende Frage nach Krieg und Frieden – wenn auch vorstrukturiert – durch staatliche Entscheidungen und Aktionen bestimmt wurde«.[37]

Bei allen Mängeln und Schwächen darf man nicht übersehen, daß in Deutschland mit der Theorie des organisatorischen Pazifismus erstmals der Versuch unternommen wurde, eine pazifistische Strategie zu entwerfen und zu begründen. Mit seinem theoretischen Entwurf kam A. H. Fried nicht nur einem breiten Bedürfnis innerhalb der Friedensbewegung entgegen; er erregte damit auch die Aufmerksamkeit wohlwollender Außenstehender. Das Programm der »Deutschen Friedensgesellschaft« vom Jahre 1905 nahm den Gedanken einer Neugestaltung der zwischenstaatlichen Beziehungen auf und erklärte die »Unterstützung aller Bestrebungen für Aufrichtung eines dauernden Rechtszustandes unter den Staaten durch die Weiterbildung des im Haag begründeten Rechtssystems, insonderheit durch Fortbildung der internationalen Organisation«.[38] Der größte – und auch bleibende – Erfolg der Theorie des organisatorischen Pazifismus liegt in seiner Auswirkung auf die deutsche Völkerrechtswissenschaft.

Mit berechtigtem Stolz hat A. H. Fried die erneuernde Wirkung seiner Theorie auf die Völkerrechtswissenschaft verzeichnet.[39] Im Gegensatz zur Völkerrechtswissenschaft in England und Frankreich begnügte sich die Völkerrechtswissenschaft in Deutschland unter dem Einfluß des Historismus damit, historisch-politische Fakten zu sammeln, zu registrieren und zu kommentieren; sie lehnte es ab, Probleme der internationalen Rechtsentwicklung unter normativen Gesichtspunkten zu diskutieren. Die deutsche Völkerrechtswissenschaft im 19. Jahrhundert war in Gefahr, eine lediglich deskriptive und damit perspektivlose Wissenschaft zu werden. Mitverantwortlich für diese Tendenz war die Tradierung des Hegelianischen Machtstaatsgedankens, der sich bei den Rechtshegelianern bis zur bedingungslosen Rechtfertigung der absoluten Gewalt des Staates als des höchsten Ausdrucks staatlicher Souveränität steigerte. Da eine solche Staatsauffassung die einzelstaatliche Souveränität allen völkerrechtlichen Vereinbarungen überordnet, kann sie an einer Wissenschaft, die sich mit Völkerrecht befaßt, nicht interessiert sein. So verstand sich die Völkerrechtswissenschaft in Deutschland als »eine der praktischen Politik immer mehr angepaßte Wissenschaft, die sich nicht mehr mit der Idee des Staates, sondern mit seinen realen Bedürfnissen auseinandersetzte. Die Machtvollkommenheit des Staates, die sich vor allem in dessen Souveränität nach außen widerspiegelt, wird bei den Rechtshegelianern zur leitenden Prämisse ihres Staatsdenkens.«[40] Die Theorie des organisatorischen Pazifismus und die Haager Konferenz von 1899 mit ihren Perspektiven auf eine Überwindung des souveränen Machtstaates gaben der deutschen Völkerrechtswissenschaft neue Impulse. Fragen und Probleme der transnationalen Institutionen, des Verhältnisses zwischen Internationalismus und einzelstaatlicher Souveränität, der Weiterentwicklung der Schiedsgerichtsbarkeit und der zwischenstaatlichen Kooperation drängten sich auf. Bei der Behandlung dieser Arbeitsgebiete durch fortschrittliche Völkerrechtswissenschaftler wie E. Schlief, H. Wehberg und W. Schücking ist der Einfluß der Friedschen Theorie offenkundig; umgekehrt wurde von ihnen die Bedeutung A. H. Frieds durchaus anerkannt. So bemühte sich W. Schücking, wenn auch ohne Erfolg, eine deutsche Universität zu finden, die bereit wäre, A. H. Fried die Würde eines Ehrendoktors der Staatswissenschaften zu verleihen. Diese Würde verlieh dann die holländische

Universität Leyden dem Begründer des organisatorischen Pazifismus und Friedensnobelpreisträger als »Anerkennung des Ihrer Arbeit innewohnenden, sehr wesentlichen, wissenschaftlichen Wertes«.[41]

H. Wehberg und W. Schücking wurden die wichtigsten Vertreter der vom organisatorischen Pazifismus beeinflußten Völkerrechtswissenschaft in Deutschland. Vor allem W. Schücking bemühte sich immer wieder, dem Internationalen Recht als Zweig der Rechtswissenschaft nicht nur Anerkennung zu verschaffen, sondern ihm auch eine zukunftweisende Arbeitsgrundlage zu geben: »Wenn man das Internationale Recht rein dogmatisch und historisch behandelt, würde man ihm seinen eigentlichen Boden entziehen. Die ökonomischen Fortschritte und in deren Gefolge die internationalen Beziehungen haben das Einzelleben der Staaten aufgehoben. Dürfen wir uns denn nun damit begnügen, nacheinander die Fortschritte des geltenden Rechts aufzuzeichnen, die durch die Gründung eines neuen Zweckverbandes der Staaten oder einer neuen Einrichtung internationaler Verwaltung gemacht sind? Muß sich nicht vielmehr die Rechtswissenschaft über das Wissen von den positiven Tatsachen erheben, im gegenwärtigen Zustand des internationalen Rechts und in seiner Entstehungsgeschichte die Keime für seine Zukunft sehen und seiner Entwicklung neue Ziele stecken?« Das Desinteresse im Internationalen Recht sah W. Schücking nicht nur als Versagen der deutschen Rechtswissenschaft, sondern auch im Gang der deutschen Geschichte begründet. Die Regelung seiner »verworrenen politischen Lage« habe Deutschland erst spät am internationalen Leben teilnehmen lassen, so daß »diese Fragen noch heute bei vielen Deutschen, selbst unter Juristen, kein Interesse erwecken«.[42] Die neuen Fragestellungen, denen sich ein kleiner Teil der deutschen Völkerrechtswissenschaft öffnete, lassen sich exemplarisch an der Literatur über die Haager Friedenskonferenz erkennen. A. H. Fried, H. Wehberg und W. Schücking ging es in ihren Arbeiten weniger um eine Würdigung der Ergebnisse der Haager Konferenzen als vielmehr um die Weiterentwicklung der erzielten Ansätze. So wurde aus der Tatsache, daß der Haager Konferenz von 1899 die Konferenz von 1907 folgte, der Gedanke der Periodizität internationaler Konferenzen entwickelt. Der Institution periodischer Staatskonferenzen sollte nach den Vorstellungen W. Schückings ein Weltparlament zur Seite gestellt werden. Vor allem rückte das Problem der Schiedsgerichtsbarkeit und seiner weiteren Ausgestaltung in den Vordergrund des Interesses. Man befaßte sich nicht nur mit der Ausweitung des fakultativen Schiedswesens in die obligatorische Schiedsgerichtsbarkeit; diskutiert wurde auch die Umwandlung des Völkerrechts in ein Recht, das nicht nur zwischenstaatliche Beziehungen regeln, sondern das auch dem Schutz des Privatmanns gegenüber dem Zugriff fremder Staatsgewalt dienen sollte.[43]

Die Theorie des organisatorischen Pazifismus mit ihren ausgeprägten mechanistisch-technokratischen und auch opportunistischen Zügen,[44] mit ihrer Vernachlässigung der ethisch-normativen Begründung für die Friedensarbeit stieß in den letzten Jahren vor dem Ersten Weltkrieg zunehmend auf Kritik. Zwar hat A. H. Fried mit der von ihm herausgegebenen Zeitschrift »Die Friedenswarte« die theoretische Diskussion innerhalb der »Deutschen Friedensgesellschaft« weitgehend beherrscht und auch innerhalb wie außerhalb der Friedensbewegung große Zustimmung gefunden. Dennoch darf nicht übersehen werden, daß in der praktischen, auf Mitgliederwerbung bedachten Tätigkeit der Friedensgesellschaft die ethisch-moralische Argumentation weitgehend im Vordergrund stand. Pazifistische Propagandisten wie F. Reuter, G. von Gizycki, R. Feldhaus und auch O. Umfrid haben in ihren Versammlungen und Vorträgen auf diese Form der Ansprache nicht verzichtet. L. Quidde rügte öffentlich, daß viele »in den wirtschaftlichen Tatsachen und Nützlichkeitserwägungen ... die alleinige Wahrheit und das alleinige Heil des Pazifismus« erblickten, und mit Nachdruck wies er auf »die unentbehrliche sittliche Fundamentierung des pazifistischen Programms« hin.[45]

L. Quidde wirkte innerhalb der Friedensgesellschaft als belebende und erneuernde Kraft, die sich jedoch infolge des Kriegsausbruchs nicht mehr voll entfalten konnte. Schon 1894 der Friedensgesellschaft beigetreten, betätigte er sich vor allem als ihr Vertreter im internationalen Rahmen. Seit 1901 war er Mitglied des Internationalen Friedensbüros in Genf; als bayrischer Abgeordneter gehörte er der Interparlamentarischen Union an. Auf den Weltfriedenskongressen trat er als Leiter der deutschen Gruppe auf; er bewährte sich als Organisator des Weltfriedenskongresses in München (1907). Im Frühjahr 1914 wurde er zum Vorsitzenden der Deutschen Friedensgesellschaft gewählt.

L. Quidde verband einen ethisch fundierten Pazifismus mit dem demokratisch-republikanischen Gedanken und entwickelte damit eine auch politisch überzeugende Konzeption. Pazifismus und Demokratie waren für L. Quidde, der sich der Wertphilosophie des Neukantianismus verbunden fühlte, Wertvorstellungen, die einander ergänzen. Seine liberal-demokratische Herkunft sowie Erkenntnisse aus historischen Studien über die spätmittelalterliche Landfriedensordnung führten ihn zu der Überzeugung, daß »auch in den internationalen Beziehungen in einem langsamen, immer wieder unterbrochenen und gestörten Prozeß das Recht an die Stelle der Gewalt treten werde, daß der Krieg schließlich ebenso überwunden sein werde wie einst die Fehde im späten Mittelalter«.[46] Im Gegensatz zu A. H. Fried und seiner Theorie vom »Selbstlauf« des zwischenstaatlichen Organisationsprozesses bestand L. Quidde darauf, daß Pazifismus »nicht nur eine Wissenschaft, auch nicht nur eine Interessenbewegung, sondern auch eine Willensrichtung in der Menschheit« sei. Die Verwandlung der Macht in Recht könne sich nicht allein durch schriftliche Verträge vollziehen; sie hänge vielmehr »von den dahinterstehenden Völkern ab, die den Willen zu dieser Umbildung zur Anwendung bringen wollen. Die Umbildung der Rechtsanschauungen der Nationen sei eine große Erziehungsarbeit, und darum sei die Friedensbewegung eine ethische Tätigkeit. Gleiches Recht und gleiche Moral wie für die einzelnen Menschen untereinander, so auch für die Beziehungen der Völker, das sei die Forderung. Das hätten die Massen durchzusetzen. Die Friedensgesellschaft wolle die Menschheit aufrütteln und Abscheu vor dem Kriege wecken. Sittlicher Abscheu vor dem Krieg sei die Grundlage der Friedensbewegung. Ohne Idealismus höre die Friedensbewegung auf, eine Bewegung zu sein.«[47] L. Quidde erinnerte an das Wort I. Kants, der Friede müsse »gestiftet«, d. h. gewollt und erkämpft werden. A. H. Fried verstand Frieden als eine Frage der »richtigen Optik« – für L. Quidde bedeutete Frieden eine ethische Verpflichtung und eine politische Aufgabe. Aus diesem Verständnis heraus entstand seine Anklageschrift »Der Militarismus im heutigen Deutschen Reich« (1893), die mit den Schriften W. Liebknechts zu den »eindrucksvollsten Beispielen der deutschen Militarismuskritik im Kaiserreich« gehört. Seine in die Form einer wissenschaftlichen Abhandlung gekleidete Satire »Caligula«, in der die moralische Degeneration monarchistisch gesinnter Völker gegeißelt wurde, die einen solchen Kaiser (wie Wilhelm II.) ertrügen, wurde »das erfolgreichste politische Pamphlet im kaiserlichen Deutschland.«[48] Die Einheit von Ethik und Politik, von Pazifismus und Demokratie waren die Kategorien, an denen L. Quidde sein Denken und Handeln ausrichtete.

Das politische Engagement L. Quiddes lag noch vor seinem Eintritt in die Deutsche Friedensgesellschaft. Bereits im Jahre 1881 organisierte er den studentischen Widerstand in Göttingen gegen die Antisemitenpetition von 1880, die auch H. von Treitschke unterschrieben hatte. Er wandte sich gegen die Diffamierung der Revolution von 1848 ebenso wie gegen die Diskriminierung der Sozialdemokratie. Im Jahre 1893 trat L. Quidde in die süddeutsche »Demokratische Volkspartei« ein, deren Abgeordneter im Bayerischen Landtag er von 1907 bis 1918 war. Er war der erste Pazifist, der sowohl innerhalb einer politischen Partei als auch innerhalb der Friedensbewegung Führungspositionen innehatte.

Als Demokrat, Republikaner und Pazifist wirkte L. Quidde im Deutschen Kaiserreich als ein »geradezu klassischer Außenseiter«[49] – wie auch die »Deutsche Friedensgesellschaft« im kaiserlichen Deutschland kaum mehr als eine Außenseiterrolle spielte. Die Bedeutung L. Quiddes besteht darin, daß er mit seiner Zusammenschau von Friede und Demokratie eine von der Sache her überzeugende Alternative zum Wilhelminischen Obrigkeitsstaat und dessen Machtpolitik entwickelte. Jedoch war das politische Gewicht der »Deutschen Friedensgesellschaft«, ihrer Verbündeten und Sympathisanten zu gering, als daß ihr alternativer Charakter hätte wirksam werden können. Andererseits beweist die teilweise hysterische, fast immer aber erbitterte Reaktion konservativ-reaktionärer Führungsschichten und ihrer Organisationen auf die Deutsche Friedensgesellschaft, daß die herrschenden Schichten die Herausforderung erkannten, die für sie allein schon in der Existenz einer organisierten Friedensbewegung lag.

2. Die organisatorische Entwicklung der Friedensbewegung

Die Initiative zur Gründung einer Friedensgesellschaft im Deutschen Reich ging – unter dem Eindruck des überwältigenden Erfolges des Romans »Die Waffen nieder!« – von B. von Suttner und ihrem in Berlin lebenden Landsmann A. H. Fried aus. Die Gründungsgeschichte der Deutschen Friedensgesellschaft ist ein instruktives Beispiel dafür, wie sich individuelle Aktivitäten mit tatsächlichen oder auch nur angenommenen Dispositionen verbinden, ohne daß man eine direkte gegenseitige Abhängigkeit erkennen kann.

Es wurde bereits erwähnt, daß die Entstehung der organisierten Friedensbewegung in Deutschland auch als eine Folge der internationalen Konsolidierung der Friedensbewegung in Amerika und in Europa verstanden werden muß. Diese Konsolidierung hatte ihren sichtbaren Ausdruck in den Weltfriedenskongressen und in den Konferenzen der Interparlamentarischen Union gefunden. Auf der III. Interparlamentarischen Konferenz in Rom (3.–7. November 1891) waren bereits 18 deutsche Parlamentarier anwesend, unter ihnen der Vizepräsident des Deutschen Reichstages K. Baumbach und die freisinnigen Abgeordneten M. Hirsch und Th. Barth. Am 14. Dezember 1891 bildete sich im Reichstag ein »Deutsches Komitee für Schiedsgericht und Frieden«, dessen Vorsitz K. Baumbach übernahm und dem sich etwa 60 vorwiegend freisinnige Abgeordnete anschlossen; unter ihnen standen die Abgeordneten Th. Barth, M. Hirsch und R. Virchow Überlegungen, eine deutsche Friedensgesellschaft zu gründen, durchaus aufgeschlossen gegenüber.[1] Nur kurze Zeit später, nach dem IV. Weltfriedenskongreß in Bern (22.–27. August) richteten Fr. Wirth (Frankfurt) und A. Richter (Pforzheim) einen »Aufruf an die Deutschen«, in dem sie die Gründung von Friedensorganisationen im Deutschen Reich forderten. Sie begründeten diese Aufforderung damit, daß »die Abstinenz der Deutschen, dort, wo man ihnen übel will, den denkbar schlechtesten Eindruck mache ..., daß man durch die Nichtbeteiligung des Deutschtums an der internationalen Friedensbewegung einen falschen Schluß auf den Geist zieht, der im deutschen Volk lebt«.[2] Die Zeit schien reif, und die Umstände schienen auch günstiger als früher zu sein für die Gründung einer pazifistischen Organisation im nationalen Rahmen.

Dieser Eindruck war in der Tat nach dem Rücktritt Bismarcks nicht ganz unberechtigt. Bismarcks Rücktritt ließ es als möglich erscheinen, daß sich jene Kräfte entfalteten, die »eine Politik des inneren Ausgleichs und der sozialen Versöhnung anstrebten und die bisher durch Bismarcks harte Kampfstellung gegen den Sozialismus und gegen den Parlamentarismus an der Entfaltung gehindert worden waren«.[3] Reichskanzler Caprivi (1890–1894) suchte bei seiner Politik des inneren Burgfriedens auch das Zentrum und die Linksliberalen heranzuziehen. Seine Initiativen zur Fortsetzung der sozialen Reform und die Nichtverlängerung des Sozialistengesetzes eröffneten die Möglichkeit für eine Annäherung zwischen Sozialdemokraten und Staat.

Andererseits aber entstand nach Bismarcks Sturz als »Hinterlassenschaft eines Cäsarismus ohne Cäsar« (H.-J. Puhle) an der Spitze ein Machtvakuum, das auch von Reichskanzler Caprivi nicht ausgefüllt werden konnte. Der Zerfall des konservativ-nationalliberalen Blocks im Reichstag von 1890 zwang die Regierung zur Suche nach wechselnden Mehrheiten. Diese Richtungslosigkeit der Regierungspolitik führte zu einer Sammlungsbewegung der nationalen Rechten und zur Bildung von Interessen- und Agitationsverbänden eines neuen Typs. Zu ihnen zählten u. a. der Alldeutsche Verband, der Deutsche Kriegerbund, der Deutsche Flottenverein, der Reichsverband gegen die Sozialdemokratie und der Wehrverein. Aber auch Interessenverbände, wie der Bund der Landwirte oder der Deutsch-Nationale Handlungsgehilfenverband, vertraten völkisch-nationale Positionen und trugen entscheidend zur Verhärtung der Fronten zwischen »rechts« und »links« und damit zur Polarisierung im politisch-gesellschaftlichen Leben bei. Den neuen Typus der Interessen- und Agitationsverbände nach 1900 kennzeichnen emotionale Appelle an die Öffentlichkeit und massive Propaganda, die Anwendung »neuer Agitationsformen und -techniken zur Mobilisierung der Massen« mit dem Ziel einer »ideologisch-demagogischen Steuerung«.[4] Gegen diese Massenmobilisierung von rechts stand als ungleiches Gegengewicht die politisch isolierte Sozialdemokratie. Da eine bürgerliche Friedensbewegung jedoch nicht mit einer Unterstützung durch die Sozialdemokratie rechnen konnte, mußte sie versuchen, sich aus eigener Kraft oder mit Hilfe von Verbündeten aus dem ihr noch am nächsten stehenden linksliberalen Lager durchzusetzen. Die Aussichten darauf waren nicht sehr gut, weil der Liberalismus als politische Kraft seit 1890 zunehmend an Gewicht verlor.[5]

Seit seinem Amtsantritt suchte Reichskanzler Caprivi den Verlust an politischer Sicherheit durch verstärkte Rüstungsanstrengungen zu kompensieren. Nachdem Caprivi bereits im Sommer 1890 eine Heeresverstärkung durchgesetzt hatte, forderte er im November 1892 erneut eine Verstärkung des Heeres um 80000 Mann. In der Auseinandersetzung um die neue Heeresvorlage im Parlament und in der Öffentlichkeit sah B. von Suttner allzu optimistisch den »herrlichsten Anlaß für einen Massenprotest«.[6] Zwar scheiterte die Heeresvorlage, aber nicht als Folge eines – im übrigen ausgebliebenen – Massenprotestes; sie scheiterte an der Ablehnung der Vorlage im Reichstag durch das Zentrum und die Liberalen. Die Auflösung des Reichstages am 6. Mai 1893 brachte die Spaltung der Deutsch-Freisinnigen Partei und damit eine entscheidende Schwächung des Linksliberalismus, also gerade jener politischen Richtung, von der eine Friedensbewegung noch am ehesten Unterstützung erwarten konnte. Der Aushöhlungsprozeß, dem der Linksliberalismus seit spätestens 1890 ausgesetzt war, mußte sich nachteilig auf die Entfaltungsmöglichkeiten einer pazifistischen Organisation im Deutschen Reich auswirken. Anders als die großen Interessenverbände und die Agitationsvereine, hinter denen wiederum politisch und wirtschaftlich einflußreiche Kräfte standen, konnte eine pazifistische Organisation kaum auf Unterstützung von außen rechnen. Die Friedensgesellschaft, so mußte A. H. Fried im Jahre 1902 feststellen, sei »keine Vereinigung, die ihren Mitgliedern direkte Vorteile bietet, wie etwa der Bund der Landwirte, wie die Konsumvereine oder Gewerkschaften, kaufmännische, gewerbliche und soziale Vereinigungen aller Art. Aus diesem Grund wird die Zahl der sich erklärenden Anhänger immer sehr gering sein...«.[7]

Die Gründungsphase der »Deutschen Friedensgesellschaft« fiel somit in eine Zeit des Übergangs, deren Umstände nur bei vordergründiger Betrachtung als günstig für die Gründung einer pazifistischen Organisation beurteilt werden können. Den direkten Anstoß zur Gründung der Deutschen Friedensgesellschaft bewirkte die Zeitungsmeldung, daß B. von Suttner als Gründerin der »Österreichischen Friedensgesellschaft« am Weltfriedenskongreß in Rom (1891) teilgenommen hatte; diese Nachricht bewog den schon seit längerer Zeit überzeugten Pazifisten A. H. Fried dazu, mit B. von Suttner Kontakt aufzunehmen, ihr die Gründung einer Friedensgesellschaft im Deutschen Reich und die Herausgabe einer pazifistischen Zeitschrift vorzuschlagen. Am 1. Februar 1892 erschien die erste Ausgabe der Zeitschrift »Die Waffen nieder!«, verlegt von der Verlagsbuchhandlung A. H. Fried und herausgegeben von B. von Suttner. Am 20. Dezember 1892 wurde die »Deutsche Friedensgesellschaft« offiziell in Berlin gegründet. Der Gründungsvorgang der »Deutschen Friedensgesellschaft« in seiner Verflechtung mit der internationalen Friedensbewegung, im Kontext der zwiespältigen politischen Situation im Deutschen Reich und ausgelöst durch die Kontaktaufnahme A. H. Frieds mit B. von Suttner, macht deutlich, daß die Entstehung der Deutschen Friedensgesellschaft nicht ausschließlich als spontane Aktion eines individuellen Willens verstanden werden darf; sie war allerdings auch nicht das Ergebnis einer langfristigen Planung.

Der Umstand, daß die Gründungsphase der Friedensgesellschaft mit der Auseinandersetzung um die Heeresvorlage Caprivis zusammenfiel, wirkte sich entgegen den Erwartungen B. von Suttners keineswegs als vorteilhaft für die Friedensgesellschaft aus. Zwar existierte der – allerdings stagnierende – Friedensverein in Frankfurt; auch erschienen seit 1890 mehrere pazifistische Veröffentlichungen von Männern mit einigem publizistischem und politischem Gewicht, darunter im Frühjahr 1892 die Abhandlung »Der Friede in Europa« von E. Schlief. Das änderte jedoch nichts daran, daß für einen

»Massenprotest« gegen die Heeresvorlage als massiven Werbeeffekt für die Deutsche Friedensgesellschaft alle Voraussetzungen fehlten. Deshalb setzte A. H. Fried seine Hoffnung auf die freisinnigen Parlamentarier, die sich aber – durch die Diskussion um die Heeresvorlage verunsichert – deutlich distanzierten: »Die Gründung der deutschen Friedensgesellschaft war nicht leicht. Sie fiel in die Zeit der großen Militärvorlage. Die freisinnigen Parlamentarier, auf die sich meine Hauptinoffnung gerichtet hatte, wollten für diese Gründung nicht öffentlich eintreten. Einzelne rieten mir sogar, von meinem Plan abzusehen.«[8] Immerhin konnte im November 1892 ein provisorischer Vorstand eingesetzt werden; es ist jedoch nicht gelungen, einen geeigneten Vorsitzenden zu gewinnen. Da man sich auf ein konkretes Programm nicht einigen konnte, wurde am 9. November 1892 ein »Aufruf an das deutsche Volk« veröffentlicht, der an die Erklärung der deutschen Teilnehmer des Weltfriedenskongresses in Bern (1891) erinnert und den pazifistischen Gedanken mit einem patriotischen Akzent versieht: »Von den Thronen der Herrscher und den Tribünen der Parlamente ertönen Worte des Friedens. Kein Volk will den Krieg...; aber ebenso stark wie der Wunsch nach Frieden bleibt die Furcht vor dem Kriege. Um diesen unerträglichen Zustand zu beseitigen, haben sich in allen gesitteten Ländern der Erde in den letzten Jahrzehnten Friedensgesellschaften gebildet, die allenthalben mächtig emporstreben: nach Tausenden zählen ihre Mitglieder. Deutschland allein, das sonst immer unter den Vorkämpfern für alle idealen Bestrebungen zu finden war, ist hier zurückgeblieben... Dadurch ladet das deutsche Volk den Schein auf sich, weniger friedliebend zu sein als andere Völker.«[9]

Der schleppende Anlauf der »Deutschen Friedensgesellschaft« hängt auch damit zusammen, daß bereits in der Gründungsphase Uneinigkeit über den Charakter der neuen Organisation bestand. A. H. Fried wandte sich zunächst an E. Schlief mit der Bitte um Mitarbeit, nachdem er dessen Buch »Der Friede in Europa« gelesen hatte. In diesem Buch hatte E. Schlief Vorschläge über die Schaffung einer europäischen Staatenorganisation mit dem Ziel einer europäischen Föderation entwickelt und das Problem der Friedenserhaltung und Friedenssicherung aus der Sicht des Völkerrechts dargelegt. A. H. Fried war zwar von der völkerrechtlichen Argumentation E. Schliefs beeindruckt, wollte aber den apolitisch-humanitären Charakter der neuen Friedensorganisation so lange gewahrt wissen, bis sie nach einer Zeit der Konsolidierung wagen konnte, mit einem »nur politischen Programm« breite Schichten der Bevölkerung zu gewinnen.[10] E. Schlief dagegen war nicht bereit, an einer »im wesentlichen unpolitischen humanitären Vereinigung, als welche die Friedensbewegung zunächst gedacht war, mitzuarbeiten. Er fürchtete, daß man damit in Deutschland praktisch nichts erreiche und befürwortete die Bildung einer politisch-pazifistischen Partei.«[11] Damit wurde bereits in der Gründungsphase der organisierten Friedensbewegung ein Grundproblem akut, das immer wieder aufbrechen sollte: ob die Friedensbewegung als autonome Gruppierung über die öffentliche Meinung in die politischen Parteien und gesellschaftlichen Verbände einwirken oder ob sie sich selbst als Partei konstituieren solle. Wenn sich die Friedensbewegung trotz aller Enttäuschungen immer wieder für den ersten Weg entschied, dann auch deshalb, weil sie – in der Tradition des aufgeklärten Bürgertums stehend – auf die Überzeugungskraft ihrer Ideale und die Gewinnung der öffentlichen Meinung baute. Von dieser Überzeugung ist auch der Aufruf »An das deutsche Volk« getragen: »Wir verfolgen diese Ziele mit praktischen Mitteln; von allen diesen Mitteln ist das mächtigste die öffentliche Meinung: wenn die Zahl der Mitglieder der Friedensgesellschaften erst so groß geworden ist, daß der Ausdruck ihres Willens der Ausdruck des Volkswillens ist, dann wird keine Macht imstande sein, einen Krieg zu entfesseln, dann, und nur dann wird auch die Furcht vor dem Kriege und mit ihr die Ursache der zur unerträglichen Last gewordenen Rüstungen verschwinden, unter der Europa seufzt.«[12] Die Entscheidung für den apolitischen und überparteilichen Charakter der Friedensgesellschaft wurde sicherlich auch mit Rücksicht auf die restriktive Vereinsgesetzgebung zumal Preußens getroffen; danach war eine organisatorische Zusammenfassung politischer Vereine ebenso verboten wie der Eintritt von Jugendlichen und Frauen in politische Vereine. Gewichtiger dürfte aber die humanitär-aufklärerische Friedenskonzeption B. von Suttners und ihrer Freunde gewesen sein, die zu Beginn des 20. Jahrhunderts durch die Theorie des »Organisatorischen Pazifismus« A. H. Frieds ergänzt wurde. Diese humanitär-aufklärerische Friedenskonzeption stimmt mit dem Selbstverständnis einer gegen Ende des 19. Jahrhunderts verbreiteten materialistisch-positivistischen bürgerlichen Reformbewegung überein, deren Basis eben nicht eine Partei, sondern nur der Verein sein konnte. Als einer der ersten Vereine solcher Prägung wurde 1881 der »Deutsche Freidenkerbund« von L. Büchner gegründet. Bedeutsamer war die Gründung der »Deutschen Gesellschaft für Ethische Kultur« durch W. Foerster kurz vor Gründung der Friedensgesellschaft und im Jahre 1906 die Gründung des »Deutschen

Monistenbundes«. Ähnlich wie die Friedensgesellschaft verstand sich auch der Monistenbund als eine überparteiliche Organisation; Parteipolitik ist nach seiner Satzung ausgeschlossen, um »Leidenschaft und Vorurteil in der Behandlung politischer Probleme« auszuschließen. Die Vorstellung, politische Probleme nur durch eine überparteiliche und interessenunabhängige wissenschaftliche Methode ersetzen zu können, schien dem Monistenbund »nicht nur erlaubt, sondern höchst notwendig. Denn erst wenn die monistisch Denkenden dahin gelangt sind, die monistische oder wissenschaftliche Denkweise auch auf die Untersuchung politischer Fragen anzuwenden, wird unsere Bewegung imstande sein, ... eine führende Rolle zu übernehmen.«[13] Diese Auffassung kam nicht nur dem wissenschaftsgläubigen Weltbild B. von Suttners entgegen, sondern entsprach in geradezu frappierender Weise auch der technokratischen Friedenskonzeption A. H. Frieds. Die Gründung dieser philosophischen Vereine und – wie ergänzt werden muß – auch der Friedensgesellschaft ist die Folge »einer sich verschärfenden Entfremdung zwischen dem emanzipierten Fortschrittsbewußtsein öffentlich interessierter Bürger positivistisch-wissenschaftlicher Bildung einerseits und einem Staat andererseits, der seine Herrschaft auf ideologische Traditionen und Überzeugungen stützt, die historisch allzuweit hinter die Aufklärungswirklichkeit jener bürgerlichen Gesellschaft zurückreichen, die seine materielle Substanz ist.«[14] Aus dieser gemeinsamen Grundhaltung erklärt sich auch das starke Gewicht, das die philosophischen Vereine in der Friedensgesellschaft in Norddeutschland darstellten. Von den 16 Gründungsmitgliedern, die den Gründungsaufruf der Friedensgesellschaft unterzeichneten, waren sechs zugleich Mitglieder der Ethischen Bewegung (unter ihnen auch der Vorsitzende der »Deutschen Gesellschaft für Ethische Kultur« W. Foerster), vier waren zugleich Mitglieder der Bodenreformvereinigung »Allwohlbund«, und die beiden Frauen kamen aus der bürgerlichen Frauenbewegung. Die verschiedenen Reformvereine bedeuteten zwar eine wertvolle Unterstützung für die neugegründete Friedensgesellschaft, die in Preußen und vor allem in Berlin einen schweren Stand hatte; da diese Reformvereine jedoch selbst in einer »sektenhaften Isolation« (H. Lübbe) steckten, konnten sie kaum dazu beitragen, der Friedensbewegung zu einer breiteren sozialen Basis oder auch zu einer größeren gesellschaftlichen Anerkennung zu verhelfen. Auch verhinderten die zahlreichen Doppelmitgliedschaften einen intensiven Einsatz für die Friedensgesellschaft. Am 3. Dezember 1892 schrieb B. von Suttner an A. H. Fried: »Die Lässigkeit des Foerster und G(izycki) kann ich mir sehr gut erklären; sie sind mit ganzer Seele ›Ethik‹, und da kann man nichts Zweites leisten.«[15]

Die Unterschriften der beiden Frauen (M. Mellien, L. Morgenstern) auf dem Gründungsaufruf vom 9. November 1892 dokumentieren das Interesse, das die Friedensbewegung bei einem – jedoch sehr geringen – Teil der bürgerlichen Frauenbewegung fand, die ebenfalls in den neunziger Jahren ihre erste Aufschwungsphase verzeichnen konnte. Im Jahre 1893 gründete R. Mayreder (1858–1938) den Allgemeinen Österreichischen Frauenbund, und H. Lange (1848–1930) schloß die im Deutschen Reich bestehenden Frauenvereine im Dachverband »Bund Deutscher Frauenvereine« zusammen. B. von Suttner hatte sich schon in ihren »Zukunftsvorlesungen« (1889) für die Emanzipation der Frau eingesetzt und die Überzeugung ausgesprochen, daß in einer Gesellschaft, in der das Recht des Stärkeren überwunden und die Gleichstellung der Frau erreicht wären, Kriege nicht mehr stattfänden. Dennoch teilte sie nicht die weitverbreitete Illusion, daß Frauen von Natur aus »dem Kriege abhold sind. – Nein, nur die fortschrittlich Gesinnten sind es, die die Kraft haben, sich von dem Banne tausendjähriger Institutionen zu befreien, und zugleich die Kraft aufbringen, dieselben zu bekämpfen.«[16] Diese realistische Auffassung bestätigte das Verhältnis des Bundes Deutscher Frauenvereine zur Friedensgesellschaft. Im ersten Jahrgang der Zeitschrift »Die Frau« 1893/94 wurde zwar eine biographische Skizze über B. von Suttner gedruckt; zwischen 1893 und 1914 berichtete das Organ der bürgerlichen Frauenbewegung jedoch nur ein einziges Mal über die Friedensbewegung in Deutschland. Der Bund Deutscher Frauenvereine hatte den Grundsatz politischer Neutralität in sein Programm aufgenommen und auf konkrete politische Forderungen verzichtet; damit ordnet er sich in die bürgerliche Reformbewegung des späten 19. Jahrhunderts ein. Spätestens um die Jahrhundertwende aber gab er seine neutrale Haltung auf und unterstützte das Tirpitzsche Flottenbauprogramm.[17]

Wenn auch nur verschwindend wenige Mitglieder des »Bundes Deutscher Frauenvereine« – der Bund zählte im Jahre 1901 bereits 70000 Mitglieder – in die Friedensgesellschaft eintraten, so bildeten sie doch innerhalb der kleinen Friedensgesellschaft – die im Jahre 1901 etwa 6000 Mitglieder hatte – eine relativ große Gruppe. Von den 400 Mitgliedern des Frankfurter Friedensvereins im Jahre 1911 waren über 20 Prozent Frauen; unter den 25 Mitgliedern der Stuttgarter Geschäftsleitung der Friedensgesellschaft waren sieben Frauen.[18] Auf dem VII. Deutschen Friedenskongreß in Kaiserslautern wurde innerhalb der Friedensgesellschaft eine Frauen-Friedensorganisation gebildet, die sich ein eigenes Arbeitsprogramm gab: »Allmähliche Umwandlung des heute im Völkerleben geltenden Gewaltsamkeitssystems, welches zum großen Teil die soziale Unordnung und Verelendung bedingt, in eine sittliche Rechtsordnung unter Mitwirkung der Frauen.« Schwerpunkt sollte die Erziehung zum Frieden sein.[19]

Schon die Tatsache, daß die Friedensgesellschaft von einer Frau mitbegründet wurde, gab dem Schriftsteller F. Dahn willkommene Gelegenheit, in einem Gedicht aus dem Sommer 1892 die ganze Friedensbewegung zu verunglimpfen:[20]

> »An die männlichen und weiblichen Waffenscheuen
> (Gegen das »Die Waffen nieder!« von Bertha von Suttner)
>
> Die Waffen hoch! Das Schwert ist Mannes eigen!
> Wo Männer fechten, hat das Weib zu schweigen.
> Doch freilich, Männer gibts in diesen Tagen –
> Die sollten lieber Unterröcke tragen.«

Der relativ hohe Anteil von Frauen in der Mitgliedschaft der Friedensgesellschaft hatte für das Erscheinungsbild der Friedensgesellschaft in der Öffentlichkeit eher abträgliche Folgen. Geschickt oder auch plump nutzten die Gegner der Friedensbewegung das klischeehafte Vorurteil eines weichlich-weiblichen Pazifismus; sie stellten ihm die ebenso klischeehafte, von der Gesellschaft des Kaiserreichs aber weitgehend akzeptierte Gleichsetzung von Männlichkeit und Kriegsbejahung gegenüber.

Während sich die Friedensgesellschaft im Norden und Osten Deutschlands nur unter großen Schwierigkeiten behauptete, konnte sie im Südwesten Deutschlands beachtliche Erfolge erzielen. Das politische Klima zumal in Württemberg und Baden »mit seinen landständischen Traditionen, dem Prinzip der Selbstverwaltung und Dezentralisation sowie der Tradition der genossenschaftlichen und republikanischen Verfassungen kam den fortschrittlichen Ideen und Bewegungen entgegen und fand seinen Niederschlag in der freiheitlichen Praxis des Herrschaftssystems«.[21] Im Jahre 1913 lagen von knapp 100 Ortsgruppen lediglich neun Ortsgruppen östlich der Elbe, dreizehn Ortsgruppen in Preußen; 78 Ortsgruppen befanden sich im übrigen Deutschland. Württemberg wurde mit etwa 40 Ortsgruppen das Kerngebiet der Friedensgesellschaft.

Die Voraussetzungen waren in Württemberg deshalb so günstig, weil hier die in der »Deutschen Volkspartei« gesammelten liberaldemokratischen Kräfte des südwestdeutschen Bürgertums besonders stark waren. Die »Deutsche Volkspartei«, die sich in ihrem Programm von 1895 als eine »Partei des Friedens« vorstellte, einen »Friedens- und Freiheitsbund der Völker« forderte und für die Einrichtung internationaler Schiedsgerichte und allgemeinen Rüstungsabbau eintrat,[22] erreichte bei den Wahlen in Württemberg zwischen 1898 und 1907 einen Landesdurchschnitt von 26 Prozent (bei 400000 Wahlberechtigten).[23] Da die Friedensgesellschaft im Jahre 1907 nicht einmal 7000 Mitglieder zählte, kann sie dennoch unter den über 80000 Wählern der »Deutschen Volkspartei« nur einen verschwindend geringen Teil dieser Wähler als Mitglieder gewonnen haben. Dabei muß man sicherlich beachten, daß eine Gegenüberstellung von Wählern der »Deutschen Volkspartei« und der Mitgliederzahl der Friedensgesellschaft nicht unproblematisch ist. Es ist sicherlich ein großer Unterschied, ob man eine Partei mit pazifistischen Teilzielen wählt oder ob man sich zum Eintritt in eine pazifistische Organisation entschließt. Es gibt jedoch einen weiteren Hinweis darauf, daß es der Friedensgesellschaft auch unter günstigen Bedingungen nicht gelungen ist, einen größeren Durchbruch zu erzielen. Im Unterschied zu der zurückhaltenden, meist ablehnenden Haltung der protestantischen Kirchen in den Ländern des Reiches gegenüber der Friedensgesellschaft gehörten im Reichsland Elsaß-Lothringen relativ viele Theologen der Friedensgesellschaft an oder standen ihr doch nahe. Auch Kirchenzeitungen wie der »Evangelisch-protestantische Kirchenbote für Elsaß-Lothringen« und seit 1907 auch das »Elsäßisch-Evangelische Sonntagsblatt« unterstützten die Friedensgesellschaft.[24] Elsässisch-lothringische Pfarrer predigten gegen den kriegerischen Geist und verzichteten auf die theologische Begründung einer politischen Staatsethik. Ein großer Teil des Protestantismus in Elsaß-Lothringen befürwortete »alle Formen der Friedensarbeit und ihre Träger, zumal man auch aufgrund der eigenen Situation Problemen von Minderheitsoppositionen aufgeschlossen gegenüberstand, und kritisierte, soweit es die eigene abhängige Lage erlaubte, jeglichen reichsdeutschen Nationalismus, Patriotismus, jeden militärisch-wirtschaftlichen Expansionsdrang und eine entsprechende Rüstungspolitik als ernsthafte Friedensgefährdung.«[25] Im Jahre 1910 wurden im Anschluß an eine Vortragsreise O. Umfrids, des stellvertretenden Vorsitzenden der Friedensgesellschaft, in Straßburg und Mühlhausen Ortsgruppen der Friedensgesellschaft gegründet. O. Umfrid selbst erinnerte sich dankbar an die »lebhafte Teilnahme und das warme Entgegenkommen« elsässischer Pfarrer und führte die Offenheit gegenüber der Friedensgesellschaft auf die leidvollen Erfahrungen aus dem deutsch-französischen Krieg von 1870/71 zurück.[26] Dennoch scheint es zu keinen systematischen Aktionen gekommen zu sein, um die zweifellos vorhandenen Sympathien gegenüber der Friedensbewegung in eine bewußte Parteinahme durch den Eintritt in die Friedensgesellschaft einmünden zu lassen. Angesichts der relativ bescheidenen Erfolge der Friedensgesellschaft auch in Württemberg und in Elsaß-Lothringen – lediglich von der Ortsgruppe in Straßburg wissen wir, daß sie sehr aktiv war – stellt sich die Frage nach der Organisationskapazität der Friedensgesellschaft.

Betrachtet man die organisatorische Entwicklung der Friedensgesellschaft, dann fällt ein schnelles Wachstum der Ortsgruppen in den Jahren 1893–1898 auf:[27]

1893 = 66 Ortsgruppen	1897 = 55 Ortsgruppen
1894 = 12 Ortsgruppen	1898 = 65 Ortsgruppen
1895 = 25 Ortsgruppen	1899 = 69 Ortsgruppen
1896 = 42 Ortsgruppen	1902 = 73 Ortsgruppen

Nach dieser Wachstumsphase – die Friedensgesellschaft zählte etwa 6000 Mitglieder – trat eine Stagnation ein, die wohl durch den Tod von F. Wirth am 16. Mai 1897 ausgelöst wurde. Eben der unermüdlichen Aktivität F. Wirths, des Vorsitzenden des Frankfurter Friedensvereins, hatte die Friedensgesellschaft in erster Linie ihre Ausbreitung zu verdanken. Auf zahlreichen Einzelreisen und einigen längeren Agitationsreisen mit seinen Freunden H. Rößler (Frankfurt), R. Reuter (Naumburg), A. Richter (Pforzheim) und R. Feldhaus (Königsberg) gründete er zwischen 1893–1896/97 dreiunddreißig Ortsgruppen. Im Frühjahr 1896 unternahm er mit A. Richter und R. Reuter eine Agitationsreise nach Rheinhessen und in die Pfalz, im Juli 1896 mit R. Feldhaus in das Rheinland und im März/April 1897 in das Frankenland. Fr. Wirth stand nach eigener Aussage mit »fast allen Städten in Verbindung«.[28] Frankfurt war nicht nur zum »Vorort« der Friedensgesellschaft für Süddeutschland, sondern auch zum faktischen Zentrum der Friedensgesellschaft in den neunziger Jahren geworden. Die Gründung von Ortsgruppen vollzog sich nach dem Muster des amerikanischen Pazifisten H. Pratt. A. H. Fried war von den Erfolgen F. Wirths so beeindruckt, daß er im Februar 1895 vorschlug, den Sitz der Friedensgesellschaft von Berlin nach Frankfurt zu verlegen. Dieser Vorschlag wurde deshalb abgelehnt, weil man mit Rücksicht auf das Ausland an Berlin als der Reichshauptstadt festhalten wollte. Gleichzeitig erhob F. Wirth schwere Vorwürfe gegen den Vorstand in Berlin: Er sei nicht aktiv und habe bisher noch keine einzige Ortsgruppe gegründet. Der Berliner Vorstand wehrte sich und warf F. Wirth umgekehrt »systematische Stimmungsmache gegen die anderen Herren des Vorstandes« vor. Daraufhin trat F. Wirth aus dem Vorstand der Friedensgesellschaft aus.[29] Erst nach dem Tod F. Wirths, als sich die Schwäche des Berliner Vorstandes immer wieder bestätigte, verlegte man im Januar 1900 den Sitz der Friedensgesellschaft nach Stuttgart. Hier bestand nicht nur die größte Ortsgruppe; die Stuttgarter Ortsgruppe hatte auch die Leitung des im Oktober 1899 gegründeten »Landesverband Württemberg« übernommen, zu dem sich 19 Ortsgruppen zusammengeschlossen hatten. Der Tod von F. Wirth, die fast gleichzeitig eintretende Stagnation und die bis 1900 eingetretenen Veränderungen zeigen, daß sich die Friedensgesellschaft seit 1897 in einer akuten Phase organisatorischer Schwäche befand. Diese Schwäche konnte noch einige Zeit dadurch überdeckt werden, daß das sog. »Zarenmanifest« vom 28. August 1898 und der Beginn der Ersten Haager Friedenskonferenz im Jahre 1899 zahlreiche Aktivitäten der Friedensgesellschaft auslösten.

Sowohl die internationale Friedensbewegung als auch die Interparlamentarische Union sahen in der Initiative des russischen Zaren eine Bestätigung ihrer Arbeit und unternahmen große Anstrengungen, die von Zar Nikolaus II. vorgeschlagene internationale Konferenz über die Einführung der Schiedsgerichtsbarkeit zur Beilegung zwischenstaatlicher Konflikte und zur Abrüstung bzw. Rüstungskontrolle zu propagieren. Die Begründung, die Zar Nikolaus II. seinem Konferenzplan zugrunde legte, mutet auch heute noch – ungeachtet der verschwiegenen realpolitischen Hintergründe – sehr modern an:

»Die finanziellen Lasten (sc. der Rüstungen) verfolgen eine steigende Tendenz und treffen die Volkswohlfahrt an ihrer Wurzel; die geistigen und physischen Kräfte der Völker, die Arbeit und das Kapital werden zum großen Teil von ihrer natürlichen Bestimmung abgelenkt und in unproduktiver Weise aufgezehrt ... Die nationale Kultur, der wirtschaftliche Fortschritt, die Erzeugung von Werten sehen sich in ihrer Entwicklung gelähmt und irregeführt ... Die wirtschaftlichen Krisen sind zum großen Teil hervorgerufen durch das System der Rüstungen bis aufs äußerste, und die ständige Gefahr, welche in dieser Kriegsmaterialsammlung ruht, macht die Heere unserer Tage zu einer erdrückenden Last, welche die Völker mehr und mehr nur mit Mühe tragen können.«[30]

Die internationale Friedensbewegung glaubte, die Initiative des Zaren als eine direkte Folge ihrer eigenen Tätigkeit werten zu können, und identifizierte sich ganz mit dem sog. »Zarenmanifest«. Wenn auch diese Annahme nur sehr bedingt und mit großen Einschränkungen richtig ist,[31] so beflügelte sie doch die internationale Friedensbewegung zu den ersten Massenaktionen ihrer Geschichte. In England fanden an 200 Orten öffentliche Versammlungen mit Tausenden von Menschen statt. Von München aus organisierte Frau M. Selenka eine internationale Bewegung von Frauen, die in über 560 Demonstrationen Resolutionen verfaßten; diese wurden dem Präsidenten der Haager Konferenz überreicht. Auch in Berlin hatte sich ein »Komitee für Kundgebungen zur Friedenskonferenz« gebildet, dem sich die linksliberalen Reichstagsabgeordneten A. Jacobsen, M. Hirsch, Th. Barth, R. Virchow, H. Ullstein, R. Morse und Prinz von Schoenaich-Carolath anschlossen. Während der Konferenzen hielt B. von Suttner im Haag regelrecht »Hof«; bei ihr trafen sich Pazifisten aller Länder, die zunächst mit großer Hoffnung, bald aber mit wachsender Besorgnis den Verlauf der Konferenz beobachteten. Gegenüber der öffentlichen Resonanz und Anerkennung, die B. von Suttner und ihre Freunde fanden, ließ Graf Münster, Erster Delegierter des Deutschen Reiches bei der Haager Konferenz, seiner Abneigung in einem Privatbrief an Reichskanzler von Bülow hemmungslosen Lauf: »Die Konferenz hat das schlechteste politische Gesindel der ganzen Welt hierher gezogen, Zeitungsschreiber schlechtester Sorte wie Stead, getaufte Juden wie Bloch, Friedensweiber wie Frau von Suttner . . ., Frau Salenko (sic!) usw. . . . Dieses ganze Gesindel (Jungtürken und Armenier arbeiten auch mit, auch Sozialisten sind dabei) arbeitet ganz offen unter russischer Protektion. Stead, den ich vor über 20 Jahren als bekannten bezahlten russischen Agenten kannte, leitet die ganze Preßkampagne hier, in Belgien und namentlich in England.«[32] Erschreckend an diesem Brief ist die Skala von Vorurteilen und die Intoleranz gegenüber Minderheiten und Andersdenkenden.

Die Haager Friedenskonferenz verschaffte der Friedensgesellschaft im Deutschen Reich erstmals auch in breiteren Kreisen größere Beachtung, die jedoch nicht zu einem Zuwachs an Mitgliedern führte. Der negative Ausgang dieser Konferenz hat die Attraktivität der Friedensgesellschaft nicht erhöht. Es wäre jedoch falsch, diesen negativen Ausgang für die Stagnation der Friedensgesellschaft verantwortlich zu machen; die Wachstumskrise ist bereits im Übergang vom Jahre 1898 zum Jahr 1899 erkennbar. Allerdings wurde die

Wachstumskrise von 1898/99 dadurch verschärft, daß das Scheitern der Haager Konferenz auch die ideologisch-programmatische Krise der Friedensgesellschaft offenlegte. Beide Krisen stehen am Ende der Wachstumsphase zwischen 1893 und 1898/99.

Der »Landesverein Württemberg« (1899) wurde aus der richtigen Erkenntnis heraus gegründet, daß »ein engerer Zusammenschluß zwischen den einzelnen Ortsgruppen hergestellt« und eine »engere Organisation« geschaffen werden mußten, um die »Zersplitterung der Mittel zu verhindern und die Kraft der Propaganda zu erhöhen«.[33] Dennoch wurden auch unter der Führung der Stuttgarter Ortsgruppe aus dieser Erkenntnis keine Konsequenzen für die Organisation der Friedensgesellschaft als ganzer gezogen. Die lockere Organisationsstruktur der Friedensgesellschaft blieb unangetastet, die Ortsgruppen blieben weiterhin autonom. Die Geschäftsführung unter A. Richter und dem Stuttgarter Ortspfarrer O. Umfrid hatte lediglich die Aufgabe, Material an die Ortsgruppen zu verteilen, die Resolutionen der Jahresversammlungen durchzuführen, die Verbandszeitschrift (seit 1909 unter dem Namen »Völker-Friede«) zu redigieren, Vortragstätigkeiten zu organisieren und die Friedensgesellschaft in der internationalen Friedensbewegung zu repräsentieren. Die Ortsgruppen mußten zwar ein Viertel der Mitgliedsbeiträge an die Zentrale abführen. Dennoch war der finanzielle Spielraum der Zentrale sehr eng, da der Mitgliedsbeitrag mit 1,50 RM pro Jahr sehr gering gehalten wurde und die Zentrale auch noch einen Teil ihrer Finanzmittel an das Internationale Friedensbüro in Bern abtreten mußte. Im Jahre 1913 konnte die Zentrale lediglich über 12600 RM verfügen.

Die Ortsgruppen blieben weitgehend sich selbst überlassen. Sie erhielten kaum Anregung und entfalteten auch nur sporadisch Aktivitäten; einige bestanden zudem lediglich auf dem Papier. A. H. Fried schätzte, daß höchstens ein Drittel der Ortsgruppen lebendig war, und O. Umfrid verglich die Ortsvereine mit schläfrigen Kirchengemeinden, die der Predigt ihrer Pfarrer kopfnickend zuhören, aber ansonsten passiv bleiben.[34] Andererseits war es dem Engagement einzelner Ortsgruppenvorsitzender zu verdanken, wenn sich Ortsgruppen in Hamburg, Frankfurt, Stuttgart, Wiesbaden, München oder Königsberg günstig entwickelten. Die Last der überregionalen Werbe- und Agitationstätigkeit ruhte auf einigen wenigen Männern, die zudem ihre beruflichen Verpflichtungen erfüllen mußten. In welchem Ausmaß die Entwicklung der Friedensgesellschaft von dem persönlichen Engagement dieser wenigen Männer abhing, wird daraus ersichtlich, daß F. Wirth mehr als dreißig Ortsgruppen und O. Umfrid etwa zwanzig Ortsgruppen gründeten (im Jahre 1914 bestand die Friedensgesellschaft aus insgesamt 98 Ortsgruppen). Bei einer solchen Organisationsstruktur und unter solchen Bedingungen war die Friedensgesellschaft gar nicht in der Lage, günstige Umfelder mit einer potentiell großen Anhängerschaft, wie sie etwa in Elsaß-Lothringen, in Württemberg und auch in Baden bestanden, systematisch zu umwerben. Noch weniger war die Friedensgesellschaft in der Lage, mit der Ausbreitung der großen Interessen- und Agitationsverbände der nationalistischen Rechten auch nur annähernd Schritt zu halten. Während die Friedensgesellschaft in ihren Werbungsmethoden die personale Aussprache praktizierte – sie kommt am deutlichsten im Gründungsvorgang neuer Ortsgruppen zum Ausdruck –, setzten die zentralistisch geführten Interessen- und Agitationsverbände gezielt massenwirksame Propagandamittel ein: Broschüren, Flugblätter und Informationsversammlungen, konzentrierter Einsatz von Funktionären, die in jährlichen Rednerkursen geschult wurden, perfekt organisierte Unterschriftensammlungen, Versammlungen und gesellige Veranstaltungen; sie hatten allerdings auch, im Gegensatz zur Friedensgesellschaft, die dazu erforderlichen Geldmittel. Der mitgliederstarke »Bund der Landwirte« – der nicht nur in organisatorischer Hinsicht als das extreme Gegenbeispiel zur Friedensgesellschaft verstanden werden darf – konnte im Jahre 1913 mehr als 140 »Wanderredner« einsetzen.[35] Dagegen nimmt sich der Einsatz von R. Feldhaus als einzigem »Wanderredner« mit über 600 Vorträgen bis zum Kriegsbeginn 1914 dürftig aus. Die hoffnungslose Unterlegenheit der Friedensgesellschaft gegenüber der geballten Propagandakraft nationalistischer Verbände erwies sich etwa, als beim Burenkrieg die pazifistische Propaganda zugunsten humanitärer Hilfe und einer schiedsgerichtlichen Lösung des Konfliktes zwar zunächst Erfolge aufweisen konnte, bald aber der anti-englischen Propaganda und der »Kriegsersatzbegeisterung« für die Buren unterlag.[36] Die Organisationsstruktur, die fehlenden Mobilisierungskanäle und die finanzielle Notlage machten eine kontinuierliche und systematische Propaganda unmöglich, so daß die Friedensgesellschaft geprägt war von einer kleinen aktivistisch-idealistischen Gruppe einerseits und großenteils inaktiven Gesinnungsgemeinschaften andererseits.

Die Friedensgesellschaft weist in ihrem Erscheinungsbild starke Ähnlichkeiten mit der innerparteilichen Organisation des Liberalismus vor dem Ersten Weltkrieg auf. Wie die Ortsgruppen der Friedensgesellschaft auch, waren die örtlichen Wahlkomitees der Liberalen nur lose untereinander verbunden, waren die Aktivitäten diskontinuierlich, lebten die »selbständigen örtlichen Wahlvereine vom lokalen Prestige der sie konstituierenden Honoratioren«. Der Liberalismus fußte auf dem »lokalen Prestige einer vorindustriellen Schicht von Honoratioren«, zumal von Richtern, kommunalen Beamten, Professoren, Rechtsanwälten und Redakteuren.[37] Eine Untersuchung über die soziale Zusammensetzung von 78 Vorstandsmitgliedern aus 20 Ortsgruppen der Friedensgesellschaft zeigt eine weitgehende Übereinstimmung mit der sozialen Struktur der Parteigremien des Linksliberalismus.[38] Den größten Anteil an Vorstandsmitgliedern stellten Lehrer, Schriftsteller, Geistliche und Journalisten; die wirtschaftlich-technischen Berufe waren bezeichnenderweise nicht vertreten. Es folgten Beamte, kleinere Selbständige und Handwerker. Insgesamt war der Anteil an akademisch Gebildeten bei den Vorstandsmitgliedern der Ortsgruppen »überproportional hoch«,[39] während die einfachen Mitglieder der Friedensgesellschaft überwiegend aus kleinbürgerlichen Kreisen kamen.[40] Allerdings waren – im Gegensatz zu den liberalen Parteigremien – unter den Vorstandsmitgliedern der Ortsgruppen der Friedensgesellschaft keine Professoren vertreten. Die Friedensgesellschaft konnte im wilhelminischen Bildungsbürgertum keine Anhänger gewinnen. Dieser Vergleich zwischen dem sozialen Profil des Linksliberalismus und der Friedensgesellschaft gewinnt erst dann seine Bedeutung, wenn man berücksichtigt, daß der Liberalismus mit seinem vorindustriellen Honoratiorencharakter immerhin auf einer langen historischen Tradition und Verwurzelung fußte und sich deshalb – wenn auch mit Einbußen – im Kern behaupten konnte. Die Friedensgesellschaft, ohne eine solche historische Verankerung, baute auf die gleiche vorindustrielle Schicht von Honoratioren als organisatorisches Gerippe und konnte schon deshalb den Notwendigkeiten und Anforderungen des industriellen Massenzeitalters nicht gerecht werden. Bereits zum Zeitpunkt ihrer Gründung im Jahre 1892 war die Organisationsstruktur der Friedensgesellschaft in diesem Sinn anachronistisch; der Hinweis auf den demokratischen Charakter dieser Organisationsstruktur ist zwar richtig, aber nicht hilfreich.

Die Friedensgesellschaft konnte ihre Wachstums- und ihre programmatisch-ideologische Krise im ersten Jahrzehnt des 20. Jahrhunderts überwinden. Nach 1902 erhöhte sich die Zahl der Ortsgruppen bis 1914 von etwa 70 Ortsgruppen mit ca. 6000 Mitgliedern auf 98 Ortsgruppen mit ca. 10000 Mitgliedern. Im Unterschied zu der

Wachstumsphase zwischen 1893 und 1898/99 fällt allerdings das Ungleichgewicht in der Zunahme der Ortsgruppen und der Mitgliederzahl auf. Das geringere Wachstum an Ortsgruppen und das vergleichsweise höhere Wachstum der Mitgliederzahlen deuten darauf hin, daß zwar die bestehenden Ortsgruppen ihre Mitgliederzahl vergrößern konnten, daß aber weniger Ortsgruppen als in der Phase zwischen 1893 und 1898/99 gegründet wurden. Dieser Befund läßt auf eine nachlassende Organisationskapazität der Friedensgesellschaft schließen.

Verglichen mit der Stärke der Friedensbewegung in Frankreich, England, den USA oder den skandinavischen Staaten, war die Friedensgesellschaft im Deutschen Reich eine recht kleine Organisation. Dennoch hat allein die Tatsache, daß sich im Deutschen Reich eine organisierte Friedensbewegung ausbreiten konnte, im Ausland Aufsehen erregt.[41] Umgekehrt war diese ausländische Resonanz für die Führer der Friedensgesellschaft, die in ihrem Vaterland viel Spott und Anfeindung ertragen mußten, von großer Bedeutung. Sie erlagen deshalb nicht selten der Versuchung, durch übertriebene Angaben über die Entwicklung der Friedensgesellschaft dem Ausland Eindruck zu machen. Dabei ging es den Vertretern der Friedensbewegung weniger um die Anerkennung ihrer persönlichen Leistung für die Friedensbewegung; sie wollten vielmehr beweisen, daß auch im Deutschen Reich der Friedensgedanke lebendig war. Die patriotische Einstellung der führenden Vertreter der Friedensbewegung in Deutschland wird aus der Aufforderung der deutschen Teilnehmer am Weltfriedenskongreß in Bern (1892) ebenso deutlich wie aus dem Aufruf »An das deutsche Volk« vom November 1893. Im Jahre 1895 erklärte F. Wirth, es sei von »größter Wichtigkeit, namentlich dem Ausland gegenüber, daß wir im deutschen Reich eine große Anzahl von Vereinen besitzen ...«.[42] So war es eine Anerkennung für die Friedensgesellschaft, daß im August 1897 der VIII. Weltfriedenskongreß in Hamburg unter dem Vorsitz von A. Richter und im Jahre 1907 der XVI. Weltfriedenskongreß in München unter dem Vorsitz von L. Quidde tagten. Während die politischen Repräsentanten dem Hamburger Weltfriedenskongreß nur geringe Aufmerksamkeit widmeten, wurden in München die Teilnehmer des Kongresses von Vertretern der Staatsregierung, der Provinzialregierung und der Stadt offiziell begrüßt. Schon im Sommer 1907 hatte L. Quidde als Vorsitzender der Münchner Ortsgruppe und Organisator des Kongresses zur propagandistischen Vorbereitung ein Ehrenkomitee aus über 100 Persönlichkeiten gebildet, dem u. a. der bayrische Ministerpräsident von Podewils und der Schriftsteller L. Thoma angehörten.[43] Die beiden Weltfriedenskongresse, die im Deutschen Reich abgehalten wurden, standen unter dem Eindruck der beiden Haager Friedenskonferenzen von 1899 und 1907. Es ist denkbar, daß insofern ein Zusammenhang besteht, als durch die Weltfriedenskongresse die pazifistische Propaganda für die Friedenskonferenzen gerade im Deutschen Reich unterstützt werden sollte. Zur propagandistischen Unterstützung der Zweiten Haager Friedenskonferenz hatte B. von Suttner bereits im Mai 1907 einen Kongreß der Friedensgesellschaften aus den Dreibundstaaten Deutschland, Italien und Österreich-Ungarn organisiert.[44]

Der Weltfriedenskongreß in München hat das Ansehen der Friedensgesellschaft innerhalb der internationalen Friedensbewegung gestärkt; der Münchner Kongreß ging in die – bisher noch ungeschriebene – Geschichte der Weltfriedenskongresse als Modellfall ein. Vor allem war er für L. Quidde als den verantwortlichen Organisator ein weiterer persönlicher Erfolg. L. Quidde, seit 1902 Mitglied des Internationalen Friedensbüros in Bern, galt schon seit dem Weltfriedenskongreß in Luzern (1905) als der führende Repräsentant der Friedensgesellschaft auf internationaler Ebene. Auf dem Luzerner Kongreß hatte er maßgeblich an der deutsch-französischen Annäherungsresolution mitgearbeitet und dafür den Dank des Doyens der französischen Friedensbewegung Fr. Passy entgegennehmen können. Noch kurz vor seinem Tod hatte Fr. Passy den Händedruck mit L. Quidde als den ersten ehrlichen Händedruck zwischen einem Deutschen und einem Franzosen seit 1870/71 bezeichnet. Als Repräsentant der Friedensgesellschaft in der internationalen Friedensbewegung löste L. Quidde den älteren A. Richter ab, der wie F. Wirth schon seit 1892 Mitglied des Berner Bureaus war und lange Zeit als der führende Vertreter der deutschen Friedensbewegung galt; das hohe Ansehen, das er im Ausland genoß, bezeugt seine Ehrenmitgliedschaft in der dänischen und ungarischen Friedensgesellschaft. L. Quidde und mit ihm E. de Neufville (seit 1907 Mitglied des Berner Bureaus) vertraten als Nachfolger A. Richters die Friedensgesellschaft in der internationalen Friedensbewegung. Da L. Quidde als Abgeordneter des Bayrischen Landtages auch Mitglied der Interparlamentarischen Union war, nahm er in der Friedensbewegung eine einzigartige Stellung ein.

Leichter als die Friedensgesellschaft hatte es die deutsche Gruppe der Interparlamentarischen Union, im Deutschen Reich Anerkennung zu finden. Sie verfügte über keine politische Macht, konnte aber auch nicht einfach ignoriert werden. Anders aber als andere nationale Gruppen der Union, distanzierte sich die Mehrheit der deutschen Interparlamentarier von der Friedensbewegung, also auch von der Deutschen Friedensgesellschaft. Herabsetzend sprach der Reichstagsabgeordnete und Interparlamentarier H. Pachnicke, der sich noch im Oktober 1892 dem Gründungskomitee der Friedensgesellschaft zu Verfügung gestellt hatte, vom »Friedenskongreß der sogenannten (sic!) Pazifisten, der keinen parlamentarischen Charakter trägt.«[45] Wie viele andere scheinen sich auch der Abgeordnete L. von Bar, den H. Wehberg in seine Sammlung »Führer der Friedensbewegung« aufgenommen hat, und M. Hirsch, der von 1896 bis 1898 Vorsitzender der Friedensgesellschaft war, nicht oder nicht mehr als »Pazifisten im engeren Sinn«, sondern nur als »Interparlamentarier« verstanden zu haben.[46] Die deutschen Interparlamentarier wollten sich von der Friedensbewegung dadurch unterscheiden, daß sie die »Würdigung des Wirklichen« für sich in Anspruch nahmen und der Friedensbewegung das Etikett des »Utopischen« zuschoben. Diese Methode blieb nicht ohne Erfolg. Nach der Tagung der Interparlamentarischen Union in Berlin im Jahr 1908 – deren Teilnehmer Reichskanzler von Bülow am 17. September im Reichstagssaal empfangen hatte – glaubte ein deutscher Völkerrechtswissenschaftler feststellen zu können: »Ihre (sc. der Interparlamentarischen Union) Beratungen tragen vermöge der öffentlichen Stellung ihrer Mitglieder einen besonderen Charakter, der in der stattlichen Reihe ihrer Sitzungsberichte in anziehender Weise zutage tritt, und der sie von den Weltfriedenskongressen und den zahllosen nationalen Vereinigungen und Gesellschaften ähnlicher Tendenz vorteilhaft unterscheidet... Es ist die Fortbildung der völkerrechtlichen Ordnung, welche die Union sich zum Ziel nimmt. Denn dies ist ja der wahre und berechtigte Kern der pazifistischen Bewegung, die eine Signatur unseres Zeitalters ist. Nicht um die Beseitigung des Krieges handelt es sich, um den ewigen Frieden, um die Aufrichtung einer höchsten supranationalen Autorität und ähnliche Traumgebilde...«.[47] Trotz aller Distanzierungsversuche von der Friedensbewegung erreichte auch die deutsche Gruppe der Interparlamentarischen Union nicht die Stärke der Vertretungen anderer Parlamente in der Union, die zudem an der Zugehörigkeit der Interparlamentarischen Union zur Friedensbewegung festhielten. Mit 157 Mitgliedern blieb die deutsche Gruppe selbst hinter kleineren Staaten wie Dänemark mit 197 Interparlamentariern zurück.

Eine Distanzierung von der Friedensgesellschaft ist auch bei dem

1911 gegründeten »Verband für internationale Verständigung« zu beobachten.[48] Die Anregung zu seiner Gründung ging ursprünglich von A. H. Fried aus, der den zunehmenden kleinbürgerlichen Charakter der Friedensgesellschaft und die »Vereinsmeierei der bestehenden Friedensgesellschaften« beklagte. Durch die Gründung einer zweiten pazifistischen Organisation wollte er vor allem gesellschaftlich einflußreiche Persönlichkeiten, wie angesehene Wissenschaftler, Vertreter aus Wirtschaft und Politik, sammeln, die weder der Interparlamentarischen Union angehörten noch »den Friedensgesellschaften sich anschließen wollten«.[49] Vor Gründung des Verbandes hatte jedoch der Völkerrechtswissenschaftler und spätere Verbandsvorsitzende O. Nippold den Pazifisten A. H. Fried überspielt, so daß A. H. Fried schon bei der Konstituierung des Verbandes am 11. Juni 1911 befürchtete, der Verband könnte seinen pazifistischen Ursprung verleugnen. Er erinnerte daran, daß er den Verband als »eine Art Oberhaus für die Friedensbewegung« konzipiert hatte. O. Nippold grenzte aber bereits auf der konstituierenden Sitzung den Verband eindeutig von der Friedensgesellschaft ab: Der Verband wolle nicht »gegen den Krieg aus ethisch-humanitären Rücksichten kämpfen«, sondern nur praktisch-politisch arbeiten; er wolle deshalb auf »gewisse Forderungen, wie die Errichtung eines Weltstaates oder die Abrüstung«, verzichten, sich in der Methode von den Friedensgesellschaften unterscheiden und sich deshalb »in der Zahl der Kundgebungen« beschränken.[50] Diese Abgrenzung wird auch aus der Satzung erkennbar. Als Zweck des Verbandes wird die Verbreitung des Verständnisses »für die Bedeutung gegenseitig förderlicher Beziehungen ... namentlich für die Fragen und Probleme des Völkerrechts« erklärt. Ausdrücklich betont der Verband seine Neutralität gegenüber »Fragen der inneren Politik« und lehnt damit jedes sozialpolitische und demokratiebezogene Engagement ab, das zumindest in Ansätzen von der Friedensgesellschaft vertreten wurde.[51] Die Beschränkung auf das Völkerrecht, der Verzicht auf Kritik am bestehenden System und die Distanzierung von der Friedensbewegung verbinden den »Verband für internationale Verständigung« mit den deutschen Interparlamentariern. In einem Bericht über die zweite Tagung des Verbandes (1913) begrüßte A. H. Fried zwar die Absicht, Intellektuelle und Politiker zusammenzuführen, um damit für die internationale Zusammenarbeit zu werben; er kritisierte jedoch den Versuch des Verbandes, die »Sache« so hinzustellen, als ob die Friedensgesellschaften nur idealistisch wirkten und gedankenlos einen »Frieden um jeden Preis fordern würden«.[52] In der kurzen Zeit seines Bestehens konnte der Verband bescheidene Erfolge erzielen. Zu den etwa 350 Mitgliedern des Verbandes gehörten prominente Persönlichkeiten wie Fr. Naumann, die Professoren A. und M. Weber, die Reichstagsabgeordneten K. Bachem (Zentrum) und G. Gothein (Fortschrittliche Volkspartei).

Die Zielsetzungen der deutschen Interparlamentarier und des »Verbandes für internationale Verständigung« zeigen, daß die Idee des Völkerrechts und der Gedanke der internationalen Organisation in der Vorkriegszeit an Bedeutung zunahmen; das ist nicht zuletzt das Verdienst A. H. Frieds. Andererseits zeigt sich in der Reduzierung des Friedensproblems auf völkerrechtliche Regelungen und in der Distanzierung von der Friedensbewegung eine bedenkliche Auswirkung der Friedschen Theorie des organisierten Pazifismus. Zudem wird in der Distanzierung beider Organisationen die gesellschaftliche Außenseiterrolle der Friedensgesellschaft im Deutschen Reich offenkundig.

3. Die Stellung der Friedensbewegung im gesellschaftlichen System des Kaiserreichs

Im Jahre 1873 zeichnete Fr. Nietzsche in der ersten seiner »Unzeitgemäßen Betrachtungen« ein Bild der öffentlichen Meinung im Deutschen Reich, das wohl weitgehend der Wirklichkeit entsprach: »Die öffentliche Meinung in Deutschland scheint es fast zu verbieten, von den schlimmen und gefährlichen Folgen des Krieges, zumal eines siegreich beendeten Krieges zu reden: um so williger werden aber diejenigen Schriftsteller angehört, welche keine wichtigere Meinung als jene öffentliche Meinung kennen und deshalb wetteifernd beflissen sind, den Krieg zu preisen und den mächtigen Phänomenen seiner Einwirkung auf Sittlichkeit, Kultur und Kunst jubilierend nachzugehen. Trotzdem sei es gesagt: Ein großer Krieg ist eine große Gefahr. Die menschliche Natur verträgt ihn schwerer als eine Niederlage... Von allen schlimmen Folgen aber, die der letzte mit Frankreich geführte Krieg hinter sich dreinzieht, ist vielleicht die schlimmste ein weitverbreiteter, ja allgemeiner Irrtum: der Irrtum der öffentlichen Meinung und aller öffentlich Meinenden, daß auch die deutsche Kultur in jenem Kampfe gesiegt habe... Dieser Wahn ist höchst verderblich: ...weil er imstande ist, unseren Sieg in eine völlige Niederlage zu verwandeln: in die Niederlage, ja Exstirpation des deutschen Geistes zugunsten des ›deutschen Reiches‹.«[1] Das öffentliche Bewußtsein war nach 1870/71 in einem erschreckenden Ausmaß auf Inhalte wie Macht und Armee fixiert; vor allem das Bildungsbürgertum, das als »kulturelle Elite« im wesentlichen die öffentliche Meinung bestimmte,[2] war der »Wirkung des Krieges« und der »monarchisch-militärischen Schaustellungsfolge« erlegen.[3] Ein großer Teil der Geisteswissenschaftler, unter ihnen zahlreiche Historiker, war von der Reichsgründung fasziniert und leitete zielstrebig die »Glorifizierung Bismarcks« ein. Aber auch die »mächtig aufstrebenden naturwissenschaftlichen und technischen Disziplinen bekannten sich vorbehaltlos zum Nationalstaat, der ihnen die erwünschten Entfaltungsmöglichkeiten gab. Sie profitierten unmittelbar von der explosiv einsetzenden wirtschaftlichen Expansion, weshalb sie, in ihrer Zielbestimmung von einem noch ungetrübten Fortschrittsglauben bestimmt, dem deutschen Nationalstaat zujubelten. Die Konsumliteratur verarbeitete begierig die eintretende Veränderung der politischen und wirtschaftlichen Verhältnisse, indem sie eine Vielzahl von Romanen, Erzählungen, Epen und Geschichten, die die öffentliche Meinung entscheidend beeinflußten, schuf.«[4] So haben beispielsweise die Autoren patriotischer Jugendschriften die »nationalen Stoffe immer gründlicher ausgenutzt«.[5] In den ersten Jahren nach der Reichseinigung dominierten noch Schilderungen und Erzählungen aus dem Krieg 1870/71. Bald schon wandte man sich historischen Stoffen zu, die ebenfalls darauf ausgerichtet waren, das Nationalgefühl »schon in der Jugend zu wecken und zu pflegen. Die Erzählungen bieten glänzende Beispiele deutscher Kraft und deutscher Tüchtigkeit, deutscher Treue und deutschen Gemüts...«.[6] Bemerkenswert ist der Wandel in der Darstellung des Krieges unter dem Einfluß des Sieges von 1870/71. Vor dem deutsch-französischen Krieg schilderte der Jugendschriftsteller G. Nieritz (1795–1876) Schlachten und Schlachtfelder ohne falsches Pathos und ohne Schönfärberei. In seiner Erzählung »Galeerensklaven« steht die Kriegslust in Gegensatz zum Christentum; in »Des Königs Leibwache« kritisiert er die Grausamkeiten des preußischen Kasernenlebens unter König Friedrich Wilhelm I. Nach dem Krieg von 1870/71 war eine solche kritisch-distanzierte Haltung für einen Jugendschriftsteller offenbar nicht mehr möglich. Ein zeitgenössischer Kritiker der Jugendliteratur stellte in Übereinstimmung mit Fr. Nietzsche fest: »Die ungeschminkte Darstellung der Kriegsgreuel ... und gar die ... offen ausgesprochene Verdammung kriegerischen Geistes ist unmöglich geworden. Eine

Schlacht ist in den neuen Jugendschriften wie ein Fest; hellauf lodern die Flammen der Begeisterung, der Freudentaumel des siegreichen Krieges wird kaum durch Tod und Not gedämpft.«[7] Seit den 90er Jahren fand die Kolonialpropaganda Eingang in die Jugendliteratur. Unter dem Pseudonym C. Falkenhorst veröffentlichte der Redakteur der »Gartenlaube« St. von Jezewski eine Serie »Jungdeutschland in Afrika« mit der Absicht, das Interesse an Deutschlands Kolonialbesitzungen zu wecken und zu pflegen und damit »zur Förderung der deutschen Kolonialbewegung beizutragen«.[8] Der Redakteur der Zeitschrift »Daheim« H. von Zobeltitz veröffentlichte Abenteuergeschichten, denen zugrunde liegt ein »handfester Chauvinismus, der das ›Deutschland, Deutschland über alles‹ nicht als Ausdruck gehobener Stimmung, sondern als ethnographischen, politischen und wohl gar als philosophischen Grundsatz« versteht.[9] Eine genaue Überprüfung der Jugendliteratur im Kaiserreich dürfte ergeben, daß der Übergang vom frühen Nationalismus zum aggressiven Imperialismus durchaus fließend ist. Die Jugendliteratur bemächtigte sich zunächst der »einheitsstiftenden Kraft« der Reichsgründung (H.-U. Wehler) als Thema, weitete bald ihr Interesse auf die ganze preußische und deutsche Geschichte aus, die sie an den Inhalten Macht, Krieg, Armee und Monarchie orientierte. Diese Bewußtseinsinhalte prägten nach 1870/71 zunehmend die öffentliche Meinung, und die Kritiker dieser Entwicklung waren »nicht in der Lage, sich gegen die Eruptionen nationaler Emotionen zu schützen«.[10]

In einem für die Frühphase der organisierten Friedensbewegung typischen Optimismus hoffte gleichwohl noch im Jahre 1897 der spätere Vorsitzende der Friedensgesellschaft O. Umfrid, die öffentliche Meinung für die Ziele der Friedensgesellschaft gewinnen zu können, sobald sie »den Glauben hat an die Erreichbarkeit unsres Ziels«. Freilich müsse sie dazu erst »erzogen« werden. Die Chancen beurteilte O. Umfrid als »nicht aussichtslos. Die öffentliche Meinung, welche wir gewinnen wollen, wird – wie ein Dornröschen – aus dem Schlaf gerüttelt. Sie wird einmal dem brausenden Strome gleich auch das eiserne Thor der republikanischen oder fürstlichen Kriegsherrlichkeit zersprengen. Sie ist eine Großmacht, wenn sie sich erhebt, um einen Fortschritt der Entwicklung anzubahnen.«[11]

Diese Hoffnungen hatten jedoch keinen Realitätsgehalt. Das Bildungsbürgertum, maßgeblicher Träger der öffentlichen Meinung, war für pazifistische Aufklärung unzugänglicher denn je. Es schloß sich in großer Zahl den antidemokratischen und antiparlamentarischen Zielsetzungen der nationalistischen Agitationsverbände an. Im

Alldeutschen Verein stellten im Jahre 1901 die bürgerlichen Berufe, wie Professoren, Dozenten, Künstler, Beamte und Lehrer, mit etwa 10000 Mitgliedern die Hälfte der Gesamtmitgliedschaft. Von den 18000 Mitgliedern der »Deutschen Kolonialgesellschaft« im Jahre 1893 waren 5500 Mitglieder Lehrer, Beamte, Geistliche, Gelehrte, Schriftsteller und Künstler. Wenn auch im »Deutschen Flottenverein« der Einfluß des Militärs, der Schwerindustrie und der Bürokratie stärker war, so nahmen doch Gymnasiallehrer und Professoren als Propagandisten eine exponierte Stellung ein. Es ist offensichtlich, daß gerade das Bildungsbürgertum, auf das die Friedensgesellschaft ihre größte Hoffnung setzte, sich besonders nachdrücklich mit der wilhelminischen »Weltpolitik« identifizierte.[12] Aber auch das Kleinbürgertum erlag einem »Gesinnungsmilitarismus«, wie die soziale Zusammensetzung der seit 1900 im »Kyffhäuserbund« zusammengeschlossenen Kriegervereine zeigt. Der Kyffhäuserbund war im Jahre 1913 mit fast drei Millionen Mitgliedern, die in etwa 32000 Vereinen organisiert waren, die größte Organisation im Kaiserreich. Die Kriegervereine konnten in »einem nicht zu unterschätzenden Maße die antisozialistischen Ressentiments« von Arbeitern, Handwerkern, Kleingewerbetreibenden, Privatangestellten, mittleren und unteren Beamten mobilisieren;[13] für den Heeresersatz enwickelten sie sich unter der Kontrolle der Regierung zu einem »patriotischen Bollwerk« gegen die Sozialdemokratie und gegen die pazifistische Propaganda.[14] Hinzu kamen die Einflüsse von einem »durch Erziehung und Heer, Presse und Literatur geförderten und schließlich gewissermaßen verselbständigten Nationalismus«.[15] Im Jahre 1914, kurz vor Ausbruch des Ersten Weltkrieges, mußte der Vorsitzende der Friedensgesellschaft O. Umfrid eingestehen, daß sich seine Hoffnung auf die Gewinnung der öffentlichen Meinung nicht erfüllt hatte. Dennoch hielt er fest: »Die Vernunft ist auf unserer Seite, darum sind wir unseres Sieges gewiß, so eisig kalt uns auch der Wind des öffentlichen Unverstandes, genannt ›öffentliche Meinung‹ entgegenweht. Wir wissen sehr wohl, daß es auf einen Akt des Glaubens ankommt, wenn man uns zustimmen soll. Aber der Glaube ist vernünftiger als der Unglaube, weil der erstere aufbaut, der letztere aber zerstört. Unser Glaube aber ist vernünftig, weil er der Glaube ist an den Fortschritt der Menschheit, also an eine Eigenschaft des menschlichen Wesens, die mit Naturnotwendigkeit ihre beglückende Wirkung übt.«[16] Das Eingeständnis, die öffentliche Meinung nicht gewonnen zu haben, muß schmerzhaft gewesen sein; war doch, wie E. Ducommun, Sekretär des Internationalen Bureaus, formulierte, der »allgemeine Gedanke der Friedensgesellschaften, daß vor allem daran gelegen ist, die öffentliche Meinung für die Ideen der Eintracht und Versöhnung zu gewinnen, damit zur Stunde, wo gewisse spinöse Probleme gebieterisch ihre Lösung verlangen, die Völker für die Wahl friedlicher Wege gewonnen seien.«[17]

Wenn die Friedensgesellschaft bei den bürgerlichen Parteien – Differenzierungen sind lediglich bei den kleinen linksliberalen Parteien angebracht – keine Resonanz fand, dann deshalb, weil die konservativen und nationalliberalen Parteien, die Deutschkonservative Partei, Freikonservative und Nationalliberale, praktisch ohne Vorbehalt das gesellschaftliche System und die Außenpolitik des Deutschen Kaiserreichs unterstützten. Abgesehen von der Deutschen Volkspartei, nahm nur die unbedeutende »Demokratische Vereinigung«, unter Führung von Th. Barth, H. von Gerlach und R. Breitscheid, Forderungen nach Abrüstung und Einführung der Schiedsgerichtsbarkeit in ihr Programm auf.[18] Auch die beiden großen Kirchen verhielten sich gegenüber der Friedensgesellschaft gleichgültig, meist sogar ablehnend. Beide Kirchen unterstützten das von der Armee seit 1890 entwickelte Programm einer ideologischen Indoktrination, das auf zwei Grundsätzen beruhte: auf der »Erwekkung christlichen Geistes« und der »Berufung auf das vaterländische Geschichtsbild«. Die religiöse Beeinflussung und die Vermittlung eines national-konservativen Geschichtsbildes sollten als »Abwehrmechanismen des wilhelminischen Staates gegen politische und soziale Veränderungen« wirken.[19] Die Militärseelsorger beider Kirchen wetteiferten in der Verteidigung der »bürgerlichen Ordnung und des inneren Friedens«, in ihren Kanzelverkündungen für »patriotische Gesinnung« und gegen den »Geist des Umsturzes«, in ihren Warnungen vor den »Verlockungen des Materialismus, des Sozialismus und des Anarchismus«.[20] Die evangelische Kirche beeinflußte die Soldaten mit ihrem Verständnis vom Obrigkeitsstaat, der »in protestantischer Sicht auf die Identifizierung Preußens mit der göttlichen Weltordnung hinauslief, in katholischer Sicht mehr auf den allgemeinen Gedanken der gottgerechten Obrigkeit.«[21] Auf den Protestantismus hatte das »Erlebnis des Krieges von 1870/71 mit seiner engen Verknüpfung von Religion und Patriotismus, von Glaubensmut und Opferbereitschaft, von Gehorsam und Ordnung« prägend gewirkt. Der in der Zentrumspartei organisierte politische Katholizismus glaubte, über eine weitgehende Anpassung das Odium der nationalen Unzuverlässigkeit kompensieren zu müssen. Von beiden Kirchen wurde der Krieg nicht nur als ein Bestandteil der göttlichen Weltordnung hingenommen, sondern oft genug in den Mittelpunkt dieser Weltordnung gestellt.

Diese Praxis der christlichen Kirchen ließ den protestantischen Pfarrer und Pazifisten O. Umfrid die Frage stellen, wie es möglich sei, daß der »unversöhnliche Gegensatz« zwischen Krieg und Christentum nicht erkannt werde. Eine Erklärung sah er »in der einseitig transzendenten individualistisch-konservativen Anschauung des landläufigen Christentums. Es ist, als ob der Scheinwerfer der christlichen Wahrheit senkrecht nach oben gerichtet wäre, so daß man in seinem Schein die himmlischen Wohnungen erblickt, indes die Welt in hoffnungslosem Dunkel bleibt. Lassen wir diesen Scheinwerfer einmal waagerecht auf die Erde fallen, so erkennen wir in seinem Licht das Unerträgliche unseres heutigen Zustands und werden dann auch Mittel suchen, die Verhältnisse zu bessern. Jawohl, die Verhältnisse; denn was hilft es, wenn man in einseitig individualistischer Weise immer nur die einzelne Seele zu retten versucht, und dabei fürchten muß, daß die Geretteten am Ende doch bei dem allgemeinen Zusammenbruch zugrunde gehen. Und bessern müssen wir die Verhältnisse; denn es ist nicht das wahre, sondern ein bequemes Christentum, wenn man nur das Bestehende erhalten will. In manchen Kreisen aber scheint das ganze Christentum in den Satz ›Seid untertan der Obrigkeit‹ zusammengeschrumpft zu sein.«[22]

Am transzendent-individualistischen Verständnis des Christentums rieb sich M. Rade (1857–1940), ein führender protestantischer Theologe. Er forderte eine theologische Ethik, die – über den spontanen Akt der Liebe als Frucht des Glaubens im persönlichen Bereich hinaus – eine Wertorientierung im politisch-gesellschaftlichen Bereich der jeweiligen Gegenwart anbietet: »Eine gründliche Durchforschung des ganzen heutigen Lebens und Treibens vom ethisch-wissenschaftlichen Standpunkt aus tut not.« Nur eine theologische Ethik könne der Gefahr entgehen, den »schneidenden Gegensatz zwischen dem christlichen Sittengebot und der vaterländischen, wohl gar mit dem Namen einer christlich geschmückten Kultur« zu übersehen.[23] Im Jahre 1904, nachdem er als Professor für Theologie in Marburg tätig war, wurde er, nach der Lektüre Kants und unter dem Einfluß des ebenfalls in Marburg lebenden Völkerrechtlers W. Schücking, zum Pazifisten.[24] Späterhin gehörte er dem Ausschuß des Verbandes für internationale Verständigung an und arbeitete im deutsch-englischen Verständigungskomitee mit. Für die Friedensgesellschaft bedeutete M. Rade einen großen Gewinn, vor allem deshalb, weil er auch Herausgeber der Zeitschrift »Die Christliche Welt«

war. Mit O. Umfrid und L. Weber verschickte er im Anschluß an eine Diskussion über Kirche und Friedensbewegung auf dem Weltfriedenskongreß in München (1907) ein Rundschreiben an 1000 evangelische Pfarrer mit der Aufforderung, innerhalb der Friedensbewegung die Führung zu übernehmen. Von den angeschriebenen Geistlichen antworteten immerhin 15%; etwa 100 protestantische Geistliche traten der Friedensgesellschaft bei. Ein zweiter Aufruf anläßlich der Wehrvorlage im Jahre 1913 erging an 3400 Theologen, mit der Bitte um Zustimmung. Den Aufruf unterschrieben etwa 390 Theologen, darunter lediglich zwölf Theologieprofessoren. Es war in erste Linie ein Protest gegen die Aufrüstung: »Das Jahr 1913, das uns Deutschen eine große Volkserhebung zurückruft, bringt uns zugleich neue und beispiellose Kriegsrüstungen. Um den Völkerfrieden zu erhalten, so sagt man uns, muß immer angespannter gerüstet werden. Aber die Tatsachen zeigen, daß, da alle Kulturstaaten das gleiche tun, die Kriegsgefahr so nicht vermindert wird, weil gerade die immer drückendere Last des bewaffneten Friedens, verschärft durch Haß und Mißtrauen der Völker untereinander, zur blutigen Entscheidung drängen kann, die wiederum nicht das Ende, sondern den Anfang erneuten Wettrüstens bedeuten würde...

»Wir Unterzeichner richten an alle unsere Berufsgenossen die dringende Bitte, daß sie es als einen wichtigen Teil ihrer Mission ansehen, in Wort und Schrift die Bruderschaft aller Menschen und Völker zu verkündigen!«[25] Von den etwa 390 Unterschriften kamen allein 110 aus Elsaß-Lothringen; von den insgesamt 18000 preußischen Geistlichen unterschrieben ebenfalls etwa 110 Geistliche. Die Resonanz der Friedensbewegung in den protestantischen Kirchen war also sehr gering. Noch geringer aber war das Echo, das die Friedensgesellschaft bei den deutschen Katholiken fand, wenngleich es auch hier minimale Anzeichen für eine Annäherung gibt.[26] In erster Linie ist es der Kölner Ortsgruppe der Friedensgesellschaft zu verdanken, daß der (Kölner) Reichstagsabgeordnete C. Bachem – er gehörte auch dem Verband für internationale Verständigung an – mit zwei weiteren Zentrumsabgeordneten bereit war, im Patronatskomitee für den Friedenskongreß in Kaiserslautern (1914) mitzuwirken.[27] Bezeichnend für den Immobilismus des deutschen Katholizismus und seine Abneigung gegenüber der Friedensgesellschaft ist die Tatsache, daß nicht ein katholischer deutscher Geistlicher, sondern der Budapester Prälat A. Gießwein – später Vorsitzender der Ungarischen Friedensgesellschaft – durch Vorträge im März/April 1914 in den Städten Berlin, Aachen, Köln, München und Stuttgart für die Friedensgesellschaft unter den deutschen Katholiken zu werben wagte;[28] er stellte sich auch dem Patronatskomitee für den Kaiserslauterer Friedenskongreß zur Verfügung. Damit war zwar ein bescheidener Anfang gemacht. Es war jedoch übertrieben, wenn die Friedensgesellschaft glaubte, das »Eis in diesen Kreisen« sei damit gebrochen.[29] Richtig ist, daß sich kurz vor dem Ersten Weltkrieg in beiden christlichen Kirchen lediglich eine gewisse Lockerung gegenüber der Friedensgesellschaft anbahnte.

Das Verhältnis zwischen bürgerlicher Friedensbewegung und Arbeiterbewegung war sehr kompliziert. Zwar ist, historisch-genetisch gesehen, die bürgerliche Friedensbewegung ein Teil der bürgerlichen Reformbewegung und eine Frucht des bürgerlichen Emanzipationsprozesses in der ersten Hälfte des 19. Jahrhunderts; das heißt jedoch nicht, daß sie von Anfang an in einem Gegensatz zur Arbeiterbewegung stehen mußte. Bis in die sechziger Jahre des 19. Jahrhunderts hinein gab es sowohl auf internationaler Ebene als auch im deutschen Bereich Versuche, zwischen liberal-demokratischem Bürgertum und Arbeiterbewegung eine gemeinsame Grundlage im Kampf gegen den Krieg zu schaffen. Diese Versuche liefen parallel mit den Bestrebungen der Arbeitervereinsbewegung in den sechziger Jahren, auch auf sozialpolitischem Gebiet mit dem liberalen Bürgertum zusammenzuarbeiten. Die kurze Phase der – wenn auch auf relativ schmaler Basis erfolgten – Zusammenarbeit (1861–1865) endete mit dem Jahr 1866 und wurde seit 1870/71 für längere Zeit undenkbar.[30] Zwei Prozesse trieben die organisatorische und theoretische Trennung zwischen Arbeiterschaft und Bürgertum voran: einmal die Verbindung von organisierter gewerkschaftlicher und parteipolitischer Arbeiterbewegung und die Rezeption marxistischer Positionen durch die Arbeiterbewegung; zum anderen die Niederlage des liberal-demokratischen Bürgertums im Jahre 1866 und nach 1870/71 die Etablierung eines »konservativen Führungskartells« (H.-U. Wehler) im kaiserlichen Obrigkeitsstaat. Beide Prozesse belasteten das Verhältnis zwischen der sozialistischen Arbeiterschaft, die sich bald große Organisationen schuf, und der Friedensbewegung, deren Erfolglosigkeit die Randstellung des liberal-demokratischen Bürgertums aufzeigt. Der Bedeutungslosigkeit der bürgerlichen Friedensbewegung entsprach allerdings die politische Isolierung der organisierten Arbeiterbewegung im kaiserlichen Deutschland, die auch die Folge einer Selbstisolierung der Sozialdemokratie »im Sinne eines Verzichts auf die Ausdehnung über das Proletariat hinaus« seit Mitte der sechziger Jahre war.[31] Das organisatorische Wachstum der Arbeiterbewegung verführte die Sozialisten dazu, die Friedensbewegung mit der überheblichen Bemerkung abzutun, sie hätte es nicht einmal zu einer Bewegung gebracht, die man »ernsthaft registrieren kann«.[32] Entsprechend klagte die Friedensgesellschaft darüber, daß der SPD nichts Besseres einfalle, als die Anhänger der Friedensbewegung zu verspotten, die »ganze Gesellschaft der Friedensfreunde als Quantité négligeable« zu behandeln und ihre Tätigkeit als »eine der Todeszukkungen der Bourgeoisie« einzuschätzen.[33] Die deutschen Sozialisten neigten dazu, gleichsam in spiegelbildlicher Übernahme konservativ-nationalistischer Vorurteile, die bürgerlichen Pazifisten als »kapitalistische Friedenspfeifenraucher« verächtlich zu machen.[34] Allerdings war die Friedensgesellschaft weder von ihrem Selbstverständnis als überparteiliche, humanitär-aufklärerische Gruppierung her noch von ihrer sozialen Zusammensetzung her in der Lage, eine antikapitalistische Position zu beziehen.[35]

Aber auch die Sozialisten waren nicht bereit, sich mit den Vorstellungen und Konzeptionen auseinanderzusetzen, die von Vertretern der bürgerlichen Friedensbewegung wie A. H. Fried entwickelt worden waren. Dabei gab es, abgesehen von der Unvereinbarkeit in Grundpositionen, durchaus Übereinstimmungen in einigen Punkten. So forderte das Erfurter Parteiprogramm (1891) die Einführung der Schiedsgerichtsbarkeit bei zwischenstaatlichen Streitigkeiten. Diese Forderung wurde von der II. Internationale (1889–1914) übernommen. Fr. Engels hielt – wenn auch aus taktischen Gründen und nicht aus pazifistischer Grundhaltung – die Abrüstung auch unter den antagonistischen Widersprüchen der kapitalistischen Gesellschaftsordnung für möglich und notwendig. Obwohl sich die II. Internationale »in erster Linie als Antikriegsbewegung« verstand und obwohl die deutschen Sozialisten im letzten Viertel des 19. Jahrhunderts eine »tendenziell, wenn auch nicht grundsätzlich pazifistische Politik« verfolgten,[36] war für die SPD eine Zusammenarbeit mit den bürgerlichen Pazifisten offensichtlich nicht möglich. Die Ursachen für diese Verweigerung sind vielschichtig. Sie liegen einmal in der sozialhistorischen Einschätzung des Krieges als Funktion des Klassengegensatzes und Klassenkampfes; zum anderen hängen sie auch mit spezifischen Entwicklungen der sozialdemokratischen Partei zusammen. Reformistische und revisionistische Strömungen in der Sozialdemokratie durchbrachen zwar diese Verweigerungs- und Abwehrhaltung, brachten aber der Friedensgesellschaft keine konkreten Vorteile. Dennoch ist es für das künftige Verhältnis zwischen Arbeiterbewegung und bürgerlicher Friedensbewegung von großer Bedeutung, wenn selbst K. Kautsky als Vertreter des Zentrismus anerkannte, daß auch innerhalb des Bürgertums Friedenskräfte gegen die imperialistische Kriegsgefahr wirksam seien. Noch weiter ging E. Bernstein, der bei Ablehnung des dialektischen Materialismus und der ökonomischen Bedingtheit des Geschichtsprozesses unter ausdrücklicher Berufung auf Kant die Bedeutung von Ideen und Ideologien als Kriegsursachen bzw. als friedenfördernde Kräfte anerkannte. Vergleicht man E. Bernsteins Kriegsursachenerklärungen mit Kants Schrift »Vom Ewigen Frieden«, so kann man »manche Parallelen erkennen. Beide setzten auf die Friedenssicherung durch einen Völkerbund und durch ein internationales Recht.«[37] E. Bernstein war ferner davon überzeugt, daß der Freihandel die »Friedenspolitik als notwendige Tendenz« deshalb in sich trage, weil er engere Beziehungen zwischen den Völkern fördere. Zur Begründung verwies er auf die historische Tatsache, daß der Freihandel schon immer eine »enge Beziehung zur Friedensbewegung« hatte.[38] Mit der Anerkennung des Freihandels, mit der Würdigung des Völkerrechts und mit der Forderung nach Errichtung eines Völkerbundes stand E. Bernstein in Übereinstimmung mit zentralen Vorstellungen der bürgerlichen Friedensbewegung, insbesondere mit dem organisatorischen Pazifismus A. H. Frieds. Sein Eintreten für eine stärkere ethische Ausrichtung der sozialdemokratischen Politik korrespondierte ferner mit den Bemühungen des protestantischen Theologen M. Rades um die Begründung einer theologischen Ethik des Christentums. Diesem Bedürfnis nach einer Erneuerung des ethischen Denkens kam die Friedensgesellschaft dadurch entgegen, daß auch sie unter dem Einfluß L. Quiddes die ethische Grundlage ihres Anliegens erneut betonte. So stellte im Jahre 1909 der Theologe A. Harnack fest: »Eine neue Art des geistigen Verkehrs auf allen Linien, ja, ich möchte sagen, eine neue politische Ethik ist uns nötig. Sie gestaltet sich jetzt, sie ringt sich heraus – auch die Friedensgesellschaften haben hier eine hohe Bedeutung und kommen mit ihrer vorgreifenden Arbeit gewiß nicht zu früh, mögen auch alle Diplomaten sie als Ideologen belächeln.«[39] Mit Interesse und Genugtuung verfolgte die Friedensgesellschaft diese Vorgänge in der Sozialdemokratie. A. H. Fried, der die Sozialdemokratie nicht nur grundsätzlich als Friedenspartei anerkannte, sondern auch immer wieder versuchte, die Sozialisten auf die Prinzipien der bürgerlichen Friedensbewegung zu verpflichten, legte im Jahre 1912 einen Plan vor, wie – ungeachtet aller ideologischen Differenzen und »sonstigen Sonderanschauungen« – eine Zusammenarbeit aussehen könne:

»Es können bei der Zusammenarbeit zwischen bürgerlichem und sozialistischem Pazifismus von beiden Teilen wertvolle Aktiven eingestellt werden, deren Vereinigung die Macht der Aktion um ein Bedeutendes erhöhen könnte. Bislang haben wir die sozialistischen Massen nur als Schwergewicht zugunsten unserer Bewegung in Rechnung stellen können. Es würde eine Erhöhung unserer Wirkung sein, wenn wir den in diesen Massen lagernden disziplinierten Idealismus für unsere Sache verwerten könnten, wenn das große Triebrad, dem bislang der Transmissionsriemen fehlte, nunmehr seine Kraft zur Betriebserzeugung verwenden würde. Wir könnten der Sozialdemokratie das Rüstzeug unserer Wissenschaft vom Internationalismus, das pazifistisch entwickelte Völkerrecht ... geben, und sie würde aus diesen Vorarbeiten, die sie noch gar nicht kennt, ebenfalls bedeutenden Nutzen ziehen können.« Anschließend führte A. H. Fried acht Tätigkeitsfelder an, auf denen Zusammenarbeit praktiziert werden könne:

1. Umwandlung und Kontrolle der Diplomatie – 2. Bekämpfung des Chauvinismus und der Völkerverletzung – 3. Förderung der internationalen Interessenverbände – 4. Erkennbarmachung der internationalen Interdependenz – 5. Erneuerung des gegenwärtigen Unterrichtssystems – 6. Klarlegung des Rüstungswahnsinns – 7. Ausbau des Völkerrechts – 8. Ausbau der internationalen Verwaltung.[40]

A. H. Fried versuchte eine Annäherung zwischen Sozialismus und bürgerlicher Friedensbewegung dadurch zu erreichen, daß er das Völkerrecht und die Wissenschaft vom Völkerrecht als ein klassenpolitisch neutrales Instrument der Friedenssicherung verstand, das sowohl von der sozialistischen Arbeiterbewegung als auch vom liberal-fortschrittlichen Bürgertum akzeptiert werden könne. Das Völkerrecht als eine »pazifistische Wissenschaft« sei zwar »nur von den bürgerlichen Pazifisten« ausgebildet worden, stehe aber dennoch »jenseits aller Parteianschauungen«: »Die pazifistische Wissenschaft ist neutral wie die Physik, die Chemie, die Medizin. Ebensowenig wie es eine bürgerliche und eine sozialistische Spektralanalyse geben kann, kann es ein bürgerliches oder ein sozialistisches Völkerrecht geben.«[41] Damit aber erlag er – ganz abgesehen von der wissenschaftstheoretischen Fragwürdigkeit solcher Äußerungen – einem weitverbreiteten politischen Irrtum, der auch Fr. Naumanns Konzeption eines politischen Gesamtliberalismus zugrunde lag. Eine Annäherung zwischen sozialistischer Arbeiterbewegung und bürgerlichem Liberalismus bzw. bürgerlicher Friedensbewegung konnte gerade dadurch nicht »wirksam gefördert werden, indem man ... von einer klassenpolitisch neutralen Position aus beiden politischen Lagern in gleicher Weise gerecht zu werden versuchte«. Vielmehr mußten die Ansätze zu einem »Brückenschlag« eben von diesen gegensätzlichen Lagern selbst ausgehen.[42] Die Bedeutung der revisionistischen Richtung E. Bernsteins liegt darin, daß sie innerhalb der SPD die Bereitschaft für eine Zusammenarbeit mit dem fortschrittlichen und liberalen Bürgertum weckte und propagierte und auch in der Lage war, die Leistungen der bürgerlichen Friedensbewegung anzuerkennen. Zu einer konkreten Zusammenarbeit kam es bei der von K. Liebknecht initiierten bzw. geförderten Protestbewegung zugunsten der politischen Gefangenen und Verbannten des zaristischen Rußland im Jahre 1913. Den im sozialdemokratischen »Vorwärts« und auch in bürgerlichen Zeitungen (Berliner Tageblatt, Frankfurter Zeitung, Vossische Zeitung) veröffentlichten Aufruf unterschrieben neben Vertretern der sozialistischen Arbeiterbewegung auch Repräsentanten der bürgerlichen Friedensbewegung wie L. Quidde, der Monist E. Haeckel und der Pastor der Kaiser-Wilhelm-Gedächtniskirche Nithack-Stahn. Dem Vorstand des »Deutschen Hilfsvereins« gehörten mit Pastor Nithack-Stahn und der Frauenrechtlerin M. Cauer ebenfalls Mitglieder der Friedensgesellschaft an; im Beirat waren K. Liebknecht und E. Bernstein.[43] Eine weitere gemeinsame Aktion ergab sich durch die Vorbereitungen für die deutsch-französischen Parlamentarierkonferenzen in Genf (1913) und in Bern (Frühjahr 1914). Sie wurden von dem sozialdemokratischen Reichstagsabgeordneten L. Frank angeregt, durch einen Aufruf und eine Unterschriftenaktion der Friedensgesellschaft und der »Délégation Permanente des sociétés Françaises de la Paix« propagandistisch unterstützt. Für die Friedensgesellschaft selbst waren diese Konferenzen »insofern von Bedeutung, als hiermit ein Verständigungswerk in Gang gesetzt wurde, das die Grenzen der eigentlichen Friedensbewegung sprengte und auf der Zusammenarbeit von bürgerlichen und sozialistischen Kräften aufbaute«.[44] Dennoch brachte die Annäherung zwischen Sozialdemokratie und bürgerlicher Friedensbewegung für die Friedensgesellschaft keine greifbare Verstärkung – die Hoffnung auf Zehntausende neuer Mitglieder erfüllte sich nicht.[45] Innerhalb der sozialistischen Arbeiterschaft herrschten wohl weiterhin die bekannten Vorurteile und Ressentiments gegenüber der Friedensbewegung, wie sie in einer Stellungnahme gegen die Zweite Haager Friedenskonferenz (1907) zum Ausdruck kamen: Die bürgerlichen Friedensvereine »mögen in aller Harmlosigkeit ihren kleinen Eitelkeiten dienen. Aber den Temperaturgrad der Leidenschaft und die

Lebensstimmung, aus der sie hervorgehen, wollen wir rein von der Blutwärme und dem Drang unseres Lebens scheiden. Gewiß, die Friedensbewegung leitet ihre Abkunft irgendwie von dem großen Zeitalter der Humanität ab, in dem auch wir geistige Ahnen haben. Allein die Verwandtschaft geht bei den Friedensleuten über die weibliche, bei uns über die männliche Linie. Die Nichts – als – Friedensbegeisterung ist ein Gefühl der Satten . . ., ist eine Dämmerungsphilosophie, ein Epikuräismus . . .«.[46]

Die Deutsche Friedensgesellschaft wurde zu einer Zeit gegründet, in der sich das Deutsche Reich im Übergang zur Weltmachtpolitik befand. Unter den Agitationsverbänden, Trägern einer aggressiven Publizistik, die den weltmachtpolitischen Kurs unterstützten, zeichnete sich der Alldeutsche Verband (1891 gegründet) durch eine besonders radikal-chauvinistische Haltung aus. Er wurde zum »Bannerträger eines neudeutsch-völkisch orientierten Nationalismus«, der die Erweiterung des Lebensraumes für die deutsche Nation und »Ellenbogenraum« für die »deutsche Rasse« in der Welt zu seinem Programm machte; nationalistisch-imperialistische Zielvorstellungen verbanden sich mit einem rassistischen Antisemitismus. Durch Personalunion einiger Repräsentanten bestanden enge Verbindungen zu anderen Agitationsverbänden. Funktionäre wie der Geschäftsführer des Bundes der Landwirte, der Vorsitzende des Reichsverbandes gegen die Sozialdemokratie u. a. waren Mitglieder des Alldeutschen Verbandes und verbreiteten dessen völkisch-imperialistische Vorstellungen in ihren eigenen Organisationen. Auflagenstarke Zeitungen wie die Leipziger Nachrichten, die Tägliche Rundschau, die Hamburger Nachrichten oder die Rheinisch-Westfälische Zeitung standen dem Alldeutschen Verband nahe.[47] Es ist ein erstaunliches Phänomen, welche Aufregung und welche Feindseligkeit allein schon die Absicht, eine Friedensgesellschaft zu gründen, in der dem Alldeutschen Verband nahestehenden Publizistik hervorrief. Noch vor Gründung der Friedensgesellschaft erschien am 7. Juli 1892 in der »Täglichen Rundschau« ein Artikel mit der Überschrift: »Ein Wort gegen den Friedensbund der Unterröcke beiderlei Geschlechts«. Die Entstehung einer Friedensbewegung wurde als Folge der negativen Züge des deutschen Nationalcharakters erklärt. Die Friedensgesellschaft, noch bevor sie ins Leben gerufen war, wurde als undeutsch, als ein Produkt jüdischer Machenschaften diffamiert: »Jener Eifer und Groll, der neuerdings gegen militärische Einrichtungen verspritzt wird, stammt nicht von deutscher Seite, sondern von jener hämischen, frech spöttelnden jüdischen Seite her, die alles Hohe und

Ideale in den Staub zieht...«. Die Verbindung von nationalistischen Klischees mit antisemitischen Ressentiments stellte eine Zeitungsstimme von 1894 her, die davor warnte, Werte wie »Ehre, Manneswürde, Vaterlandsliebe, Nationalgefühl aus den Herzen der Völker zu reißen und an ihre Stelle jene kosmopolitische, vaterlandslose Gesinnungsweise einzubürgern, die bisher nur einen Völkerstamm auszeichnet: den jüdischen«.[48] Unterstützung fand die antipazifistische Propaganda der Alldeutschen von ausgedienten Militärs, die sich als Schriftsteller betätigten. Im Jahre 1892 erschien die Schrift des preußischen Generalleutnants von Boguslawski über den »Krieg in seiner wahren Bedeutung für Staat und Volk«. Sie warnte vor der Zersetzung der moralischen Kraft des deutschen Volkes, die sich »durch die Lehren der Sozialdemokratie und der Friedensmänner im Verband mit dem Hange zum Wohlleben und einer materialistischen Weltanschauung auf die Dauer ergeben würde«.[49] Der Berliner Rechtsphilosoph A. Lasson dankte in der Berliner »National-Zeitung« dem General dafür, daß er es nicht versäumt habe, auch »die am seltsamsten gefiederten Friedensfreunde mit kräftigen Worten zu bedenken, die Sozialdemokraten und die Friedensmänner, und das zartbesaitete Friedensweib, Frau Baronin von Suttner, obendrein«.[50] Auf A. Lasson, der den Krieg als eine »Prüfung im höchsten Sinne des Wortes« bezeichnet hatte, berief sich wiederum der Militärtheoretiker M. Jähns, der warnte: »Hüten wir uns, durch das Fortdämmern im Traume ›Vom Ewigen Frieden‹ unsere Nerven zu erschlaffen, unsere Sehnen abzuspannen. Verhehlen wir uns nicht, daß die Waffen der unerläßliche Schutz der Kultur sind in jener dunklen Zukunft, die heut vor uns liegt.«[51] Angriffe auf die Friedensgesellschaft finden sich jedoch nicht nur in der nationalistisch-völkischen Publizistik oder bei schriftstellernden Militärs, sondern auch in vergleichsweise progressiven Zeitschriften, so in der Münchner Zeitschrift »Jugend«, deren Herausgeber G. Hirth im Jahre 1899 das »Treiben der Frau von Suttner« höchst bedenklich erschien, da sich »ihre Bestrebungen ganz direkt gegen das deutsche Reich« richteten.[52] In einem Sammelwerk vom Jahre 1913, das »Der deutschen Jugend in Fortbildungsschulen« gewidmet war, wurden die jungen Deutschen in fast beschwörendem Ton gemahnt, sich nicht beirren zu lassen »durch jene Glaubensseligen im eigenen Land, die der holden Mär vom ewigen Frieden nur zu willig Gehör schenken, und die da wähnen, ein Weltschiedsgerichtshof könne alle Kriege aus der Welt schaffen. Schiedsgerichte haben Kriege aus kleinen Ursachen verhütet und werden es auch in Zukunft tun; aber ein Volk zwingen zu wollen, sich in allen Fragen einem Schiedsgericht zu unterwerfen, auch in solchen, wo es sich letzten Endes um sein tägliches Brot, um seine Lebensmöglichkeit handelt, darein wird sich ein Volk, das nicht alles Vertrauen auf seine Kraft verloren hat, niemals finden.«[53]

Diese wenigen Beispiele – es fehlt eine systematische Untersuchung über das Echo in Presse und Öffentlichkeit auf die Gründung der Friedensgesellschaft – weisen darauf hin, daß allein schon die Existenz einer organisierten Friedensbewegung im Deutschen Reich zu Reaktionen führte, die in keinem Verhältnis zur tatsächlichen Bedeutung der Friedensgesellschaft standen. Daß die kleine Friedensgesellschaft von konservativ-nationalistischen Kreisen als ebenso gefährlich wie die sozialistische Arbeiterbewegung mit ihrer breiten Massenbasis eingeschätzt wurde, ist wohl nur im Kontext der Dauerkrise des Kaiserreichs zu erklären, in der »Auseinanderentwicklung der politischen und gesellschaftlichen Verfassung . . .«.[54] In dieser Lage sah sich das politische Machtgefüge gedrängt, sich durch eine erfolgreiche imperialistische Politik zu legitimieren, um durch eine »konservative Ablenkungs- und Zähmungspolitik systemgefährdende Reformbestrebungen – wie sie die emanzipatorischen Kräfte des Liberalismus oder der organisierten sozialistischen Arbeiterbewegung verkörperten – nach außen abzulenken«.[55] Daß sich – wenn auch bei Kriegsbeginn mit abnehmender Intensität – nicht nur die sozialistische Arbeiterbewegung, sondern auch ein kleiner Teil des Bürgertums, organisiert in der Friedensgesellschaft, gegen diese sozialimperialistische Strategie wandte, mußte als Alarmzeichen wirken. Der Alldeutsche Verband, extremer, aber keineswegs vereinzelter Propagator dieser Strategie, hat die prinzipielle Kampfansage, die allein schon in der Existenz einer Friedensbewegung lag, als erster erkannt.

Auch von der offiziellen Politik wurde der grundsätzliche Widerspruch, den die bürgerliche Friedensbewegung zur Politik der Weltmachtgeltung darstellte, gesehen; das läßt sich am Verhalten der deutschen Politik und Diplomatie anläßlich der Ersten Haager Friedenskonferenz nachweisen. In einer Aufzeichnung Holsteins, die Reichskanzler von Bülow als Teil der Instruktionen für die deutsche Delegation im Haag übernahm, wurde die Annahme der Schiedsgerichtsbarkeit mit der Hinnahme einer fremden Intervention gleichgesetzt; diese »im Gefolge des humanitären Friedensgedankens auftretende Präventivintervention« wurde geradezu als ein »neues Gebrechen der Weltordnung und als eine vermehrte Gefahr für den Frieden« bezeichnet.[56] Holstein verglich die Friedensbestrebungen in der internationalen Politik mit »von Zeit zu Zeit (in der) Medizin (neu auftretenden) Krankheitsform(en)« und disqualifizierte dadurch die Suche nach Alternativen als pathologisch.[57] Die deutsche Politik ging zur Haager Friedenskonferenz in der Überzeugung, daß es für den Staat keinen höheren Zweck geben könne als »die Wahrung seiner Interessen. Letztere werden aber bei den Großmächten nicht notwendig identisch sein mit der Erhaltung des Friedens, sondern viel eher mit der Vergewaltigung des Feindes und Konkurrenten durch eine richtig zusammengesetzte stärkere Gruppe.«[58] Neben der Einschränkung der absoluten Handlungsfreiheit in der Außenpolitik durch die Einführung der Schiedsgerichtsbarkeit fürchtete die politische Führung aber auch, eventuell unter dem Druck einer pazifistischen Öffentlichkeit sich dieser Einrichtung bedienen zu müssen. So äußerte der Leiter der Rechtsabteilung im Auswärtigen Amt die Befürchtung: »Besteht erst einmal ein permanentes Schiedsgericht ..., das sich vielleicht durch wiederholte Anrufung von Seiten anderer Mächte als eine feststehende Institution eingebürgert hat, so können wir uns möglicherweise unter dem Zwang der Verhältnisse, unter dem Druck einer irregeleiteten öffentlichen Meinung und bei der immerhin denkbaren Voraussetzung, daß einmal eine schwache Regierung an der Spitze Deutschlands stände, dem Verlangen nicht entziehen, ein solches Schiedsgericht ... zu akzeptieren.«[59] Eine Reaktion auf die Friedensbewegung ist auch die Ernennung des Staatswissenschaftlers K. von Stengel, der im März 1899 die antipazifistische Broschüre »Der ewige Friede« veröffentlicht hatte, zum Zweiten Deutschen Delegierten für die Haager Konferenz. Diese Broschüre, die der Regierung in Berlin bekannt war, ist nicht deshalb aufschlußreich, weil sie die Friedensbewegung als »kosmopolitische Träumerei und Duselei« verspottete, sondern weil sie in der Friedensgesellschaft trotz deren geringer Mitgliederzahl und deren faktischer Bedeutungslosigkeit den prinzipiellen Widerspruch gegen die offizielle Politik deutlich machte; gerade deshalb mußte K. von Stengel die aktuelle Bedeutung der Friedensgesellschaft übersteigern.[60]

Die Reaktionen des Alldeutschen Verbandes und der Reichsregierung angesichts der Ersten Haager Friedenskonferenz auf die Gründung der Friedensgesellschaft und ihre Propagandaaktionen im Jahre 1899 sind charakteristisch für die Unsicherheit eines autoritären Regimes, das sich auf eine vorindustrielle Feudalgesellschaft stützte und deshalb in der »Entfaltung des Untertanen zum vollen Staatsbürger« eine Gefährdung seiner Grundlage sehen mußte.[61] Zwar vermochte die Friedensbewegung ihren propagandistischen Erfolg von 1899 nicht mehr zu wiederholen. Dennoch konnte sie sich – wenn auch auf niedrigstem Niveau – stabilisieren. Mit der Entwicklung der Theorie vom organisatorischen Pazifismus konnte die Friedensbewegung eine gewisse Reputation erzielen. Die Gründung des »Verbandes für internationale Verständigung« und das wachsende Ansehen der Interparlamentarischen Union stärkten zwar nicht die Stellung der Deutschen Friedensgesellschaft, waren aber unübersehbare Hinweise auf eine wachsende Sensibilität gegenüber der Verschärfung der internationalen Situation in den letzten Jahren vor dem Ersten Weltkrieg. Die Friedensgesellschaft selbst überwand seit 1905 zunehmend ihre Scheu, zu aktuellen politischen Vorgängen Stellung zu nehmen. Sie befand sich damit in Übereinstimmung mit der internationalen Friedensbewegung, deren Zentrale im Jahre 1910 eine eigene »Aktualitätenkommission« einrichtete. Die Politisierung der Friedensbewegung im Deutschen Reich und auf internationaler Ebene ist Folge und Ausdruck der Zuspitzung der internationalen Politik im Zeichen imperialistischer Konkurrenz. Vor allem der Rüstungswettlauf im letzten Jahrzehnt vor Kriegsbeginn veranlaßte die Friedensbewegung zu zahlreichen Resolutionen, Aufrufen und Eingaben an die Regierungen. Den Höhepunkt der Rüstungskritik brachten die Jahre 1912/13. In einer koordinierten Aktion veröffentlichte im März 1913 das Internationale Friedensbüro einen Aufruf an die Regierungen, Parlamente, Parteien und Völker mit der Forderung, den Rüstungswettlauf zu beenden. Diesem Aufruf folgte kurz darauf eine Eingabe der Friedensgesellschaft an den Reichskanzler, die geplante Rüstungsvorlage auszusetzen; gleichzeitig veröffentlichte die Friedensgesellschaft eine Resolution, in der sie alle »Einsichtigen« dazu aufrief, mit ihr »gegen das ziellose Wettrüsten zu protestieren, bis die Regierungen sich dazu entschließen, um den Frieden auf festere Grundlagen zu stellen, einander die Unantastbarkeit des bestehenden Besitzstandes zu garantieren, für den Fall der Selbstauflösung eines Staates ... das Selbstbestimmungsrecht zuzugestehen ... und etwaige Streitigkeiten ... der Erledigung auf rechtlichem Wege zuzuführen«.[62] Gerade die verschiedenen Aktionen gegen den Rüstungswettlauf und gegen Wehrvorlagen im deutschen Reichstag führten zu weitgehenden Übereinstimmungen zwischen bürgerlicher Friedensbewegung und Sozialdemokratie. Um die wachsende Rüstungskritik abzuwehren, gründete Generalmajor A. Keim im Januar 1912 den »Deutschen Wehrverein«. Der Wehrverein bekämpfte die Sozialdemokratie als »Umsturzpartei« und die »Volksverderber«

in der Friedensgesellschaft, die dem »Traume des Weltfriedens und internationaler Verbrüderung« anhingen und bewußt die kriegerische Tüchtigkeit des deutschen Volkes untergraben wollten.[63] Gegen die Unterstellungen und bösartigen Angriffe des Wehrvereins wandte sich im Mai 1913 eine Erklärung der Hauptversammlung der Deutschen Friedensgesellschaft:

»Die Deutsche Friedensgesellschaft fühlt sich verpflichtet, ihre Stimme gegen die unverantwortlichen Treibereien des Wehrvereins zu erheben. Wenn in einem Militärstaat wie Deutschland noch eine besondere Gesellschaft zur Stärkung der Wehrkraft gegründet wird, so kann das Ergebnis nur sein, eine ungesunde und in höchstem Grade gefährliche Aufstachelung der Massen zu blindem Kriegsenthusiasmus, zu Mißtrauen und Haß gegenüber dem Auslande, mit dem in Frieden zu leben wir allen Anlaß haben. Der Wehrverein hat es an skrupelloser, hetzerischer Agitation nicht fehlen lassen ... Der Vorsitzende des Deutschen Wehrvereins, General Keim, hat sich dahin verstiegen, die Bemühungen um Verständigung unter den Völkern zu verhöhnen und zu fordern, wir müßten hassen lernen. Jawohl, hassen sollen wir das gewissenlose Treiben verblendeter Hetzer. Aber lieben sollen wir die große Kulturgemeinschaft der ganzen Menschheit. Nicht dem Völkerhaß, dem Völkerfrieden gehört die Zukunft.«[64]

Der Wehrverein wuchs bis November 1914 auf nahezu 100000 Einzelmitglieder und weitere 500000 körperschaftliche Mitglieder an.[65] Sein Kampf gegen die Friedensgesellschaft gipfelte in der Verbreitung einer Broschüre über »Die Friedensbewegung und ihre Gefahren für das deutsche Volk« im Frühjahr 1914. Zwar stellt A. Keim, der Vorsitzende des Wehrvereins, in seinem Beitrag fest, daß die »Schwarmgeister der Pazifisten« nur »ein recht kleines Konventikel« darstellen, gibt aber gleichwohl zu erkennen, weshalb er die Friedensbewegung als ernsthafte Gefahr einschätzt: »Der Umstand, daß es in erster Linie der sozialdemokratische und demokratische Teil der Tagespresse ist, der in Pazifismus macht, sollte monarchisch und deutschgesinnten Männern doch zu denken geben.«[66] Einen Angriff auf die Grundlagen des bestehenden Systems sah der Wehrverein darin, daß sowohl der sozialistische Pazifismus als auch die bürgerliche Friedensbewegung die Rolle der Armee als »vornehmste Institution im Lande« und den Anspruch des Offiziers, »im Frieden Erzieher, im Kriege Führer der breiten Massen des Volkes« zu sein, in Frage stellten. Vor allem die Kritik protestantischer Geistlicher wie des Pastors der Kaiser-Wilhelm-Gedächtniskirche in Berlin am

Militarismus des Deutschen Reiches rief heftigen Widerspruch hervor und wurde als »geistlicher Antimilitarismus« bekämpft. Man unterstellte ihm ein Bündnis mit dem »konfessionslosen sozialdemokratischen« Pazifismus. In diesem Bündnis der »gesamten Demokratie« sah der Wehrverein die »größte Gefahr für eine gesunde Weiterentwicklung des Deutschen Reiches, ja sogar für dessen Fortbestand . . .«.[67] Bezeichnend ist, daß in diesem Zusammenhang auch die Zabern-Affäre eine Rolle spielte, in der sich der »Gegensatz zwischen der konservativ-junkerlichen Führungsschicht und den die Demokratisierungstendenz verkörpernden Mittel- und Linksparteien« verschärfte und in der »unzeitgemäße Traditionen des preußischen Militärstaates« zum Ausbruch kamen.[68] Diese Verschärfung des Gegensatzes interpretierte der Wehrverein auf seine Weise, wenn er verallgemeinernd feststellte, daß »in dieser verzabernten Zeit (. . .) von der Demokratie alles und jedes benutzt [wird], was sich mit einiger Kunst dazu verwerten läßt, zwischen Militär und Bürgertum eine Kluft zu erzeugen«.[69]

Die Stellungnahmen aus der Friedensgesellschaft zur Zabern-Affäre machen deutlich, daß die Friedensgesellschaft in den letzten Jahren vor dem Ersten Weltkrieg in einen immer größer werdenden Gegensatz zur politischen und gesellschaftlichen Struktur des Kaiserreiches geriet. B. von Suttner sah in der Zabern-Affäre den »immer heftigeren Widerspruch zwischen dem sporenklirrenden Degen-durch-den-Leib-rennenden-Reitergeist und der modernen Zeit«; die Zabern-Affäre habe »die echt preußischen Leute an die Oberfläche gewirbelt. Die wollen nichts Geringeres, als daß das Deutsche Reich in Ostelbien aufgehe.«[70] Radikaler noch war die Kritik H. Fernaus, der in Paris lebte und in der »Friedenswarte« kontinuierlich die politischen Vorgänge in Deutschland und Frankreich kommentierte. Zabern habe dem Ausland »die längst geahnte Tatsache illustriert, daß bei uns der Militarismus noch immer das Ansehen einer göttlichen Weltordnung genießt, vor der sich Bürger und Bürgervertretung« zu beugen hätten; Zabern habe deutlich gemacht, daß Deutschland »noch immer mit den Methoden des Mittelalters« regiert werde.[71] In der Zabern-Affäre sah H. Fernau nur ein Symptom für die allgemeine »politische und kulturelle Rückständigkeit Deutschlands, die die Franzosen von uns abschreckt«.[72] Daraus leitete er die Aufgabe »für die deutschen Pazifisten der Gegenwart« ab, nämlich »die deutsche Demokratie vorzubereiten. Denn die Verwirklichung der deutschen Demokratie wäre heute eine der sichersten Friedensgarantien in Europa. Erst mit der deutschen Demokratie und Republik wird nämlich erst jene Verbrüderung der feindlichen Nachbarn von heute möglich, deren ›diplomatische Spannung‹ Europa seit 40 Jahren zerteilt und beunruhigt.«[73]

Andererseits ist der Vorwurf, die Friedensgesellschaft habe sich mehr als nötig den Strukturen der Kaiserzeit angepaßt,[74] nicht unbegründet. Diese Anpassung hing z. T. aber auch mit der Doppelstrategie der bürgerlichen Friedensbewegung zusammen, die nicht nur auf die Gewinnung der öffentlichen Meinung hoffte, sondern auch darauf baute, durch moralische Appelle und rationale Argumentation die politisch Verantwortlichen überzeugen zu können. Dieser aufklärerische Optimismus führte oft genug zu grotesken Fehleinschätzungen; so beispielsweise, wenn man globalen oder auch nur verbalen Bekenntnissen des Kaisers oder der Reichsregierung zum Frieden eine Übereinstimmung mit den eigenen Vorstellungen entnahm.[75] Dennoch darf man bei aller Kritik an der Friedensgesellschaft nicht übersehen, daß von Anfang an und trotz aller Anpassung der Friedensbewegung die politische Führung und die sozialen Träger des kaiserlichen Deutschland die Friedensbewegung bekämpften.

Die Unfähigkeit des kaiserlichen Deutschland, sich mit den von der bürgerlichen Friedensbewegung vorgetragenen Argumenten auch nur auseinanderzusetzen, geht auf die Erstarrung eines politischen Systems zurück, das seiner Struktur nach »von dem Zustrom regenerierender Kräfte« abgeschnitten und damit unfähig war zu »jener produktiven Wandlungsfähigkeit, wie sie die Anpassung an die sich umschichtenden sozialen und politischen Verhältnisse erforderten.«[76] Die Anwendung des von der kritischen Friedensforschung entwickelten Autismus-Modells kann vielleicht einen theoretischen Erklärungsansatz dafür bieten, warum die von der Friedensbewegung vorgetragenen Informationen über die »permanente Selbstgefährdung einer kriegsbereiten und aufrüstenden Gesellschaft zurückgewiesen oder nicht geglaubt wurden.«[77] Damit könnte auch erklärt werden, warum die Friedensbewegung keine Innovationen auslöste, obwohl Innovationen häufig von marginalen Gruppen ausgehen.[78] Die bürgerliche Friedensbewegung war nicht nur eine diskriminierte Minderheit im kaiserlichen Deutschland; sie war ein Fremdkörper.[79]

IV.
Die deutsche Friedensbewegung im Ersten Weltkrieg

Der Ausbruch des Weltkrieges kam für die Friedensbewegung völlig überraschend. A.H. Fried notierte am 7. August 1914 in seinem Kriegstagebuch, er habe »die Friedenskräfte ... doch überschätzt ... Ein furchtbares Zusammenprallen, an das vor vierzehn Tagen kein Mensch (einige vielleicht ausgenommen!) gedacht hat. Das ist das Fürchterlichste dabei, diese Plötzlichkeit, diese Überrumpelung.«[1] Auch O. Umfrid, stellvertretender Vorsitzender der Friedensgesellschaft, bekannte, die Friedenskräfte überschätzt zu haben; man habe versucht, einen »in den Abgrund rollenden Lastwagen mit einem Seidenfaden aufzuhalten«.[2] Zwei Umstände trugen zur Fehlinterpretation der internationalen Politik bei: die höchst mangelhaften Informationen über außenpolitische Vorgänge und die Selbstgewißheit der pazifistischen Theoretiker, einen Krieg im Zeitalter zunehmender Verflechtungen und Interdependenzen nahezu ausschließen zu können.[3] Mit ihrer Fehleinschätzung der außenpolitischen Entwicklung stand die Friedensbewegung nicht allein. Auch in der sozialistischen Internationale und in der Sozialdemokratischen Partei hatten gerade die zahlreichen Krisen seit 1905 »das Vertrauen in die Fähigkeit der oft und heftig angegriffenen Diplomatie und in die Technik ihres seit 1905 stets an demselben Modell bewährten Krisenmanagements ständig wachsen lassen«.[4]

Ebenso wie die überwiegende Mehrheit der Sozialdemokratie war auch die organisierte Friedensbewegung davon überzeugt, daß Deutschland einen Verteidigungskrieg führe. In einem Flugblatt vom 15. August erklärten die beiden Vorsitzenden der Friedensgesellschaft: »Über die Pflichten, die uns Friedensfreunden während des Krieges erwachsen, kann kein Zweifel bestehen. Wir deutsche Friedensfreunde haben stets das Recht und die Pflicht der nationalen

Verteidigung anerkannt. Wir haben versucht, zu tun, was in unseren schwachen Kräften war, gemeinsam mit unseren ausländischen Freunden, um den Ausbruch des Krieges zu verhindern. Jetzt, da ... unser Volk von Ost, Nord, und West bedroht, sich in einem schicksalsschweren Kampf befindet, hat jeder deutsche Friedensfreund seine Pflicht gegenüber dem Vaterlande genau wie jeder andere Deutsche zu erfüllen.« Das Flugblatt warnte aber auch davor, »blinde nationale Leidenschaft an die Stelle patriotischer Hingabe und Begeisterung« zu setzen; es gab die Absicht der Friedensgesellschaft bekannt, ihre Beziehungen zum Ausland zu nutzen, um das System »lügenhafter Berichterstattung, das wir jetzt schon beobachten können«, zu durchbrechen, und betonte den Willen, einen dauerhaften Frieden »gemeinsam mit unseren Gesinnungsgenossen in anderen Ländern« anzustreben.[5] Die Haltung der Friedensgesellschaft unterschied sich mit dieser Stellungnahme wohltuend von jenem nationalen Kriegsrausch, dem auch die Sozialdemokratie großenteils verfallen war. Sieht man von einigen Ausnahmen ab, so verhielt sich die Friedensgesellschaft distanziert. Zahlreiche Mitglieder des »Verbandes für internationale Verständigung« dagegen wechselten in das nationalistische Lager über.

Die Zurückhaltung des bürgerlichen Pazifismus fand während des Krieges wachsende Anerkennung bei führenden Vertretern der Sozialdemokratie, die wie H. Ströbel, K. Eisner oder R. Breitscheid zum linken Flügel der Partei gehörten. In einem Artikel des »Vorwärts« vom 14. Juli 1916 über »Pazifismus und Sozialismus« wurde die »Standhaftigkeit« der bürgerlichen Pazifisten anerkannt; selbstkritisch räumte man ein, die Sozialdemokratie habe keinen Anlaß, sich »pharisäisch über den rein platonischen und theoretischen Charakter des bürgerlichen Pazifismus« lustig zu machen.[6] Die »Entdekkung« der Innenpolitik durch die Friedensbewegung im Laufe des Krieges, ihr entschiedeneres Eintreten für demokratische Reformen und soziale Gerechtigkeit seit der zweiten Hälfte des Krieges schufen die Voraussetzung für eine Verständigung zwischen bürgerlichem Pazifismus und Sozialdemokratie auf breiterer sozialer Basis.

Zunächst schien die Friedensbewegung bei Ausbruch des Krieges wie gelähmt. Sie war weder theoretisch noch praktisch darauf vorbereitet, wie sie sich im Fall eines Krieges verhalten solle. Die zahlreichen Beispiele humanitärer Hilfen, die von verschiedenen Ortsgruppen organisiert wurden, sind zweifellos beeindruckend und haben auch manche Not gelindert. So rief die Ortsgruppe Königsberg die »Ostpreußenhilfe« ins Leben, die Sammelaktionen für die zahlreichen Flüchtlinge durchführte. Der Frankfurter Friedensverein richtete einen »Ausschuß für Rat und Hilfe in staats- und völkerrechtlichen Angelegenheiten für In- und Ausländer« ein. Das Stuttgarter Büro der Friedensgesellschaft vermittelte über das Friedensbüro in Bern zahlreiche Briefe von Gefangenen und erteilte Auskünfte über internierte Bürger. Jedoch dürfen die humanitären Hilfeleistungen nicht darüber hinwegtäuschen, daß weder die nationalen Friedensgesellschaften noch die Berner Zentrale überzeugende Konzeptionen entwickelten, welche der Situation des Krieges hätten gerecht werden können. Die Orientierungslosigkeit der nationalen Friedensgesellschaften und die Hilflosigkeit der Berner Zentrale führten zur Gründung neuer pazifistischer Organisationen. In der Schweiz bildete sich ein »Komitee zum Studium der Grundlagen eines dauerhaften Friedens«; in den Niederlanden entstand der »Nederlandsche Anti-Oorlog-Raad« (Antikriegsrat), in Großbritannien die »Union of Democratic Control« und im Deutschen Reich der »Bund Neues Vaterland«. Diese neuen Organisationen der bürgerlichen Friedensbewegung gingen von der realistischen Annahme aus, daß ein Ende des Krieges nicht zu einer Wiederherstellung der Vorkriegsverhältnisse führen könne. Sie befaßten sich deshalb vor allem mit der Frage, nach welchen Prinzipien die künftige Friedensordnung aufgebaut werden müsse. Neben eher traditionellen Vorschlägen wie einer besseren Organisation der zwischenstaatlichen Beziehungen oder einer Föderation der europäischen Staaten gewannen neue Gesichtspunkte an Bedeutung, so die Notwendigkeit einer parlamentarischen Kontrolle über die Außenpolitik, die Einführung demokratischer Selbstbestimmung und Erkenntnis einer Wechselwirkung zwischen innerstaatlicher Struktur und außenpolitischem Verhalten. Der im November 1914 gegründete »Bund Neues Vaterland« forderte in seiner Satzung: »1. Die direkte und indirekte Förderung aller Bestrebungen, die geeignet sind, die Politik und die Diplomatie der europäischen Staaten mit dem Gedanken des friedlichen Wettbewerbs und des überstaatlichen Zusammenschlusses zu erfüllen, um eine politische und wirtschaftliche Verständigung zwischen den Kulturvölkern herbeizuführen. Dieses ist nur möglich, wenn mit dem seitherigen System gebrochen wird, wonach einige Wenige über Wohl und Wehe von hunderten Millionen Menschen zu entscheiden haben. 2. Insoweit sich bei der Arbeit für dieses Ziel ein Zusammenhang zwischen innerer und äußerer Politik der Staaten ergibt, darauf hinzuwirken, beide in volle Übereinstimmung zu bringen . . .«.[7]

Entschiedener als in der Satzung forderte der Bund in einem

vertraulichen Rundschreiben Ende 1914 innere Reformen und sozialen Ausgleich als Voraussetzung für eine engere Zusammenarbeit mit den anderen europäischen Staaten. Damit gab der Bund das Prinzip der Nichteinmischung in innere Angelegenheiten auf, an dem die Friedens- und Verständigungsorganisationen in der Vorkriegszeit festgehalten hatten. Der Bund strebte die Parlamentarisierung des Reiches an, die Gleichbehandlung aller Parteien, den Ausbau der Sozialpolitik und – gemeinsam mit der Sozialdemokratie – eine Erneuerung des Erziehungswesens.[8] Da sich der Bund gleichzeitig auf die Erklärung des Reichskanzlers vom 4. August 1914 berief, das Reich führe den Krieg lediglich zu seiner Verteidigung, konnte er auch Beziehungen zu »mehr rechtsgerichteten Kreisen« anknüpfen, um so »mehr Einfluß auf die Herbeiführung des Friedens ausüben zu können«.[9] In F. von Stumm und Graf Leyden verfügte der Bund über Kontaktpersonen im Auswärtigen Amt; sie vermittelten Gespräche mit Legationsrat K. Riezler, dem engsten Berater des Reichskanzlers, und später mit dem Reichskanzler selbst. Der Reformwille des Bundes ermöglichte den Sozialdemokraten E. Bernstein, K. Eisner und R. Breitscheid den Beitritt; Verbindungen wurden mit den Sozialdemokraten H. Haase, W. Heine und E. David aufgenommen, und selbst K. Liebknecht stand dem Bund nahe. Über den Bund fanden Sozialdemokraten wie E. Bernstein und K. Eisner den Weg zur Friedensgesellschaft, und als E. Bernstein und W. Heine im November 1917 an der Tagung des Internationalen Friedensbüros in Bern teilnahmen, fanden sich erstmals »deutsche Pazifisten und Sozialdemokraten neben Völkerrechtlern und nichtsozialistischen Parlamentariern auch auf internationalem Parkett zusammen«.[10] Zahlreiche Mitglieder der Friedensgesellschaft, darunter auch L. Quidde, traten der neuen Organisation bei, ohne jedoch die Friedensgesellschaft zu verlassen. Binnen kurzer Zeit schlossen sich prominente Vertreter aus Wissenschaft und Literatur dem Bund an: die Soziologen F. Tönnies und L. von Wiese, der Nationalökonom L. von Brentano, die Schriftsteller R. Schickele, G. Landauer und W. Herzog. Der Bund stieß auch auf distanziertes Interesse bei der Reichsregierung. Er erregte Aufmerksamkeit im Ausland, vor allem beim niederländischen Anti-Oorlog-Raad und bei der britischen »Union of Democratic Control«, dem Vorläufer der Labour-Party. Das Schweizer Komitee für einen dauerhaften Frieden wurde, ebenso wie die erwähnten Organisationen, vom »Bund Neues Vaterland« als Schwester-Organisation betrachtet.[11]

Das Interesse des Auswärtigen Amtes am »Bund Neues Vaterland« erwachte, als der Anti-Oorlog-Raad im November 1914 ein Manifest veröffentlichte, in dem er Thesen über einen künftigen Frieden zur Diskussion stellte und eine internationale Konferenz für das Frühjahr 1915 ankündigte. Da sich der Bund bereit erklärte, an dieser Konferenz teilzunehmen, kam es zu Gesprächen zwischen W. Schücking als Vertreter des Bundes und dem Personalreferenten im Auswärtigen Amt Graf von Wedel. Diese Gespräche im März 1915 bestätigten »das Interesse der Reichsleitung an den internationalen Beziehungen der Pazifisten, die man zu Informations- und Sondierungsmöglichkeiten nutzen konnte«.[12] Die Genehmigung zur Ausreise erhielten die Mitglieder des Bundes W. Schücking, L. Quidde, K. von Tepper-Laski und O. Lehmann-Rußbüldt. Zeitweise nahm an der Konferenz, die vom 7. bis 10. April im Haag stattfand, als Mitglied des Auswärtigen Amtes K. Hahn teil, der später als Reformpädagoge bekannt wurde. Auch waren anwesend Abordnungen aus England, den USA, Österreich-Ungarn, Schweden und Norwegen; Frankreich war – wie auf allen nichtoffiziellen internationalen Kongressen – nicht vertreten.

Der Kongreß sah seine Aufgabe nicht darin, sich mit aktuellen Fragen zu befassen, sondern Grundlagen eines künftigen Friedens zu erarbeiten. In einem Punkt, der allerdings von grundsätzlicher Bedeutung war, berührte die Diskussion ein Problem der praktischen Politik. Alle Teilnehmer, also auch die deutschen Delegierten, waren sich einig, daß die Wiederherstellung der Souveränität Belgiens eine unabdingbare Voraussetzung für einen Friedensvertrag sei. Die Konferenz formulierte ein Mindestprogramm für einen künftigen Frieden und beschloß die Gründung einer »Zentralorganisation für einen dauerhaften Frieden«, die alle sympathisierenden Organisationen und Personen erfassen sollte. Zum Vollzugsausschuß der Zentralorganisation wurde der Anti-Oorlog-Raad bestimmt. Das von der Konferenz beschlossene Mindestprogramm ist angesichts der annexionistischen Propaganda im Deutschen Reich und der sich verhärtenden Positionen der Entente-Mächte bemerkenswert:

»1. Es soll weder eine Annexion noch eine Gebietsübertragung stattfinden gegen die Interessen und Wünsche der Bevölkerung. Deren Zustimmung soll, wo es möglich ist, durch Plebiszit oder auf andere Weise eingeholt werden.

2. Die Staaten sollen den Nationalitäten ihres Gebietes Rechtsgleichheit, Religionsfreiheit und den freien Gebrauch ihrer Sprache garantieren . . .

3. Das auf die friedliche Organisation der Staatengesellschaft be-

zügliche Werk der Haager Friedenskonferenzen soll ausgebaut werden. Die Friedenskonferenz soll mit einer dauernden Organisation ausgestattet werden und periodische Sitzungen halten.

Die Staaten sollen vereinbaren, alle ihre Streitigkeiten einem friedlichen Verfahren zu unterwerfen. Zu diesem Zweck sollen... a) ein ständiger Internationaler Gerichtshof und b) ein ebenfalls ständiger Internationaler Untersuchungs- und Vermittlungsrat errichtet werden. Die Staaten sollen sich verpflichten, eine vereinbarte ... Aktion für den Fall durchzuführen, daß ein Staat militärische Maßnahmen ergreift...

4. Die Staaten sollen eine Verminderung der Rüstungen vereinbaren.«[13]

Ein internationaler Frauenkongreß, der vom 28. April bis zum 1. Mai 1915 im Haag tagte, befaßte sich ebenfalls mit dem Problem der künftigen Friedensordnung. Anders als die vom Anti-Oorlog-Raad organisierte Konferenz war der Frauenkongreß auf Öffentlichkeitswirkung bedacht. An der Eröffnungsveranstaltung nahmen etwa 1400 Frauen teil, über 2400 besuchten die Abschlußversammlung dieses ersten internationalen Frauenkongresses. In ihren Beschlüssen mußten die Frauen weniger Rücksicht auf die Regierungen nehmen als der vom Anti-Oorlog-Raad getragene Kongreß, so daß erstmals auf einem internationalen Forum die Forderungen nach Parlamentarisierung und Demokratisierung erhoben wurden. Ein künftiger Friedensschluß sollte nach Auffassung des Kongresses davon ausgehen,

»1. daß kein Gebiet ohne die Einwilligung seiner männlichen und weiblichen Bevölkerung übertragen werde und daß das Eroberungsrecht nicht anerkannt werden soll;

2. daß keinem Volk Autonomie und ein demokratisches Parlament versagt werde...;

3. daß die auswärtige Politik unter demokratische Kontrolle gestellt werde.«[14]

Etwa 20 Frauen aus dem Deutschen Reich, unter ihnen A. Augspurg, L. G. Heymann, M. Selenka und H. Stöcker, nahmen an dem internationalen Frauenkongreß im Haag teil. Gegen die Teilnahme deutscher Frauen wandte sich der »Bund Deutscher Frauenvereine«, da er sie »für unvereinbar mit der vaterländischen Gesinnung und der nationalen Verpflichtung der deutschen Frauenbewegung« hielt. Dieser Auffassung widersprach L. Quidde in einem Brief an G. Bäumer, Vorsitzende des Bundes der Frauenvereine, nachdrücklich.[15]

Nach den beiden Kongressen entfalteten der »Bund Neues Vaterland« und die Friedensgesellschaft eine rege Aktivität, die sich auf zwei Schwerpunkte konzentrierte: auf die Abwehr annexionistischer Forderungen, die vor allem vom Alldeutschen Verein propagiert wurden, und auf den Versuch, durch Eingaben und Denkschriften auf die Politik Einfluß zu nehmen. Im Sommer 1915 vertrieb der »Bund Neues Vaterland« die Denkschrift W. Schückings »Sollen wir Belgien annektieren?« und die von L. Quidde verfaßte Schrift »Sollen wir annektieren?«, die von der englischen Zeitschrift »Goodwill« und der französischen Zeitung »Humanité« abgedruckt wurde. Eine zweite Schrift L. Quiddes mit dem Titel »Reale Garantien für einen dauerhaften Frieden« wurde in einer Auflage von 130000 Exemplaren gedruckt. Der größte Teil der Auflage wurde beschlagnahmt, so daß nur einige tausend Exemplare ihre Adressaten erreichten.[16] Ausgelöst hatte diese publizistischen Aktivitäten eine Denkschrift von sechs Wirtschaftsverbänden vom 20. Mai 1915, in der – unter Federführung der Alldeutschen – die wirtschaftliche und militärische Beherrschung Belgiens, die Eingliederung französischer Erz- und Kohlegebiete und Annexionen im Osten gefordert wurden. Die Alldeutschen standen ebenfalls hinter der sog. »Intellektuelleneingabe« mit 1347 Unterschriften, die eine aktive Annexionspolitik vertrat und am 8. Juli 1915 dem Reichskanzler übergeben wurde. Gegen die annexionistische Propaganda wandte sich parallel zu den Schriften L. Quiddes, aber unabhängig von ihnen eine Gegendenkschrift aus dem Kreis um die Berliner Professoren H. Delbrück und A. von Harnack.[17] Gegen den Willen der Reichsregierung hatten die Alldeutschen damit die Diskussion um die Kriegsziele eröffnet. Die Abwehr alldeutscher Propaganda führte den Delbrück-Kreis, der dem Reichskanzler nahestand, und den »Bund Neues Vaterland« zusammen. Geplant wurde ein Sammelband über »Deutschland nach dem Kriege. Ein Programm für dauernden Frieden«. Man wollte zeigen, wie »ohne Begründung neuer, auf Gewalt beruhender Herrschaftsverhältnisse ... ein Friede geschlossen werden kann, der die Interessen des deutschen Volkes und seine freie nationale, wirtschaftliche und kulturelle Entwicklung sichert, sowie ein dauerndes friedliches Zusammenleben der zivilisierten Völker gewährleistet«.[18] Bekannte Persönlichkeiten wie die Professoren L. von Brentano, A. von Harnack und H. Delbrück, Staatssekretär Dr. Dernburg, H. Wehberg, L. Quidde, die Reichstagsabgeordneten G. Gothein und E. Bernstein waren zur Mitarbeit bereit.[19] Der geplante Sammelband konnte wegen der seit Ende 1915 schärfer kontrollierenden Zensur nicht realisiert werden.

Es hatte lange gedauert, bis die Friedensgesellschaft ihre Ratlosigkeit nach dem Kriegsausbruch überwand und in der Lage war, auf die neue Situation angemessen zu reagieren. Für den 6./7. November 1915 lud die Friedensgesellschaft zu einer Hauptversammlung nach Leipzig ein. An der Hauptversammlung nahmen auch Vertreter des »Bundes Neues Vaterland« und des auf der Haager Frauenkonferenz gegründeten »Nationalen Frauenaussschusses für dauernden Frieden« teil. Die Hauptversammlung tagte mit den vom Stellvertretenden Generalkommando verfügten Einschränkungen, auf jede öffentliche Agitation zu verzichten und die Beschlüsse nicht zu veröffentlichen. Die erste Resolution stellte fest, daß nicht nur die »politischen, wirtschaftlichen und nationalen Interessen des deutschen Volkes« gewahrt, sondern auch die »Grundlagen für eine bleibende Rechts- und Kulturgemeinschaft der Völker« erneuert werden müßten. Beiden Notwendigkeiten aber widerspreche »das Verlangen von Annexionen innerhalb Europas, bei denen der Wille der Bevölkerung vergewaltigt werden soll«. Die zweite Resolution richtete sich gegen das Verbot, Kriegsziele öffentlich zu diskutieren, weil »seit Monaten die wildesten Annexionsforderungen in zahlreichen Tageszeitungen, Zeitschriften und Broschüren vertreten werden und dadurch eine Irreführung der öffentlichen Meinung entstanden ist, die für die Gestaltung der Zukunft unseres Vaterlandes eine große Gefahr bedeutet . . . [Es ist] eine Forderung primitiver Gerechtigkeit, daß die Freiheit des Wortes endlich für alle Kreise gewährt wird.«[20]

Die Friedensgesellschaft übernahm jedoch nicht die vom »Bund Neues Vaterland« und vom Nationalen Frauenausschuß vertretenen Forderungen nach Parlamentarisierung und Demokratisierung des Reiches. Die Pazifisten »alter Observanz« in der Friedensgesellschaft beharrten darauf, daß es zunächst vordringlich sei, die äußere Politik zu internationalisieren; je mehr sich die äußere Politik auf Vertrauen gründe, um so schneller werde auch die »Demokratisierung der Staaten als solche« fortschreiten.[21] An dieser Position hielt die Friedensgesellschaft bis zum Frühjahr 1917 fest.

Im Anschluß an die Leipziger Hauptversammlung versuchte die Friedensgesellschaft ihre Vorstellungen über einen künftigen Frieden bei der Regierung und im Parlament zur Geltung zu bringen. Am 16. November 1915 wurde L. Quidde vom Reichskanzler zu einem Gespräch empfangen. Dieses Gespräch hatte L. Quidde als Vorsitzender der Friedensgesellschaft für sich und fünf Mitglieder beantragt; Unterstaatssekretär Zimmermann hatte jedoch darauf bestanden, daß L. Quidde »allein zum Reichskanzler gehen müsse«.[22] Da L. Quidde gleichzeitig Mitglied des Bayrischen Landtages war, konnte das Reichskanzleramt damit den Eindruck vermeiden, die Friedensgesellschaft sei für den Reichskanzler ein Gesprächspartner. L. Quidde forderte den Reichskanzler auf, zu erklären, daß Deutschland weder die Annexion Belgiens noch die Erwerbung französischer Gebiete erstrebe. Allerdings würden die Gegner »anerkennen müssen, daß sie weitgehende Kompensationen zu gewähren haben für die Freigebung der Gebiete, die sich in den Händen der verbündeten Mächte befinden«. Solche Kompensationsmöglichkeiten würden sich in der Erwerbung von Gebieten im Osten anbieten. Schließlich setzte sich L. Quidde dafür ein, die Kriegszieldiskussion freizugeben und die einseitigen Zensurmaßnahmen gegen die Friedensgesellschaft aufzuheben. Das Gespräch mit dem Reichskanzler verlief zwar ohne Schärfe, hatte aber auch keine Folgen. Ebenso wirkungslos blieb die Eingabe der Friedensgesellschaft an den Reichstag vom 1. Dezember 1915, in der die gleichen Vorschläge vorgetragen wurden.[23]

L. Quidde hat in seiner posthum veröffentlichten Schrift »Der deutsche Pazifismus während des Weltkrieges« selbst auf die Problematik hingewiesen, einen Verständigungsfrieden im Westen durch einen Annexionsfrieden im Osten gleichsam zu erkaufen.[24] In diesem Vorschlag drückte sich die auch von den Sozialdemokraten geteilte Überzeugung aus, daß das zaristische Rußland nicht nur als Feind des Deutschen Reiches, sondern vor allem als Feind des Fortschritts und der Freiheit zu bekämpfen sei. Auch für die bürgerliche Friedensbewegung besaß der Krieg im Osten den Charakter eines Befreiungskrieges; hier konnte »Deutschland als Anwalt unterdrückter Völker auftreten, konnte es das Selbständigkeitsstreben kleinerer National- oder Nationalitätenstaaten fördern«.[25] Allerdings war die Friedensbewegung insofern konsequent, als sie nach dem Ausbruch der Februarrevolution in Rußland ihre Vorschläge zurücknahm. L. Quidde selbst lehnte in der Eingabe an den Deutschen Reichstag vom 15. Februar 1918 erzwungene Annexionen im Osten ab und trat für das Selbstbestimmungsrecht der Völker »auf demokratischer Grundlage und nach Zurückziehung der Besatzungstruppen« ein.[26]

Die Hauptversammlung in Leipzig und die sich daran anschließenden Aktivitäten zeigen, daß die Friedensgesellschaft die Phase der Orientierungslosigkeit im Herbst 1915 überwunden hatte. Ein neues Selbstbewußtsein wird auch an den Überlegungen für die Zeit nach dem Krieg erkennbar. Die Friedensgesellschaft plante eine Agitation »größten Stils, um unsere Vereine zu stärken und Mitglieder zu gewinnen. Ein Agitationsfond von 100000 Mark erschien notwendig, um die bisher unzulängliche Öffentlichkeitsarbeit zu intensivieren.«[27]

Dieser hoffnungsvolle Neubeginn wurde jedoch abrupt abgebrochen, als zur gleichen Zeit die verschärften Zensur- und Kontrollmaßnahmen politischer und militärischer Dienststellen einsetzten.

Im Herbst 1915 waren die organisatorischen Vorbereitungen für eine effektivere Kontrolle und Zensur durch die Angliederung der Oberzensurstelle an das Kriegspresseamt – das wiederum der Obersten Heeresleitung unterstellt war – abgeschlossen. Die seit Ende 1915 verschärften Zensur- und Repressionsmaßnahmen müssen vor allem aber als Reaktion auf einen ersten Stimmungsumschwung in der Bevölkerung verstanden werden. Die Teuerung und die Knappheit an Lebensmitteln hatten die Kriegsbegeisterung vom August 1914 erheblich gedämpft. Die Unzufriedenheit über die ökonomische Situation führte zu dem Verlangen, den Krieg möglichst schnell zu beenden. Der Stimmungsbericht des Berliner Polizeipräsidenten vom 18. September 1915 hielt fest: »Wenn auch eine Gewöhnung an diese Teuerung bis zu einem gewissen Grade eingetreten ist und der jetzige Zustand im allgemeinen ohne viel Murren ertragen wird, so ist doch nicht zu verkennen, daß die bisherige Fruchtlosigkeit der meisten Maßnahmen zur Erzielung niedrigerer Preise nicht nur entmutigend wirkt, sondern auch der Forderung ›alsbaldigen Friedens um jeden Preis‹ zahlreiche neue Gläubige zugeführt hat, zumal der Radikalismus seine auf dieses Ziel gerichtete ›unterirdische Arbeit‹ fortsetzt.«[28] Aus der Basis der Sozialdemokratischen Partei wurden vereinzelt Stimmen vernehmbar, gerade im Hinblick auf die ökonomische Situation den Frieden so rasch wie möglich wiederherzustellen. Die organisierten Frauen des sozialdemokratischen Vereins Groß-Stuttgart appellierten an die württembergische Staatsregierung, alles zu tun, um »bei den maßgebenden Stellen keinen Zweifel über den Friedenswillen des deutschen Volkes aufkommen zu lassen. Der Friede soll sofort erstrebt werden, er darf durch Eroberungsgelüste oder sonstige machtpolitische Bestrebungen nicht auch nur um einen Tag verzögert oder erneut gefährdet werden.«[29] Einzelne Ortsgruppen der Friedensgesellschaften berichteten im Verlauf des zweiten Kriegsjahres von gutbesuchten Veranstaltungen und auch von einer wachsenden Mitgliederzahl. Die Ortsgruppe Berlin verzeichnete bei ihrer Versammlung im Juni 1915 einen »ungewöhnlich starken Besuch«; die Veranstaltungen der Ortsgruppe Leipzig waren »recht gut besucht«, und der Frauenbund der Wiesbadener Ortsgruppe berichtete von einer gut besuchten Veranstaltung im Juli 1915.[30] Die Münchener Ortsgruppe führte zwischen Dezember 1914 und Frühjahr 1915 insgesamt 14 Versammlungen durch – »so viel wie sonst in drei bis vier Jahren«.[31] Die Mitgliederzahl der Münchener Ortsgruppe stieg »langsam aber stetig, und auch der Schatzmeister weiß über das Eingehen der Beträge Erfreuliches zu berichten.«[32] Diese und andere Aktivitäten beunruhigten die Behörden. Das Pressereferat beim Bayrischen Kriegsministerium stellte im Herbst 1915 eine umfassende Bestandsaufnahme der pazifistischen Aktivitäten in Bayern und besonders in München zusammen, die der Kriegsminister Anfang November dem Kabinett vorlegte. Sie diente als Vorlage für umfangreiche Maßnahmen gegen die Friedensbewegung und führte dazu, daß man für den Zeitraum zwischen Ende 1915 und Mitte 1917 »fast von einer Treibjagd der Behörden auf Pazifisten und alle des Pazifismus Verdächtigen sprechen« kann.[33] Ähnlich verhielt sich das preußische Kriegsministerium. Die Maßnahmen der politischen und militärischen Dienststellen konzentrierten sich zunächst auf den »Bund Neues Vaterland« als die aktivste pazifistische Organisation. Nachdem bereits Ende 1914 dem Bund der Schriftverkehr mit dem Ausland untersagt worden war und auch Hausdurchsuchungen durchgeführt worden waren, wurden am 7. Februar 1915 das »Herstellen und Versenden von Mitteilungen, Sonderdrucken, Flugschriften« für die Dauer des Krieges verboten. Die Behörden wandten auch schikanöse Praktiken gegenüber einzelnen Personen an. Frau L. Jannasch, Geschäftsführerin des Bundes, wurde am 31. Mai 1916 in »Schutzhaft« genommen und erst nach 14 Wochen wieder auf freien Fuß gesetzt. Vor ihrer Entlassung mußte sie sich verpflichten, während des Krieges keine politische Tätigkeit auszuüben und über diese Verpflichtung keiner dritten Person Mitteilung zu machen. Noch schlimmer erging es ihrer Nachfolgerin, Frau E. Bruck; ihr wurde die Verbreitung der Denkschrift des Fürsten Lichnowsky vorgeworfen. Sie wurde im Frühjahr 1916 verhaftet und sollte wegen Spionage und Hochverrat angeklagt werden. Da die Behörden keinerlei Beweismaterial vorlegen konnten, mußte sie wieder freigelassen werden. Im April 1918 wurde sie erneut verhaftet: »Meine Untersuchung war eine seelische Folterung. Mein Prozeß wegen schweren Landes- und Hochverrats wurde vom Reichsgericht geführt, und zwar lief die Anklage gegen mich, weil ich weder die Geldgeber noch den Drucker (der Lichnowsky-Denkschrift, D. R.) angab . . . Mitte Juni 1918 wurde ich mit Sammeltransport im Zellenwagen, in fünf Tagen nach Berlin befördert. Bei der damaligen Verpflegungsart bekamen die reisenden Häftlinge morgens, mittags und abends je ein Tröpfchen durchsichtige schwarze Kohlrübenbrühe und 100 Gr. trockenes Brot; in den jeweiligen Stadtgefängnissen, in die wir am Abend eingeliefert wurden, gab es kein Essen warm... Anfang September 1918 wurde ich wegen schwerer Erkrankung aus der Haft entlassen, doch lief mein Prozeß bis zum Dezember weiter, erst dann bekam ich die Nachricht, daß er, wegen der Revolution, niedergeschlagen sei. Meine Erkrankung, eine schwere Sepsis, fes selte mich wochenlang ans Bett...«.[34] Kapitänleutnant H. Paasche, Ende 1916 aus der Marine entlassen, wurde wegen Aufforderung zum Hochverrat verhaftet und angeklagt. Mit der Begründung, er habe seine strafbaren Handlungen »im Zustande krankhafter Geistestätigkeit« begangen, wurde das Verfahren eingestellt, H. Paasche in Schutzhaft genommen und in ein Nervensanatorium gesteckt. Hauptmann H.-G. von Beerfelde, der gefordert hatte, den Kaiser und die politisch-militärische Führung wegen ihrer Schuld am Kriegsausbruch vor ein Kriegsgericht zu stellen, sollte ebenfalls für geisteskrank erklärt werden.[35] Die Methode, unbequeme und unliebsame Kritiker als geisteskrank hinzustellen und sie damit zu isolieren, versuchte man auch gegenüber W. Muehlon und dem Fürsten von Lichnowsky anzuwenden. Den ehemaligen Krupp-Direktor W. Muehlon, der in einem »Memorandum« vom August 1914 seine Gespräche mit dem damaligen Chef der Deutschen Bank während der Juli-Krise 1914 festgehalten und auf eine Mitschuld des Deutschen Reiches am Ausbruch des Krieges hingewiesen hatte, diffamierten seine früheren Gesprächspartner als eine pathologische Persönlichkeit. Ähnlich erging es Fürst Lichnowsky, der in den Jahren 1912–1914 als Botschafter in London gewirkt hatte. In einer Denkschrift vom Sommer 1916 unterzog er die deutsche Diplomatie der Vorkriegszeit einer vernichtenden Kritik und kam zu dem Ergebnis, es sei nicht verwunderlich, wenn Deutschland die Alleinschuld am Weltkrieg zugesprochen werde. In der Öffentlichkeit stellte man den Fürsten als »Monomanen« hin; Staatssekretär von Kühlmann hätte es am liebsten gesehen, wenn man »den völligen Nervenzusammenbruch des Fürsten herbeiführen würde und sich dadurch seine Unterbringung in einem Sanatorium ermöglichen ließe«.[36] W. Muehlon, der seit Herbst 1916 in der Schweiz lebte, stand mit A. H. Fried, L. Quidde und E. Bernstein in engem Kontakt und übte eine »starke Anziehungskraft auf diejenigen aus, die als Republikaner, Pazifisten oder Demokraten Deutschland ebenfalls den Rücken gekehrt hatten und in der Schweiz, den Ausgang des Krieges abwartend, in der Hoffnung auf einen Systemwechsel lebten«.[37] Weniger dramatisch, aber um so wirkungsvoller waren die Maßnahmen, die man ergriff, um der Friedensbewegung den Zugang zur Öffentlichkeit zu versperren. Am 6. März 1916 untersagte das bayrische Kriegsministerium dem Vorsitzenden der Friedensgesellschaft jede pazifistische Tätigkeit. Aufschlußreich ist die Begründung, mit der das bayrische Kriegsministerium der Schriftstellerin A. Kolb »jede öffentliche und nichtöffentliche Werbetätigkeit, die unmittelbar oder mittelbar pazifistischen Bestrebungen (einschließlich der pazifistisch gerichteten Frauenrechtsbewegung) dient«, untersagte. Die Tätigkeit der pazifistischen Organisationen, an denen A. Kolb beteiligt sei, habe »in den letzten Monaten einen Umfang und Formen angenommen, welche die öffentliche Sicherheit gefährden«.[38] Dem Völkerrechtswissenschaftler W. Schücking verbot man bereits im November 1915, über »Probleme der internationalen Organisation mit auswärtigen Gelehrten zu korrespondieren, Reisen ins Ausland zu machen oder sich auch nur in Grenzgebieten des Deutschen Reiches aufzuhalten und seine Idee über internationale Organisationen, auch nur in theoretischer Weise, in Schrift oder Wort zu äußern«.[39] Die Briefzensur wurde über führende Persönlichkeiten des bürgerlichen Pazifismus verhängt. Das Ergebnis dieser Maßnahmen war »lächerlich gering und führte in keinem einzigen Fall zu einer strafrechtlichen Verfolgung wegen Landesverrats«.[40]

Besonders argwöhnisch verfolgten die Behörden die Zeitschriften der Friedensbewegung. Die von A. H. Fried herausgegebene »Friedenswarte« litt besonders unter der Willkür der Zensur. Im April 1915 verlegte A. H. Fried den Sitz der Zeitschrift nach Bern; dort erschien das Blatt unter dem Titel »Zeitschrift für zwischenstaatliche Organisation«.[41] Im November 1915 mußte das Vereinsorgan der Friedensgesellschaft »Völker-Friede« sein Erscheinen einstellen. Damit war der organisatorische Zusammenhalt der Friedensgesellschaft empfindlich gestört. Die Existenzbedingungen für die Friedensgesellschaft wurden zunehmend schlechter. In Berlin verboten die Behörden selbst geschlossene Veranstaltungen. Von den Ortsgruppen und von der Zentrale in Stuttgart erzwangen die Behörden die Herausgabe der Mitgliederverzeichnisse, um individuellen Druck auf die einzelnen Mitglieder auszuüben. Der Magistrat der Stadt Schweinfurt schrieb die Mitglieder der Ortsgruppe persönlich an, verwies auf die angeblich landesverräterischen Bestrebungen der Friedensgesellschaft und drohte mit der Verhängung der Briefsperre. Am Ende des Krieges zählte die Friedensgesellschaft nur noch 5000 Mitglieder; die Mitgliederzahl war seit Kriegsbeginn um die Hälfte zurückgegangen.

Dem Engagement der Frauen für den Frieden standen die Behörden völlig verständislos gegenüber. Die Denkschrift des bayrischen

Kriegsministeriums vom 2. November 1915 erwähnte ausdrücklich die engen Beziehungen zwischen der Friedensbewegung, dem »Verein für Frauenstimmrecht« und dem »Bayerischen Verein für Frauenstimmrecht«. Der Einfluß pazifistischer Vorstellungen auf politisch bewußte Frauen war Folge der kriegsbedingten höheren Anforderungen an die Leistungsbereitschaft der Frauen einerseits und der Verweigerung der politischen Gleichberechtigung andererseits. Die Behörden befürchteten ein Übergreifen der pazifistisch-feministischen Bewegung auf die ländlichen Gebiete über die dort beschäftigten Lehrerinnen. Die Denkschrift wies auch auf die Gefahren hin, die der Kriegswirtschaft aus der Verbreitung pazifistischer Gedanken erwachsen könnten: »Ein Versagen der Frauenwelt auf dem Lande, in deren Händen heute größtenteils die Wirtschaftsführung liegt, könnte das wirtschaftliche Durchhalten des Krieges in Frage stellen. Ganz abgesehen von der lähmenden Wirkung, die bei den engen Wechselbeziehungen zwischen Front und Heimat ein Nachlassen der Opferfreudigkeit der daheimgebliebenen Frauen auf die Stimmung der Truppen im Feld ausüben müßte.«[42] Während die staatlichen Organe bei anderen unterprivilegierten Gruppen den »Zusammenhang zwischen wachsenden Kriegslasten und sich verstärkenden Gleichheits- und Emanzipationsforderungen« erkannten und die damit einhergehende Unzufriedenheit durch Reformen zu steuern suchten,[43] reagierten sie gegen die Frauen mit repressiven Maßnahmen. Im Frühjahr 1916 verhängte das bayrische Kriegsministerium ein Versammlungsverbot für den »Bayerischen Verein für Frauenstimmrecht«. L. Heymann, aktive Pazifistin und Frauenrechtlerin, wurde im März 1917 aus Bayern ausgewiesen; der Nationale Frauenausschuß durfte keine Werbeaktionen durchführen und mußte Hausdurchsuchungen hinnehmen.

Die politischen und militärischen Dienststellen scheuten keine Mittel, die Friedens- und die Frauenbewegung zu behindern und als Faktor der öffentlichen Meinung auszuschalten, um die Geschlossenheit und den Kriegswillen der Bevölkerung nicht zu gefährden. Seit dem Frühjahr 1916 verbanden sich Unzufriedenheit und Verbitterung über die materielle Not zunehmend mit Kriegsmüdigkeit und Sehnsucht nach Frieden. Das preußische Kriegsministerium stellte im September 1916 fest, daß »in manchen Volksschichten, wie z. B. in den unteren Bürgerkreisen ..., eine betrübende Gleichgültigkeit zu finden ist. Man kann ohne Schwarzseher zu sein behaupten, daß das Volk in seinem überwiegenden Teil kriegsmüde ist.«[44] Die Behörden glaubten, die Friedensbewegung könne sich zu einem Oppositionszentrum und damit zu einer ernsthaften Bedrohung für die bestehende Ordnung entwickeln. Ein Bericht des Münchner Generalkommandos vom 26. April 1917 sprach diese Befürchtung offen aus: »Daher liegt eine besondere Gefahr darin, daß es einer geschickt geleiteten und unauffälligen Propaganda gelingt, die verschiedenen radikalsozialistischen, bürgerlich-demokratischen, pazifistischen, föderalistisch-großdeutschen Strömungen dahin zu vereinigen, daß der Krieg für sie den Charakter eines Kampfes gegen die preußische Regierung und die Dynastie Hohenzollern erhält.«[45]

Es erscheint fast paradox, daß zu einem Zeitpunkt, als die organisierte Friedensbewegung praktisch lahmgelegt war, in der Umgebung des Reichskanzlers ernsthaft – wenn auch aus taktischen Überlegungen, vor allem in Hinblick auf die USA – über die pazifistische »Ideologie« nachgedacht wurde. Professor H. Delbrück, den Th. von Bethmann-Hollweg sehr schätzte, erläuterte in seiner »Denkschrift« an den Reichskanzler vom September 1916: »Es sind nicht bloß Sozialdemokraten und die eigentlich pazifistischen Kreise, sondern weite Schichten unter den politisch Denkenden der Nation, die den Wunsch hegen, daß man ... den Ideen des Pazifismus ein Stück entgegenkomme.«[46] Auch der engste Berater des Reichskanzlers, Legationsrat K. Riezler, beschäftigte sich mit den Ideen des Pazifismus. Er stimmte mit H. Delbrück überein, daß der Pazifismus als wirksame Idee, als eine Grundströmung der Zeit verstanden werden müsse. Im November 1916 verfaßte K. Riezler einen längeren Aufsatz mit der bezeichnenden Überschrift »Zwischen nationalistischer und pazifistischer Gefahr«. Darin setzte sich K. Riezler grundsätzlich mit Nationalismus und Pazifismus als radikalen Gegenpositionen auseinander, die sich »für unsere Politik während des Krieges, aber noch mehr für die Politik, die dann kommen wird, als Übel und Gefahren erwiesen, gegen die ein rücksichtsloser geistiger Ausrottungskampf gefordert werden muß«.[47] Die Kampfansage an den Nationalismus wie auch an den Pazifismus ist in diesem Zusammenhang weniger wichtig als K. Riezlers Einschätzung und Bewertung beider Strömungen. K. Riezler war überzeugt, daß die beiden »in ihren tiefsten Gründen unstaatliche[n] und unpolitische[n] Geistesrichtungen einen so starken Einfluß auf unser öffentliches Denken und unsere öffentliche Diskussion erhalten, daß sie eigentlich mit ihren Forderungen fortwährend im Mittelpunkt der öffentlichen Diskussion und des öffentlichen Denkens stehen«.[48] Die Beschäftigung mit dem Pazifismus blieb allerdings ebenso Episode wie der Sieg der gemäßigten Richtung in der Rede des deutschen Reichskanzlers vom 9. November 1916 vor dem Hauptausschuß des Reichstages, in der er erstmals die Bereitschaft der Reichsregierung aussprach, an der Errichtung eines allgemeinen Schiedsgerichts mitzuarbeiten. Diese Erklärung, die auf H. Delbrücks Einfluß zurückgeht,[49] wurde jedoch schon wenige Wochen später zur Makulatur, als das Deutsche Reich den unbeschränkten U-Boot-Krieg erklärte. Die Rede des Reichskanzlers vom 9. November 1916 war aber für die Friedensbewegung wichtig, weil sie sich bei ihrer Propaganda für Völkerbund und Schiedsgerichtsbarkeit auf eine amtliche Regierungserklärung berufen konnte.

Da die Friedensgesellschaft und der »Bund Neues Vaterland« durch die staatlichen Zensur- und Repressionsmaßnahmen weitgehend funktionsunfähig geworden waren, versuchten neue Organisationen, die versprengten Mitglieder und Anhänger der Friedensbewegung zu sammeln. In Berlin konstituierte sich am 14. Juni 1916 ein Kreis pazifistischer Intellektueller aus Kirche, Publizistik, Universität und Wirtschaft als »Vereinigung Gleichgesinnter«.[50] Zu den Gründungsmitgliedern gehörten Graf G. von Arco, Professor E. von Aster, Fr. Siegmund-Schultze, der Historiker K. Heldmann, Professor Fr. W. Foerster, W. Muehlon u. a.; Mitglieder waren ferner A. Einstein, M. Lehmann, H. Driesch, M. Rade und der Reichstagsabgeordnete A. Südekum. In ihren »Leitsätzen« bekannte sich die Vereinigung zu folgenden Zielen:

»1. Unsere Vereinigung will dafür arbeiten, daß der dem Geiste der Humanität entgegengesetzte Nationalismus überwunden werde, daß der ethische Gedanke mehr und mehr in der Weltpolitik zur Geltung komme und im Gegensatz zu einer reinen Machtpolitik als realpolitischer anerkannt werde.

2. Das nächste Mittel zur Erreichung dieses Zieles soll eine im Stillen wirkende Werbung von Gesinnungsgenossen und der geistige Austausch in einem langsam wachsenden Kreise solcher sein.

3. Auf Grund fortschreitender Klärung der Auffassungen wären dann auch praktische Aktionen zur Verbreitung der gewonnenen Überzeugung und zur Beeinflussung der öffentlichen Meinung zu unternehmen.«[51] Die Militärpolizei kam der Vereinigung bald auf die Spur; Hausdurchsuchungen folgten, Voruntersuchungen wurden wegen »Geheimbündelei« aufgenommen. Nach Kriegsende löste sich die Vereinigung auf.

Auf öffentliche Wirkung zielte von vornherein die am 30. Juli 1916 in Frankfurt a. M. gegründete »Zentralstelle Völkerrecht«. Ihre Mitglieder kamen aus der Friedensgesellschaft, aus dem Bund Neues

Vaterland, aus dem Verband für internationale Verständigung und aus Frauenverbänden; mit E. Bernstein, P. Löbe, O. Landsberg und H. Ströbel gehörten auch sozialdemokratische Politiker der Zentralstelle an.[52] Mit ihrem »Flugblatt Nr. 1« trat die Zentrale mit 210 Unterschriften an die Öffentlichkeit: »Nachdem der ›Deutsche Nationalausschuß‹ und der ›Unabhängige Ausschuß für einen dauernden Frieden‹ den gegenwärtigen Zeitpunkt für geeignet gehalten haben, sich mit Kundgebungen zu Kriegszielen an die Öffentlichkeit zu wenden, haben sich deutsche Männer und Frauen, die einen dauernden Frieden auf der Grundlage des Selbstbestimmungsrechtes der Völker und einer neu einzuleitenden Verständigungspolitik erstreben, zu einer deutschen Zentrale für dauernden Frieden unter dem Namen Zentralstelle ›Völkerrecht‹ zusammengeschlossen.«[53] Ende September 1916 ersuchte die Zentralstelle in einer Eingabe den Reichstag, er möge insbesondere erklären:

»1. Der kommende Frieden soll, um nicht den Keim künftiger Kriege in sich zu tragen, keinem Volke unerträgliche Bedingungen aufzwingen, insbesondere nicht Annexionen enthalten, die den freien Willen einer Bevölkerung vergewaltigen, oder Eingriffe in die Selbständigkeit bisher unabhängiger Staaten vornehmen.

2. Der kommende Frieden soll aber auch, um ein dauernder Friede zu sein, die Grundlagen für ein neues Völkerrecht legen, durch Schaffung einer überstaatlichen Organisation, die Gewähr bietet für friedliche Erledigung künftiger internationaler Streitigkeiten auf dem Wege geordneter gütlicher Vermittlung oder rechtlicher Entscheidung.«

In einer Beilage forderte die Zentralstelle, die Geheimdiplomatie abzuschaffen, die Rüstung durch vertragliche Abmachungen zu beschränken, am Prinzip der offenen Tür in Kolonien und Schutzgebieten festzuhalten und die Freiheit der Meere zu garantieren.[54] Auch die Zentralstelle sah sich bald den gegenüber pazifistischen Organisationen bereits üblichen Polizeimaßnahmen ausgesetzt.

Unter der Belastung des Krieges und unter dem Druck der staatlichen Zensur- und Repressionspraxis war die organisatorische Einheit der Friedensbewegung zerbrochen; seit Mitte des Jahres 1916 bestanden sechs Friedens- und Verständigungsorganisationen: die deutsche Gruppe der Interparlamentarischen Union, die Deutsche Friedensgesellschaft, der Verband für internationale Verständigung, der Bund Neues Vaterland, die Zentralstelle Völkerrecht und der Nationale Frauenausschuß für einen dauernden Frieden. Die Bildung einer katholischen Friedensorganisation stand nahe bevor. Diese organisatorische Entwicklung veranlaßte L. Quidde, Überlegungen anzustellen zum künftigen Erscheinungsbild der Friedensbewegung. Er hielt es für dringend, sich über die Beziehungen der verschiedenen Organisationen untereinander, über ihr »Zusammenwirken für bestimmte Gelegenheiten und, soweit möglich, über die Abgrenzung ihrer Arbeitsgebiete zu verständigen. Das muß geschehen, um die Tätigkeit... wirksamer zu machen, um Verschwendung und Zersplitterung von Arbeitskräften und Geldmitteln zu verhindern und um andererseits auch Reibungen vorzubeugen und den nützlichen Wettbewerb zahlreicher Kräfte nicht zu einem schädlichen, kräfteverbrauchenden Konkurrenzkampf ausarten zu lassen.«[55] Die Überlegungen L. Quiddes sind jedoch nicht nur eine Folge der organisatorischen Zersplitterung, sondern auch eine Reaktion auf Auseinandersetzungen innerhalb der Friedensbewegung. Bereits im November 1915 hatte sich auf der Generalversammlung in Leipzig eine kleine, von L. Quidde als »radikale (vielleicht darf ich sagen: fanatische) Opposition« bezeichnete Minderheit zu Wort gemeldet. Die Wortführer dieser Minderheit waren W. Herzog, Herausgeber der in München erscheinenden Zeitschrift »Forum«, und Fr. Pfemfert, Herausgeber der »Aktion«. Sie wandten sich gegen die pragmatische Strategie der Friedensgesellschaft, pazifistische Aktionen jeweils an der politischen Lage und der in der Bevölkerung vorherrschenden Stimmung auszurichten. In dieser kompromißbereiten Haltung der Friedensgesellschaft sah die Opposition eine »Versündigung am Pazifismus«; sie bestand darauf, daß die Pazifisten »nur grundsätzlich Stellung nehmen dürften, ohne auf die militärische Lage und auf die bei der Regierung, bei der Heeresleitung und bei den Massen herrschenden Vorurteile irgendwie Rücksicht zu nehmen«.[56] Damit geriet die traditionelle Doppelstrategie der bürgerlichen Friedensbewegung, sowohl auf die Einsicht der politisch Verantwortlichen zu bauen als auch die öffentliche Meinung zu mobilisieren, in Schwierigkeiten.

Die Organisationsvorschläge L. Quiddes versuchten vor allem den Zusammenhalt der Friedensbewegung auch für die Zeit nach dem Krieg abzusichern. Als zukunftweisend erwies sich der Vorschlag, angesichts der bereits bestehenden und zu erwartenden neuen Friedensorganisationen eine »Zentralstelle für die pazifistische Bewegung in Deutschland« zu gründen. In allen Orten, in denen lokale Gruppen verschiedener pazifistischer Organisationen existierten, sollten gemeinsame Lokalausschüsse eingesetzt werden, die »in ähnlicher Weise wie der zentrale Gemeinschaftsausschuß für rechte

Arbeitsgemeinschaft und rechte Arbeitsteilung« sorgen müßten.[57] Die organisatorischen Fragen traten jedoch in den Hintergrund, als die Ereignisse des Krisenjahres 1917 alle Aufmerksamkeit auf sich zogen.

Die russische Februarrevolution im Jahre 1917 löste bei der Friedensbewegung nicht nur eine Neuorientierung in der Frage eines künftigen Friedens im Osten aus, sie führte auch zu einer Neubesinnung über den Zusammenhang zwischen innerer und äußerer Politik. In der Eingabe an den Reichstag vom 20. April 1917 forderten vier pazifistische Organisationen, der Reichstag möge folgende Grundsätze öffentlich aussprechen: 1. Deutschland erstrebt mit dem »neuen freien Rußland« einen Frieden ohne Annexionen; 2. die Reichsregierung solle ihre Bedingungen für eine Friedenskonferenz präzisieren; 3. der Reichstag unterstützt die Absicht, einen »Friedensbund der Völker« zu gründen, und tritt für Abrüstung ein; 4. der Reichstag ist gewillt, diese Politik auf eine Erneuerung des innenpolitischen Lebens zu stützen.

Diese vier Forderungen der Eingabe wurden in einer von L. Quidde verfaßten Denkschrift näher begründet; von weitreichender Bedeutung sind die Argumente, mit denen er für eine innenpolitische Erneuerung eintrat. L. Quidde erinnerte daran, daß schon vor dem Krieg die inneren Verhältnisse des Reiches zu internationalem Mißtrauen und zu Antipathien gegenüber dem »deutschen preußischen Militarismus« geführt haben, daß Deutschland schon vor dem Krieg »in freiheitlich und fortschrittlich gesinnten Kreisen des Auslandes als die reaktionäre Macht Europas« gegolten hat. Es sei notwendig, daraus endlich die Konsequenzen zu ziehen. Die Osterbotschaft Wilhelms II., die eine Änderung des preußischen Wahlrechts ankündigte, sei ein bescheidener Anfang. Unmißverständlich erklärte L. Quidde: »Äußere und innere Politik stehen in einem Verhältnis gegenseitiger Abhängigkeit zueinander. Freie innere Verfassungen sind in der Tat eine der Voraussetzungen für das Gedeihen einer freien zwischenstaatlichen Organisation und für eine diesem Ziele zugewandte Politik.«[58] Mit dem Verlangen nach Parlamentarisierung und Demokratisierung des Reiches gab die bürgerliche Friedensbewegung endgültig ihre traditionelle Zurückhaltung gegenüber innenpolitischen Angelegenheiten auf.

Die »Entdeckung« der Innenpolitik beschränkte sich jedoch nicht nur auf prinzipielle Forderungen, sie führte auch zu Kritik an konkreten Mißständen. Die Friedensgesellschaft und die Zentralstelle Völkerrecht erblickten »in der durch den Krieg ungeheuerlich gestiegenen Kapitalanhäufung einzelner und ganzer Wirtschaftsgruppen und in der von diesen betriebenen Beeinflussung der öffentlichen Meinung eine schwere Gefahr für die innere deutsche Entwicklung, für einen baldigen Friedensschluß und für die Zukunft der zwischenstaatlichen Beziehungen«. Beide pazifistischen Organisationen übten Kritik an den Kriegsgewinnen, traten für die öffentliche Kontrolle der Kriegsindustrie ein und regten die »weiteste Nutzbarmachung« der privatwirtschaftlichen Gewinne für den Wiederaufbau des Reiches an.[59] Die »Profitmacherei« der Kriegsindustrie wurde seit 1916 von der Bevölkerung mit wachsender Erbitterung registriert; die Frage der Kriegsgewinne nahm für die innenpolitische Stabilität des Reiches im Jahre 1917 ständig an Brisanz zu.[60] Aus dieser Kritik an konkreten Erscheinungen der Kriegswirtschaft entwickelte sich bei Teilen der Friedensbewegung bald eine Absage an das kapitalistische System überhaupt. Der »Bund Neues Vaterland« erklärte in einem von R. Schickele verfaßten Flugblatt im November 1918:

»Arbeiter! Mitbürger! Die bisherige Gesellschaftsordnung hat uns in den Abgrund geführt, wir befinden uns im Chaos. Aus diesem Chaos führt uns nur ein Weg: die Selbstbestimmung der Völker und die Errichtung der Gerechtigkeit. Nur die sozialistische Gesellschaft kann die Völker vor dem Verfall in die Barbarei retten.«[61]

Andere Organisationen der Friedensbewegung, so die Deutsche Friedensgesellschaft, gingen in ihrer Kritik nicht so weit. Aber schon dadurch, daß die bürgerliche Friedensbewegung innenpolitische Reformen erstrebte und in der Durchsetzung dieser Reformen eine Voraussetzung für die Verwirklichung einer zwischenstaatlichen Organisation sah, wurde eine Annäherung zwischen bürgerlicher Friedensbewegung und Sozialdemokratie auf breiter Basis bewirkt. In den beiden letzten Kriegsjahren eröffnete sich für die bürgerliche Friedensbewegung erstmals die Möglichkeit, ihre Isolierung zu durchbrechen und breite Schichten der Bevölkerung für sich zu gewinnen. Die wachsende Kriegsmüdigkeit schien solche Erwartungen zu bekräftigen. Es hatte sich jedoch erst noch zu erweisen, ob es gelingen würde, die Kriegsmüdigkeit in eine bewußte Ablehnung des Krieges zu transformieren; ungewiß war auch, ob die bürgerliche Friedensbewegung organisatorisch in der Lage wäre, diese Möglichkeit zu nutzen.

Die Hinwendung zur Innenpolitik um die Jahreswende 1916/17 bedeutete jedoch nicht, daß die Friedensbewegung das Problem der internationalen Organisation, das zur gleichen Zeit durch die Völkerbundspropaganda des amerikanischen Präsidenten W. Wilson an

Aktualität gewann, vernachlässigt hätte. Bereits Ende 1916 erklärte die »Zentralstelle Völkerrecht«, sie stimme mit W. Wilson darin überein, daß »die Verständigung über die Grundlagen eines Bundes der Nationen« eine wichtige Voraussetzung für die Sicherung eines künftigen Friedens darstelle.[62] Die Generalversammlung der Friedensgesellschaft und der Zentralstelle Völkerrecht Anfang Dezember 1917 in Erfurt forderte in ihrer Resolution Nr. 3, der künftige Friede müsse auch die Basis für einen Weltstaatenverband schaffen. Von den Projekten der Vorkriegszeit, die Organisation der Staaten oder den »Zweckverband Europa« betreffend, unterschied sich die auf einen Antrag L. Quiddes zurückgehende Völkerbundsresolution in einem entscheidenden Punkt: Sie ging nicht mehr von der Souveränität der einzelnen Staaten aus, sondern von einem Teilverzicht der Staaten auf ihre Souveränität zugunsten der überstaatlichen Völkerbundsorganisation. Die Resolution Nr. 3 sah deshalb auch vor, den »Grundsatz der Einstimmigkeit für bindende Beschlüsse« in einem künftigen Weltstaatenverband aufzugeben und dem Staatenverband die entsprechenden Machtmittel zur Verfügung zu stellen, um bei internationalen Konflikten »die Anrufung schiedsgerichtlicher Entscheidung oder internationaler Vermittlung zu erzwingen und um die Befolgung der gefällten Entscheidung zu sichern«.[63] Einen ersten Völkerbundsentwurf legte W. Schücking im Juli 1918 vor. Ihm folgte im September 1918 Erzbergers Schrift »Der Völkerbund, der Weg zum Frieden«, die in 50000 Exemplaren aufgelegt wurde. M. Erzberger stand »seit dem Sommer 1917 stark unter dem Einfluß pazifistischer Anschauungen. Er gehörte zu den durch den Gang des Krieges aufrichtig Bekehrten.«[64]

Die Friedensresolution des Reichstages vom 17. Juli 1917 erleichterte der Friedensbewegung den Zugang zur Öffentlichkeit. Liberale Zeitungen wie die »Frankfurter Zeitung« und das »Berliner Tageblatt« druckten pazifistische Artikel.[65] Von der Auswirkung dieser neuen Publizität für die Friedensbewegung zeigten sich vor allem einige Generalstabsoffiziere beunruhigt. Der Chef des Generalstabes des V. Armeekorps berichtete am 2. Oktober 1917, gerade die »Frankfurter Zeitung« sei das an der Westfront »mit am meisten verbreitete Blatt« und wirke »durch seine jüdisch gehässigen Angriffe auf alle, die nicht den gleichen würdelosen pazifistischen Bestrebungen huldigen, zersetzend. Nicht nur für den gewöhnlichen Mann, auch für unsere jungen Offiziere bedeutet es geradezu eine vaterländische Gefahr.«[66] Oberst Bauer, Chef der Operationsabteilung II der Obersten Heeresleitung, beschwerte sich darüber, daß »die Verbreitung jüdischer Denkungsweise (denn diese beherrscht tatsächlich die Sozialdemokratie und die Kreise des Berliner Tageblattes, der Frankfurter Zeitung usw.) zersetzend [wirkt] ... Je mehr jetzt während des Krieges und nach dem Kriege international-demokratische Vorstellungen sich auf der ganzen Erde breit machen werden, umsomehr muß Deutschland und Preußen der Fels im Meer bleiben, an dem diese Flut sich bricht.«[67] Der preußische Kriegsminister von Stein warnte in einem Schreiben vom 10. Januar 1918 an die Militärbefehlshaber vor einer Bewegung für einen »Frieden um jeden Preis«, die anfange, »sich zu einer Gefahr auszuwachsen und nachdrücklich bekämpft werden muß ... Rücksichtslose Schärfe gegenüber diesen Bestrebungen ist daher ernste Pflicht eines jeden Militärbefehlshabers.«[68] Pazifistische Gedankengänge übten demnach sowohl in der Heimat als auch unter Frontsoldaten und Frontoffizieren eine »zersetzende« Wirkung aus. Die Warnung der Generalstabsoffiziere vor Pazifismus, Judentum, Liberalismus und Demokratie enthüllen darüber hinaus ein verirrtes Feindbilddenken, das bereits alle Elemente der völkisch-nationalistischen Ideologie der Zwischenkriegszeit enthielt und das sich in der nationalsozialistischen Pseudoideologie konzentriert niederschlagen sollte.

Das Schreiben des preußischen Kriegsministers von Stein wies wiederholt auf eine neue pazifistische Organisation mit dem Namen »Weltfriedenswerk vom Weißen Kreuz (Volksheilzentrale)« hin; vor dieser Organisation hatte das Kriegsministerium bereits am 30. November 1917 gewarnt.[69] Die Tätigkeit des Weltfriedenswerkes, von dem katholischen Geistlichen M. J. Metzger im Juni 1917 gegründet, die Vorbereitung des Kaplans M. Jocham zur Gründung eines Friedensbundes Deutscher Katholiken und die Gründung eines Bundes pazifistischer Geistlicher durch den bayrischen Pfarrer Praxmarer waren Anzeichen dafür, daß der Pazifismus auch im deutschen Katholizismus nicht mehr auf die geschlossene Abwehr aus der Vorkriegszeit stieß. Diese pazifistischen Aktivitäten wurden bestätigt oder auch bekräftigt durch die Enzyklika Benedikts XV. vom 1. August 1917. In ihr bekannte sich der Papst nicht nur allgemein zu einem Frieden durch Recht, sondern befürwortete ausdrücklich Völkerbund, Schiedsgerichtsbarkeit und Abrüstung als Bestandteile einer künftigen Weltfriedensordnung.[70] Auch in der protestantischen Kirche wurden vereinzelt Stimmen laut, die den Krieg als Mittel der Politik strikt ablehnten und zur Versöhnung aufriefen.[71]

Die politischen Ereignisse des Jahres 1917, so der Ausbruch der Russischen Revolution, die Friedensresolution des Reichstages und die Enzyklika Benedikts XV., führten – erstmals seit dem Jahre 1915 – zu einer Wiederbelebung der internationalen Kontakte durch die Friedensbewegung. Die »Zentralorganisation für dauernden Frieden« rief zu einem Studienkongreß in Bern auf, der eine gemeinsame Friedensaktion durch die Erarbeitung konkreter Friedensbedingungen einleiten sollte. Während einer Besprechung im preußischen Kriegsministerium am 21. September 1917 sprach sich der preußische Vertreter gegen die Teilnahme deutscher Delegierter aus und übte Kritik am bayrischen Kriegsministerium, das sich für eine Ausreisegenehmigung aussprach. Das Pressereferat im bayrischen Kriegsministerium begründete seine Entscheidung mit dem Hinweis, es könne sich für das Deutschen Reich nur günstig auswirken, wenn es auf dieser Konferenz nicht allein durch die »im Ausland lebenden Friedensfanatiker wie Professor Foerster, Prinz Hohenlohe und Alfred Fried vertreten würde.«[72] Die im Schweizer Exil lebenden Pazifisten waren den politischen und militärischen Behörden verhaßt, weil sie seit 1915 der deutschen Politik und Kriegsführung kritisch bis ablehnend gegenüberstanden. Ein gemäßigter Kreis gruppierte sich um die seit 1915 in der Schweiz herausgegebene »Friedenswarte« und ihren Herausgeber A. H. Fried; zu ihm gehörten Prinz Hohenlohe, der Schriftsteller L. Frank und General Graf Montgelas. Von der liberaldemokratischen Grundhaltung dieses Kreises unterschied sich die »Vereinigung deutscher Republikaner« durch eine radikale republikanisch-pazifistische Einstellung. Die Vereinigung, der Literaten und Journalisten wie H. Ball, H. Fernau und R. Grelling, der Philosoph E. Bloch und der frühere Diplomat H. Schlieben angehörten, bekämpfte kompromißlos den preußisch-deutschen Militarismus und trat für eine deutsche Republik ein; sie war schließlich von der Schuld des Deutschen Reiches am Ausbruch des Weltkrieges überzeugt. Dieser in sich durchaus heterogene Kreis gruppierte sich um die von 1917 bis 1920 in Bern erscheinende »Freie Zeitung«. Zwischen diesen beiden Gruppierungen bewegten sich Fr. W. Foerster, der ehemalige Kruppdirektor W. Muehlon und die 1916 emigrierte Schriftstellerin A. Kolb.[73] Die deutschen Behörden hatten alles versucht, Kontakte zwischen den reichsdeutschen und den im Exil lebenden Pazifisten zu verhindern. Es konnte ihnen deshalb nicht leicht fallen, den reichsdeutschen Pazifisten die Ausreise in das Zentrum des Exilpazifismus zu gestatten. Wenn sich die bayrischen Behörden dennoch zu einer Ausreisegenehmigung entschlossen, dann nicht nur aus opportunistischen Gründen. Offensichtlich hatten die Dauer des Krieges und die politische Entwicklung im Jahre 1917 auch zu einer veränderten Einstellung gegenüber der Friedensbewegung geführt. Die Zensurstelle des bayrischen Kriegsministeriums jedenfalls gab in einer Stellungnahme vom Oktober 1917 zu bedenken: »Pazifistisch im wahrsten Sinne des Wortes sind sicherlich alle auf einen Verständigungsfrieden abzielende Bestrebungen. Sie werden wohl in gegenwärtiger Zeit von keiner Zensurstelle unterdrückt werden können.«[74]

Die Zusammensetzung der deutschen Delegation für die Berner Konferenz im November 1917 ist deshalb bemerkenswert, weil ihr neben den Vertretern der Friedensbewegung W. Schücking und L. Quidde, neben den Völkerrechtswissenschaftlern Th. Niemeyer und R. Piloty auch die Reichstagsabgeordneten M. Erzberger (Zentrum), E. Bernstein (USPD), W. Heine (SPD), G. Gothein (FVP) und A. Blunck (Nationalliberaler) angehörten, also Vertreter jener Parteien, die der Friedensresolution des Reichstages zugestimmt hatten. Die Teilnahme der genannten Parlamentarier macht sichtbar, daß die Friedensbewegung nach der Reichstagsresolution ihre politische Isolierung zu überwinden vermochte und von Vertretern der politischen Parteien als Gesprächspartner akzeptiert wurde, um über die internationalen Kontakte der Friedensbewegung nach Möglichkeiten für einen Verständigungsfrieden zu suchen. Dieser Versuch scheiterte aber daran, daß an der Berner Konferenz keine Vertreter aus den Staaten der Entente teilnahmen. Die Berner Konferenz und ihr Scheitern zeigen deutlich, daß eine Verständigung über einen Friedensschluß selbst unterhalb der staatlichen Ebene nicht möglich war, ja daß ein Gespräch sogar zwischen den pazifistischen Organisationen aus den kriegführenden Staaten nicht mehr zustande kam. Die Hoffnung der deutschen Delegierten, daß die – zudem von den Alldeutschen und der Obersten Heeresleitung erbittert bekämpfte – Friedensresolution des Reichstages eine zureichende Basis für eine Verständigung sein könnte, erwies sich als Illusion. Wohl zu Recht betonte A. H. Fried, daß »gerade die Hochschätzung der erreichten Erfolge auf dem Gebiet der Parlamentarisierung und Demokratisierung den Beweis dafür liefert, wie wenig dieser Fortschritt bedeutet. Denn wenn man dieses wenige für soviel erachtet, wie schwer muß es sein, das Viele, das Ganze zu erreichen.«[75]

Obwohl sich die Friedensbewegung in ihrer Auffassung durch die Friedensresolution bestätigt fand, obwohl sie sich – wenn auch mit Bedenken – hinter die Friedensresolution stellte, wurde sie weiterhin durch militärische Dienststellen behindert. Der preußische Kriegsminister von Stein richtete am 8. Juli 1918 einen Geheimerlaß an alle

Behörden, Versammlungen der Friedensgesellschaft und der Zentralstelle Völkerrecht als »eine neuerliche durchaus unerwünschte Propaganda für den internationalen Pazifismus« zu verhindern, da in diesen Versammlungen »für einen Verständigungsfrieden im Sinne der Reichstagsentschließung vom 19. Juli 1917« geworben werde.[76] Damit aber setzte sich der Kriegsminister in direkten Widerspruch zur offiziellen Reichspolitik. Den beiden Friedensorganisationen wurde der Geheimerlaß zugespielt, und sie richteten am 17. September 1918 eine scharfe Beschwerde an den Reichskanzler; am 9. Oktober 1918 wurde der Kriegsminister durch Prinz Max von Baden entlassen. Der Vorgang ist charakteristisch für die Schwierigkeiten der politischen Führung, sich gegenüber der militärischen Obstruktion durchzusetzen. Erst im Oktober erfolgte schließlich eine Amnestie für politische Gefangene, und erst im November, nach Beginn der Revolution, wurden die Verbote, Versammlungen abzuhalten, pazifistische Literatur zu versenden u. ä., aufgehoben.

Nach dem Waffenstillstandsangebot des Reiches unternahmen pazifistische Organisationen mehrere Versuche, auf die Verhandlungen Einfluß zu nehmen. Der Nationale Frauenausschuß wandte sich im Oktober 1918 an die Frauen Hollands, Schwedens und der Schweiz, sie möchten sich für einen Rechtsfrieden einsetzen. Am 24. Oktober veröffentlichte die Friedensgesellschaft einen »Appell der deutschen Pazifisten an den amerikanischen Pazifisten« W. Wilson. Am 4. November richtete die Friedensgesellschaft wiederum ein Schreiben an Wilson und warnte vor einer Vergewaltigung Deutschlands und seiner Lebensinteressen; zugleich forderte die Friedensgesellschaft das Internationale Büro in Bern auf, möglichst bald einen internationalen Friedenskongreß einzuberufen. Als am 11. November die Waffenstillstandsbedingungen bekannt wurden, waren die deutschen Pazifisten entsetzt. Am 15. November veröffentlichte die Friedensgesellschaft eine Kundgebung, in der sie gegen die Waffenstillstandsbedingungen protestierte und einen gerechten Friedensvertrag forderte: »Die Waffenstillstandsbedingungen, die dem deutschen Volk aufgezwungen sind, haben uns das Blut in den Adern erstarren lassen ... Bleibt es bei der Durchführung dieser Waffentillstandsbedingungen, so wird jeder Friede, auch der mildeste, mit dem Fluch der Vergewaltigung belastet sein ... Mit besonderer Dringlichkeit aber wenden wir uns an alle jene, die im feindlichen und neutralen Auslande während des Krieges ... die Ideen der Gerechtigkeit, des nationalen Selbstbestimmungsrechtes, der überstaatlichen Organisation und eines durch Recht gesicherten Friedens vertreten und ...

aufgestellt haben. Wir nahen ihnen nicht bittend, sondern fordernd, daß sie jetzt zu ihrem Worte stehen.«[77]

Das Ende des Krieges und der Ausbruch der Revolution schienen die Hoffnungen der Friedensbewegung zu erfüllen, in der Bevölkerung Anerkennung und Zustimmung zu finden und auch die Politik mitgestalten zu können. Die drei USPD-Mitglieder im Rat der Volksbeauftragten standen dem »Bund Neues Vaterland« nahe oder waren ihm als Mitglieder verbunden. H. von Gerlach, Herausgeber der »Welt am Montag«, wurde Unterstaatssekretär, Harry Graf Kessler wurde Gesandter in Polen, und L. Quidde wurde auf Antrag K. Eisners Vizepräsident des Provisorischen Bayerischen Nationalrates; er spielte bei der Gründung der »Deutschen Demokratischen Partei« eine maßgebliche Rolle. Die Versammlungen der Friedensbewegung wurden von Politikern besucht und waren überfüllt wie noch nie; Teilnehmerzahlen von über 1000 Personen waren nicht selten. Doch diese Erfolge sollten nicht lange anhalten. Der Versailler Vertrag löste einen Stimmungsumschwung aus, den L. Quidde anschaulich schildert: »Entscheidend war das Bekanntwerden der Friedensbedingungen. Menschen, die mir im November 1918 begeistert zugestimmt hatten, wollten vom Pazifismus, unter dem sie sich, wie zahlreiche Erfahrungen bewiesen, etwas ganz Falsches vorgestellt hatten, nichts mehr wissen. Das ging so weit, daß lokale Parteiorganisationen innerhalb meines Wahlkreises sich weigerten, Versammlungen einzuberufen, in denen ich über die Ausübung meines Mandats berichten wollte.«[78] Dennoch wäre es nicht zutreffend, den Rückschlag nach Bekanntwerden der Friedensbedingungen allein für das Scheitern der Friedensbewegung in der Weimarer Republik verantwortlich zu machen.

V.
Pazifistisches und nationalistisches Kriegserlebnis

Auch heute noch faszinieren und irritieren zugleich zwei Begleiterscheinungen des Ersten Weltkrieges: der Begeisterungstaumel, den der Kriegsbeginn im August 1914 auslöste, und die »nahezu obsessive, auch im Vergleich zum Zweiten Weltkrieg beispiellos intensive Beschäftigung mit dem Kriegserlebnis in Literatur, Kunst, Film und Publizistik während der Nachkriegszeit . . .«.[1] Es ist allgemein üblich, zwischen »pazifistischem« und »nationalistischem« Kriegserlebnis zu unterscheiden. Fast ausschließlich wird jedoch nur die Bedeutung des nationalistischen Kriegerlebnisses für die Weimarer Republik und die Anfänge der nationalsozialistischen Herrschaft als Bezugspunkt für eine Politik analysiert, die »aus dem Reichtum ihrer kriegerischen Lebenserfahrung« schöpfen wollte;[2] das pazifistische Kriegserlebnis wird eher am Rande erwähnt und bleibt deshalb auch seltsam vage und unbestimmt. Diese Vernachlässigung des pazifistischen Kriegserlebnisses hängt sicherlich auch damit zusammen, daß sich das nationalistische Kriegerlebnis in den zahlreichen rechtsgerichteten Vereinigungen, Bünden und Orden entfalten konnte, während das pazifistische Kriegserlebnis bereits in den ersten Jahren nach dem Krieg zunehmend in den Hintergrund gedrängt wurde.

Ab 1916/17 kann man eine Dominanz des »literarischen Antikriegsengagements« beobachten.[3] Um dem Mißverständnis vorzubeugen, Literaten und Intellektuelle würden ohne Berührung mit der Wirklichkeit des Krieges einer abstrakten Verurteilung des Krieges das Wort reden, verwiesen schon damals die pazifistischen Expressionisten darauf, daß zahlreiche Freunde und Kollegen wie A. Lichtenstein, E. W. Lotz, A. Macke, E. Stadler, G. Trakl, F. Marc, R. Jentsch oder G. Engelke im Krieg gefallen waren. Auch haben sich die Schriftsteller R. Leonhard, F. von Unruh und E. Toller im

August 1914 aus Begeisterung freiwillig zum Kriegsdienst gemeldet, sich aber während des Krieges zu entschiedenen Kriegsgegnern gewandelt. Dieser Wandel vollzog sich häufig unter schockartigen Schlüsselerlebnissen vor dem Hintergrund des Massensterbens, der Technisierung des Krieges und des Zerbrechens alter, tradierter Vorstellungen von Krieg und Heldentod, eben den Kennzeichen des modernen Krieges, wie sie W. Lamszus bereits im Jahre 1912 in seinem »Menschenschlachthaus« vorausgesehen hatte: »Es ist, als ob der Tod die Sense auf das alte Eisen geworfen hätte, als ob er nun ein Maschinist geworden wäre . . . Da war es, was mir bis zum Halse stand. Von Technikern, von Maschinisten werden wir vom Leben zum Tode befördert. Und wie man Knöpfe und Stecknadeln im Großbetrieb erzeugt, erzeugt man nun die Krüppel und die Leichen auf maschinelle Weise.«[4]

Fast ausnahmslos ergriffen die expressionistischen Schriftsteller und Maler Partei gegen den Krieg. Rückblickend stellte Y. Goll fest: »Kein einziger Expressionist war Reaktionär. Kein einziger war nicht Anti-Krieg. Kein einziger, der nicht an Brüderschaft und Gemeinschaft glaubte. Auch bei den Malern.«[5] Aus den Expressionisten brachen schon während des Krieges – wie K.Pinthus im Vorwort zu seiner Sammlung »Menschheitsdämmerung« feststellte – die »Schreie und Aufforderungen zur Empörung, zur Entscheidung, zur Rechenschaft, zur Erneuerung (Becher, Rubiner, Hasenclever, Zech, Leonhard, Heynicke, Otten, Werfel, Goll, Wolfenstein), nicht aus Lust an der Revolte, sondern durch die Empörung das Vernichtende und Vernichtete ganz zu vernichten, so daß Heilendes sich entfalten konnte. Aufrufe zum Zusammenschluß der Jugend, zum Aufbruch einer geistigen Phalanx ertönten; nicht das Trennende, sondern das Einende, nicht die Wirklichkeit, sondern der Geist, nicht der Kampf aller gegen alle, sondern die Brüderlichkeit wurden gepriesen. Die neue Gemeinschaft wurde gefordert. Und so gemeinsam und wild aus diesen Dichtern Klage, Verzweiflung, Aufruhr aufgedonnert war, so einig und eindringlich posaunten sie in ihren Gesängen Menschlichkeit, Güte, Gerechtigkeit, Kameradschaft, Menschenliebe aller zu allen. Die ganze Welt und Gott bekommen Menschengesicht: die Welt fängt im Menschen an, und Gott ist gefunden als Bruder –, selbst die Steinfigur steigt menschlich herab, die Stadt der Qualen wird zum beglückenden Tempel der Gemeinschaft, und triumphierend steigt das erlösende Wort empor: Wir sind.«[6] Das expressionistische Anti-Kriegsgedicht nennt Verzweiflung, Hoffnungslosigkeit und Untergang, so E. Köppens Gedicht »Morgue«:

Aus Laub und rotem Stroh wachsen ihre toten Leiber –
Bäumen sich zerbrochne Beine, krampfen sich zersprungene Hände,
Schrein zum Mond,
Der wandernd, ans Fenster gekreuzigt, erblaßt.
Ein Stern will den schwarzen Rubin greifen,
Der dunkel am Boden flackert,
Und zuckt bebend zurück ...[7]

Der Krieg wird als apokalyptische Katastrophe dargestellt, und der Frontsoldat ist – als der leidende Mensch am Kreuz von Golgatha – »mehr als dreimal verleugnet«; die Materialschlacht tobt »wie am Tag des Weltgerichts und die Erde klafft in Gräbern«.[8] Das expressionistische Gedicht verbindet mit der Anklage gegen den Krieg auch die Vision einer neuen Menschheit auf den Trümmern der alten Ordnung. Im Gedicht »Jaurès' Auferstehung« von W. Hasenclever fügen sich Trauer um den Verlust des französischen Sozialisten und Gründers der »Humanité« und die Vision des Friedens ineinander; der kurz vor dem Krieg ermordete Jaurès wird zum Apostel der neuen Zeit:

Sie erkennen ihn wieder
Aus der Versammlung;
Arme Bauern knien und beten ihn an.
Soldaten Europas, Bürger Europas!
Hört die Stimme, die euch Bruder heißt.
Sie kommt geschwommen
Von singenden Meeren,
Vom Wrack der Schiffe,
Ratte und Maus.
Zum letzten Male donnern die Rohre.
Zitronen blühen
Am Ufer des Sees.
Stürzt hin, Militärs! Beugt euern Scheitel.
Stockt, Bergwerke, den mörderischen Tag.
Ihr Fürsten auf Thronen,
Steigt nieder,
Weint am Hügel der Toten;
Friede, Versöhnung bricht an.
...
Heraus aus Kasernen, Galeeren,
Engbrünstige, Traumlose!
Die Erde liegt vor euch.

Aufwärts, Freunde, Menschen.[9]

Während das Kriegserlebnis in der Literatur von beiden Extremen – Erfahrung der Sinnlosigkeit des Krieges und Utopie einer neuen Menschheit – geprägt ist, herrscht in der Malerei die Darstellung des Grauens vor. In über 600 Zeichnungen aus drei Kriegsjahren stellte O. Dix den Krieg, an dem er selbst teilnahm, nicht nur als eine Auswirkung der vom Menschen selbst geschaffenen Technik dar; er erlebte ihn als »brutalen, gefühllosen Naturausbruch jenseits von Gut und Böse: als Sturmflut und Taifun, als Erschütterung, unter der die Erde in ihren Grundfesten erbebt. Er erlebt ihn apokalyptisch oder eschatologisch ... als Letztes und Äußerstes, als Weltuntergangstimmung, Un- und Übermenschliches, als etwas, was dem Menschen längst entglitten ist. Der Mensch kann sich vor dieser Gewalt nur noch ducken: er kann sie nur erleiden.«[10] In den Zeichnungen »Brennende Dörfer«, »Zerschossene Gehöfte« oder »Trümmerstätten« zeigte O. Dix den Krieg als Zerstörer, der das Werk der Menschen vernichtet. In »Schwarze Vögel« über einem Leichenhaufen zeichnete er nicht nur Aasvögel und Totengräber des Krieges, sondern das Symbol des Krieges selbst. G. Grosz meldete sich wie H. Vogeler, F. Marc und A. Macke freiwillig zum Kriegsdienst. Er wurde nach einem halben Jahr als »dienstunbrauchbar« entlassen. Dieses halbe Jahr hatte ihn für immer zum Feind des Militärs und des Militarismus gemacht. Als er am 4. Januar 1917 erneut eingezogen werden sollte, brach er zusammen: »Meine Nerven gingen entzwei, ehe ich dieses Mal Front, verweste Leichen und stechenden Draht sah ... Die Nerven, jede kleinste Faser, Abscheu, Widerwillen!«[11] Für G. Grosz wurde Zeichnen zum Ventil seines Abscheus und seiner Wut gegen den Krieg; aus seinen Zeichnungen spricht aber auch Teilnahme am Leiden der Betroffenen. Seine Verachtung gilt den dekorierten Offizieren (»General«, um 1916), den Kriegsgewinnlern (»Durchhalten«, 1915), aber auch den kriegsbegeisterten Massen. Das Kriegserlebnis wurde für G. Grosz zum Ausgangspunkt seines politischen Engagements in der Weimarer Republik. Ebenfalls unter dem Eindruck des Kriegserlebnisses entstanden »Die sieben Schalen des Zerus. (Interne)«, eine Radierung von H. Vogeler aus dem Jahre 1918, und zahlreiche Bilder von M. Beckmann, der im Jahre 1920 die skeptische Erwartung äußerte: »Jetzt haben wir vier Jahre dem Entsetzen täglich in die Fratze gesehen. Vielleicht ist es bei manchen doch ein bißchen in die Tiefe gefahren. Vorausgesetzt allerdings, daß irgendwo auch nur der geringste Ansatz dazu da war.«[12] O. Dix war mit W. Hasenclever und Y. Goll befreundet, in deren Zeitschrift »Menschen« er graphische Beiträge veröffentlichte. G. Grosz kannte

J. R. Becher, G. Landauer, W. Herzfelde und W. Benjamin. Bei einigen Malern schärfte das Kriegserlebnis das soziale und politische Bewußtsein. H. Vogeler wurde Mitglied des Arbeiter- und Soldatenrates in Osterholz und später, wie J. Heartfield, G. Grosz oder E. Piscator, Mitglied der KPD.

Der Kreis der expressionistischen Anti-Kriegsbewegung war keineswegs eine homogene Gemeinschaft. Zwar verband Maler, Schriftsteller und Intellektuelle das Erlebnis des Krieges, auch die Überzeugung, daß Künstler nur dann ihre Existenz rechtfertigen könnten, wenn sie jede Kriegsideologie bekämpften. Eine Gruppe, darunter P. Kornfeld, R. Schickele, F. von Unruh, St. Zweig und F. Werfel, setzte Expressionismus und Pazifismus gleich, verstand Pazifismus jedoch nicht als Aktionsprogramm, sondern als eine Geisteshaltung: »Der Pazifismus ist keine politische Bewegung, sondern eine geistige Verfassung, in der Individuen sich befinden, behaupten und handeln.«[13] Eine zweite Gruppe, der E. Toller, L. Rubiner, J. R. Becher, K. Otten, R. Leonhard, W. Hasenclever, L. Frank, K. Pinthus, H. Mann und Klabund angehörten, bekannte sich unter dem Einfluß K. Hillers zu einem aktiven Pazifismus. K. Hiller veröffentlichte am 8. November 1918, einen Tag vor Ausbruch der Revolution, ein Programm für den »Rat geistiger Arbeiter« in Berlin, dem er und H. Mann vorstanden. Dieses Programm, das in sieben Artikeln Vorschläge zur Gestaltung des öffentlichen Lebens machte, rief zum Kampf auf »gegen die Knechtung der Gesamtheit des Volkes durch den Kriegsdienst und gegen die Unterdrückung der Arbeiter durch das kapitalistische System«. Es wandte sich »gegen die Lauen, die Vorsichtigen, die Verzögerer und begrüßt alle Methoden der Umwälzung, die nicht zur Anarchie, das heißt: zur Vernichtung der Kulturgüter und zur Blutherrschaft einer Minderheit führen«.[14] Der Versuch, eine »Antinationale Sozialistische Partei« zu gründen, scheiterte jedoch bald. Der von L. Bäumer, A. Ehrenstein, J. T. Keller, K. Otten, Fr. Pfemfert, H. Schäfer, H. Siemsen und C. Zuckmayer unterschriebene Gründungsaufruf vom 16. November 1918 ist aufschlußreich, weil in ihm das Kriegserlebnis als Antrieb zu politischem Handeln deutlich zum Ausdruck kommt: »Freunde, Kameraden, die wir uns aus dem Blutbad gerettet haben: das alles sollte jemals in Vergessenheit versinken können? Wir sollten Verrat nicht Verrat, Mördergehilfen nicht Mördergehilfen, Verbrecher nicht Verbrecher nennen, nicht Abrechnung halten dürfen, weil die Mitschuldigen uns ›Einigkeit‹ zurufen? Unsere Väter und Söhne und Brüder, unsere Männer und Kameraden sind hingeschlachtet worden, – die Verratenen vermoderten am Stacheldraht, die aber, die das Sterben als ›schönste Pflicht‹ ausgegröhlt haben, sie waren so pflichtvergessen, leben zu bleiben (nicht der Tausendste der Kriegshetzer wußte nach seinem eigenen Rezept zu krepieren!!!!), – und wir sollten je wieder dulden müssen, daß die Verräter in unserem Namen, im Namen des Volkes zur Welt sprechen?« Der Aufruf schließt mit den emphatischen Sätzen:

> »Nieder mit den Vaterländern!
> Nieder mit der völkerschlachtenden, völkerexpropriierenden Diktatur des Kapitals!
> Es lebe der revolutionäre, antinationale Sozialismus!
> Es lebe das grenzpfahllose Land der arbeitenden Menschheit!
> Hoch die sozialistische Weltrevolution!«[15]

In der Revolution glaubten die pazifistischen Expressionisten, ihre hochgespannten Erwartungen auf eine neue Welt und einen neuen Menschen verwirklichen zu können, wie sie L. Rubiner schon 1917 beschrieben hatte: »Die Forderung der neuen Zeit heißt: Erdballgesinnung! Es handelt sich um nichts anderes, als daß im Moment des Kriegsendes die Übervölkischen, die Panhumanisten, die Menschgesinnten auf der Erde zusammenstehen. Die Geistigen. Hier aber kommt es auf die Reinheit an. Diese Armee wird niemals durch die bloße Zahl siegen . . ., sie wird allein durch die ewige Sprengwirkung der unzweideutigen, öffentlichen Gesinnung der Menschen helfen können.«[16]

Nach dem Waffenstillstand schien sich die Hoffnung der pazifistischen Schriftsteller auf die Verwirklichung einer »Erdballgesinnung« unter ihrer Führung zu erfüllen – wenn auch nur im Austausch von Erklärungen, Aufrufen und Manifesten. Die Pariser Zeitung »Populaire« veröffentlichte ein Manifest, das H. Barbusse, Verfasser des Antikriegsromans »Le feu«, und andere französische Schriftsteller unterschrieben hatten; es wandte sich an die »Geistigen Kämpfer der noch gestern feindlichen Länder« und mahnte: »Darf die Erinnerung oder gar die tragische Gewissensqual, daß wir länger als vier Jahre Handwerker des Gemetzels und der Unfruchtbarkeit waren, uns noch fernerhin trennen, nachdem eine allzu enge Brüderlichkeit mit unseren Landsleuten in den Kämpfen uns gegeneinander gestellt hat?«[17] Den Aufruf, die »Internationale der Geister« wiederherzustellen, beantwortete H. Mann im Namen des »Politischen Rates geistiger Arbeiter« (München); er schlug die Gründung eines »Bundes der Geistigen aller Völker« vor. Im April 1919, kurz vor dem

Bekanntwerden der Versailler Vertragsbedingungen, erschien der Aufruf H. Barbusse's zur Gründung der »Internationale de la Pensée« und der Zeitschrift »Clarté« als Verbandsorgan. Im Gefolge dieser Versöhnungsbotschaften erschienen neue Zeitschriften: in Breslau die »Erde« (hrg. von W. Rilla), in Wien der »Strahl« und die »Neue Wirtschaft«, in Darmstadt das »Tribunal« (unter Mitwirkung von K. Edschmid), in Genf »La Feuille« und im Haag »The World«. Nach dem Bekanntwerden der Versailler Vertragsbedingungen wandte sich K. Edschmid in einem Aufruf an seine französischen Kollegen, sich mit ihren deutschen Freunden gegen die »Mißverständnisse und Leidstationen« in der neuesten Entwicklung zu solidarisieren. Diesen Appell beantwortete P. Colin, Generalsekretär der »Internationale de la Pensée«, im Oktober 1919 in einem Brief, der in der Zeitschrift »Tribunal« abgedruckt wurde: »Ja, wir haben unter dem entsetzlichen Gemetzel die Anrufe von Schickele, Ehrenstein, Goll, Herzog, Rubiner und anderen vernommen, die Ihr mit gerechtem Stolz zitiert. Und der Tag, an dem Liebknecht starb, ist in unseren Augen das traurige Gegenstück zu dem, da Jaurès fiel unter den Kugeln eines Burschen im Dienste der Reaktion ... O Ihr Freunde in Deutschland, ungekannte liebe Brüder. Ihr, wir sind einander sehr nahe, verschlungen in derselben Niederlage und Arbeiter an derselben Wiedergeburt der Welt. Wir dürfen uns nichts verhehlen: wir haben die Welt gegen uns, die Regierenden, das siegende Kapital, die geblendeten oder gefesselten Massen ... Aber wir sind nicht allein. Von England und Frankreich haben zahlreiche Stimmen uns geantwortet. Und heute ruft Ihr uns, Dichter und Freunde von Deutschland, brüderlichen Gruß.

Ich ergreife mit Bewegung Eure ausgestreckte Hand. Ich umarme Euch, Sie, Edschmid, Sie Unruh, und auch Sie, Latzko, Rubiner, Einstein, Schülein, Sie alle, deren Adel ich kenne und glühende Seele. Wir wollen Seite an Seite kämpfen, wir, die einander nie Feind waren, wir wollen wetteifern in Mut und Kraft ... Wir wollen kämpfen gegen die fertigen Meinungen und die haßvollen Gedanken, die die Hirne der Völker vergiften.«[18]

Das Bekenntnis der literarischen Anti-Kriegsbewegung zur Revolution und auch zur sozialistischen Weltrevolution darf nicht als Zustimmung zum Marxismus-Leninismus mißverstanden werden. Weder das Marxsche Revolutionsverständnis noch der Historische Materialismus allgemein bildeten die Grundlage des radikalen Protestes. Es ist der marxistisch-leninistischen Kritik durchaus zuzustimmen, wenn sie feststellt, daß »die politische Radikalisierung der

Künstler aus einer immanent bürgerlichen Revolte gegen Einzelerscheinungen der gesellschaftlichen Widersprüche im Imperialismus erwachsen war«; daß es der bürgerlichen Revolte »bei aller Würdigung der proletarischen Komponente der Revolution ... um gesellschaftliche Veränderungen nach dem Vorbild der unvollendet gebliebenen Revolution von 1848 [ging], um eine humanistische und demokratische bürgerliche Macht, die nicht mehr vom Kaiser und Militarismus, sondern von ihnen selbst ausgeübt werden soll«.[19] Gerade aber in dem Führungsanspruch geistig-künstlerischer Eliten, die trotz aller Sympathiebekundungen gegenüber den Massen und den Arbeitern keinen Kontakt zu ihnen fanden, sondern sich in Proklamationen, Aufrufen und Manifesten erschöpften, war das Scheitern dieser Künstlerrevolte vorgegeben. Diese Elite wollte politisch wirken, ohne Politik machen zu müssen. Dennoch ermöglichten die literarische Anti-Kriegsbewegung und das gemeinsame pazifistische Kriegserlebnis bereits unmittelbar nach dem Waffenstillstand einen ersten Brückenschlag zwischen Deutschland und Frankreich.

Die literarische Anti-Kriegsbewegung sah im Sozialismus nicht so sehr eine ideologische Doktrin als vielmehr eine ethisch überzeugende Alternative zum kapitalistischen System, das den Krieg verursacht habe und mit dem Krieg zusammengebrochen sei. Das idealistische Sozialismus-Verständnis expressionistischer Schriftsteller und Maler und dem Expressionismus nahestehender Intellektueller äußerte sich darin, daß Begriffe wie Gemeinschaft, Brüderschaft, Menschheit und Geist das zentrale Wortfeld im gesellschaftstheoretischen Schrifttum bildeten. Mit einer solchen Begrifflichkeit aber lassen sich weder bestehende Gesellschaften analysieren noch gar konkrete Modelle einer neuen Gesellschaft konzipieren. Nachdem sich die Arbeiterbewegung endgültig in die Sozialdemokratische Partei und die Kommunistische Partei gespalten hatte, mußten die politisch engagierten Schriftsteller und Maler ihre isolierte Situation erkennen. Eine Entscheidung für die SPD kam für die pazifistischen Expressionisten schon deshalb nicht in Frage, weil sich diese Partei während des Krieges in ihren Augen unglaubwürdig gemacht hatte; ebensowenig konnten sie sich der starren ideologischen Doktrin und der harten, undemokratischen Parteidisziplin der KPD unterordnen. Neben K. Otten schloß sich lediglich J. R. Becher der KPD an. Die anderen Expressionisten resignierten und zogen sich aus der Politik zurück. Charakteristisch ist die Äußerung von P. Kornfeld: »Nichts mehr von Krieg und Revolution und Welterlösung. Laßt uns bescheiden sein und uns anderen, kleineren Dingen zuwenden.«[20] Im öffentlichen

Bewußtsein der Weimarer Republik hinterließ die Anti-Kriegsbewegung expressionistischer Schriftsteller, Maler, und Intellektueller keine erkennbaren Spuren. Als freie Schriftsteller (wie E. Lasker-Schüler, A. Wolfenstein, H. Mann), als Korrespondenten (wie W. Hasenclever), als Redakteure (wie K. Otten), als parteigebundene Literaten (wie J. R. Becher) oder als Mitarbeiter an der Volksbühne (wie P. Zech) bestimmten sie jedoch weiterhin in hohem Maß das kulturelle Leben in der Weimarer Republik. Nach der sog. »Machtergreifung« 1933 war für sie kein Platz mehr in Deutschland.

Etwa um die Zeit, als die pazifistischen Expressionisten ihre Hoffnung auf eine Veränderung der Gesellschaft aufgaben, erschien in der »Friedenswarte« ein Artikel, der die »allgemeine Haltung gegenüber dem eben verflossenen Kriegserlebnis« als eine der bedrückendsten Erscheinungen der Zeit bezeichnete. Es sei unverkennbar, daß »ganz entschieden die Neigung besteht, die überstandene Pein der Kriegserlebnisse in Vergessen zu senken, sie aus dem Bewußtsein möglichst auszuschalten«. So wichtig Vergessen und Verdrängen quälender Erlebnisse für die individuelle Existenz auch sein könnten, so gefährlich seien kollektive Verdrängungsprozesse. Gerade die Generation, die den Krieg in seiner ganzen Grausamkeit erlebt habe, müsse jetzt »nichts für so wichtig halten wie die Vorbeugung einer ähnlichen Katastrophe. Nichts müßte ihr so angelegen sein – sollte man denken – wie der Kampf gegen das verhängnisvolle Gespenst der heroischen Kriegsideologie, nichts so dringend wie das Bedürfnis, die furchtbaren Erkenntnisse und Erfahrungen, die ihr auf der Seele brennen, immer wieder in die Welt zu schreien, um den Unerfahrenen vor der Verblendung durch jene Ideologien zu bewahren.« In der Abneigung, sich des Kriegsgeschehens zu erinnern, bestehe für die Ausbreitung pazifistischer Gedanken eine größere Gefahr als in den »Gewaltmaßregeln einer an der Aufrechterhaltung der Kriegsideologie interessierten Machtgruppe«. Für die Friedensbewegung ergebe sich daraus die Aufgabe, dieser verhängnisvollen Vergeßlichkeit entgegenzuwirken und »das Entsetzen heilsam wachzuerhalten«. Eine Enquete zur Erforschung der Kriegspsychologie sollte eingesetzt und Fragebögen sollten mit Hilfe von Psychologen ausgearbeitet werden, um die verschiedenen Elemente und Formen des Kriegserlebnisses zu sammeln. Damit könne die Friedensbewegung einen Beitrag zur Erkenntnis leisten, wie »dunkel in Wahrheit das furchtbare Menschheitsphänomen ist, das wir Krieg nennen.«[21] Dieser interessante Vorschlag fand jedoch keine Resonanz. Zwei Jahre später beschrieb K. Tucholsky die Folgen des Verdrängungsprozesses: »Die Schmerzen werden vergessen. So hat die Nation die Scheußlichkeit dieses Krieges verwunden. Freundliche Lappalien wachsen über diese Regionen der Erinnerung, und die Äußerlichkeiten bleiben: ein Teemädchen in Baranowitschi, die Geschichte mit den zwei Schweinen in Flandern, der verzögerte Feldpostbrief, der Krach mit dem Bataillonsführer wegen des Hanseatenkreuzes – das wird behalten. Aber der Schmerz, der Schmerz ist vergessen.«[22] Auf diesen Verdrängungsmechanismus, der eine bewußte Rückerinnerung verhindern werde, hatte schon während des Krieges S. Freud aufmerksam gemacht: »Wenn das wilde Ringen dieses Krieges seine Entscheidung gefunden hat, wird jeder der siegreichen Kämpfer froh in sein Heim zurückkehren, zu seinem Weibe und Kindern, unverweilt und ungestört durch Gedanken an die Feinde, die er im Nahkampf oder durch die fernwirkende Waffe getötet hat.« Pointierter und auch zutreffender formulierte K. Kraus in »Die letzten Tage der Menschheit«: »Denn über alle Schmach des Krieges geht die der Menschen, von ihm nichts mehr wissen zu wollen, indem sie zwar ertragen, daß er ist, aber nicht, daß er war.«[23] Der Verdrängungsprozeß des »pazifistischen« Kriegserlebnisses begünstigte die Propagierung des »nationalistischen« Kriegserlebnisses.

In den ersten Jahren der Nachkriegszeit gelang der heute fast vergessenen »Nie-Wieder-Krieg-Bewegung«,[24] die vom »Friedensbund der Kriegsteilnehmer« getragen wurde, eine breite Mobilisierung der Bevölkerung gegen den Krieg. Die Initiative zur Gründung der »Friedensbewegung der Kriegsteilnehmer« wie auch der »Nie-Wieder-Krieg-Bewegung« ging von einigen Männern aus, die dem Schriftleiter der »Berliner Volks-Zeitung« K. Vetter nahestanden; zu ihnen gehörten C. von Ossietzky (bis Juni 1920 Sekretär der »Deutschen Friedensgesellschaft«), O. Lehmann-Rußbüldt (vom Vorstand des »Bundes Neues Vaterland«), A. Zickler (Redakteur beim »Vorwärts«), E. J. Gumbel, G. F. Nicolai und K. Tucholsky. Das Programm des »Friedensbundes der Kriegsteilnehmer« mit seinen Forderungen nach Kriegsdienstverweigerung, Ablehnung der Wehrpflicht, Errichtung eines Völkerparlamentes und Einführung der obligatorischen Schiedsgerichtsbarkeit stellte eher eine Aneinanderreihung antimilitaristischer Positionen und traditioneller Vorstellungen der Friedensbewegung dar als eine in sich geschlossene Konzeption. Offensichtlich war man bestrebt, allen Richtungen innerhalb der Friedensbewegung gerecht zu werden, um eine möglichst breite Unterstützung zu gewinnen. Das Ziel wurde zunächst auch erreicht; bis zum Jahre 1922 konnte sich der »Friedensbund der Kriegsteilnehmer« auf etwa 30000 Mitglieder stützen. Der bald danach einsetzende Zerfallsprozeß zeigt jedoch, daß die organisatorische Anbindung der Mitglieder völlig unzureichend gewesen sein muß.

Im Herbst 1919 hatte K. Vetter seine Freunde zu einer Aussprache darüber eingeladen, ob es möglich sei, einen Kriegsteilnehmerverband auf antimilitaristischer Grundlage zu gründen. Während dieser Aussprache äußerte K. Vetter, es müsse auch zu den Aufgaben eines solchen Verbandes gehören, jedes Jahr am Tag des Kriegsausbruchs »durch eine gewaltige Kundgebung die Bedeutung dieses ›schwarzen Tages‹ von neuem hervorzuheben: als Mahnung und Erinnerung an eine fälschlich ›große Zeit‹ genannte Epoche und als ein Stück politischer Pädagogik für die heranwachsende Jugend. Hierfür müsse man eine passende, packende Parole finden, wie etwa ›Nie wieder Krieg!‹«[25] Damit war die »Nie-Wieder-Krieg-Bewegung« geboren. Ein Aktionsausschuß mit Vertretern aus den Friedensorganisationen sollte die Massendemonstrationen planen.

Zur Teilnahme an der ersten Demonstration, die am 1. August 1920 im Berliner Lustgarten stattfand, hatten neben dem »Bund der Kriegsteilnehmer« auch die Deutsche Friedensgesellschaft, der Bund Neues Vaterland, der Reichsbund der Kriegsgeschädigten, der Reichsbund der ehemaligen Kriegsgefangenen, der Bund österreichischer Kriegsteilnehmer und einige kleinere Organisationen aufgerufen. Obwohl sich die politischen Parteien zurückhielten, wurde die Demonstration ein Erfolg; die Schätzungen der Teilnehmerzahl bewegen sich zwischen 10000 und 80000 Menschen. Die KPD versuchte die Veranstaltung zu stören, so daß die Teilkundgebung vor dem Alten Museum in Berlin abgebrochen werden mußte.[26] Den größten Versammlungserfolg erreichte die »Nie-Wieder-Krieg-Bewegung« am 1. August 1921. Allein in Berlin nahmen zwischen 100000 und 200000 Menschen an der Demonstration teil. In etwa 250 Städten versammelten sich etwa 500000 Menschen und solidarisierten sich mit der Parole »Nie wieder Krieg!«. Zu diesem Erfolg trug die Bereitschaft der sozialistischen Parteien und der freien Gewerkschaften bei, die Anti-Kriegsbewegung zu unterstützen. Die KPD versuchte bereits vor dem Demonstrationstag die Kundgebung als »pazifistisches Geschrei« und als »Friedensrummel« lächerlich zu machen; wiederum gab es, wenn auch erfolglos, Störungsversuche. Am 4. August 1921 organisierte die KPD schließlich eine eigene Kundgebung.[27] Im Jahre 1922 versammelten sich in Berlin wiederum zwischen 50000 und 100000 Menschen, und auch diesmal fanden in etwa 200 Städten weitere Demonstrationen statt. Dennoch wurden, wie

H. von Gerlach feststellte, die Demonstrationen »letztes Jahr in viel größerem Umfang abgehalten, nicht nur in Deutschland, sondern ebenfalls in anderen europäischen Ländern.«[28] Die Kundgebung in Berlin eröffnete K. Tucholsky, indem er das Gedicht »Drei Minuten Gehör!« vortrug:

»...
Ihr sollt frei sein! Zeigt es ihnen!
Und wenn sie auch kommen und drohn mit Pistolen –:
Geht nicht! Sie sollen euch erst mal holen!
Keine Wehrpflicht! Keine Soldaten!
Keine Monokel-Potentaten!
Keine Orden! Keine Spaliere!
Keine Reserveoffiziere!
Ihr seid die Zukunft!
...
Wenn ihr nur wollt: bei euch steht der Sieg!
– Nie wieder Krieg – !«[29]

Darauf folgten Ansprachen von W. Schücking, H. Graf Kessler, H. Ströbel, K. Tucholsky und anderen. Den Ablauf der Kundgebungen schildert K. R. Grossmann, Augenzeuge und Biograph C. von Ossietzkys: »Hier konnte man Ossietzky Flugblätter verteilen sehen, die er selbst geschrieben hatte. Da es noch keine Lautsprecher gab, brauchte man Dutzende von Rednern, die von verschiedenen Punkten aus zur Menge sprachen. Professor Albert Einstein war oft anwesend. Ossietzky fuhr mit ihm im Auto umher, und man jubelte dem großen Gelehrten und Friedensprediger begeistert zu. Das war in den frühen zwanziger Jahren, nach der Niederschlagung des Kapp-Putsches, ein hoffnungsvolles Berlin.«[30]

Als Ende 1921 die »Nie-Wieder-Krieg-Bewegung« über die Organisation der jährlichen Großversammlungen hinaus damit begann, Flugblätter herzustellen und zu verteilen, und weitere Aktionen in Zusammarbeit mit der Sozialdemokratie und den Gewerkschaften durchführte, kam es zu Auseinandersetzungen mit dem »Deutschen Friedenskartell«, der Dachorganisation der verschiedenen Friedensorganisationen. Das Friedenskartell fürchtete offenbar, die Anti-Kriegsbewegung könnte sich zu einer ernsthaften Konkurrenzorganisation entwickeln, und hätte sie am liebsten in den Dachverband eingegliedert. Zwar gelang es, durch Absprache die Nie-Wieder-Krieg-Bewegung auf die Organisation der jährlichen Demonstrationen festzulegen; die Unstimmigkeiten aber dauerten weiter an. Mit dieser Entscheidung wurde vielleicht eine Möglichkeit versäumt, die

Nie-Wieder-Krieg-Bewegung organisatorisch zu stabilisieren und der Friedensbewegung gleichzeitig eine größere soziale Basis zu verschaffen. Nachteilig wirkte sich für die Anti-Kriegsbewegung die Entwicklung der Linksparteien aus. Aus der Spaltung der Arbeiterparteien in MSPD und USPD hatte die »Nie-Wieder-Krieg-Bewegung« Nutzen gezogen, weil die USPD die Bewegung unterstützt hatte und zum harten Kern der Demonstration geworden war; entsprechend wirkte sich die Vereinigung der beiden Parteien aus: »Der Streit über die ›Politik des 4. August‹ verblaßte mit der Verschmelzung MSP und USP und mit dem Hervortreten neuer politischer, insbesondere der außenpolitischen Fragen.«[31]

Gleichzeitig versuchten SPD und Gewerkschaften ihren Einfluß auf die »Nie-Wieder-Krieg-Bewegung« zu vergrößern und eine stärkere personelle Vertretung im Aktionsausschuß durchzusetzen. Da dies nicht gelang, wandten sich die Arbeiterorganisationen immer mehr von der Anti-Kriegsbewegung ab. In diesem Zusammenhang muß die Gründung eines internationalen gewerkschaftlichen »Anti-Kriegstages« gesehen werden. Die Demonstrationen der »Nie-Wieder-Krieg-Bewegung« im Jahre 1924 wurden erheblich duch den von der Reichsregierung proklamierten »Opfertag« anläßlich des zehnten Jahrestages der Mobilmachung beeinträchtigt. K. Tucholsky verurteilte diesen »Opfertag«, an dem für die Errichtung eines Ehrenmals gesammelt werden sollte, als Wiederkehr des Geistes von 1914: »Aber daß heute, nach diesen Jahren, erwachsene deutsche Menschen zusammentreten und von den armen, nutzlos getöteten Opfern der Schlächterei anders sprechen als mit dem heißen Wunsch: ›Wie kommen wir um das nächste Mal herum? Wie? Wie?‹; daß keiner, ausnahmslos keiner der deutschen maßgebenden Männer den moralischen Mut aufbringt, von dieser Kriegsreklame abzurücken; daß nicht ein einziger anders über den Krieg reden kann, als mehr oder weniger geschickt verhüllt seinen Racheschrei für ein neues Gemetzel kundzutun – daß das möglich ist, das darf mir doch wohl unverwehrt sein eine Schande zu nennen.«[32] Die innenpolitische Stabilisierung und die außenpolitische Beruhigung minderten zusätzlich das Interesse an den Anti-Kriegsdemonstrationen; die »Nie-Wieder-Krieg-Bewegung« verlor bereits 1924/25 ihre ursprüngliche Anziehungskraft.

Die Anti-Kriegsbewegung bekannte sich zur Demokratie und zur Weimarer Republik, zur Völkerversöhnung und zur Verweigerung des Kriegsdienstes; sie zeigte sich jedoch nicht in der Lage, ein konkretes politisches Programm zu entwickeln. Die Parole »Nie wieder Krieg!« reichte als Integrationsformel für einige Jahre aus, um Massen zu mobilisieren; sie genügte jedoch nicht, um in der Bewegung das Bewußtsein einer unverwechselbaren Identität zu verankern, zumal sie über keine eigene Organisationsstruktur verfügte. Die Parole »Nie wieder Krieg!«, unter dem unmittelbaren Eindruck des Krieges eine aufrüttelnde Protestformel, erwies sich mit zunehmendem Abstand vom Krieg als unzureichende Kompromißformel, die nur noch die unterschiedlichen Standpunkte verdeckte. Dennoch hat C. von Ossietzky im Jahre 1925 zu Recht darauf hingewiesen, daß breite Schichten in der Bevölkerung, vor allem in der sozialistischen Arbeiterschaft, für den Pazifismus wenn auch nicht »organisatorisch, so doch für die Idee« gewonnen werden konnten; daß weder »nationale Banner noch der Sowjetstern« die spontane Sehnsucht der Massen nach Frieden verhindern könnten, wenn »ganz undoktrinär und überparteilich ein ganz schlichter, verständlicher Satz an die tiefsten menschlichen Wünsche rührt, und ein von den Lavamassen vulkanischer Zeit fast verschüttetes Gut für Augenblicke ans helle Tageslicht hebt.«[33] Sehr viel skeptischer äußerte sich K. Tucholsky im gleichen Jahr: »Was uns so oft fehlt, ist das klare Feldgeschrei, die einfache Losung, die radikale Selbstverständlichkeit. Die heißt nicht nur: Nie wieder Krieg! Die heißt: Gefühle von Mördern bedürfen keiner Schonung. Auf die zarten Seelen von verkleideten Sanitätsräten sei keine Rücksicht genommen. Wer im Krieg getötet wurde, ist nicht zu feiern, sondern aufs tiefste zu bedauern, weil er für einen Dreck gefallen ist. Der Feind steht nicht drüben, sondern hüben. Die Wehrpflicht und der Zwang zur Herstellung von Mordmitteln ist auch gegen das Gesetz zu verweigern.«[34]

Die »Nie-Wieder-Krieg-Bewegung« wollte den Tag des Kriegsausbruchs als einen Tag »ernster Einkehr und stiller Besinnlichkeit« gestalten; gerade die Frontsoldaten sollten »des ungeheuren Stromes von Blut und Tränen, der über die Erde floß, des namenlosen Elends und des grausamen Entsetzens, das über die Menschheit ging«, gedenken und »angesichts dieser Erinnerung« vor der Öffentlichkeit das Gelöbnis erneuern, »alles zu tun, was in unseren Kräften steht, um eine Wiederholung dieser blutigen Jahre zu verhindern«.[35] Dieses pazifistische Kriegserlebnis spielte auch im Reichsbanner Schwarz-Rot-Gold vor allem in der ersten Zeit nach seiner Gründung eine gewisse Rolle. Im Oktober 1924 bekannte sich das Reichsbanner ausdrücklich zu den Losungen »Krieg dem Krieg« und »Nie wieder Krieg« als einer Idee, die »in den Schützengräben« geboren wurde. Im Januar 1925 empfahl die »Illustrierte Reichsbanner-Zeitung«

jedem, dem der Krieg »nicht eine besoffene Ballade, sondern das Schrecklichste seines Lebens« gewesen sei, die Kriegsradierungen von O. Dix in die Hand zu nehmen; zugleich wurde auf die Notwendigkeit hingewiesen, den Schrecken des Krieges, sein Elend und seine Greuel festzuhalten, um das »Gebräu von Selbstbeweihräucherung und Heldenverehrung« zu zerstören.[36] Doch schon im November 1926 wandte sich der Major a. D. und Sozialdemokrat K. Mayr, ein prominentes Mitglied des Reichsbanners, gegen die Parole »Nie wieder Krieg!«; sie sei politisch falsch und unzweckmäßig, da sie nur die Geister verwirre und keine praktischen Fortschritte für die Friedenspolitik bewirken könne. Der Vorbehalt des Reichsbanners gegenüber der »Nie-Wieder-Krieg-Bewegung« galt nicht so sehr dem pazifistischen Kriegserlebnis selbst – im Jahre 1928 protestierte der gleiche K. Mayr gegen das »hochmütige Herabsehen auf die pazifistischen Kriegsteilnehmer« beim Jungdeutschen Orden –, sondern den antimilitaristischen Forderungen nach Kriegsdienstverweigerung und Ablehnung der Wehrpflicht. Gegen diese mit Vorliebe als utopisch bezeichneten Konsequenzen aus dem pazifistischen Kriegserlebnis stellte das Reichsbanner seine »vernünftige« und »realpolitische« Auffassung: »Im deutschen Republikaner muß der Wille stark sein, sein Vaterland, seine Republik, nach außen und innen mit dem eigenen Leib zu decken.«[37] Das Reichsbanner verfolgte die Taktik, auf dem Weg über das Fronterlebnis »die Kriegsgeneration für den neuen Staat, die republikanischen Parteien und Gewerkschaften zu gewinnen«,[38] und glaubte, sich deshalb von der antimilitaristischen Interpretation des pazifistischen Kriegserlebnisses distanzieren zu müssen. In der Abwehr der nationalistischen Interpretation des Kriegserlebnisses, die vom Stahlhelm und von den Vertretern des »Soldatischen Nationalismus« gegen Demokratie und Republik propagiert wurde, versuchte das Reichsbanner, den Krieg und das Kriegserlebnis als Ursprung der Nation und zugleich der Weimarer Republik zu würdigen. Es ist deshalb auch konsequent, wenn das Reichsbanner an den von der Reichsregierung veranstalteten Feierlichkeiten und Demontrationen am »Opfertag« 1924 zum zehnjährigen Gedenken der Mobilmachung teilnahm und nicht an den Demonstrationen der »Nie-wieder-Krieg-Bewegung«.[39] Die national-republikanische Interpretation des Krieges und des Kriegserlebnisses hatte in der Stabilisierungsphase der Weimarer Republik durchaus Erfolg und schien die nationalistische Interpretation verdrängen zu können.

Die Stabilisierungsphase führte den Stahlhelm, den im September 1919 gegründeten »Bund der Frontsoldaten«, in eine schwere Krise.

Die »Führer des Bundes – durchaus geistig weniger eindrucksvolle Männer – hätten ihre Gefolgschaft vielleicht nicht über diese Durststrecke gebracht, wären nicht einige Intellektuelle aufgetreten, die für den Marsch durch die dürren Jahre 1925–1927 die geistige Kost bereiteten«.[40] Der Stahlhelm verstand sich von Anfang an als die nationale Organisation der Frontsoldaten, die den Krieg als individuelle und kollektive Bewährungsprobe erlebt hatten. In der ersten Ausgabe des Verbandsorgans »Der Stahlhelm« vom 1. September 1919 erklärte Fr. Seldte: »Die Frontsoldatenbünde wollen die durch das gemeinsame Erleben, das die Voraussetzung jeder nationalen Zukunft ist, Verbundenen erfassen. Sie wollen, daß dem tatkräftigsten Teil des Volkes, das als Kämpfer draußen gewesen ist, sein Recht werde ... Das deutsche Nationalgefühl der Zukunft kann und muß aus drei Faktoren aufgebaut werden: 1. dem völkischen Empfinden; 2. dem Bewußtsein der erlebten, lebendigen Einheit des Volkes in Waffen; 3. dem Glauben an die freiheitliche Zukunft.«[41] Die Konfliktfronten wurden deutlich, als Fr. Seldte gleichzeitig in diffamierender Absicht unterstellte: »Sie schreien zwar ›Nie wieder Krieg‹, anderen Leuten aber wollen sie eine Handgranate am Hintern abziehen, wenn sie gerade nicht hingucken ...«.[42] Von Anfang an standen Krieg und Kriegserlebnis, stilisiert in der Frontsoldatenideologie, im Zentrum des Stahlhelm. Politische Brisanz erhielt diese Ideologie, als sie den Anspruch erhob, die Gestaltung des gesellschaftlichen Aufbaus und der staatlichen Ordnung maßgeblich bestimmen zu können. Das Ziel des Stahlhelm war »sozusagen eine auf Friedenszeiten übertragene Schützengrabengemeinschaft, ein ›Frontsoldatenstaat‹, der nach militärischen Gesichtspunkten gegliedert sein sollte, also nach dem Führerprinzip, und in dem die Elite der Frontsoldaten die Führung übernehmen sollte.«[43] Der Führungsanspruch der Frontsoldatenideologie war mit politischen Vorstellungen und Forderungen verbunden, die eine Kampfansage an die Weimarer Republik bedeuteten. Die sog. »Stahlhelm-Botschaft« vom Jahre 1927 macht dies deutlich:

»Der Stahlhelm erklärt, daß er den durch das Versailler Friedensdiktat und dessen spätere Ergänzungen geschaffenen Zustand nicht anerkennt. Er fordert deshalb die Anerkennung des Nationalstaates auch für alle Deutschen, die Wiederherstellung des deutschen Wehrrechtes, wirksamen Widerruf des erpreßten Kriegsschuldbekenntnisses, die Regelung und Wiedergutmachung der Weltkriegsschäden aufgrund der solidarischen Haftung aller für den Weltkrieg verantwortlicher Völker ...

Der Stahlhelm fordert die Wiederanerkennung der Farben schwarz-weiß-rot. Unter dieser Flagge hat das deutsche Volk seinen unvergleichlichen Heldenkampf gegen die Welt von Feinden geführt. Die wirtschaftliche und soziale Not unseres Volkes ist verursacht durch den Mangel an Lebens- und Arbeitsraum. Der Stahlhelm unterstützt jede Außenpolitik, welche dem deutschen Bevölkerungsüberschuß Siedlungs- und Arbeitsgebiete eröffnet und welche die kulturelle, wirtschaftliche und politische Verbindung dieser Gebiete mit dem Kern- und Mutterland erhält... Der Stahlhelm will keine neue Partei bilden oder werden. Aber er will den staatsbürgerlichen Willen der ehemaligen Frontsoldaten zum Ausdruck bringen. Er will, daß seine Angehörigen in allen Stellen des öffentlichen Dienstes und der Volksvertretung von der Gemeinde bis zum Reich die Möglichkeit und das Recht maßgeblicher Mitarbeit erlangen. Das Recht der Frontsoldaten gründet sich auf die besondere Eignung, welche sie durch die engste Verbundenheit der persönlichen Leistung mit dem schwersten Ringen des deutschen Volkes um sein Recht und seine Zukunft erwarben...«.[44]

Die seit 1924/25 abklingende Diskussion um Krieg und Kriegserlebnis trieb die Literaten des Fronterlebnisses zu gesteigerter Aktivität, zu einem »geradezu missionarischen Sendungsbewußtsein«.[45] Die Gruppe des »Soldatischen Nationalismus« verstand sich gegenüber dem als unkriegerisch und unsoldatisch empfundenen Parteienstaat der Weimarer Republik und deren auf Ausgleich bedachter Außenpolitik als der einzige Bewahrer der positiven Traditionen und Erfahrungen des Krieges. Die Vertreter des »Soldatischen Nationalismus« bemühten sich vor allem um eine »weltanschauliche Fundierung« des Kriegserlebnisses; seine wichtigsten Vertreter waren F. Schauwecker, F. G. Jünger und E. Jünger. Allein E. Jünger veröffentlichte zwischen 1925 und 1933 über 130 Artikel in den verschiedensten nationalistischen Zeitschriften;[46] hinzu kommen die immer wieder aufgelegten Bücher, die – wie »In Stahlgewittern« (Erstausgabe 1920), »Das Wäldchen 125« (Erstausgabe 1925) oder »Feuer und Blut« (Erstausgabe 1925) – eine große Leserschaft fanden. Die Aufsätze und Artikel E. Jüngers und anderer Vertreter des »Soldatischen Nationalismus«, in denen der Krieg und das Kriegserlebnis in den verschiedensten Variationen immer wieder thematisiert wurden, waren zumeist in der »Stahlhelm«-Zeitung und ihrer Beilage »Die Standarte« zu lesen, die in einer Auflage von 150000 bis 180000 Exemplaren erschienen. Begeisterte Zustimmung fanden die Ideen des »Soldatischen Nationalismus« bei nationalistischen Vereinigungen wie »Werwolf«, »Jungdeutscher Orden«, »Bund Oberland«, »Bund Wiking« und bei anderen Wehrbünden. Die Ideologie des »Soldatischen Nationalismus« läßt sich in vier Punkte zusammenfassen: »Erstens wurde das Weltkriegserlebnis idealisierend verklärt. Über den idealisierten Einzelfall hinaus gelangte man, zweitens, zu einer generellen Hochschätzung und Verherrlichung von Krieg und Kriegertum. Mit ihr verband sich, drittens, ein ausgeprägter Nationalismus. Und viertens schließlich erhob der ‹Kriegerische Nationalismus‹ die Forderung nach einem Staat der Frontsoldaten, dem die Aufgabe imperialistischer Eroberungen zufallen sollte.«[47] Die Stabilisierungsphase der Weimarer Republik, für den Stahlhelm und die nationalistische Rechte eine Zeit der Stagnation, erweist sich als die Inkubationszeit des in den folgenden Krisenjahren sich breit entfaltenden und schließlich dominierenden nationalistischen Kriegserlebnisses.

Der Erfolg des nationalistischen Kriegserlebnisses nach 1929 täuscht darüber hinweg, daß es in seiner literarisch-stilisierten Überhöhung eine Abwehrreaktion auf das pazifistische Kriegserlebnis war. Einen wichtigen Hinweis für diese Abhängigkeit gibt ausgerechnet E. Jünger, der Wortführer des »Soldatischen Nationalismus«. In dem Essay »Der Kampf als inneres Erlebnis« konstatierte E. Jünger eine »starke pazifistische Tendenz«.[48] Diese pazifistische Tendenz veranlaßte ihn im Vorwort zur 2. Auflage dieser Schrift (1921 oder 1922) zu der Frage, ob er, der hochdekorierte und begeisterte Frontsoldat, wirklich an einem »Wahnsinn teilgenommen hätte, zu dem man gut täte, sich nicht mehr zu bekennen, wenn man noch irgendwie ernst genommen werden wollte. Hatte man denn wirklich nur der reinen, sinnlosen Gewalt Herz und Arm geliehen, und waren diese unzähligen Männer nur von einem geistlosen Gehorsam getrieben, unter der unwiderstehlichen Wucht von Massenpsychosen dem Tod entgegenzutreten?«[49] Die Überhöhung des Kriegserlebnisses durch den »Soldatischen Nationalismus« erweist sich nicht nur als eine »Pseudorationalisierung des affektiven Engagements«, sondern als Versuch einer Sinngebung des Erlebten, dessen Sinnhaftigkeit von der antimilitaristisch-pazifistischen Bewegung der Nachkriegszeit in Frage gestellt wurde. Mit diesem Versuch kam der »Soldatische Nationalismus« sicherlich einem großen Bedürfnis der Kriegsteilnehmer entgegen. Ein weiterer Grund für die Breitenwirkung der Kriegs- und Frontsoldatenideologie gerade in den Krisenjahren nach 1928 mag darin liegen, daß sie – trotz ihrer anscheinend antibürgerlichen Grundauffassung – kleinbürgerlichen Ordnungsvorstellungen und Sicherheitssehnsüchten entgegenkam. E. Jünger beschrieb sein Leben im Feld: »Alles ist klar und einfach, meine Rechte und Pflichten sind militärisch geregelt, ich brauche kein Geld zu verdienen, Verpflegung wird geliefert, wenn es mir schlecht geht, habe ich tausend Leidensgefährten, und vor allem löst sich unter dem Schatten des Todes jede Frage in eine angenehme Bedeutungslosigkeit auf.«[50] Das bürgerliche Streben nach einer gesicherten, abgegrenzten Existenz erscheint bei E. Jünger in seiner »militarisierten Form; sein Ideal ist ein Spießbürger der Front«.[51] Gerade aber das mittelständische Bürgertum wandte sich in der wirtschaftlichen und politischen Krise am Ende der zwanziger Jahre von der liberaldemokratischen Ordnung ab und suchte Zuflucht bei der Kriegs- und Frontsoldatenideologie des »Soldatischen Nationalismus«, dessen literarische Publikationen nach 1929 in Massenauflagen erschienen und damit entscheidend zu einem allgemeinen »Boom von Kulturprodukten mit militaristischer Tendenz« beitrugen.[52]

Der »Nie-Wieder-Krieg-Bewegung« ist es in den ersten Jahren nach dem Krieg gelungen, das Kriegserlebnis »als Hebel zu benutzen, um die mitunter noch diffusen pazifistischen Gefühle der Bevölkerung zu aktivieren und umzusetzen in eine Massenaktion«.[53] Auf diesen Erfolg reagierte die militaristische Rechte mit der Politisierung des nationalistischen Kriegserlebnisses und seiner »weltanschaulichen Fundierung« durch den »Soldatischen Nationalismus«. Die Heftigkeit und Maßlosigkeit, mit der die nationalistische Rechte das pazifistische Kriegserlebnis bekämpfte, läßt sich nur dann hinreichend erklären, wenn man sie als Reaktion auf den beeindruckenden Erfolg der »Nie-Wieder-Krieg-Bewegung« in den Jahren zwischen 1920 und 1923 einordnet.

In der Polarität von pazifistischem und nationalistischem Kriegserlebnis reproduzieren sich die aus der Vorkriegszeit bekannten Einstellungen zum Krieg, allerdings in verschärfter Form. Aus dem pazifistischen Kriegserlebnis erwuchs die Bereitschaft zur Unterstützung der Weimarer Republik und zu einer auf Versöhnung und Verständigung zwischen den Völkern und Staaten ausgerichteten Politik, wenn auch die antimilitaristische Komponente von vielen nicht akzeptiert wurde. Das nationalistische Kriegserlebnis vor allem in seiner Überhöhung durch den »Soldatischen Nationalismus« nahm im »antidemokratischen Denken der Weimarer Republik eine zentrale Stellung ein«.[54] In der Auseinandersetzung um das Kriegserlebnis fand die Diagnose K. Riezlers aus dem Jahre 1916, daß Pazifismus und Nationalismus »fortwährend im Mittelpunkt der öffentlichen Diskussion und des öffentlichen Denkens stehen«, eine nachdrückliche Bestätigung auch für die Jahre nach Beendigung des Krieges.

VI.
Die Friedensbewegung in der Weimarer Republik

Nach dem Ende des Krieges konnte die Friedensbewegung zahlreiche neue Anhänger gewinnen und in der öffentlichen Meinung einen – wenn auch nur für wenige Jahre anhaltenden – Umschwung zu ihren Gunsten erzielen. Innerhalb der Friedensbewegung setzte eine breite Diskussion über programmatische Fragen ein, die zweifellos eine Bereicherung für die Friedensbewegung brachte. Andererseits führten die programmatischen Auseinandersetzungen zu einer organisatorischen Vielfalt auf nationaler und internationaler Ebene, die sich nachteilig auswirken sollte.

Die Ratlosigkeit der nationalen Friedensgesellschaften und die Untätigkeit des Internationalen Friedensbüros in Genf bei Ausbruch des Weltkrieges hatten zur Gründung neuer Friedensorganisationen beigetragen, die sich früher und auch entschiedener als die traditionellen Friedensgesellschaften zu innen- und sozialpolitischen Reformen und zur Demokratisierung von Staat und Gesellschaft bekannten. Organisationen wie der 1915 gegründete »Internationale Friedensausschuß für dauernden Frieden« waren nach Kriegsende nicht bereit, ihre Selbständigkeit aufzugeben. Der internationale Frauenausschuß konstituierte sich im Mai 1919 als »Internationale Frauenliga für Frieden und Freiheit«. Die Frauenliga richtete eine eigene Zentralstelle ein, gab die Zeitschrift »Die Frau im Staat« heraus und organisierte internationale Kongresse, die bald allgemein beachtet wurden. Sie war im Jahre 1922 bereits in über dreißig Ländern vertreten und hatte ein radikalpazifistisches Programm, das jede Gewalt ablehnte und sich für alle einsetzte, die »den Krieg bekämpften, indem sie sich weigerten, daran teilzunehmen«.[1]

Der wichtigste Beitrag zur Programmdiskussion und zugleich die größte Herausforderung für die am Völkerrecht orientierten traditionellen Friedensgesellschaften kam von der antimilitaristischen Bewegung. Die im Jahre 1921 gegründete »Internationale der Kriegsdienstgegner« hatte ihren Ursprung in der im Herbst 1914 ins Leben gerufenen »No Conscription Fellowship«, die den 16000 englischen Kriegsdienstverweigerern ihre Hilfe angeboten hatte. Nach Kriegsende löste sich der Bund der Kriegsdienstverweigerer auf, gründete aber zugleich die Nachfolgeorganisation »No More War Movement«.[2] In der holländischen Stadt Bilthoven – in Holland war während des Krieges eine breite Bewegung gegen den Kriegsdienst entstanden – gab sich die Internationale der Kriegsdienstgegner ihr bis heute gültiges Programm (1921): »Krieg ist ein Verbrechen gegen die Menschlichkeit. Wir sind daher entschlossen, keine Art von Krieg zu unterstützen und für die Beseitigung aller seiner Ursachen zu kämpfen. ... Die Anerkennung der Heiligkeit des menschlichen Lebens, der menschlichen Persönlichkeit muß das Grundgesetz der menschlichen Gesellschaft werden.«[3]

Die »No Conscription Fellowship« hatte – unterstützt von der öffentlichen Meinung – bereits während des Krieges erreicht, daß die englische Regierung im Wehrpflichtgesetz vom Februar 1916 die Kriegsdienstverweigerung aus Gewissensgründen anerkannte. Dänemark schloß sich dann im Dezember 1917 dieser Regelung an, band aber die Freistellung vom Wehrdienst an die Ableistung eines Zivildienstes, der mit 20 Monaten Dauer die Wehrdienstzeit von sechs Monaten erheblich überschritt. Schweden und Norwegen übernahmen dieses Verfahren. Schon früh hat man erkannt, daß »das Phänomen der Kriegsdienstverweigerung vor allem in den angelsächsischen Ländern, sowie in Skandinavien und Holland, d. h. also in den protestantischen Staaten auftrat und gesetzlich anerkannt wurde. Die romanischen und katholischen Länder zeigen keinerlei ernsthafte Beschäftigung mit dem Gedanken der Kriegsdienstverweigerung und ihrer gesetzlichen Anerkennung.«[4] Neben unterschiedlichen politischen Traditionen wirkten sich in den protestantischen Staaten die Tradition reformatorischer Protesthaltung und vor allem der Nonkonformismus religiöser Sekten aus, die der individuellen Gewissensentscheidung einen größeren Spielraum gewährten als die hierarchisch-institutionell geprägte Struktur der katholischen Kirche.[5]

Die Internationale der Kriegsdienstgegner lehnte zwar die Instrumente des organisatorisch-völkerrechtlichen Pazifismus nicht ab, war jedoch davon überzeugt, daß völkerrechtliche Regelungen nur sehr begrenzt zur Verhinderung von Kriegen beitragen könnten. Sie propagierte deshalb die massenhafte Verweigerung des Kriegsdienstes, ohne allerdings zu verkennen, daß man auch die Ursachen von Kriegen bekämpfen müsse: die von Haß und Neid bestimmten Gegensätze, die von Intoleranz geprägten Unterschiede in den Glaubensbekenntnissen, die Gegensätze zwischen den Nationen, z. T. Folgen des bestehenden Produktionssystems, und schließlich die »Gegensätze der Klassen, der Besitzenden und Nichtbesitzenden, die fast unvermeidlich hintreiben zu Völker- und Bürgerkrieg, solange das bestehende Produktionssystem besteht, das auf Profitwirtschaft anstatt auf Bedarfswirtschaft beruht«.[6]

Die traditionellen Friedensgesellschaften hatten während des Krieges mehr und mehr innenpolitische Reformen gefordert, hielten aber den Radikalismus der antimilitaristischen Organisationen für zu weitgehend und bestanden auf der überragenden Bedeutung völkerrechtlicher Friedensregelungen. Der liberale Pazifist L. Quidde gestand zwar ein, daß der Pazifismus durch die antimilitaristische Bewegung insgesamt »wieder etwas Frisches und Jugendliches« erhalten habe,[7] räumte auch ein, daß sie insofern meinungsbildend gewirkt habe, als die allgemeine Wehrpflicht inzwischen von allen Friedensorganisationen abgelehnt werde; er warf ihr jedoch vor, sie lasse den Pazifismus in der »Verhinderung des Krieges durch Wehrdienstverweigerung« aufgehen[8] – ein Vorwurf, der in dieser Form nicht berechtigt war.

Der Weltkrieg hatte auch bei den Kirchen und bei den internationalen Institutionen der Arbeiterbewegung das Engagement für den Frieden verstärkt. Zumal zwischen internationaler Gewerkschaftsbewegung und Friedensbewegung schien eine Zusammenarbeit möglich, weil in den Friedensorganisationen das Verständnis für sozial- und wirtschaftspolitische Probleme gewachsen war. Die Idee des Generalstreiks als Mittel der Kriegsverhinderung gewann nach Kriegsende bei der Gewerkschaftsbewegung neue Aktualität; umgekehrt wurde der Generalstreik von der antimilitaristischen Richtung der Friedensbewegung mit Begeisterung aufgenommen. Den Höhepunkt der zeitweiligen Annäherung brachte die Teilnahme der Friedensbewegung an dem gewerkschaftlichen Weltfriedenskongreß im Haag (10.–15. Dezember 1922). H. von Gerlach kommentierte dieses Ereignis: »Allein die Tatsache der Einberufung dieses Kongresses bedeutet einen großen Schritt vorwärts für die Sache des europäischen Pazifismus. Ich will sagen, daß bis heute die Sozialisten nur ein vorherrschendes Ziel hatten: die Bekämpfung des Kapitalismus. Das hat sich nun geändert, denn sie stellen den Kampf gegen den Militarismus jetzt dem Kampf gegen den Kapitalismus gleich, weil sie durch den Weltkrieg und seine Folgen gelernt haben, daß unter dem

Druck von Kriegsdrohungen und Kriegsvorbereitungen kein sozialer Fortschritt erreicht werden kann ... Bis jetzt war der in Europa meist von dem Idealismus gewisser Intellektueller verbreitete Pazifismus mehr eine geistige als eine moralische Macht. Was fehlte, war materielle Stärke. Das fehlende Element wird er nun nach der Haager Konferenz erhalten. Die 24 Millionen Arbeiter, die in dem Amsterdamer Büro der internationalen Gewerkschaftsunion zusammengefaßt sind, werden die breite und solide Grundlage der pazifistischen Bewegung sein.«[9] Die Resolutionen des Kongresses hätten H. von Gerlach jedoch erkennen lassen müssen, daß seine Hoffnungen zu hochgespannt waren. Die Gewerkschaften würdigten zwar die Arbeit der Friedensbewegung, maßen ihr aber nur wenig konkrete Bedeutung bei. Die Empfehlung an die nationalen Organisationen, eine Instanz zur Koordination pazifistischer und gewerkschaftlicher Aktivitäten einzurichten, war unverbindlich und blieb ohne Folgen. Zwar erklärte der Internationale Gewerkschaftsbund, bei Ausbruch eines Krieges den Generalstreik ausrufen zu wollen; aber diese Erklärung bedeutete wenig angesichts der insgesamt für die Friedensbewegung enttäuschenden Resolutionen. Nach dem Haager Kongreß ist es weder gelungen, eine »organisatorische Verbindung zwischen Friedens- und Arbeiterbewegung« herzustellen, noch die Gewerkschaften zur Aufstellung eines »konkreten Aktionsprogramms zur Verhinderung eines Zukunftskrieges zu bewegen«.[10]

Mit großen Hoffnungen hatte die Friedensbewegung die Kundgebungen Papst Benedikts XV. während des Krieges aufgenommen. In der Enzyklika »ad beatissimi« vom 1. August 1917 trat der Papst nicht nur abstrakt für die Ablösung der Gewalt durch das Recht ein; er unterstützte konkret die Bestrebungen zur Errichtung eines Völkerbundes und forderte die Abrüstung der Staaten. Damit ermutigte der Papst auch Initiativen von Katholiken, zur Überwindung des Krieges aktiv beizutragen. In Graz gründete der Geistliche M. J. Metzger die »Katholische Internationale«; in Frankreich organisierte der katholische Politiker M. Sangnier die »Internationale Démocratique«, die der katholischen Friedensbewegung in Deutschland wichtige Impulse gab. Unter der Führung von M. J. Metzger und dem ungarischen Prälaten A. Gießwein konstituierte sich im Haag die Katholische Weltjugendliga (1920). Auch im Protestantismus gab es Anzeichen für pazifistisches Engagement, wie der im Oktober 1919 gegründete »Internationale Versöhnungsbund« mit seiner Zentrale in London zeigt; er vertrat das Prinzip der absoluten Gewaltlosigkeit und das Recht auf Kriegsdienstverweigerung. Ökumenische und pazifistische Überzeugung verschränkten sich auf vorbildliche Weise in der Arbeit des »Weltbundes für Freundschaftsarbeit der Kirchen« (gegründet im August 1914). Auf seiner Prager Friedenskonferenz im August 1928 sprach sich der Weltbund aus für a) Sicherung der Freiheiten und Rechte für Kirchen, Gruppen oder Volksteile; b) Versöhnung von Klassen- und Rassengegensätzen; c) Förderung der Gerechtigkeit in den Beziehungen zwischen den Nationen. Seit Januar 1931 leitete der deutsche Theologe D. Bonhoeffer die Jugendarbeit des Weltbundes.[11] Keine größere Resonanz fand der 1926 gegründete »Internationale Arbeitsausschuß antimilitaristischer Pfarrer«, der etwa 500 Mitglieder gezählt haben dürfte.[12]

Die Tatsache, daß sich die zahlreichen pazifistischen Organisationen ihre eigenen internationalen Kontakt- und Koordinationsstellen schufen, erklärt das Bedürfnis nach einer Zusammenfassung der Friedensorganisationen. Das Internationale Friedensbüro in Genf konnte seine Funktion als internationale Zentrale in der alten Form nicht mehr ausüben und unternahm im Jahre 1922 einen Versuch, der neuen Entwicklung gerecht zu werden. Am 29. September 1922 veröffentlichte es eine Resolution, die zur Koordination aller pazifistischen Kräfte aufrief. Die Formulierung dieser Resolution macht deutlich, daß das Internationale Friedensbüro in einseitiger Weise am völkerrechtlich orientierten Pazifismus festhielt.[13] So fehlten denn auch bei den Sitzungen des Koordinationsausschusses zwischen 1923 und 1926 die Vertreter der antimilitaristischen Organisationen. Auf der fünften Sitzung des Koordinationsausschusses am 16. Juli 1926 konnten schließlich die Statuten des internationalen Ausschusses für die Zusammenarbeit der pazifistischen Kräfte verabschiedet werden. Dem Ausschuß durften nur internationale Organisationen beitreten. Seine Aufgabe sollte darin bestehen:

»a) Propagandafeldzüge und sonstige gemeinsame Kundgebungen zu organisieren, die durch die Umstände erforderlich werden;

b) durch dauernde Zusammenarbeit die Festigung und Vervollkommnung des Völkerbundes zu sichern;

...

d) nach Mitteln zu suchen, um einen internationalen Geist zu schaffen, namentlich auf dem Wege der Presse und des Unterrichts jeden Grades.«[14]

Die Festlegung des internationalen Ausschusses, der praktisch mit dem Internationalen Friedensbüro identisch war, auf die Förderung des Völkerbundes legt den Verdacht nahe, daß das Internationale Friedensbüro bewußt eine Stärkung der völkerrechtlich orientierten

Friedensbewegung und seiner eigenen Position als internationaler Koordinationsstelle verfolgte. Für diese Annahme spricht, daß zur gleichen Zeit das Internationale Friedensbüro selbst einen Reorganisationsplan aufstellte, um seine Attraktivität zu erhöhen; vorgesehen war die Besetzung einer Direktorenstelle durch eine international anerkannte Persönlichkeit, die Einrichtung besonderer Abteilungen für Erziehungs- und Wirtschaftsfragen und die Vergrößerung des Jahresbudgets auf über 100000 Franken. Der Plan scheiterte daran, daß die notwendigen Geldmittel nicht aufgebracht werden konnten. Aufschlußreich ist jedoch, daß die deutsche Reichsregierung einen Zuschuß von 15000 RM zugesagt hatte;[15] sie wollte offensichtlich die gemäßigte Richtung innerhalb der Friedensbewegung unterstützen.

Auf die internationale Friedensbewegung selbst wirkten sich die einseitigen, mit Profilierungsabsichten verbundenen Koordinationsbestrebungen nachteilig aus. Die antimilitaristische Gruppierung reagierte im Jahre 1928 mit der Gründung eines »Joint Peace Council«, dem sich die Internationale der Kriegsdienstgegner, die Internationale Frauenliga für Frieden und Freiheit, der Internationale Versöhnungsbund, das Internationale Antimilitaristische Büro, die Internationale Union antimilitaristischer Pfarrer und einige weitere Organisationen anschlossen.[16] Der Joint Peace Council arbeitete vor allem für die Abschaffung der Wehrpflicht und der militaristischen Jugendausbildung und unternahm gemeinsame Hilfsaktionen, z. B. für verfolgte Dienstverweigerer.[17] In der Gründung des Joint Peace Council als Gegeneinrichtung zum Internationalen Friedensbüro wird auch auf internationaler Ebene deutlich, daß es nicht möglich war, die unterschiedlichen Positionen der völkerrechtlich orientierten Richtung und der antimilitaristischen Richtung innerhalb der Friedensbewegung zusammenzuführen.

In der deutschen Friedensbewegung der Zwischenkriegszeit wurden die Gegensätze zwischen völkerrechtlich orientiertem Pazifismus und antimilitaristischem Pazifismus mit einer Schärfe ausgetragen, die nicht allein aus einer angeblichen oder tatsächlichen Unvereinbarkeit zwischen beiden pazifistischen Richtungen abgeleitet werden kann. Die strukturellen Belastungsfaktoren, denen die Weimarer Republik ausgesetzt war,[18] wirkten sich auch auf die Friedensbewegung nachteilig aus und trugen in hohem Maß zu ihrem Scheitern bei. Allerdings haben die erbitterten Richtungskämpfe innerhalb der Friedensbewegung, die auch vor persönlichen Verunglimpfungen und Beschimpfungen nicht zurückschreckten, einen gewichtigen Anteil daran, daß die Friedensbewegung nicht nur an Gewicht, sondern auch an Ansehen verlor.

1. Die organisatorische Entwicklung

Die ersten Kongresse der Friedensbewegung nach Kriegsende waren von leidenschaftlichen Debatten über die Kriegsschuldfrage bestimmt, die auch die öffentliche Diskussion beherrschte. Dabei scheint die allgemein verbreitete Auffassung, die Bevölkerung habe die deutsche Schuld am Weltkrieg abgelehnt, zumindest für die ersten Nachkriegsjahre einer Überprüfung zu bedürfen. Im Auswärtigen Amt wurde kurz nach dem Friedensschluß im Sommer 1919 ein eigenes Kriegsschuldreferat eingerichtet, um die Vorstellung von einer ausschließlich deutschen Kriegsschuld zu bekämpfen; nur dann – so stellte der Leiter des Kriegsschuldreferates fest – sei eine Voraussetzung für die Revision des Versailler Vertrages gegeben. Die Revisionspropaganda sei schon deshalb vordringlich, weil selbst im Inland breite Bevölkerungsschichten »weit über das Maß des historisch Wahren hinaus« von der Schuld Deutschlands am Krieg überzeugt seien.[1] Jene Pazifisten, die wie F. W. Foerster oder G. Nicolai von der deutschen Schuld am Krieg überzeugt waren, befanden sich mithin keineswegs in einer isolierten Stellung, wie man nachträglich anzunehmen bereit ist.

Die polarisierende Wirkung der Kriegsschulddiskussion zeigte sich erstmals auf der Generalversammlung der Friedensgesellschaft und der Zentralstelle Völkerrecht am 13.–15. Juni 1919 in Berlin, in deren Verlauf die Zentralstelle sich auflöste. Die Auseinandersetzung fand ihren Höhepunkt in den Beiträgen L. Quiddes, der bereits in seiner Rede vor der Nationalversammlung am 12. Mai 1919 die Unterzeichnung des Versailler Vertrages abgelehnt hatte und nun in Berlin vor einem »Schuldbekenntnis-Eifer« warnte, und G. Nicolais, der im Kaiserreich verfolgt worden war und auch in der Nachkriegszeit unter heftigen Anfeindungen zu leiden hatte. Die gegensätzlichen Standpunkte gehen aus den Anträgen beider Opponenten deutlich hervor. Der Antrag G. Nicolais lautete kurz und prägnant: »Die Versammlung erkennt prinzipiell die Schuld Deutschlands am Weltkrieg an.« Zurückhaltend und ausweichend formulierte L. Quidde seinen Antrag: »Der 8. deutsche Pazifistenkongreß erkennt an, daß die gestürzte kaiserlich deutsche Regierung durch die bedingungslose Unterstützung der österreichisch-ungarischen Prestige-Politik gegen Serbien schwere Schuld auf sich geladen hat. Sie ist dadurch für den Ausbruch des Krieges unmittelbar mit verantwortlich geworden. Der Kongreß weist aber zugleich ... auf die durch die imperialistische Politik aller Regierungen geschaffene Atmosphäre internationalen Mißtrauens hin, die mittelbar den Ausbruch des Krieges verschuldet und die Kraft des Widerstandes gegen die Kriegshetze gelähmt hat.«[2] Die Gegensätze konnten nicht überbrückt werden, und die Meinungsverhältnisse waren nicht eindeutig, wenn auch ein leichtes Übergewicht der »radikalen« Richtung zu erkennen war. Der innere Bruch in der Friedensgesellschaft konnte durch einen organisatorischen Kunstgriff überdeckt werden: Statt einen Vorsitzenden wählte die Versammlung drei gleichberechtigte Vorsitzende (L. Quidde, H. von Gerlach und H. Stöcker; mit L. Quidde als Geschäftsführer), um den unterschiedlichen Standpunkten Rechnung zu tragen.[3]

Die Auseinandersetzung um die Kriegsschuld setzte sich auf der außerordentlichen Hauptversammlung der Friedensgesellschaft in Kassel (Oktober 1919) fort. Sie wurde dadurch verschärft, daß G. Nicolai heftige Angriffe gegen L. Quidde richtete, in denen er ihm und W. Schücking vorwarf, den pazifistischen Standpunkt während des Krieges nicht konsequent vertreten zu haben; diesen Vorwürfen widersprach L. Quidde. Die Resolution der Hauptversammlung zur Kriegsschuldfrage konnte lediglich festhalten, daß »in der Beurteilung des Schuldmaßes, das die Machthaber des alten imperialistischen Deutschland an der Entstehung des Krieges trifft, die Ansichten des deutschen wie des internationalen Pazifismus auseinandergehen, daß aber volle Einmütigkeit besteht in der Forderung, die Schuldfrage rücksichtslos zu klären und die Wahrheit unumwunden zu bekennen.« Dieses Eingeständnis der Uneinigkeit ließ aber immerhin zu, in vorsichtigen Worten auf die Revisionsbedürftigkeit des Versailler Vertrages hinzuweisen: »Die Deutsche Friedensgesellschaft weiß sich in der Verurteilung wesentlicher Bestandteile der Friedensschlüsse von 1919 eins mit den Pazifisten aller Länder. Eine Revision scheint ihr nicht mit leeren Protesten zu erreichen zu sein, sondern nur im Rahmen des Völkerbundes und in engster Zusammenarbeit mit den ausländischen Gesinnungsgenossen.«[4] Offensichtlich maß auch das Auswärtige Amt der Diskussion um Kriegsschuld, Versailler Vertrag und Revision des Vertrages in der Friedensgesellschaft – und damit der Friedensgesellschaft selbst – eine gewisse Bedeutung bei. Am Braunschweiger Pazifistenkongreß im Jahre 1920 nahm als Vertreter des Auswärtigen Amtes Legationsrat von Prittwitz teil,[5] der nach der sog. Machtergreifung als überzeugter Republikaner sein Amt als Botschafter in den USA aufgab.[6] Wenn auch bis zur Entdeckung der »Kriegsschuldlüge« durch den neuen

Nationalismus in den späten zwanziger Jahren die Kriegsschulddiskussion nicht mehr die große Bedeutung wie in der unmittelbaren Nachkriegszeit hatte, so scheint das Kriegsschuldreferat doch an beständigen Kontakten zu den pazifistischen Kritikern der Kriegsschuldpropaganda interessiert gewesen zu sein. Mit H. Wehberg stand es in »dauerndem Gedankenaustausch«. Am 23. Februar 1931 führten die entschiedenen Pazifisten und Gegner der »Kriegsschuldlüge« S. Kawerau und O. Lehmann-Rußbüldt ein Gespräch mit Legationsrat K. Schwendemann. Dabei versicherte der Vertreter des Auswärtigen Amtes mit deutlicher Spitze gegen die politische Rechte, daß die Kriegsschuldfrage für das Auswärtige Amt nur außenpolitische Bedeutung besitze und die einschlägige Propaganda keine »indirekten reaktionären Ziele« verfolge; man verurteile die parteipolitische Ausnutzung dieses Themas, das eine Schicksalsfrage für das deutsche Volk darstelle und deshalb eine »innenpolitische Einheitsfront gegenüber dem Ausland« dringend erforderlich mache.[7]

Der Braunschweiger Pazifistenkongreß vom Jahre 1920 spiegelt die organisatorische Entwicklung der Friedensbewegung nach Kriegsende wider. Der Kongreß wurde zwar wie bisher alle Friedenskongresse von der Friedensgesellschaft vorbereitet; er war aber nicht mehr eine Veranstaltung der Friedensgesellschaft allein, sondern ein öffentliches Forum für die zahlreichen neuen Friedensorganisationen, die wie der Bund Neues Vaterland – der sich später in Deutsche Liga für Menschenrechte umbenannte – oder die Frauenliga für Frieden und Freiheit im Kriege entstanden waren oder die kurz nach dem Krieg gegründet wurden, darunter die Deutsche Liga für Völkerbund (1918), der Bund für radikale Ethik (1918), die Weltjugendliga: Verband Deutschland (1919), der Friedensbund der Kriegsteilnehmer (1919), der Bund der Kriegsdienstgegner (1919), der Friedensbund Deutscher Katholiken (1918), der Bund religiöser Sozialisten (1919) oder der Deutsche Pazifistische Studentenbund (1920). Insgesamt nahmen zwölf pazifistische Verbände an dem Braunschweiger Pazifistenkongreß teil. Die Deutsche Friedensgesellschaft war zwar die weitaus größte Organisation; sie war aber nicht mehr die einzige Repräsentantin der deutschen Friedensbewegung wie vor dem Weltkrieg. Die Teilnahme von zwölf pazifistischen Organisationen erzeugte unter den Teilnehmern des Kongresses eine Aufbruchstimmung, die sich in der Erwartung äußerte, die Friedensbewegung könne sich zu einer »großen deutschen Friedenspartei«, zu einem »Gegenstück des seligen Flottenvereins und des Wehrvereins« entwickeln. A. H. Fried zeigte sich von der Lebendigkeit des Kongresses sehr beeindruckt: »Das sah doch anders aus als zur Zeit, da die Deutsche Friedensgesellschaft noch allein den deutschen Pazifismus vertrat und ihre Generalversammlungen mit ungefähr einem Dutzend Männlein (oder auch Weiblein) abhielt ... Das waren auch noch glatte Verhandlungen ... Gegensätze gab es nicht, auch keinerlei Opposition. Was der Vorstand vorschlug oder auch nur die führende Person im Vorstand, wurde gutgeheißen. Die meisten Delegierten standen zur Idee in keinem Verhältnis, sie spielten Verein. Heute ... herrscht nicht mehr passive Gleichgültigkeit. Es macht sich eher ein Überwiegen nach der radikalen, jedem Kompromiß abholden Seite geltend. Wie folgerichtig und wie erfreulich ist das!« Gleichzeitig warnte A. H. Fried davor, den Radikalismus der Gesinnung zu beeinträchtigen durch eine »immer abstoßend wirkende Radikalisierung des Tons ... Zur Durchsetzung einer Idee genügt die Wucht des Gedankens. Es erübrigt sich der Knall der Wörter.«[8] Diese Warnung erwies sich schon deshalb als berechtigt, weil auf dem Braunschweiger Kongreß der Gegensatz zwischen gemäßigtem, völkerrechtlich orientiertem Pazifismus und radikalem antimilitaristischem Pazifismus offen ausbrach, der die innerpazifistische Diskussion bis zum Ende der Friedensbewegung bestimmen sollte. Die antimilitaristische Richtung leitete aus dem Grundsatz der Unantastbarkeit des menschlichen Lebens zwei Konsequenzen ab: die Ablehnung eines jeden zwischenstaatlichen Krieges, auch des Verteidigungskrieges und des Exekutionskrieges des Völkerbundes, und die Propagierung der Kriegsdienstverweigerung bzw. des Generalstreiks. Die gemäßigte, völkerrechtlich orientierte Richtung hielt an der Auffassung fest, daß »Friede durch Recht« nur dann erreichbar sei, wenn dem Recht notfalls auch mit militärischer Gewalt Geltung verschafft werden könne. Damit wurde im Prinzip der Verteidigungskrieg, zumal in Form eines Exekutionskrieges durch den Völkerbund, anerkannt und die Verweigerung des Kriegsdienstes im Verteidigungsfall abgelehnt. Innerhalb beider Richtungen gab es wiederum unterschiedliche Auffassungen in Einzelfragen, die zu weiteren organisatorischen Aufspaltungen führten.[9]

Die organisatorische Zersplitterung der Friedensbewegung in etwa dreißig pazifistische Verbände mit meistens sehr geringen Mitgliederzahlen machte es praktisch unmöglich, gemeinsam zu agieren. Der Dachorganisation pazifistischer Organisationen, dem Deutschen Friedenskartell, gehörten folgende Verbände an:[10]

1. Rechte Fraktion: Deutsche Liga für Völkerbund; Verband für internationale Verständigung;

2. Antimilitaristische Fraktion: Bund der Kriegsdienstgegner; Friedensbund der Kriegsteilnehmer; Verband der Kriegsgegner von Rheinland-Westfalen; Gruppe Revolutionärer Pazifisten; Liga gegen koloniale Unterdrückung/Liga gegen Imperialismus; Internationale Frauenliga, deutscher Zweig; Liga für Menschenrechte;
3. Religiös orientierte Organisationen: Friedensbund Deutscher Katholiken; Großdeutsche Volksgemeinschaft; Katholische Weltjugendliga; Bund religiöser Pazifisten; Vereinigung der Freunde von Religion und Völkerfriede; Deutscher Versöhnungsbund; Religiöse Gesellschaft der Freunde (Quäker);
4. Jugendorganisationen: Weltjugendliga; Deutscher Pazifistischer Studentenbund; Freie Aktivistische Jugend Deutschlands; Bund freier sozialistischer Jugend;
5. Kulturpolitische Organisationen: Bund entschiedener Schulreformer; Bund für Mutterschutz; Deutscher Monistenbund; Volksbund für Geistesfreiheit; Freideutscher Bund; Bund für radikale Ethik.

Diese Zusammenstellung kann nicht deutlich machen, daß bei zahlreichen Pazifisten Doppel-, Dreifach-, selbst Vierfachmitgliedschaften üblich waren. Der katholische Theologieprofessor F. Keller (Freiburg) gehörte der Friedensgesellschaft, dem Friedensbund Deutscher Katholiken und dem Bund der Kriegsdienstgegner an. Die Pazifistin H. Stöcker, führendes Mitglied der Friedensgesellschaft, war gleichzeitig Mitglied des Bundes der Kriegsdienstgegner, der Gruppe Revolutionärer Pazifisten und der Liga gegen koloniale Unterdrückung. Es war wohl die Regel, daß die wichtigeren Mitglieder kleiner pazifistischer Organisationen mit einer spezifischen Zielsetzung auch Mitglieder der beiden großen pazifistischen Verbände, der Deutschen Friedensgesellschaft und/oder des Friedensbundes Deutscher Katholiken, waren; umgekehrt betätigten sich sehr viele prominente Mitglieder und Führungskräfte der Friedensgesellschaft oder des Friedensbundes Deutscher Katholiken als Gründer oder Vorsitzende der kleineren pazifistischen Vereinigungen. Diese personellen Querverbindungen waren möglich, weil die beiden großen Friedensorganisationen grundsätzlich allen pazifistischen Richtungen offenstanden. Erklärt sich die organisatorische Zersplitterung der Friedensbewegung aus dem Gegensatz zwischen völkerrechtlich orientiertem und antimilitaristischem Pazifismus bei gleichzeitiger Verabsolutierung pazifistischer Teilziele, so erklären sich die zahlreichen Mehrfachmitgliedschaften aus der Absicht, diesen Teilzielen auch innerhalb der großen pazifistischen Organisationen Geltung zu verschaffen. Dabei spielte sicherlich auch persönliches Profilierungs- und Geltungsbedürfnis eine gewisse Rolle. Dadurch aber, daß führende Persönlichkeiten der Deutschen Friedensgesellschaft und des Friedensbundes Deutscher Katholiken gleichzeitig wichtige Positionen bei den kleineren Organisationen besetzten, verschärften sich die Richtungs- und Flügelkämpfe innerhalb der beiden großen Verbände. Davon war vor allem die Friedensgesellschaft betroffen, während sich die Austragung gegensätzlicher Positionen im Friedensbund Deutscher Katholiken ohne spektakuläre Auftritte und ehrenrührige Vorwürfe vollzog. Die zahlreichen Auseinandersetzungen, Streitereien und Zwistigkeiten unter den führenden Pazifisten veranlaßten C. von Ossietzky zu einer scharfen Polemik: »Alljährlich im Herbst findet ein deutscher Pazifistenkongreß statt. Diese Veranstaltung dient vornehmlich der körperlichen Ertüchtigung der Teilnehmer... Einmal im Jahr muß auch der prinzipienfesteste Antimilitarist die leider Gottes immer fortwuchernde militaristische Darmfauna fortspülen. So kommt es, daß diese Kongresse ausgeprägt den turbulierenden Instinkten dienen. Sie sind ein ungeheures Blutbad, eine massenweise Absäbelung von Führungsköpfen. Ein Sperrfeuer von Anklagen, Bezichtigungen, Mißtrauensvoten... Die Politiker sind zwischen Querulanten und wunderlichen Heiligen in der Minderzahl.«[11]

Die organisatorische Zersplitterung, die heftigen Richtungskämpfe und die oft persönlich gefärbten Kontroversen standen in keinem Verhältnis zur geringen Mitgliederzahl der meisten Verbände, von denen nur wenige mehr als tausend Anhänger gewinnen konnten. Vor allem für die antimilitaristische Richtung und ihre Organisationen war eine große »Diskrepanz zwischen aktivistischem Anspruch und politischer Wirksamkeit«[12] charakteristisch. Die innerpazifistischen Auseinandersetzungen wirkten sich auf das Ansehen der Friedensbewegung nachteilig aus; dazu trug nicht nur die nationalistische Presse bei, die mit Schadenfreude darüber berichtete, sondern auch das Verhalten einiger Pazifisten, die sich nicht scheuten, solche Auseinandersetzungen bewußt in die Öffentlichkeit zu tragen.

Von Anfang an gab es Bemühungen, die Zersplitterung der Friedensbewegung durch eine Zusammenfassung der zahlreichen Organisationen aufzufangen. Im Anschluß an den Braunschweiger Pazifistenkongreß im Jahre 1920, an dem bereits zwölf Organisationen teilnahmen, wurde ein Ausschuß eingesetzt, der kurz darauf unter der Bezeichnung »Deutsches Friedenskartell« bis zu dessen Auseinanderbrechen im Jahre 1929 die immer mühsamere Arbeit eines

Koordinationsorgans ausübte.[13] Den Vorsitz übernahm L. Quidde, der zugleich geschäftsführender Vorsitzender der Friedensgesellschaft war. Diese Stellung fiel L. Quidde und der Friedensgesellschaft nicht nur deshalb zu, weil die Friedensgesellschaft die angesehenste und größte pazifistische Organisation war, sondern weil der Friedensgesellschaft, die allen pazifistischen Varianten ein Betätigungsfeld bot, eine »personelle und ideologische Integrationsfunktion« zukam.[14] Die Mitgliedschaft im Kartell war an drei Voraussetzungen gebunden: 1. Alle Kartellorganisationen mußten dem Antrag auf Mitgliedschaft zustimmen; 2. die antragstellende Organisation mußte sich zur Völkerversöhnung bekennen; 3. sie mußte ihre Existenzfähigkeit nachweisen. Es ist zwar verständlich, daß das Friedenskartell bei der allgemeinen Organisationsschwäche der meisten pazifistischen Vereinigungen in der Beurteilung der Existenzfähigkeit sehr großzügig war;[15] andererseits trug gerade diese Großzügigkeit dazu bei, die Gründung immer neuer Organisationen zu begünstigen. Neben der Friedensgesellschaft, der Deutschen Liga für Menschenrechte (bis 1923 tätig unter dem Namen: Bund Neues Vaterland) und der Deutschen Liga für Völkerbund kamen nur jenen Organisationen zwei Stimmen im Kartellausschuß zu, die mehr als eintausend Mitglieder nachweisen konnten. Es ist bezeichnend für die organisatorische Schwäche pazifistischer Verbände, daß lediglich fünf der über dreißig Vereinigungen diesen Nachweis erbringen konnten: der Bund für Mutterschutz, der Bund entschiedener Schulreformer, der Deutsche Monistenbund, der Bund der Kriegsdienstgegner und die Internationale Frauenliga für Frieden und Freiheit (damit also drei kulturpolitische Organisationen, die zwar pazifistisch ausgerichtet waren, die sich aber nicht in erster Linie als pazifistische Vereinigungen verstanden). Durch bestimmte Abstimmungsregelungen gelang es der völkerrechtlich orientierten Richtung unter L. Quidde bis etwa 1928, die wachsende Radikalisierung innerhalb der Friedensbewegung abzublocken. Erst nachdem sich im Jahre 1926 die antimilitaristischen Organisationen zu einem »Verband radikalpazifistischer Gruppen Deutschlands« zusammengeschlossen hatten und in der Friedensgesellschaft der radikalpazifistische Westdeutsche Landesverband unter F. Küster und P. von Schoenaich sich durchgesetzt hatte, kam es zum Zusammenbruch des Friedenskartells, als im April 1929 die Friedensgesellschaft und die Liga für Menschenrechte austraten. Trotz aller Bemühungen konnte die zerbrochene Einheit der organisierten Friedensbewegung nicht wiederhergestellt werden. Angesichts der bevorstehenden Abrüstungskonferenz im Rahmen des

Völkerbundes gelang es lediglich, einen »Deutschen Ausschuß für Abrüstungspropaganda« einzusetzen, dem sich sechzehn Organisationen anschlossen. Die Aktivitäten dieses Ausschusses stießen weder auf Interesse bei der Regierung noch auf Resonanz in der Öffentlichkeit.

Schon auf dem Braunschweiger Pazifistenkongreß vom Jahre 1920 hatte A. H. Fried ein Übergewicht des radikalen Pazifismus festgestellt. Während die gemäßigten, völkerrechtlich orientierten Pazifisten sich vor allem für den Ausbau des Völkerbundes, für die Lösung des Sicherheitsproblems und für die Regelung der Abrüstungsproblematik einsetzten, kämpfte die radikal-antimilitaristische Richtung »zunehmend mit einer nach innen, gegen den deutschen Militarismus und die bestehenden sozialökonomischen Machtstrukturen gerichteten Front«.[16] Die Hinwendung zur Innenpolitik ergab sich aus der Überzeugung von der Schuld Deutschlands am Ersten Weltkrieg und aus der Auffassung, daß nur die Einsicht in diese Schuld eine Wiederkehr der deutschen Macht- und Gewaltpolitik verhindern könne. Vor diesem Hintergrund müssen die radikal-antimilitaristischen Forderungen und Aktionen, wie die Propagierung der Kriegsdienstverweigerung, die Forderung nach Veränderung der sozialen und ökonomischen Verhältnisse oder die Forderung nach Abschaffung der Reichswehr, bewertet werden. Der radikal-antimilitaristischen Richtung in Deutschland ging es nicht nur um die Abschaffung des Krieges schlechthin, sondern vor allem darum, daß nicht wiederum von Deutschland ein künftiger Krieg ausginge. Die patriotische Grundhaltung des antimilitaristischen Pazifismus ist unbezweifelbar.

Innerhalb der organisierten Friedensbewegung gewann der antimilitaristische Pazifismus seit 1920 immer mehr Zustimmung, bis er sich schließlich auf dem Heidelberger Pazifistenkongreß im Jahre 1926 durchsetzen konnte. Der Kongreß stimmte der antimilitaristischen Forderung zu, die Förderung der Kriegsdienstverweigerung als zentrale Aufgabe der Friedensbewegung anzuerkennen: »Es ist notwendig, alle Völker zur wahren Völkerbundgesinnung zu erziehen. Diese Erziehungsarbeit muß gipfeln in der Entschlossenheit der Massen, im Falle eines Aufrufs zum Krieg die Gefolgschaft zu verweigern. Wirksam kann diese Kriegsdienstverweigerung nur dann sein, wenn die Massen der einzelnen Kriegsdienstgegner sich auch in Deutschland zur Kriegsdienstverweigerung verpflichten und zusammenschließen.«[17] Der Kongreß beauftragte das Friedenskartell, in Anlehnung an die Ponsonby-Aktion in England auch im Deutschen Reich eine Unterschriftenaktion für Kriegsdienstverweigerung durchzuführen. Eine solche Aktion wurde in den Monaten Mai bis Juni in der Kreishauptmannschaft Zwickau durchgeführt. Vordergründig betrachtet, konnte die Aktion als großer Erfolg gelten. Von den 524000 Einwohnern des Kreises Zwickau bekundeten über 86000 Menschen (= 16,6%), davon über die Hälfte Frauen, mit ihrer Unterschrift, im Kriegsfall ihre Dienstpflicht zu verweigern.[18] Erfolgreich verlief auch eine vom Westdeutschen Landesverband organisierte Unterschriftenaktion, die Ende 1927 etwa 137000 Kriegsdienstverweigerer registrieren konnte. Diese Erfolge zeigen immerhin, daß ein weitaus größerer Teil der Bevölkerung, als er in der Friedensbewegung organisiert war, bei unmittelbarer Ansprache für konkrete pazifistische Forderungen zu gewinnen war. Die Tatsache jedoch, daß die von A. Ponsonby angeregten Unterschriftenaktionen nur in solchen Ländern mit Erfolg durchgeführt wurden, die wie England oder Deutschland keine allgemeine Wehrpflicht kannten, scheint jenen recht zu geben, die diesen Aktionen skeptisch gegenüberstanden. Die hochgespannte Erwartung, die Aktion auf das ganze Reich ausbreiten zu können »mit der politischen Wirkung, daß eine große politische Einheitsfront derer geschaffen wird, die nicht nur den platonischen Wunsch haben, daß es nie wieder Krieg geben möge, sondern die aktiv jede neue Kriegsgefahr bekämpfen werden«[19] – diese Erwartung erfüllte sich nicht. Die organisatorischen Voraussetzungen für eine intensive Kampagne im ganzen Reich waren nicht vorhanden, die notwendigen Geldmittel fehlten. Politische Wirkung ging von den durchgeführten Aktionen schon deshalb nicht aus, weil sie einmalige Kampagnen blieben, vor allem aber auch deshalb, weil die Initiatoren offensichtlich nicht wußten, wie sie den erreichten Erfolg nutzen sollten. Die aufwendigen Unterschriftenaktionen liefen nicht nur ins Leere, sie verschärften auch die Gegensätze innerhalb der organisierten Friedensbewegung. Aus Protest gegen die Unterschriftensammlungen verließ die Deutsche Liga für Völkerbund die Dachorganisation des deutschen Pazifismus, das Deutsche Friedenskartell. Innerhalb der Friedensgesellschaft, der größten und ältesten pazifistischen Organisation, gewann die radikal-antimilitaristische Richtung immer mehr Anhänger.

Die Deutsche Friedensgesellschaft erreichte bereits im Jahre 1920 ihre Vorkriegsstärke. Die Sympathiewelle, von der sich die Friedensbewegung unmittelbar nach Kriegsende getragen fühlte, legte Überlegungen nahe, ob die Friedensbewegung nicht den Versuch machen solle, die Massen organisatorisch zu erfassen. Der Bund Neues Vaterland, während des Weltkrieges als elitäre Arbeitsgemeinschaft gegründet, beschloß auf seiner Bundesversammlung im Dezember 1919, durch Gründung von Ortsgruppen die Voraussetzungen für eine Massenorganisation zu schaffen, nahm aber aus Rücksicht auf die Friedensgesellschaft diesen Beschluß bald wieder zurück.[20] Die Friedensgesellschaft selbst diskutierte auf ihrer Generalversammlung im Juni 1919 ebenfalls dieses Problem, zumal bereits in Stuttgart eine »Deutsche Friedenspartei« existierte.[21] H. von Gerlach widersetzte sich jedoch der Forderung, der Pazifismus müsse sich als Partei mit einem innenpolitischen Programm darstellen: »Eine Friedenspartei braucht ein Programm, das sich auf alle Fragen der inneren Politik erstreckt. Ein solches Programm müßte unsere aus den verschiedensten politischen Elementen sich zusammensetzende Gemeinschaft sprengen. Wir dürfen nur soweit uns mit innerer Politik beschäftigen, als der Zusammenhang mit der äußeren Politik untrennbar ist (Erziehung, Wehrfragen, Freihandel, Presse usw.). Wir müssen hierfür innenpolitische Richtlinien haben, sollten aber auf ein innerpolitisches Programm verzichten.«[22] Die traditionelle Konzeption der bürgerlichen Friedensbewegung, über Öffentlichkeitsarbeit und durch rationale Argumentation auf die Entscheidungsträger Einfluß auszuüben, setzte sich gegen die Anhänger der Massenstrategie durch. Die Friedensgesellschaft entschied sich dafür, innerhalb der politischen Parteien für ihre Forderungen zu werben und auf die Gründung einer pazifistischen Partei zu verzichten. Darin stimmte sie mit dem Selbstverständnis des Friedensbundes Deutscher Katholiken, der zweitgrößten pazifistischen Organisation, überein, der als »Sauerteig« innerhalb des Zentrums wirken und pazifistische Vorstellungen auf diesem Weg der indirekten Beeinflussung durchsetzen wollte. Der Versuch, mit Hilfe einer »Republikanischen Partei« die Erfolge der »Nie-Wieder-Krieg-Bewegung« in eine pazifistische Partei einzubringen und dadurch »pazifistischen und republikanischen Geist in die Massen zu tragen«,[23] erfuhr bei den Reichstagswahlen im Jahre 1924 ein eindeutiges Fiasko. Das Scheitern dieser Parteigründung, an der K. Vetter und C. von Ossietzky, F. C. Endres und F. von Unruh maßgeblich beteiligt waren, mag von weiteren Parteigründungen abgeschreckt haben. Erst als in den späten zwanziger Jahren offenkundig wurde, daß die Strategie der indirekten Einflußnahme über die Parteien ohne Erfolg blieb, gab es wieder Versuche, die Friedensbewegung durch Parteigründung oder Aufbau einer Massenorganisation zu einer eigenständigen Kraft zu entwickeln. Das lediglich von Taktik bestimmte Verhalten der republikanischen Parteien SPD, Zentrum und DDP in den Auseinandersetzungen um den Bau des Panzerkreuzers A vom Jahre 1928 erschütterte das Vertrauen der Friedensbewegung in die Parteien nachhaltig. O. Lehmann-Rußbüldt, Vorsitzender der Deutschen Liga für Menschenrechte und einer der tatkräftigsten Pazifisten, rief zur Bildung einer pazifistischen Massenorganisation auf. Auf der Grundlage einer politischen Plattform, organisiert nach dem Prinzip der Gruppenbildung, sollte die Friedensbewegung in eine mobile und aktive »Kampforganisation« umgeformt werden und auch über ein »Symbol oder eine Grußform« verfügen.[24] In diesem Vorschlag sind Annäherungen an Organisationsform und Erscheinungsbild der nationalistischen Wehrverbände nicht zu übersehen, wenn auch wichtige Charakteristika wie zentralistischer Aufbau und Führergedanke nicht übernommen wurden. Zu konkreten Folgen führte dieser Vorschlag jedoch nicht. Dagegen versuchte bei den Reichstagswahlen 1928 die Christlich-Soziale Reichspartei (CSRP) unter V. Heller, die ihre Wurzeln in der christlichen Arbeiterbewegung hatte, als Partei mit einem pazifistischen Programm Wähler zu gewinnen. Mit 110000 Stimmen erzielte sie zwar einen Achtungserfolg; ein Mandat im Reichstag verhinderten aber die Wahlrechtsvorschriften.[25] Während die CSRP in erster Linie auf Protestwähler hoffte, die bisher für die Zentrumspartei gestimmt hatten, rechnete die von F. Küster, dem Vorsitzenden der Friedensgesellschaft, 1931 gegründete »Sozialistische Arbeiterpartei Deutschlands« mit sozialistischen Protestwählern. Der Parteigründung ging die Bildung einer »Arbeitsgemeinschaft für linkssozialistische Politik« voraus, die sich am 26. Juli 1931 bei einer Zusammenkunft sozialistischer Politiker in Hagen konstituierte. Auf dieser Tagung wurden sowohl die »nationalistisch-militärfromme Tolerierungspolitik« der SPD als auch die »pseudorevolutionäre Katastrophenpolitik« der KPD heftig angegriffen und wurde eine »parteipolitische Neugruppierung« angekündigt.[26] Die Gründung der Arbeitsgemeinschaft für linkssozialistische Politik durch F. Küster war eine Reaktion auf den Parteitag der SPD vom 31. Mai bis 5. Juni 1931, auf dem sich die Verteidiger des Tolerierungskurses der SPD »nur mit Mühe« gegen die Opposition durchsetzen konnten.[27] Auch stand F. Küster mit seiner Neugründung aus Widerspruch gegen die Tolerierungspolitik der SPD nicht allein, wie die Gründung der »Sozialistischen Arbeiterpartei« (SAP) am 2. Oktober 1931 beweist. Ähnlich wie die CSRP, die sich 1931 in »Arbeiter- und Bauernpartei« umbenannte, glaubte auch die »Sozialistische Arbeiterpartei Deutschlands«, aus der innerparteilichen Opposition eine sozialistische Gemeinschaftsfront bilden zu können, um mit einer solchen Gemeinschaftsfront der nationalsozialistischen Gefahr begegnen zu können. Bei dieser Zielsetzung überschätzte man zweifellos die eigenen Möglichkeiten. Die verschiedenen Separationen machen aber doch deutlich, daß sich die großen Parteien zu Beginn der dreißiger Jahre in einer krisenhaften Situation befanden.

Für die Friedensgesellschaft hatte die Gründung der »Sozialistischen Arbeiterpartei Deutschlands« durch F. Küster schwerwiegende Folgen. Am 4. Oktober 1931 erklärte die SPD die Mitgliedschaft in der Friedensgesellschaft für unvereinbar mit der Zugehörigkeit zur Partei; die Deutsche Staatspartei (früher DDP) faßte kurz darauf einen entsprechenden Beschluß. Damit geriet die Friedensgesellschaft in die Gefahr, viele Mitglieder zu verlieren. Die Versuche Ende der zwanziger und zu Beginn der dreißiger Jahre, der Friedensbewegung durch Gründung einer pazifistisch-antimilitaristischen Partei oder durch den Aufbau einer Massenorganisation zu neuer Stoßkraft zu verhelfen, kamen nicht nur zu spät; sie erfolgten auch zu einem denkbar ungünstigen Zeitpunkt und führten die Friedensgesellschaft in die Isolation. Im Jahre 1932 hatte dann die Friedensgesellschaft nur noch 5000 Mitglieder.

Den höchsten Mitgliederstand erreichte die Friedensgesellschaft im Jahre 1926 mit 30000 Mitgliedern in 300 Ortsgruppen.[28] Eine Aufstellung aus dem Jahre 1925 zeigt, daß von den in diesem Jahr bestehenden über 200 Ortsgruppen etwa 80 Ortsgruppen in Westfalen/Lippe und in der Rheinprovinz lagen; sie waren fast alle im Westdeutschen Landesverband unter der Führung F. Küsters zusammengeschlossen. Allein im engeren Ruhrgebiet lassen sich 22 Ortsgruppen lokalisieren.[29] Demgegenüber nehmen sich die wenigen Ortsgruppen in Württemberg, in der Vorkriegszeit das Zentrum der Friedensgesellschaft, sehr bescheiden aus. Die Verlagerung vom Südwesten des Reiches nach Westdeutschland ist die Folge einer Veränderung in der Mitgliederstruktur, die mit dem Ende des Krieges einsetzte. Die bereits vor dem Ersten Weltkrieg, verstärkt während des Weltkrieges erkennbare Annäherung zwischen Friedensgesellschaft und Sozialdemokratie und der bei beiden Parteien zu beobachtende Abbau von Vorurteilen erlaubten nach dem Weltkrieg den Brückenschlag infolge einer Veränderung innerhalb der beiden Parteien, wie er vor dem Weltkrieg noch nicht möglich war. Das Ergebnis dieser Entwicklung, die auch als Lernprozeß in beiden Parteien verstanden werden kann, war erstaunlich. Im Jahre 1927 gehörten 44% der Mitglieder der Friedensgesellschaft der SPD, 26% der Deutschen Demokratischen Partei an, und 25% waren parteipolitisch nicht gebunden. Das bedeutet jedoch nicht, daß die Arbeiterschaft die bestimmende Kraft der Friedensgesellschaft darstellte. Vorsichtige Schätzungen rechnen mit etwa einem Drittel Arbeitern, einem Drittel Angestellten und mittleren bzw. unteren Beamten sowie einem weiteren Drittel Geschäftsleuten, Selbständigen und Freiberuflichen.[30] Die recht enge Verbindung zwischen Friedensgesellschaft und SPD bewirkte jedoch wiederum neue Abhängigkeiten, die dann zum Konflikt führen mußten, wenn pazifizistische Vorstellungen mit sozialdemokratischen Positionen nicht mehr vereinbar erschienen. Charakteristisch ist im Vergleich zur Vorkriegszeit der Rückzug des Bürgertums aus der Friedensgesellschaft, für das sich die Friedensgesellschaft zu weit nach links orientiert hatte. Im Süden und in den deutschen Ostgebieten war die Friedensgesellschaft praktisch nicht präsent. Vor allem im ländlichen Raum, in dem »augenblicklich Stahlhelm, Jungdo, Werwolf und Kriegervereinswesen als selbstverständliche Erscheinungen gewissermaßen zum guten Ton der eingesessenen Bewohner gehören«, konnte die organisierte Friedensbewegung keine Erfolge aufweisen.[31] Offensichtlich mangelte es der Friedensgesellschaft auch an Energie und Entschlossenheit, sich im ländlichen Raum durchzusetzen; sie arbeitete »zu gern im Schatten mächtiger Organisationen«, sie war zu sehr »auf Großstadt eingestellt, auf Linksparteien, Reichsbanner, Gewerkschaften, Frauenbewegung«.[32] Diese Kritik eines Pazifisten aus dem Jahre 1927 verweist auf ein Grundmuster im Verhalten der bürgerlichen Friedensbewegung, das immer wieder beobachtet werden kann: Zunächst verbündete sich die Friedensbewegung mit der Antisklavereibewegung und mit der Freihandelsbewegung, im Kaiserreich mit emanzipatorischen Randgruppen, in der Weimarer Republik mit republikanischen Organisationen und Parteien. Dieses Grundmuster bestimmte auch die Strategie L. Quiddes, der es ablehnte, die Friedensgesellschaft als Massenbewegung oder als autonome Partei aufzubauen.

Die wachsende Zahl der Ortsgruppen drängte nach einer mittleren Instanz zwischen der Zentrale und den Ortsgruppen. Deshalb schlossen sich Ortsgruppen in Arbeitsgemeinschaften oder Landesverbänden zusammen. Im Jahre 1927 bestanden bereits vierzehn solcher Zwischenorganisationen, denen zunächst nur koordinierende Aufgaben zufielen. Unter ihnen ragten jedoch einige durch besondere Aktivitäten heraus. Der Württembergische Landesverband beispielsweise beteiligte sich an der Gründung von »Friede durch Recht«, einer Einrichtung, die pazifistische Literatur vertrieb.[33] Der Norddeutsche Landesverband gab seit 1924 eine eigene Zeitschrift heraus, die sich – zunächst unter dem Namen »Die Brücke«, dann unter dem Namen »Deutsche Zukunft«[34] – um die deutsch-dänische Verständigung bemühte. Seit 1921 erschien als Organ des Westdeutschen Landesverbandes, redigiert und verantwortet von F. Küster, die Zeitschrift »Der Pazifist«, die 1925 den programmatischen Namen »Das Andere Deutschland« annahm. Dagegen verfügte die Friedensgesellschaft über kein zentrales Organ, nachdem im Dezember 1919 der »Völker-Friede« sein Erscheinen aus wirtschaftlichen Gründen eingestellt hatte. Die Leitung der Friedensgesellschaft schickte ihren Mitgliedern die »Mitteilungen der Deutschen Friedensgesellschaft« (1920–1923) und die »Monatsberichte der Deutschen Friedensgesellschaft« (1925–1927) zu, die aber eine repräsentative Zeitschrift nicht ersetzen konnten. Die von H. Wehberg herausgegebene »Friedenswarte« verstand sich zu sehr als wissenschaftliches Fachorgan für Völkerrechtsfragen, als daß sie die Funktion eines propagandistischen Instruments hätte erfüllen können; die Zeitschrift »Die Menschheit« vertrat zu einseitig die umstrittenen Vorstellungen Fr. W. Foerster, so daß auch sie als offizielles Verbandsorgan nicht in Frage kam.

Die Bemühungen um Herausgabe einer neuen Verbandszeitschrift scheiterten nicht nur an den Gegensätzen innerhalb der Friedensgesellschaft, sondern auch an den unzureichenden finanziellen Mitteln. Der Kassenbericht für das Geschäftsjahr 1926/27 stellte fest, daß »die Gesamteinnahmen der Friedensgesellschaft ... insgesamt 35427,99 Mk. betrugen. Hiervon entfielen 13186,26 Mk. auf die Ortsgruppenbeiträge, 2444,15 Mk. auf Einzelmitgliederbeiträge, 6477,75 Mk. auf Sonderbeiträge und 3681 Mk. auf Spenden«.[35] Demnach hat etwa die Hälfte der Ortsgruppen ihren Pflichtbeitrag nicht an die Zentrale überwiesen. Schon dieser Hinweis auf die geringe Unterstützung der Zentrale durch die Ortsgruppen deckt eine strukturelle Schwäche der Friedensgesellschaft auf: die unzureichende Kompetenz der Zentrale einerseits und eine weitverbreitete Gleichgültigkeit in den Ortsgruppen andererseits. Bezeichnend dafür ist der durch eine Umfrage ermittelte Tatbestand, daß bei einer durchschnittlichen Größe der Ortsgruppen von 105 Mitgliedern die Ortsgruppenversammlungen von lediglich 17 Mitgliedern besucht wurden. Die Empfehlung der Zentrale an die Ortsgruppen, angesichts dieses Tatbestandes auf Mitgliederversammlungen mit Ausnahme der jährlichen Generalversammlung zu verzichten und sich auf öffentlichkeitswirksame Veranstaltungen mit Gästen zu konzentrieren,[36] zeigt einen bedenklichen Mangel an Kenntnis gruppendynamischer Prozesse. Dagegen rief der »Friedensbund Deutscher Katholiken« seine Ortsgruppen zu aktiver Arbeit auf und empfahl, monatlich Versammlungen abzuhalten und die »stärker interessierten Mitglieder zu öfteren Arbeits- und Schulungsabenden zusammenzurufen«.[37] Zwar mußten auch die Ortsgruppen des Friedensbundes immer wieder ermahnt werden, ihre Beiträge an die Zentrale zu entrichten. Insgesamt scheint aber die Zahlungsmoral bei den Ortsgruppen des Friedensbundes besser gewesen zu sein als bei den Ortsgruppen der Friedensgesellschaft. Eine entscheidende Schwäche in der Ortsgruppenarbeit beider pazifistischen Organisationen lag darin, daß zu wenig kompetente und fähige Leiter vorhanden waren. Andererseits läßt sich an konkreten Fällen nachweisen, daß die Arbeit von Ortsgruppen dann besonders erfolgreich war, wenn tatkräftige Obleute eigene Initiativen entwickelten.[38]

Der erfolgreichste Landesverband in der Friedensgesellschaft war der von F. Küster geleitete Westdeutsche Landesverband, dessen Organ »Das Andere Deutschland« die größte Auflage von allen pazifistischen Zeitschriften erzielte (1925: 10000; 1928: 40000; 1930: 30000; 1932:25000);[39] in ihr veröffentlichten hervorragende Pazifisten wie Fr. W. Foerster und K. Tucholsky. F. Küster und seine engsten Mitarbeiter H. Kraschutzki, H. Herbers, H. Frank und H. Vierbücher (ein Schwager E. Mühsams) gehörten zur »jungen« Generation von Pazifisten, die »durch das Kriegserlebnis geprägt war«. Ihr Wortführer, F. Küster, hatte zwar nicht am Kriege teilgenommen, doch vereinte gerade er »wesentliche Züge dieser Generation: Tatendrang, die Unbeugsamkeit des Willens, die Unnachgiebigkeit in der politischen Haltung, die Überzeugung von der Richtigkeit seines Handelns...«.[40] Diese Führungsgruppe arbeitete mit organisatorischem Geschick und großer Zielstrebigkeit darauf hin, die Friedensgesellschaft zu einer mitgliederstarken Organisation auszubauen, um die ihr nahestehenden Parteien zu klaren Entscheidungen drängen zu können; sie geriet jedoch in Konflikt mit dem individualistischen, ethisch fundierten Pazifismus L. Quiddes und dem völkerrechtlich orientierten Pazifismus H. Wehbergs und W. Schückings.[41] Überspitzt stellte sich dieser Konflikt so dar: »Professor Quidde: ein Intellektueller ist mir lieber als hundert Arbeiter. Der WLV (d.h. Westdeutscher Landesverband, d. V.) erstrebt dagegen eine Massenorganisation und stützt sich bewußt auf die werktätigen Schichten. Uns ist der Mann mit der schwieligen Faust und der praktische Propaganda leistende und gleichfalls seine Existenz riskierende

Funktionär genauso wertvoll wie der theoretische Gelehrte.«[42] Hinter der Auseinandersetzung »in der Methode des Kampfes für die gemeinsame Sache« (L. Quidde) verbarg sich der Gegensatz zwischen einem völkerrechtlich orientierten Pazifismus, der vor allem auf die friedensichernde Bedeutung internationaler Institutionen vertraute und ihren Ausbau anstrebte, und einem antimilitaristischen Pazifismus, der in der Bekämpfung und Überwindung nationalistisch-militaristischer Traditionen und Organisationen die Voraussetzung für eine dauerhafte Verständigung zwischen den Völkern erkannte. Diese Stoßrichtung, die eine kontinuierliche und gezielte Tätigkeit erforderte, machte auch eine straffe Organisation notwendig. F. Küster baute den Westdeutschen Landesverband zu einer zentralistisch geführten Kampforganisation aus; dabei legte er besonderen Wert auf eine größere Mobilisierung und Aktivierung der Ortsgruppen. An die Stelle der »harmlosen Friedenstauben« sollte eine »Schar grimmiger Wächter gegen jeden Hausfriedensbrecher« treten.[43] Die Mitglieder des Westdeutschen Landesverbandes erhielten einen Mitgliedsausweis und mußten das Verbandsorgan »Das Andere Deutschland« beziehen. Der Landesverband richtete ein eigenes Sekretariat mit hauptamtlichen Mitarbeitern ein, er organisierte sog. »Führerkurse« zur Ausbildung von Versammlungsrednern und führte Werbungs- und Agitationskampagnen in seinem Gebiet durch, das um 1925 aus der Rheinprovinz, Westfalen und Teilen Nordhessens bestand.[44] Dem westdeutschen Modell schlossen sich die Landesverbände Pommern, Württemberg, Baden und Sachsen an, so daß F. Küster schließlich im Jahre 1929 sein Ziel, die Führung in der Friedensgesellschaft, erreichte. Die Resonanz des Westdeutschen Landesverbandes hing auch damit zusammen, daß der völkerrechtlich orientierte Pazifismus nach dem Abschluß der Locarno-Verträge und nach dem Eintritt Deutschlands in den Völkerbund seine Aufgabe erfüllt zu haben schien. So wurde »mehrfach gegenüber der Geschäftsleitung der Deutschen Friedensgesellschaft die Auffassung vertreten ..., ihre Aufgabe sei im wesentlichen erfüllt ... Deshalb erübrige sich die Friedensgesellschaft; allenfalls hätten noch Vereinigungen für den Völkerbund Sinn«.[45] Die Friedensgesellschaft hat zweifellos aus der Außenpolitik G. Stresemanns, die sie auch propagandistisch unterstützte, Nutzen gezogen. Das Wachstum von 12000 Mitgliedern im Jahre 1924 auf 30000 Mitglieder im Jahre 1926 scheint für die Anziehungskraft des völkerrechtlich orientierten Pazifismus in diesem Zeitraum zu sprechen. Andererseits konnte gerade in dieser Zeitspanne der radikalere antimilitaristische Westdeutsche

Landesverband die Zahl der Mitglieder entscheidend steigern, so daß 1926/27 ein Drittel der Mitglieder und Ortsgruppen der Friedensgesellschaft im Westdeutschen Landesverband organisiert waren.[46] Es läßt sich kaum zuverlässig feststellen, auf welche Faktoren das Wachstum der Friedensgesellschaft bis zu seinem Höhepunkt 1926/27 zurückzuführen ist.

Auf dem Pazifistenkongreß in Erfurt (1927) errang der Westdeutsche Landesverband einen großen Erfolg bei dem Versuch, seine Linie innerhalb der Friedensgesellschaft durchzusetzen. Zusammen mit A. Falkenberg und L. Quidde wurde F. Küster Vorsitzender der Friedensgesellschaft. Die Mitglieder der Friedensgesellschaft wurden zum Bezug einer pazifistischen Zeitschrift verpflichtet; zur Auswahl standen: Das Andere Deutschland, die Friedenswarte, die Menschheit und (später) die Deutsche Zukunft. Der Bestellungsmodus bevorzugte eindeutig die Zeitschrift »Das Andere Deutschland«, so daß seither die Auseinandersetzungen um die »Erfurter Beschlüsse« und das nicht immer durchsichtige, oft schroffe und brüskierende Verhalten F. Küsters nicht aufhörten. Die Wahl F. Küsters im Februar 1929 zum geschäftsführenden Vorsitzenden der Friedensgesellschaft führte dazu, daß von den 15 Mitgliedern des Präsidiums 11 Mitglieder aus Protest zurücktraten, darunter L. Quidde, H. Graf Kessler, H. Stöcker und der langjährige Sekretär der Friedensgesellschaft G. Seger. Sie beweist aber auch, daß die Vorstellungen F. Küsters an der Basis geteilt wurden. F. Küster konnte seine Vorstellungen von der Friedensgesellschaft als eines »Stoßtrupps entschlossener Männer« weitgehend verwirklichen; sie bewährten sich vor allem in den z. T. heftigen Auseinandersetzungen mit den Nationalsozialisten. Andererseits führte die – sachlich meistens berechtigte, taktisch bedenkliche – heftige Kritik F. Küsters an den republikanischen Parteien und am Reichsbanner Schwarz-Rot-Gold, die Konfrontation vor allem mit der SPD zu Austritten und Abspaltungen, die bereits im Herbst 1930 mit der Gründung des »Deutschen Friedensbundes« einsetzten.[47] Bei aller Kritik an F. Küster darf man nicht übersehen, daß sein Verhalten in erster Linie von der kompromißlosen Bekämpfung nationalistischer und nationalsozialistischer Umtriebe bestimmt war, das ihn blind machte für taktische und oft auch notwendige Rücksichten und ihn schließlich isolierte.[48]

Die Geschichte des »Friedensbundes Deutscher Katholiken«, der zweitgrößten pazifistischen Organisation, zeigt, daß gegensätzliche Positionen nicht unbedingt in Richtungskämpfe mit fast selbstzerstörerischer Heftigkeit, wie sie in der Friedensgesellschaft festzustellen sind, ausarten mußten. Die Fähigkeit des Friedensbundes, seine Einheit zu bewahren, hängt sicherlich auch damit zusammen, daß sich der Friedensbund zunächst weitgehend als »geistige Bewegung« verstand, die ihre Herkunft aus den religiös-ethischen Grundlagen des Christentums ableitete. Diese weltanschauliche Fundierung einer katholischen Friedensorganisation[49] schloß weder bestimmte pazifistische Richtungen noch unterschiedliche politische Präferenzen noch eine Zusammenarbeit mit anderen pazifistischen Organisationen aus. Die Entstehungsgeschichte des Friedensbundes und die historische Situation verbanden ihn aber in einer besonderen Weise mit der Zentrumspartei als der größten und einflußreichsten Organisation des politischen Katholizismus. Der zunächst unpolitische Charakter des Friedensbundes prägte dessen Richtlinien, die auf der ersten Reichstagung des Bundes in Hildesheim (Ostern 1924) aufgestellt wurden. Danach konnten alle Katholiken Mitglieder werden, die sich »zu den päpstlichen Friedensgrundsätzen Benedikts XV. und Pius XI. bekennen« und »zunächst für ihre Person in ihrem gesamten Gemeinschaftsleben (Familie, Verein, Gemeinde, Pfarrei usw.) eine echt christliche Friedensgesinnung an den Tag legen«. Dieses unpolitische Selbstverständnis erlaubte eine großzügige und flexible Haltung, wie der Grundsatz belegt: »Bezüglich weiterer Einzelfragen innerhalb der katholischen Friedensbewegung, überlassen wir es dem Gewissen des einzelnen, wie er sich jeweils entscheidet ...«. Neben diesen unpolitischen Aussagen finden sich in den Hildesheimer Richtlinien präzise politische Stellungnahmen. Man lehnte die doppelte Moral im Staats- und Wirtschaftsleben ab und forderte eine »auf den Frieden eingestellte Politik ... Gegenüber dem Versailler Vertrag verlangen wir deshalb Revision, nicht Revanche.« Prinzipiell erkannte der Friedensbund an, daß es einen gerechten Krieg gebe, vertrat jedoch den Standpunkt, daß »bei den heutigen Verhältnissen der Kultur und Technik die von der katholischen Sittenlehre geforderten Bedingungen für einen erlaubten Krieg fehlen«. Deshalb auch lehnte der Friedensbund die allgemeine Wehrpflicht ab. Er befürwortete den Eintritt Deutschlands in den Völkerbund und trat ein für die »Erziehung der Jugend in Kirche, Elternhaus und Schule im Geiste der Völkerversöhnung« und für die Verwirklichung des Artikels 148, 1 der Reichsverfassung.[50] Die Richtlinien stellten offensichtlich einen Minimalkonsens dar, der sich bis zum Verbot des Friedensbundes im Jahre 1933 als Integrationsfaktor bewährte.

Auf der Hildesheimer Reichskonferenz wurde auch die Herausgabe einer eigenen Zeitschrift beschlossen, die unter dem Namen

»Katholische Friedenswarte«, seit 1928 unter dem Namen »Der Friedenskämpfer« erschien und sich durch ein hohes Niveau auszeichnete. Seit 1927 erschien der »Friedenskämpfer« im Verlag der liberalen, dem linken Zentrumsflügel verbundenen Frankfurter Tageszeitung »Rhein-Mainische Volkszeitung« (RMV); sie gehörte dem Zentrumspolitiker, Naturwissenschaftler und Unternehmer Prof. F. Dessauer.[51] Mitarbeiter dieser Tageszeitung wie H. Scharp (Chefredakteur), W. Thormann, H. Dankworth und W. Dirks veröffentlichten nicht nur zahlreiche Artikel im »Friedenskämpfer« zu kulturpolitischen, außenpolitischen und kirchenpolitischen Fragen, sondern engagierten sich auch im Friedensbund; H. Scharp übernahm zeitweilig und ehrenamtlich die Aufgaben eines Rechnungsführers, und W. Dirks war von 1928 bis 1932 veranwortlicher Schriftleiter des Friedenskämpfers. Die sog. Frankfurter Richtung prägte das politische Profil des Friedensbundes entscheidend.

In den ersten Nachkriegsjahren trat der Friedensbund kaum in der Öffentlichkeit auf; er konnte somit auch keinen Vorteil aus der Sympathiewelle ziehen, von der sich die Friedensbewegung in jenen Jahren getragen fühlte. Erst nach 1924/25 vermochte er seine Mitgliederzahl kontinuierlich zu steigern. Genaue Angaben liegen erstmals für das Jahr 1928 vor. In diesem Jahr bestanden 46 Ortsgruppen mit 6678 Mitgliedern. Dem Friedensbund waren 53 Verbände mit 12658 Mitgliedern korporativ angeschlossen; hinzu kam der Kreuzbund mit 25000 Mitgliedern. Die Zahl der ca. 7000 Einzelmitglieder stand in einem ungünstigen Verhältnis zu der Zahl der 37000 korporativen Mitglieder. Bis zum Jahr 1930 konnte der Friedensbund die Zahl seiner Einzelmitglieder auf über 9000 in 104 Ortsgruppen steigern, während die Zahl der korporativen Mitglieder zurückging. Die zwischen 1929 und 1931 erscheinende populäre Zeitschrift »Der Friedensfreund« wurde von etwa 8000 Mitgliedern bezogen.[52] Aus dieser Entwicklung spricht ein wachsendes persönliches Engagement von Katholiken für das Friedensproblem, wenn auch in geringem Umfang. Im Jahre 1930 hatte der Friedensbund bereits den Höhepunkt seines Wachstums erreicht. Die Auswirkungen der Wirtschaftkrise, aber auch die »schlechte Konjunktur« der politischen Verhältnisse schwächten die katholische Friedensbewegung. Nach den Reichstagswahlen am 14. September stellte W. Dirks fest, es stehe »nicht zum besten um unsere Sache« und fragte: »Werden sich genügend Leute finden, die an den Frieden glauben? Und Bekenner und Märtyrer dieses Glaubens zu sein bereit sind?«[53] Ein »Appell an unsere Leser und Mitglieder« im Juniheft des Friedenskämpfers 1932 verdeutlicht, daß nicht nur die Wirtschaftskrise, sondern auch das veränderte politische Klima die Arbeit des Friedensbundes erschwerte: »Weder die wirtschaftlichen noch die politischen Verhältnisse sind heute unserem Bunde und unserer Zeitschrift günstig. ›Zur Zeit der Versuchung aber fallen sie ab‹, heißt es im Gleichnis vom Sämann von denen, die das Wort der Wahrheit wohl einmal freudig aufgenommen haben, beim ersten Sturm aber umfallen. Da rufen wir: Widersteht der Versuchung! Gewiß muß man sich heute wirtschaftlich einschränken, gewiß muß man sich auch bewußt sein, daß das entschiedene Eintreten für die Politik des Friedens und gegen die Politik der nationalen Leidenschaften heute mehr persönlichen Mut verlangt als etwa vor 10 Jahren, wo die Friedensbewegung populär war.«

Die Wirtschaftskrise wirkte sich deshalb nachteilig auf die weitere Entwicklung aus, weil der Friedensbund »an erster Stelle die Kreise der Arbeiter- und Angestelltenschaft, an zweiter Stelle die Frauen, sodann die Handwerker, den Klerus, die Akademiker« erfaßte.[54] Ähnlich wie die Friedensgesellschaft hatte auch der Friedensbund seinen Schwerpunkt in Westdeutschland (Rheinland, Niederrhein, Ruhrgebiet und Westfalen); der Südwesten und der Süden waren nicht ganz so stark vertreten. Der Norden und der Osten erwiesen sich für die katholische Friedensbewegung als schwer zugänglich, und in Hessen, Thüringen und Sachsen war der Friedensbund ebenso schwach vertreten wie die Friedensgesellschaft. Diese Streuung entsprach im wesentlichen der Verteilung des katholischen Bevölkerungsanteils im Deutschen Reich.[55]

Der Friedensbund wollte innerhalb der Kirche als »Vor- und Stoßtrupp von kühnen, d. h. aus der Masse herausragenden, über die landläufige Friedensliebe hinausgehenden Friedens-Bekennern und Friedens-Kämpfern« wirken. Nur dann sah der Friedensbund innerhalb der »den Frieden predigenden Kirche« für sich eine Existenzberechtigung, wenn er »nicht ein Minimum, sondern ein Maximum von Friedensgesinnung fordert«.[56] Der Friedensbund als eine möglichst große Zahl von »Entschiedenen, Ergriffenen, Arbeitsbereiten« wollte als »Sauerteig« in der Masse die Gedankenwelt des Pazifismus verbreiten; das aber bedeutete: »Der Weg zu diesem Ziel kann nicht über eine eigene Massenorganisation gehen, sondern nur über eine kluge und dauernde Benutzung der bestehenden, normalen, indirekten Kanäle, der Presse, der Gemeinden, des Organisationsapparates.«[57] Die konkrete Umsetzung dieser Konzeption gelang noch am ehesten in der Arbeit der Ortsgruppen, denen der Friedensbund besondere Bedeutung beimaß. Die Ortsgruppen sollten eng zusammenarbeiten mit den »am Orte bestehenden katholischen Vereinen, auch mit dem Volksverein und Zentrumsverein, vor allem aber mit dem Jungmännerverein oder Gesellenverein oder sonstigen Jugendgruppen«. Sie sollten Arbeitszellen der »Aktivierung der katholischen Vereine und Gruppen für die katholische Friedensidee und Friedensarbeit« bilden.[58] Trotz gewisser Erfolge, die sich in der korporativen Mitgliedschaft von Vereinen niederschlug, konnte sich die Konzeption des Friedensbundes nicht durchsetzen. Auf der Ebene der politischen Organisation des Katholizismus, der Zentrumspartei, ist es nicht gelungen, auf Entscheidungsprozesse Einfluß zu gewinnen, obwohl dem Friedensbund Politiker wie M. Erzberger, F. Dessauer, H. Krone, zeitweise auch J. Joos, angehörten. Zwischen prominenten Vertretern des Friedensbundes Deutscher Katholiken und der Zentrumsfraktion oder Regierungsmitgliedern aus dem Zentrum kam es nur vereinzelt zu Gesprächen oder Kontakten. Das Zentrum verhielt sich dem Friedensbund Deutscher Katholiken gegenüber sehr viel gleichgültiger als etwa die SPD oder die Deutsche Demokratische Partei gegenüber der Friedensgesellschaft.[59]

Der Friedensbund verstand sich als die repräsentative Organisation der katholischen Friedensbewegung; er war jedoch nicht ihr alleiniger Träger. Pazifistisch war auch das Programm der Christlich-Sozialen Reichspartei (CSRP), die – aus der Tradition der christlichen Arbeiterbewegung und auf dem Boden eines christlichen Sozialismus um 1919 entstanden – sich im August 1926 reichsweit konstituierte. Das pazifistische Engagement der CSRP war in eine umfassende lebensreformerische und gesellschaftsreformerische Programmatik eingebunden.[60] Der Kern dieser Bewegung bestand in der religiös motivierten Hoffnung auf eine »sittliche Erneuerung« des Menschen; sie kämpfte für eine »wirklich treue, christliche Lebensgestaltung der Menschen zu innerlich freien, gesunden, frohen Menschen«. In der politischen Arbeit hieß dies für die CSRP: »Kampf gegen jede Lüge und Unwahrhaftigkeit ... in der Politik, im öffentlichen Leben ..., Kampf jeder Geheimdiplomatie und dem Doppelspiel in der Politik ...; Kampf gegen den Krieg und alles, was dazu führen kann.«[61] Völlig zu Recht bezeichnete sich die CSRP im Jahre 1927 als die »einzige pazifistische Partei Deutschlands«. Vor der Reichstagswahl im Mai 1928 faßte V. Heller, der Vorsitzende der CSRP, die Schwerpunkte seines Programms schlagwortartig zusammen: »Das ist die klare Front:

Unbedingte, radikale Pazifizierung Deutschlands und Europas. Keinen Pfennig für Aufrüstung und Rüstung in jeder Form!...

Jedem Sein Eigentum! Auch dem letzten unseres Volkes! Diebstahl ist Diebstahl, ob er in Dividenden genommen wird oder in Zinswucher oder in Inflation, ungenügender Aufwertung, heutigem Steuersystem... Kampf dem ganzen Kapitalismus auf der ganzen Linie, sowohl seinem materiellen Bestand wie seiner Unsittlichkeit, seiner ganzen Geisteswelt in Politik, Wirtschaft und Kultur.«[62]

Der Versuch, über eine christliche bzw. katholische Partei pazifistische Forderungen durchzusetzen, bedeutete zum einen eine Kampfansage an die Zentrumspartei und zum anderen eine Absage an die Konzeption des Friedensbundes, innerhalb des Zentrums als »Sauerteig« zu wirken und auf eine katholisch-pazifistische Massenbewegung zu verzichten. Es wäre falsch, die Kampfansage gegen das Zentrum im Wahljahr 1928 durch die CSRP lediglich als spontanen Ausbruch punktueller Unzufriedenheit zu verstehen. Sie war vielmehr der Höhepunkt einer lange aufgestauten Enttäuschung über die Rechtsorientierung des Zentrums seit 1924/25. Ein gemäßigter Kritiker des Zentrums, J. Antz, begründete seine Unterstützung der CSRP im Jahre 1928 damit, daß die Enttäuschungen über die Haltung des Zentrums in der sozialen Frage und in der Rüstungsfrage sich seit 1924/25 in diesem Zeitraum gehäuft hätten. Er bezeichnete es als eine nationale Schmach, daß »führende Männer der deutschen Politik das Vaterländische und das Volksinteresse mit dem Geschäftsinteresse der Rüstungsindustrie und dem Standesinteresse der Berufsmilitärs verwechseln...«.[63] W. Dirks warf dem Zentrum nach dessen Zustimmung zum Bau des Panzerkreuzers A vor, es habe damit »bewiesen, daß es die große Aufgabe Deutschlands, die in seiner außenpolitischen Situation begründet liegt und die zugleich die große Chance Deutschlands ist, nicht begriffen hat. Es hat vielmehr die Kriegsgefahr vermehrt.«[64] Dennoch warnte W. Dirks davor, den Weg der CSRP zu gehen, wenn er auch ihren Zielen weitgehend zustimmte. Dagegen zeigte sich die »Großdeutsche Volksgemeinschaft«, die, wie auch die CSRP, ihren radikalen Pazifismus mit einer lebensreformerischen Grundhaltung verband, davon überzeugt, daß »eine Opposition, die immer wieder brav und treu Zentrum wählt, keinen Einfluß und keine Aussicht hat, sich durchzusetzen«.[65] E. Thrasolt, einer der interessantesten und konsequentesten Pazifisten, Gründer der »Großdeutschen Volksgemeinschaft« und Herausgeber ihrer Zeitschrift »Vom frohen Leben«, ergriff offen Partei für die CSRP: »Die unbedingte und folgerichtige pazifistische Zuverlässigkeit (die nur möglich ist aus von Gott her ergriffenen und zu allen Opfern für Volk und Menschheit bereiten Menschen) ist uns der alles überragende und ausschlaggebende Gesichtspunkt bei den kommenden Wahlen. Unter diesem Gesichtspunkt kommt das Zentrum für einen wirklichen Pazifisten nicht in Betracht.«[66] N. Ehlen, der Führer der kurz nach dem Krieg gegründeten pazifistischen »Großdeutschen Jugend«, stellte sich – ohne Mitglied der CSRP zu sein – dieser Partei als Spitzenkandidat zur Verfügung. Zwischen 1926/27 und 1930/31 scheint die CSRP für die radikalen Pazifisten in der katholischen Jugendbewegung eine glaubwürdige Alternative sowohl zur Zentrumspartei als auch zur Konzeption des Friedensbundes dargestellt zu haben. Innerhalb des Friedensbundes bildete dieser »Jugendpazifismus« die antimilitaristische Opposition, die zwar um Zustimmung warb, aber nie eine absolutistische Position einnahm. Der radikalpazifistische Charakter der »Großdeutschen Volksgemeinschaft« bewog sie zum Eintritt in den »Verband radikaler pazifistischer Gruppen Deutschlands«. Dennoch blieb der Friedensbund, anders als die Friedensgesellschaft, von internen Richtungskämpfen und inneren Zerreißproben verschont.

Die katholische Friedensbewegung befand sich – wie die Friedensbewegung überhaupt – in einem unlösbaren Dilemma. Die Konzeption des Friedensbundes, innerhalb des Verbandskatholizismus und des politischen Katholizismus als Stoßtrupp zu wirken und pazifistisches Gedankengut zu verbreiten, war letztlich ebenso gescheitert wie der Versuch, über eine pazifistische Partei auf direktem Wege zum Erfolg zu kommen. Die über 100000 Stimmen, die bei der Reichstagswahl im Mai 1928 für die CSRP abgegeben wurden, sind ein Hinweis darauf, daß innerhalb der Bevölkerung die Zustimmung zu einem radikal-pazifistischen Programm größer war, als aus der Mitgliederzahl des Friedensbundes hervorgeht. Die Reichstagswahlen vom 14. September 1931, bei denen die CSRP im Bündnis mit der Volksrechtspartei über 170000 Stimmen erreichte, bestätigen, daß die Zahlen von 1928 kein Zufallsergebnis waren.[67]

Die organisierte Friedensbewegung hat die Sympathiewelle für den Pazifismus in der unmittelbaren Nachkriegszeit nicht für sich zu nutzen gewußt. Sie übernahm die Organisationsformen und Agitationsformen der Vorkriegszeit, entwickelte sie auch weiter und baute sie aus, übernahm damit aber auch offensichtliche organisatorische Schwächen. Lediglich im Westdeutschen Landesverband der Friedensgesellschaft wurden Organisation und Agitation den Notwendigkeiten moderner Massenpropaganda angepaßt. Sie konnten jedoch nicht wirksam werden, weil innere Auseinandersetzungen und programmatische Differenzen die gesamte Friedensbewegung lähmten.

Angesichts der organisatorischen Zersplitterung der Friedensbewegung ist es praktisch nicht möglich, ihre zahlenmäßige Stärke exakt zu bestimmen. Die rein pazifistischen Verbände innerhalb des Friedenskartells, der Dachorganisation des deutschen Pazifismus, zählten etwa 40000 Mitglieder; davon entfielen zwischen 1926 und 1929 etwa 25000 Mitglieder auf die Deutsche Friedensgesellschaft, etwa 9000 Mitglieder auf den Friedensbund Deutscher Katholiken. Die Deutsche Liga für Menschenrechte, der Bund der Kriegsdienstgegner, der Bund Religiöser Sozialisten und die Internationale Frauenliga für Frieden und Freiheit als die nächstgrößeren Organisationen hatten zwischen 1000 und höchstens 3000 Mitglieder. Mit rund 40000 Mitgliedern aber konnte sich die organisierte Friedensbewegung nicht messen mit den zahlreichen nationalistischen Verbänden, den militanten Kampfbünden und den Parteiarmeen.[68] Selbst wenn man die kulturpolitischen Vereinigungen mit pazifistischer Tendenz hinzurechnet, die dem Deutschen Friedenskartell angehörten und die etwa 30000 korporativen Mitglieder des Friedensbundes Deutscher Katholiken einbezieht, damit auf eine Zahl von 130000 Mitgliedern und Anhängern der Friedensbewegung kommt, ändert sich das Kräfteverhältnis kaum. Ein entscheidender Unterschied zum Kaiserreich bestand jedoch darin, daß in der politischen Auseinandersetzung die Begriffe »Pazifismus« und »pazifistisch« einen unvergleichlich höheren Stellenwert als in der Kaiserzeit erreichten; in der politischen Kampfliteratur und in der Publizistik kann man einen geradezu inflationären Gebrauch dieser Begriffe feststellen. Für die politische Kultur in der Weimarer Republik ist es jedoch charakteristisch, daß diese Begriffe fast ausschließlich negativ »besetzt« waren.

2. Die Verteidigung der Weimarer Republik durch die Friedensbewegung

In der Friedensbewegung setzte sich während des Ersten Weltkrieges die Auffassung, daß zwischen der innerstaatlichen Ordnung und der Organisation des zwischenstaatlichen Friedens ein Zusammenhang bestehe, weitgehend durch. Die pazifistischen Organisationen erkannten in der parlamentarischen Demokratie eine wesentliche Voraussetzung für eine internationale Friedensordnung. Im Juni 1918 veröffentlichte A. H. Fried in der »Friedenswarte« einen Artikel, in dem er die Verbindung von demokratischer Überzeugung und pazifistischem Wollen geradezu als Unterscheidungsmerkmal gegenüber den »Mitläufern und Konjunktural-Pazifisten« bezeichnete, die sich nach dem Ende des Krieges einfinden würden. Der Pazifismus müsse »erkennen, daß Pazifismus und Demokratie nicht zwei verschiedene Erscheinungen sind, sondern dieselbe Erscheinung, jeweils von einem anderen Gesichtspunkt ins Auge gefaßt. Pazifismus ist nichts anderes als die Anwendung demokratischer Grundsätze auf die wechselseitigen Beziehungen der Völker übertragen. Es kann keine auswärtige Politik im pazifistischen Sinne geben, ohne Demokratie im Innern der Staaten. Aber auch eine vollkommene Demokratie innerhalb der Staaten ist nicht möglich, solange nicht eine pazifistische Weltordnung die Sicherheit eines jeden Staates garantiert.«[1] Durch diese Zuordnung von parlamentarisch-demokratischer Ordnung und zwischenstaatlicher Friedensordnung unterschied sich die Friedensbewegung der Zwischenkriegszeit grundsätzlich von der Friedensbewegung der Vorkriegszeit.

Waren sich auch die ansonsten zerstrittenen Richtungen innerhalb der Friedensbewegung in der Zustimmung zur parlamentarischen Demokratie einig, so bestanden dennoch tiefgehende Meinungsunterschiede darüber, wie die demokratische Ordnung der Republik am besten gesichert werden könne; die gemäßigten Pazifisten wie L. Quidde und H. Wehberg waren der Auffassung, daß die Weimarer Republik vor allem durch eine Revision des Versailler Vertrages gestärkt werden müsse; diese Position vertrat auch der Friedensbund Deutscher Katholiken. Die gemäßigte, völkerrechtlich orientierte Richtung der Friedensbewegung befand sich damit in Übereinstimmung mit der Politik der demokratischen Parteien (DDP, SPD und Zentrum). Das bedeutet jedoch nicht, daß der gemäßigte Pazifismus den Parteien der »Weimarer Koalition« kritiklos gegenüberstand. Der pazifistisch-republikanische Katholizismus, der seinen überragenden Sprecher in der »Rhein-Mainischen Volkszeitung« gefunden hatte,[2] kritisierte sehr hart die Kluft zwischen Parteien und Öffentlichkeit, die er für die Lähmung der politischen Willensbildung und die Erstarrung der Politik verantwortlich machte. Notwendig sei die »Politisierung der Massen, die in dem Organisationsapparat der Parteien stecken, ohne ihn beeinflussen zu können«. Darin bestehe die »Lebensfrage der Demokratie. Nicht gegen, nur für die Parteien kann sie gelöst werden. Und darum wird die Vertrauenskrise der

Parteien, trotz der demokratischen Gesinnung der Volksmehrheit, zu einer Krise der Demokratie. Mit der Weckung der Kräfte, mit der Gesinnung allein ist es nicht getan, es geht um die Politik, d. h. um den Einsatz der Kräfte am rechten Ort.«[3] Durch die Politisierung der Parteimitglieder und durch die Aktivierung des Parlaments sollte der gefährliche Widerspruch zwischen demokratisch-parlamentarischer Idee und demokratisch-sozialer Wirklichkeit überwunden werden.

Radikaler war die Kritik, welche die antimilitaristische Richtung der Friedensbewegung an den Parteien übte; aber auch diese radikale Kritik, wie sie im Organ des Westdeutschen Landesverbandes der Deutschen Friedensgesellschaft »Das Andere Deutschland« vorgetragen wurde, verfiel nie in grundsätzliche Ablehnung des parlamentarischen Parteienstaates. Die antimilitaristische Richtung bestand gerade um der Festigkeit der neuen Republik willen auf der klaren Absage an die Politik und den Geist des kaiserlichen Deutschland. Voraussetzung dazu war für »Das Andere Deutschland« die Anerkennung der deutschen Kriegsschuld und des Versailler Vertrages mit all seinen Konsequenzen.[4] Gerade weil die Demokratie in Deutschland keine Tradition habe, weil sie sich ihre »Weltanschauung« erst noch schaffen müsse, dürfe sie nicht auf »das Alte« zurückgreifen, sondern müsse sie den »Gedanken der unbedingten Vertragstreue und der Völkerverständigung« einhalten: »Jeder feige Kompromiß mit dem nationalen Egoismus und der Machtpolitik besiegelt und beschleunigt ihren Untergang«.[5] Der antimilitaristische Flügel der Friedensbewegung sah die größte Gefahr für die Weimarer Demokratie in der Weiterführung der preußisch-deutschen Tradition. Er verwarf – in Übereinstimmung mit dem heftig umstrittenen, meist mißverstandenen und häufig verleumdeten F. W. Foerster – als Wurzel allen Übels den »preußisch-deutschen Militarismus« und den »Geist von Potsdam«: »Wer mit ihm irgendwie paktiert, zerstört Republik und Kultur.«[6] Die »entschieden antipreußische Interpretation der Zeitgeschichte« (K. Holl) sah der antimilitaristische Pazifismus als Grundlage für die Anerkennung der parlamentarischen Demokratie nicht nur als eines Mittels zur »Durchführung politischer und gesellschaftlicher Zwecke«, sondern auch als des einzig möglichen und einzig menschenwürdigen Systems der »Selbstregulierung und Selbstverwaltung schlechthin«. Sowohl gegenüber der »primitiven Revolutionsromantik« der revolutionären Sozialisten als auch gegenüber der »Kriegsschwärmerei der Nationalisten« verteidigte der antimilitaristische Pazifismus die Weimarer Demokratie.[7] Der historisch-politische Rigorismus dieser Position mag viele abgeschreckt haben; seine moralische und intellektuelle Redlichkeit und das kompromißlose Engagement für die Weimarer Republik sind unbestreitbar. Die Kritik des demokratischen Pazifismus richtete sich nicht, wie bei der nationalen Rechten, gegen die mangelnde Attraktivität der Weimarer Republik als Staatsform, sondern gegen die Unglaubwürdigkeit ihrer Repräsentanten: »Die deutsche Demokratie und das parlamentarische System sind in den letzten Jahren so repräsentiert worden, daß sie keine werbende Kraft mehr ausstrahlen konnten«.[8] Das Versagen der Repräsentanten der Weimarer Republik, denen »das wahre Empfinden der Massen« fremd geworden sei, die deshalb auch nicht mehr »die wirklichen Vollzieher des Volks-Willens« seien, trug nach Auffassung der Friedensbewegung entscheidend dazu bei, daß »Hunderttausende von ihren Parteien und deren Zeitungen abspringen«, daß man »im Volke bei einer solchen Vertretung des Volkes den Glauben an der demokratischen Volks-Vertretung selber verliert«.[9] Dennoch hoffte man auf die rettenden Kräfte aus den Volksmassen, auf den »Druck von unten« (H. Herbers), um dadurch vor allem »die republikanischen Parteien selbst zu wirklichen Kämpfern für die Demokratie und den Völkerfrieden zu machen«.[10] An der Demokratie hielt man deshalb fest, weil der vereinte Intellekt und die vereinte Erfahrung der Millionen Individuen unendlich viel reicher seien als »das Wissen der genialsten Einzelpersönlichkeit«. Deshalb müsse die »Staats- und Gesellschaftsverfassung darauf ausgehen, sich den Massenintellekt in möglichst hohem Maße dienstbar zu machen. Das geschieht aber nimmermehr durch die Diktatur, sondern nur durch die Demokratie.«[11] Die Schwierigkeiten dieses an populistische Vorstellungen anknüpfenden Konzepts, das vor allem der Westdeutsche Landesverband vertrat, sind unverkennbar: Einerseits erhoffte man sich von der Mobilisierung der Massen eine Regenerierung der Parteien und des Parlaments, andererseits stand einer Mobilisierung das Kalkül der Parteien gegenüber, die von einer Basismobilisierung der Gesellschaft eine Einschränkung ihrer Handlungsfreiheit befürchteten. Als Versuch einer solchen Mobilisierung der Basis für die Demokratie kann man den vom Westdeutschen Landesverband bereits 1922 geforderten und Ende 1925 vom Deutschen Friedenskartell angestrebten Volksentscheid über die Enteignung der Fürsten betrachten. Mit über 12 Millionen Stimmen gelang es zwar, die Hürde des Volksbegehrens zu überwinden; der Volksentscheid scheiterte jedoch, da statt der erforderlichen 20 Millionen nur 14,5 Millionen Stimmberechtigte für die entschädigungslose Enteignung der Fürsten stimmten. Trotz des verfehlten Zieles ist es beachtlich, daß ein großer Teil der Bürger gewonnen werden konnte. Der Kampagne für die entschädigungslose Enteignung lagen zwei Motive zugrunde: sie sollte – vor allem nach den Vorstellungen des Westdeutschen Landesverbandes – ein politisches Zeichen setzen dafür, daß sich die Weimarer Republik vom kaiserlichen System und seiner Mitschuld am Weltkrieg distanzierte; durch die entschädigungslose Enteignung sollte aber auch ein Beitrag für den Abbau der sozialen Ungerechtigkeit und damit für die Stabilisierung der Weimarer Republik geleistet werden. Herausfordernd fragte Das Andere Deutschland: »Was ist das für ein Volksstaat, der dem für unser Elend Verantwortlichen gestattet, sich an ihm zu bereichern? Wie nennt man einen Mann, der durch den Tod von Millionen zum Krösus wurde? Einen Leichenfledderer! Heil Kaiser Dir!«[12] Politische und soziale Gründe bewogen Teile der Friedensbewegung dazu, das von der KPD im August 1928 beschlossene Volksbegehren gegen den Panzerkreuzerbau zu unterstützen. Der radikale Teil der Friedensbewegung, der eine Demokratie mit populistischen Elementen anstrebte, traf sich mit dem gemäßigten Teil der Friedensbewegung, der die Notwendigkeit der Politisierung erkannte, darin, daß es um der Demokratie willen unumgänglich sei, die Parteien »ständig auf das Leben hinzuweisen, sie zu geschicktem Handeln geradezu zu zwingen und vor Katastrophen geradezu zu bewahren«.[13] Mit Massenaktionen wie der Unterschriftenkampagne für die Kriegsdienstverweigerung, der Einleitung und Unterstützung der Volksbegehren für die entschädigungslose Enteignung der Fürsten und gegen den Panzerkreuzerbau versuchte der radikale Teil der Friedensbewegung, seiner Vorstellung von einer sozialen und antimilitaristischen Republik näherzukommen. Die Mobilisierung der Basis aber konnte nur in begrenztem Umfang gelingen, weil – und darin lag das Dilemma der Friedensbewegung – die massenhafte Gesinnungsmilitarisierung der Gesellschaft sich aus den gleichen Schichten rekrutierte wie die pazifistische Bewegung auch. Dieses Dilemma wurde der Friedensbewegung in der Bekämpfung des Nationalsozialismus ganz deutlich; sie mußte erkennen, daß nicht nur »die ganze Oberschicht des deutschen Volkes ... viel zu sehr von nationalistischer Borniertheit und nationalistischem Furor befallen [ist], um nicht dem Nazitum Sympathien entgegen zu bringen. Und mit der Mittelklasse, ja mit Teilen des Proletariats steht's nicht besser.«[14]

Die bei aller Kritik uneingeschränkte Unterstützung der parlamentarischen Demokratie bewahrte die Friedensbewegung davor, dem verführerischen Antiparlamentarismus eines C. Schmitt zu erliegen, zumal dessen Kampf gegen den Parlamentarismus »vielfach geradezu im Namen der ›wahren‹, der ›richtigen‹ Demokratie geführt und damit das eigentliche Ziel des Kampfes verdeckt« wurde. Die Friedensbewegung ließ sich über die eigentliche Stoßrichtung der Staatsrechtslehre C. Schmitts nicht täuschen: »Mit einem kühnen salto mortale, mit welchem er sich als Schüler der offiziellen faschistischen Ideologie erweist, identifiziert er Demokratie und Nationalismus, Demokratie und Diktatur, mit dem Ergebnis, daß die faschistische Diktatur zur wahren Demokratie wird ... Von wenigen Ausnahmen abgesehen, ist die staatsrechtliche Literatur in Deutschland auf dem besten Wege, nicht nur Smends Integrationslehre, sondern auch Schmitts Theorie der politischen Einheit, die letzten Endes nur der Stützung seiner Identifikation von Diktatur und Demokratie dient, widerspruchslos und kritiklos zu übernehmen und damit ... ideologisch den Weg für die Gegenrevolution zu ebnen.«[15] Der Friedensbund Deutscher Katholiken griff ebenfalls in die Diskussion um C. Schmitt ein, kritisierte aber weniger dessen antiparlamentarische Tendenz, sondern das autonome Staatsverständnis, das dem katholischen Staatsverständnis widerspreche.[16]

Die Reichstagswahlen vom 14. September 1930 brachten den Nationalsozialisten einen Mandatsgewinn im Reichstag von 107 Sitzen gegenüber bis dahin 12 Sitzen; die KPD konnte ihre 54 Reichstagsmandate auf 77 Mandate erhöhen, während die bürgerlichen Mittelparteien mit Ausnahme des Zentrums eine katastrophale Niederlage erlitten. Dieses Wahlergebnis und die unverzügliche Erneuerung des Brüningschen Notverordnungsregimes unter weitgehender Ausschaltung der Parteien und des Parlamentes erwiesen sich als »krisenverschärfender Faktor und nicht einfach als ›staatspolitisch‹ gebotenes Gegenmittel«.[17] Die kurzfristige Aussicht auf eine Besserung der wirtschaftlichen Verhältnisse zerschlug sich, als nach dem Zusammenbruch der Österreichischen Creditanstalt am 11. Mai 1931 Deutschland von einer dritten Welle der Weltwirtschaftskrise erfaßt wurde,[18] die verheerende Auswirkungen hatte. Die Friedensbewegung erkannte die verzweifelte Situation der Weimarer Republik, machte sich zum Sprachrohr der erbitterten und enttäuschten Anhänger dieser Republik und hielt dennoch an ihr fest. Am 30. Mai 1931 erklärte F. Küster, Vorsitzender der Deutschen Friedensgesellschaft: »Ja glaubt man denn wirklich, die Republikaner werden sich ständig für diese Republik schlagen, die ihnen das Brot nimmt und ihre Lebenshaltung täglich ärger beschneidet, als es die Monarchie je gewagt hat? Warum gestehen wir nicht, daß die Republik längst den

Republikanern entglitten ist?« Dennoch beendete er seine Ausführungen mit der Aufforderung: »Wir müssen von vorn anfangen.«[19] W. Dirks, Redakteur bei der »Rhein-Mainischen Volkszeitung« und Schriftleiter der Zeitschrift »Der Friedenskämpfer«, stellte im Oktober 1931 ohne jedes Pathos, allerdings umso nachdrücklicher fest: »Der Entwurf von Weimar ist gescheitert. Notwendig ist eine neue Grundlage«. Diese Grundlage konnte nach W. Dirks nur in der Übertragung des demokratischen Prinzips auf den gesamtgesellschaftlichen Bereich, vor allem den wirtschaftlichen Bereich, bestehen. Die Krise der »Staatsdemokratie« stellte sich W. Dirks als Folge des Widerspruchs zwischen politischer und sozialer Ordnung dar; sie konnte demnach nur durch die Erweiterung der »Staatsdemokratie« in eine »Wirtschaftsdemokratie« gelöst werden.[20] Mitte 1931 aber war es sowohl für einen neuen Anfang als auch für eine neue Grundlage der Weimarer Republik zu spät. Die Weimarer Republik, so stellte F. Küster im Mai dieses Jahres fest, sei im »Kuhhandel 12jähriger Regierungspolitik abhanden gekommen«.[21]

In dem Bericht des Sekretärs der Friedensgesellschaft F. Röttchers Ende 1919 über die Lage der Friedensbewegung scheinen Situationsbeschreibungen aus dem Jahre 1931 vorweggenommen: »Die militaristische Gesinnung wächst seit der Revolution wieder in Deutschland. Sie beschränkt sich nicht mehr wie früher im wesentlichen auf die Kreise der Offiziere, Professoren und Oberlehrer. Die Gedankenwelt der ›force majeure‹, der stärkeren Gewalt, hat trotz allem Unglück, das sie über Deutschland gebracht hat, nicht an Ansehen verloren. Gewalt ruft Gewalt hervor, und der von der Entente ausgehende Druck macht Menschen revanchelüstern, die sich im Krieg um Politik, zumal um auswärtige, nicht gekümmert haben ... Es gibt für das deutsche Volk heute nur noch zwei Möglichkeiten: entweder es wird pazifistisch bis auf die Knochen und versucht, dadurch innerlich den Gewaltgeist des Versailler Friedens zu paralysieren – oder dieser Geist verzehrt es zu Asche wie ein inneres Feuer und läßt selbst dann, wenn es zu einer äußeren Entflammung nicht kommt, eine gedeihliche Entwicklung nicht zu.«[22] Der Friedensbewegung war der Unterschied zwischen dem Militarismus der Kaiserzeit und dem Militarismus in der Weimarer Republik allein schon angesichts der veränderten politischen Wirklichkeit bewußt.[23] Der Erste Weltkrieg hatte einerseits der pazifistisch-antimilitaristischen Bewegung großen Auftrieb gegeben, hatte andererseits durch den Kult des Frontsoldatentums überlieferte Werthaltungen übersteigert und breitere Schichten der Bevölkerung als bisher militarisiert. Während in der Gesellschaftsordnung des Kaiserreichs der nationalistisch-imperialistische Militarismus systemimmanent war und damit auch eingebunden erschien, ergab sich nach 1918 das Phänomen eines »staatlich nicht mehr integrierten Militarismus, der mit revolutionären Zielen in die innenpolitische Arena trat. Darin liegt das Besondere der Situation nach 1918: Träger militaristischer Ordnungsvorstellungen bedienten sich militaristischer Methoden, um ein als ›unsoldatisch‹ empfundenes zivildemokratisches Staatswesen aus den Angeln zu heben.«[24] Die Verteidigung der parlamentarischen Demokratie gegen den antidemokratischen Militarismus lag damit im ureigenen Interesse der Friedensbewegung. Sie reagierte auf die Veränderung der politischen Wirklichkeit, indem sie nicht mehr wie im Kaiserreich den Gegensatz zwischen nationaler Machtpolitik und internationaler Friedensordnung allein zum Ausgangspunkt ihrer Bemühungen machte, sondern immer mehr die Auseinandersetzung zwischen militaristischen Ordnungsvorstellungen und pazifistischen Zielsetzungen als ein innenpolitisches Grundproblem der Weimarer Republik erkannte. Während die Friedensbewegung in der Kaiserzeit das Militarismusproblem nur selten und – von L. Quidde abgesehen – erst recht spät aufgriff, setzte sich die Friedensbewegung in der Weimarer Republik mit dem Militarismus intensiv auseinander. Das bedeutet nicht, daß man Demokratie mit Pazifismus gleichsetzte; man war aber davon überzeugt, daß eine demokratische Ordnung die günstigsten Voraussetzungen für pazifistische Tätigkeit biete, daß vor allem »unter der Volksherrschaft, sofern sie wirklich eine solche ist, der Friede besser verbürgt ist als unter der Herrschaft der fast durchweg dem Militär aufs engste verbundenen Monarchen und Aristokraten«.[25]

Die Friedensbewegung besaß keine geschlossene Militarismus-Theorie als Grundlage für ihren antimilitaristischen Kampf; sie setzte sich mit den verschiedensten Formen des Militarismus auseinander, darunter auch mit dem »Wilhelminischen Paradigma« als der »Metapher für alle Schrecklichkeiten eines militaristischen Regimes«.[26] Die Kritik der Friedensbewegung am Militarismus beschränkte sich jedoch keineswegs darauf, wilhelminische Traditionen in der Reichswehr zu verurteilen oder – wie es vor allem K. Tucholsky in oft verletzender Form, wenn auch nicht ohne Berechtigung unternahm – das Kastenbewußtsein des Offizierskorps zu geißeln. Unter »Militarismus« verstand die Friedensbewegung »nicht nur die militärische Rüstung eines Landes in ihrer Gesamtheit ... er ist zugleich die Bezeichnung für ein politisches System, das seine Stütze außer in der realen Macht der bewaffneten Gewalt in einer ihr dienenden Geistesverfassung der Bevölkerung findet«. In diesem Verständnis habe sich der Militarismus »nach der Revolution nicht vermindert, sondern besonders geistig-politisch dauernd verstärkt«.[27] Dieser umfassende Militarismusbegriff war insofern realistisch, als er die Militarisierung der Gesellschaft nach 1918 nicht – oder nicht nur – als Ergebnis sekundärer Integrationsbemühungen, sondern als ein genuines Identitätsbedürfnis verstand, das aus dem Volk bzw. aus bestimmten Schichten des Volkes herauswuchs. Diesen Sachverhalt – der noch näher untersucht werden müßte – verkannte der Pazifist und Militarismuskritiker F. C. Endres, der zwar Militarismus als »Geistesverfassung des Nichtmilitärs« definierte,[28] in diesem zivilen Gesinnungsmilitarismus aber lediglich die Widerspiegelung feudaler Verhaltensweisen erkannte. O. Lehmann-Rußbüldt sah das Kennzeichen des neuen Militarismus darin, daß er »Wirtschaft und militärische Potenz zur Einheit und zur höchsten Steigerung« bringe; völlig zu Recht bezeichnete er diese Verbindung als eine sehr viel größere Gefahr als »heimlich eine Reichswehr aufzubauen, die unheimlich genug ... dem, gegen den sie gerichtet ist, in die Augen sticht«.[29] Fragwürdig ist jedoch der Versuch O. Lehmann-Rußbüldts, diesen neuen Militarismus als Folge einer Verschwörung der internationalen Rüstungsindustrie zu erklären. Vielleicht geht der große Erfolg der Broschüre O. Lehmann-Rußbüldts über die »Internationale der Rüstungsindustrie« auf diese Konspirationsthese zurück. Von der Friedensbewegung kaum rezipiert wurde dagegen der umfassende Militarismusbegriff, den F. M. Stratmann, der »Theoretiker« des Friedensbundes Deutscher Katholiken, entwickelte. Sehr viel gefährlicher als die »Militarisierung der Gesinnung« erschien ihm die Erscheinung, daß »der Primat des Militärischen (sic! – nicht: der Militärs) über das Zivil auch auf das politische, das staatliche und zwischenstaatliche Gebiet übergreift«.[30] Zu dieser umfassenden Definition des Militarismus wurde F. M. Stratmann durch G. M. Pachtler angeregt, dessen kritische Betrachtungen über den Militarismus bereits 1875 als »frühe Reaktionen auf die Industrialisierung der Kriegführung gewertet werden können«.[31] F. M. Stratmann übernahm G. M. Pachtlers Definition des Militarismus als der Beanspruchung aller lebenden und toten (materiellen) Kräfte des Volkes für den einzigen Zweck des Krieges«. Ausdrücklich fügte F. M. Stratmann hinzu, daß es zum Wesen des Militarismus gehöre, auch »die Friedenszeit in unerhörter Weise zu belasten«.[32] Die Bedeutung der Industrialisierung von Staat und Gesellschaft und damit auch der Industrialisierung für die Kriegführung »mit industriell gefertigten Kriegsmitteln aller Art auf der Basis einer industriellen Infrastruktur«, die letztlich »dem Zugriff des Militärs entzogen sind«, wurde von F. M. Stratmann durchaus erkannt: Man würde dem Militarismus, der sich nach dem Krieg »viel weniger in einer militärischen Gesinnung als in materiellen Zuständen, in Waffen- und Gasfabriken, im Anhäufen und Bedienen sagenhafter Vernichtungsmechanismen äußert, unrecht tun, wenn man vorwiegend die Militärs dafür verantwortlich machen wollte ... Das alles wäre nicht möglich, wenn nicht weit mehr als das Militär das Zivil diesen ungeheuren Zerstörungsapparat bereitstellte: die Industrie, die Technik, die Wissenschaft und die Steuerzahler. Das eben ist die Vollendung des Militarismus, daß nahezu die gesamte sogenannte Zivilisation im Dienste des Militärs steht, will man nicht den Rüstungskapitalismus, den ihm noch übergeordneten Faktor, als obersten Herrscher bezeichnen.«[33]

In der praktischen Kritik an der Reichswehr zeigt sich jedoch, daß die Friedensbewegung durchaus in der Lage war, die Intentionen der Reichswehr zumindest in ihren Ansätzen zu erkennen und in ihren Auswirkungen abzuschätzen. So stieß die »Wehrhaftmachung« der Jugend, die Ende der zwanziger Jahre von der Reichswehr im Rahmen der Volkskriegskonzeption verfolgt wurde, auf den Widerstand der Friedensbewegung. Im November 1932 veröffentlichte der Friedensbund Deutscher Katholiken einen Aufruf gegen den Wehrsport: »Der Wille, als wachsame Staatsbürger unserem Volk zu dienen und als Christen nichts zu unterstützen, was eine Katastrophe begünstigen könnte und einen Rückschritt in der Zivilisation zur Folge haben würde, legt uns die Pflicht zu öffentlichem Protest auf, auch wenn er nur die traurige, aber notwendige Bedeutung haben sollte, uns von denen zu unterscheiden, die einem neuen Militarismus in unserem Vaterlande den Weg zu bereiten ... Unser Aufruf gegen die Militarisierung der Jugend stützt sich auf unsere Vernunft, auf unsere Vaterlandsliebe, auf unser christliches Gewissen und auf zahlreiche päpstliche und bischöfliche Friedensweisungen.«[34] Der Begriff der »Wehrhaftigkeit« wurde grundsätzlich in Frage gestellt, der Wehrsport als Glied in der Kette der Militarisierung des Volkes erkannt: »Mit dem Wehrsport fängt es an, mit der allgemeinen Wehrpflicht geht es weiter, und mit der allgemeinen Mobilmachung hört es auf ... Das Ja zum Wehrsport klingt so harmlos wie das Ja zu einem unschuldigen Tänzchen. Aber wenn Mars der Tänzer ist, begnügt er sich nicht mit dem kleinen Finger.«[35]

Die Reichswehr war als Berufsarmee für »die Erhaltung der Ordnung innerhalb des deutschen Gebietes und zur Grenzpolizei« bestimmt; die allgemeine Wehrpflicht war vom Versailler Vertrag verboten (Art. 173). Durch bestimmte Auflagen versuchte der Versailler Vertrag eine Umgehung der vorgeschriebenen Höchststärke durch das Krümpersystem zu verhindern. Weitere Grundlagen für die Reichswehr waren das Gesetz vom 6. März 1919 über die Bildung einer Vorläufigen Reichswehr und das Wehrgesetz vom 23. Mai 1921. Das Gesetz über die Bildung der Vorläufigen Reichswehr legte ausdrücklich fest, daß die Reichswehr »auf demokratischer Grundlage« aufzubauen sei – eine Bestimmung, die allerdings dadurch wirkungslos wurde, daß Freiwilligenverbände, d. h. Freikorps, die Basis der neuen Reichswehr bildeten. Das Wehrgesetz vom 23. Mai 1921 ersetzte schließlich die Forderung nach einer demokratischen Grundlage der Reichswehr durch Bestimmungen über eine Entpolitisierung der Reichswehr. Die Konsequenzen dieser Veränderung, die den Vorstellungen der Reichswehrführung und der Rechtsparteien entgegenkam, wurden bereits in Äußerungen des Reichswehrministers während der parlamentarischen Beratungen des Wehrgesetzes erkennbar; er erklärte, daß eine monarchische Gesinnung durchaus mit dem Dienst in der Reichswehr vereinbar sei, da die loyale Dienstauffassung, nicht aber die Zustimmung zur Verfassung wesentlich sei.[36] Spätestens mit der Verabschiedung des Reichswehrgesetzes vom 23. Mai 1921 war der Versuch gescheitert, eine republikanisch gesinnte, der Verfassung verpflichtete Reichswehr zu schaffen. Das Mißtrauen der Friedensbewegung gegenüber der Reichswehr war also nicht unbegründet. Die Friedensbewegung versuchte immer wieder, die Republikanisierung der Reichswehr durchzusetzen und die Reichswehr auf die ihr vom Versailler Vertrag vorgeschriebenen Aufgaben festzulegen. Dadurch geriet sie zwangsläufig in das Schußfeld der Reichswehrführung, der Rechtsparteien und der zahlreichen nationalistischen Verbände. Gemeinsam mit dem Republikanischen Führerbund, einer 1919 gegründeten Vereinigung von Reserveoffizieren und Unteroffizieren, die meist der SPD angehörten oder ihr nahestanden, forderte die Friedensbewegung die Einstellung republikanischer Offiziere. Der Republikanische Führerbund schlug nach dem Kapp-Putsch in einer Denkschrift dem Reichspräsidenten vor, eine republikanische Schutztruppe aufzustellen. Dieser Vorschlag stieß auf heftigen Widerstand bei der Reichswehrführung; das Reichswehrministerium verbot den Angehörigen der Reichswehr die Mitgliedschaft in dieser Vereinigung.[37] Verschiedene Mitglieder des Republikanischen Führerbundes gehörten der organisierten Friedensbewegung an, so F.C. Endres und Graf von Wedel. Enge Verbindungen bestanden auch zwischen der Friedensbewegung und der republikanischen »Offiziersvereinigung der Deutschen Republik«. W. Meyer, führendes Mitglied der Offiziersvereinigung, gehörte dem Friedensbund der Kriegsteilnehmer an und war seit 1920 im Vorstand der Deutschen Friedensgesellschaft tätig. Im November 1922 forderte die Deutsche Liga für Menschenrechte Reichsregierung und Reichstag auf, Schlüsselstellungen im Reichswehrministerium mit republikanischen Offizieren zu besetzen, antirepublikanisch gesinnte Soldaten zu entlassen und in der Reichswehr den republikanischen Gedanken zu verankern.[38] Großes Aufsehen erregte der Vorschlag des Sozialdemokraten P. Löbe (seit 1920 Präsident des Reichstages, 1922–1927 im Präsidium der Friedensgesellschaft), die Rekrutierung von Mannschaften und Offizieren bei der Reichswehr zu ändern. Diesem Vorschlag, den P. Löbe erstmals auf dem Heidelberger Pazifistenkongreß im Jahre 1926 gemacht hatte, schloß sich auch die Deutsche Friedensgesellschaft an. Sie sandte an Reichstag und Reichsrat eine Erklärung, in der sie feststellte, daß »die... Forderung, die Reichswehr endlich durch Mitwirkung von Zivilkommissaren bei der Einstellung von Mannschaften und Offizieren dem einseitigen Einfluß reaktionärer Verbände zu entziehen und ihr einen zuverlässig republikanischen Charakter zu geben, in weiten Kreisen Anklang gefunden hat. Sie fordert, daß die gesinnungsmäßig auf dem Boden der republikanischen Verfassung stehenden Parteien alle Kraft daran setzen, um diese Vorschläge durchzuführen.«[39] Aber auch dieser Vorschlag scheiterte am Widerstand der Reichswehr und ihrer Verbündeten innerhalb und außerhalb des Parlaments. Die Reichswehrführung bekämpfte diesen Vorschlag besonders erbittert, weil bei seiner Annahme die von ihr bewußt verfolgte gesellschaftlich-politische Homogenisierung des Offizierskorps in Frage gestellt worden wäre.

Der Kampf der Friedensbewegung um die Reichswehr und deren Republikanisierung wurde von der Sozialdemokratie und einem Teil der DDP unterstützt. Parallel zu dem Ringen um eine republikanische Reichswehr verlief der Kampf gegen die illegalen Aktivitäten der Reichswehr, mit denen diese ihr personelles und materielles Wehrpotential entgegen den Versailler Vertragsbestimmungen auszuweiten versuchte. Von der Reichswehr und von den Rechtsparteien wurde die Aufdeckung der Reichswehrpraktiken als landesverräterische Handlung gerichtlich verfolgt; die deutschen Pazifisten wurden als Handlanger der Entente-Mächte diffamiert. Die Friedensbewegung verfolgte die illegalen Praktiken der Reichswehr vor allem deshalb so hartnäckig, weil sie in der erzwungenen Abrüstung Deutschlands und in der Selbstverpflichtung der Entente-Mächte zur Abrüstung eine einmalige Möglichkeit sah, den Rüstungswettlauf zu brechen und eine allgemeine Abrüstung zu erreichen. Darin, daß die Reichswehr »eine Heeresorganisation aufgebaut habe, die im Ernstfalle den Rahmen für eine Millionenarmee abgeben könne«, sah die Friedensbewegung nicht nur eine Gefahr für die Weimarer Demokratie, sondern auch eine Gefahr für die Verständigungsbemühungen mit Frankreich.[40] Wirkungsvolle Unterstützung erhielt die Friedensbewegung durch die Zeitschriften der intellektuellen Linken: Die »Weltbühne«, die »Welt am Montag« und das »Tage-Buch« veröffentlichten zahlreiche Artikel über die »Schwarze Reichswehr«, so daß sich gerade in der Auseinandersetzung mit der deutschen Militärpolitik ein pazifistischer Journalismus profilierte, der »mit seiner Informationsvermittlung und Analyse des gesellschaftlich-politischen Hintergrundes bemerkenswerte Leistungen erzielte«.[41]

Im Jahre 1924 begannen die Aktionen gegen die Geheimrüstung und die »Schwarze Reichswehr« mit einer Eingabe des Deutschen Friedenskartells vom 3. Januar 1924 an den Reichskanzler, an den Reichspräsidenten, an den Außenminister und an den Chef der Heeresleitung. In der Eingabe wurden präzise Fragen nach illegalen Arbeitskommandos und Freiwilligeneinheiten gestellt und wurde auf die gesetzwidrige Erweiterung der Reichswehr hingewiesen. General von Seeckt antwortete mit einem Brief, in dem er nicht nur die Gedankengänge des internationalen Pazifismus als schwer verständlich für ein »international derart mißhandeltes Volk wie das deutsche« bezeichnete, sondern den deutschen Pazifisten auch vorwarf, sich »im Interesse des Franzosen« für die Durchführung des Versailler Vertrages einzusetzen; das Schreiben schloß mit der Drohung, bei einer weiteren Erörterung dieser Fragen werde man gegen L. Quidde »mit allen Mitteln des Ausnahmezustandes« vorgehen.[42] L. Quidde ließ sich jedoch nicht einschüchtern, sondern veröffentlichte am 10. März 1924 in der »Welt am Montag« einen Artikel über die »Schwarze Reichswehr«. Wenige Tage später wurde er verhaftet. Erst zahlreiche Proteste aus dem In- und Ausland führten zu seiner Entlassung; das Verfahren wurde vom Reichsgericht jedoch erst im März 1925 eingestellt.[43]

Die Schrift »Deutschlands geheime Rüstungen«, von der Deutschen Liga für Menschenrechte 1925 veröffentlicht, erregte bei der politischen Führung großes Ärgernis, weil sie vor der Veröffentlichung des alliierten Kontrollberichtes erschienen war, der begründete, warum die Kölner Zone nicht geräumt werde.[44] Die Denkschrift, die auch im Reichstag diskutiert wurde, wies jedoch vor allem auf innenpolitische Gefahren durch die illegalen paramilitärischen Verbände hin, die auch von der »Weltbühne« betont wurden: »...die wirklich große Gefahr der Soldatenspielerei liegt in den Imponderabilien. So sachte, sachte will man das Volk in seiner Gesamtheit seelisch wieder auf Militärisches präparieren... Das geht ganz unmerklich. Die große Masse von 1914 ist ja im Ganzen doch verdorben für einen neuen Militarismus, so viel Pietät sie auch für die Reste des alten hat. Aber da ist die Generation, die zur Zeit von Tannenberg die Bänke der Sexta gedrückt hat – und an die hält man sich, die fängt man ein.«[45] Erstmals untersuchte die Denkschrift auch den Haushaltsplan der Reichswehr. Für das Jahr 1925 stellte man eine Steigerung der Ausgaben gegenüber dem Vorjahr um 112 Millionen RM fest. Diese hohe Steigerungsrate, die sich in den folgenden Jahren fortsetzen sollte, veranlaßte die Pazifisten, die jährlichen Haushaltspläne systematisch zu untersuchen. Dabei stellte man fest, daß die Reichswehr zunehmend die Möglichkeit nutzte, die bewilligten Mittel zu einem großen Teil für nicht näher angegebene Zwecke auszugeben. Die Friedensbewegung kritisierte diese Praxis vor allem deshalb, weil sie eine parlamentarische Kontrolle der Reichswehr praktisch verhinderte. In einer Eingabe an den Reichstag wies das Friedenskartell darauf hin, daß von den 475 Millionen des Reichswehretats rund 131 Millionen als übertragbar angegeben wurden. Mit solchen Mitteln habe man beispielsweise die Marineschule in Friedrichsort finanziert, für die »die nicht bewilligten Mittel einfach aus einem anderen Etatkapitel genommen wurden«. Damit habe sich gezeigt, daß »das Reichswehrministerium in der Übertragbarkeit der Mittel einen Weg sieht, die politischen Absichten des Reichstages zu durchkreuzen. Bei der Höhe der Summe... steht zu befürchten, daß auch die illegalen Verbindungen der Reichswehr auf solchen Wegen eine finanzielle Unterstützung erfahren, zum Schaden der Verständigungspolitik nach außen und der inneren Sicherheit der Republik.«[46] Auch im Reichswehretat vom Jahre 1927 waren 25% der bewilligten Mittel als »übertragbar« angegeben. Die Taktik der Reichswehr, große Teile des Etats zu verschleiern, war ein Bestandteil der seit 1924/25 einsetzenden neuen Rüstungsorganisation, die in die Aufstellung des Ersten Rüstungsprogramms einmündete. Die neue Konzeption der Reichswehr war »tendenziell total, d. h. [sie] zielte auf den Ausbau einer militärischen Superstruktur über der zivilen Gesellschaft und dem Staatsapparat und beanspruchte deren Lenkung«.[47] Wenn auch die Friedensbewegung den Umfang dieses Reichswehrkonzeptes nicht kannte, so sah sie doch die Gefahr, daß die unkontrollierte Übertragung von Etatposten die parlamentarische Demokratie aushöhlen könnte: »Die erste und letzte Voraussetzung der Demokratie . . . ist die lückenlose Rechenschaftsablegung der Regierung und der Parlamente . . . Über jeden Pfennig, der von der Regierung eingenommen oder verausgabt wird, ist also dem Volke genaueste Kenntnis zu geben . . . Wenn die Demokratie nicht nur eine Vorspiegelung sein soll, müssen die Einnahme- und Ausgabeposten des öffentlichen Haushalts so durchsichtig sein, daß jeder Bürger bei aufmerksamer Durchsicht des Etats ganz genau Herkunft und Verwendung jedes einzelnen Postens festzustellen vermag.«[48] Eine detaillierte Analyse des Reichswehretats vom Jahre 1927 kam zu dem Schluß: »Ein Reichstag, der diesen Etat schlucken würde, diesen mysteriösen Heeresetat, diesen völlig skandalösen Marineetat – skandalös besonders deshalb, weil kein Mensch erklären kann, welchem anderen Zweck als ihrer eigenen Existenz diese Marine eigentlich dient –, ein solcher Reichstag würde in der Tat wert sein, so behandelt zu werden, wie es nun schon drei Jahre lang geschehen ist und wie es auch jetzt wieder beabsichtigt wird«.[49] Für die Unfähigkeit der Parlamentarier, ihr Kontrollrecht auszuüben, war es symptomatisch, als der Zentrumspolitiker J. Joos bei der Auseinandersetzung um den Panzerkreuzer A eingestehen mußte, daß »die Abgeordneten nicht genug wissen, und eine ihrer Hauptaufgaben sei, stärker in das Fachliche vorzustoßen«.[50] Die Unfähigkeit bzw. den Unwillen der Parlamentarier, sich mit dem Heeresetat auseinanderzusetzen, kritisierte auch »Das Andere Deutschland«, das Organ des Westdeutschen Landesverbandes der Friedensgesellschaft: »Es gibt kaum zehn Parlamentarier, die überhaupt wissen, was sie da bewilligen – weil sie zu faul oder zu fleißig, auf alle Fälle zu überladen und zu falsch beschäftigt sind, um diesen geradezu ungeheuerlichen Etat wirklich durchzuarbeiten«.[51] Der Friedensbewegung ging es bei ihrer Kritik am Reichswehretat nicht um eine prinzipielle Ablehnung der Reichswehr – abgesehen von jenen Gruppen, die eine Abschaffung der Reichswehr forderten –, sondern um die Selbstbehauptung der parlamentarischen Demokratie, um den Primat des Politischen gegenüber der Expansion des Militärischen. Teile der Friedensbewegung konnten sich durchaus eine Reichswehr vorstellen, gegen deren Leitung »auch der grundsätzliche Heeresgegner kein Mißtrauen« zu hegen brauchte; aber: »Wir werden Gegner des Heeres bleiben, solange es mehr sein will als eine staatliche Polizei in den Händen des Staates«.[52]

Die Reichswehr versuchte in enger Kooperation mit der Justiz, die Aufdeckung der Geheimrüstung durch Pazifisten zu verhindern, indem sie die Pazifisten mit Prozessen wegen Landesverrats überzog. Eine besonders unrühmliche Rolle spielte dabei das Reichsgericht,[53] vor dem die wichtigeren Prozesse verhandelt wurden: »Reichsgericht und Reichswehr haben eine in der ganzen Welt einzig dastehende Symbiose (Lebensgemeinschaft) zuwege gebracht in bezug auf die sog. Landesverratsprozesse. Man überlege: das höchste Gericht eines Landes erklärt die Aufdeckung ungesetzlicher Vorgänge als schwer strafwürdig.«[54] Verfahren wegen Landesverrats wurden eingeleitet gegen L. Quidde, H. von Gerlach, F. Küster, B. Jacob, O. Lehmann-Rußbüldt, C. Mertens, C. von Ossietzky, E. J. Gumbel und viele andere. Die hohe Zahl der Verfahren, die lange Laufzeit vieler Verfahren, die schließlich fast alle eingestellt werden mußten, zeigen deutlich, daß die Prozesse vor allem die Funktion hatten, die Pazifisten von weiteren Veröffentlichungen über die Reichswehr abzuschrecken: »Anstelle der Kugel des Fememörders dient jetzt das Lasso der Paragraphen dem Schutz der geheimen Rüstungen. Die Kugel war ein individuelles, das Lasso ein industrielles und daher überlegenes Verfahren.«[55] Zwei Aufstellungen können die Inflation der Landesverratsprozesse und deren politische Funktion als Abschirmung für die Reichswehr verdeutlichen:

Verurteilungen wegen Hoch- und Landesverrats, einschließlich Spionage:[56]	
1882–1895–1900–1905–1910:	97 Pers.
1913–1914–1915–1916–1917:	264 Pers.
1919–1921–1923–1924–1925:	1601 Pers.

Landesverratsverfahren 1924–1927:[57]	
eingegangene Anzeigen:	360
davon weggelegt:	55
demnach verfolgt:	315
vom Reichsanwalt eingestellt:	252
demnach laufend:	63
Verurteilungen:	3

Auf der Hauptversammlung der Deutschen Friedensgesellschaft im Jahre 1926 hielt der Rechtshistoriker Prof. H. Kantorowicz, der 1924 für den Reichstag ein Gutachten über die Kriegsschuldfrage erstellt hatte (das erst nach dem Zweiten Weltkrieg veröffentlicht wurde), ein Referat über »Der Landesverrat im deutschen Strafrecht«. Dem Gesetz nach, so betonte H. Kantorowicz, begehe Landesverrat, wer »vorsätzlich die äußere Sicherheit des eigenen Staates gefährdet; unser Vorsatz – nicht nur unsere Endabsicht – geht umgekehrt dahin, dem Lande den Frieden zu sichern, es gerade vor äußeren Gefahren zu bewahren. In dieser nationalen Gesinnung läßt sich der Pazifismus von keiner anderen Richtung übertreffen. Trotzdem sind in zahlreichen Fällen unsere Gesinnungsfreunde wegen Landesverrats angeklagt worden.«[58] Landesverratsprozesse waren für H. Kantorowicz weniger die Folgen eines schlechten Gesetzes als vielmehr des Mißbrauchs eines Gesetzes durch eine politische Justiz, die »ihr eigenes Gesetz den Menschen mit selbstherrlicher Macht« auferlege. Gegenwärtig wende sich die politische Justiz, »viel schärfer als je, gegen Republikaner, Sozialdemokraten, Kommunisten, Juden und Pazifisten«.[59]

Da die meisten Landesverratsprozesse eingestellt werden mußten, verstärkten sich seit 1924/25 – parallel zur neuen Militarisierungskonzeption der Reichswehr – die Bemühungen, die Bestimmungen über Landesverrat im neuen Strafgesetzbuch zu verschärfen, um damit die Reichswehr gegenüber unliebsamen Enthüllungen noch besser abschirmen zu können. Nach dem Entwurf des neuen Strafgesetzbuches sollten die Bestimmungen über Landesverrat umfassender und auch vager gefaßt werden als bisher. Das Ausmaß der Landesverratspsychose erreichte schon fast groteske Formen, als der Oberreichsanwalt ein Sondergesetz vorschlug, wonach selbst die Bekanntgabe »unwahrer Nachrichten, welche geeignet seien, das Wohl des Reiches zu gefährden«, als »mildere Form« des Landesverrats bestraft werden könne.[60] Die Tendenz, die mit der Neufassung der Paragraphen 6, 92, 93 und 114 des Entwurfs verbunden war, schien der Friedensbewegung eindeutig: »Die Bestrebungen der Friedensbewegung werden ungemein erschwert, in entscheidenden Stunden sogar unmöglich gemacht und politische Konflikte heraufbeschworen«. Den Versuch des Entwurfs, eine moralisch einwandfreie Handlungsweise als Verbrechen zu disqualifizieren, verurteilte die Friedensbewegung als politische Torheit: »Jedes Gesetz muß im Einklang mit dem Rechtsgefühl des Volkes und der Moral stehen. Wenn es aber dahin kommt, daß moralisch untadelige Bürger sich vor ihrem Gewissen für verpflichtet halten, eine Handlung zu begehen, die der Staat zu einem ehrenrührigen Verbrechen stempelt, so verliert das Gesetz seinen ethischen Ernst und wird zur stumpfen Waffe, denn solche Staatsbürger werden zu Märtyrern, die die Maßnahmen des Staates lediglich als Hindernisse ihrer richtig erkannten Sendung betrachten. Ihre tiefste Ursache hat diese Justiz in der irrigen Auffassung von Staat und Recht . . .«.[61]

Die Aufklärung der Öffentlichkeit über geheime Rüstungen der Reichswehr war für die Reichsregierung vor allem deshalb unangenehm, weil sie auf der für den 2. Februar 1932 einberufenen »Internationalen Konferenz zur Herabsetzung und Begrenzung der Rüstungen« mit Nachdruck die rüstungspolitische Gleichberechtigung Deutschlands fordern wollte. Bereits auf den Sitzungen der »Vorbereitenden Kommission für die Abrüstungskonferenz« zwischen 1927 und 1929 waren die Veröffentlichungen über die geheimen Rüstungen diskutiert worden. Die Reichsregierung befürchtete, daß ihre Position bei der Abrüstungskonferenz durch weitere Enthüllungen geschwächt werden könnte. Deshalb drohte Reichswehrminister W. Groener bereits in seiner Etatrede am 19. März 1931 den Pazifisten »außerordentliche gesetzliche Maßnahmen« an, die er beim Reichskabinett beantragt habe. Der Aufklärung über geheime Rüstungen unterstellte er unlautere Motive: fanatischen Haß gegen alles Militärische oder auch gewöhnliche Gewinnsucht.[62] In einem Artikel (»Staatsverleumder«) in der Deutschen Allgemeinen Zeitung vom 29. November 1931, etwa acht Monate vor Beginn der Abrüstungskonferenz, wiederholte der Reichswehrminister seine Angriffe gegen die deutschen Pazifisten, die er als »Staatsverleumder« diffamierte. Er verwies auf die bevorstehende Abrüstungskonferenz: »Und wieder bemühen sich sogenannte Pazifisten, dem Auslande Material über die Gefährlichkeit der deutschen Rüstungen, über angebliche Beziehungen der deutschen Wehrmacht zum Ausland zu liefern«. Er bedauerte, daß das »organisierte Denunziantentum« nicht als Landesverrat verfolgt werden könne, weil seine »einzelnen Merkmale oft nicht voll den Voraussetzungen entsprechen, die das unter anderen Bestimmungen geschaffene alte Strafgesetz verlangt«.[63] Damit bestätigte der Reichswehrminister den Zusammenhang zwischen Reichswehrpolitik und politischem Strafrecht.

Die Friedensbewegung, deren aktive Mitglieder unter dieser Kooperation zu leiden hatten, gehörte zu den entschiedenen Kritikern der politischen Justiz in der Weimarer Zeit. Von den pazifistischen Organisationen konzentrierte sich vor allem die Deutsche Liga für Menschenrechte unter ihrem tatkräftigen Vorsitzenden O. Lehmann-Rußbüldt auf die politische Justiz, d. h. auf die Rechtsprechung über politische oder sozialpolitische Probleme oder über das Verhalten von politisch tätigen und bekannten Personen. Die Deutsche Liga für Menschenrechte setzte sich in den Jahren 1923/24 in zahlreichen Aktionen für die Freilassung des wegen angeblichen Landesverrats verurteilten Journalisten F. Fechenbach ein. Der »Fall Fechenbach«

gewann für den Kampf gegen die Landesverratsprozesse dadurch besondere Bedeutung, daß man über ihn eine Stimmung vorzubereiten versuchte, die »notwendig ist, um jene Umwandlung in Deutschland hervorzubringen, durch die allein Fechenbach befreit werden kann«.[64] Bezeichnend für das Selbstverständnis der Liga für Menschenrechte war die Gründung eines »Hilfsvereins für die Frauen und Kinder politischer Gefangener« im Jahre 1924, um den mehr als 2000 Frauen und 3000 Kindern von »Schutzhäftlingen und Strafhäftlingen dieser sog. deutschen Justiz« zu helfen.[65] Im Jahre 1927 verfaßte die Versammlung der Liga für Menschenrechte eine Entschließung, in der sie sich »gegen den Mißbrauch der richterlichen Gewalt, der sich in zahlreichen Urteilen in Strafsachen politischen Charakters gezeigt hat und immer wieder zeigt«, wandte. Die Versammlung forderte nicht nur eine Revision der geltenden Strafbestimmungen über Hoch- und Landesverrat, sondern auch »für eine Reihe von Jahren die Absetzbarkeit der Richter, weil nur so die den Parlamenten verantwortlichen Regierungen auch auf dem Gebiete der Rechtsprechung den Beamtenkörper geeignet machen können, die neuen Gedanken des Staats und des Völkerrechtes zu verwirklichen«.[66] Mit der Forderung, Richter abzusetzen, griff die Liga für Menschenrechte Überlegungen auf, die bereits in der Nationalversammlung diskutiert worden waren. Eindrucksvoll – und bis heute weder ausgewertet noch in ihrer Bedeutung gewürdigt – ist die im Jahre 1927 veröffentlichte Denkschrift der Liga für Menschenrechte über acht Jahre politische Justiz. Diese Denkschrift behandelt nicht nur die großen politischen Prozesse vor dem Reichsgericht, sondern auch die Entscheidungen von Amts- und Schöffengerichten; sie dokumentiert die politischen Prozesse gegen Kunst und Literatur, die antisemitische Rechtsprechung, Urteile gegen Landfriedensbruch und Rohheitsdelikte mit politischem Hintergrund, das Vorgehen gegen »linksgerichtete Anwälte und die Prozesse gegen Republikaner«.[67] Die Auseinandersetzung mit der politischen Justiz verstand die Liga für Menschenrechte als Kampf für die republikanische Verfassung. Die Dokumentation beklagte eine »grundfalsche, mit der Verfassung in Widerspruch stehende Stellung des Richters zum heutigen Staate, zur Republik, zur Demokratie, zur Weimarer Verfassung, zu den das ganze Volk heute bewegenden sozialen, kulturellen, auch künstlerischen Fragen ... Viel schlimmer noch: trotz des Rechtes der freien Meinungsäußerung des Staatsbürgers schrecken gewisse Urteile nicht davor zurück, Gesinnungen als solche, natürlich nur linksgerichtete Gesinnung, zu bestrafen, ihre Vertretung und Verbreitung zu stigmatisieren.«[68]

Die Liga für Menschenrechte arbeitete eng mit der Republikanischen Beschwerdestelle zusammen, die am 9. November 1924 – dem Jahrestag der Revolution – als eine private politische Organisation gegründet wurde. Diese trat ein für die »Förderung republikanischer Gesinnung« und die »Abwehr von Verletzungen der aus der Weimarer Verfassung sich ergebenden Staatsbürger- und Beamtenpflichten«. Ihre Tätigkeit begründete sie mit Artikel 126 der Verfassung und mit dem Recht eines jeden Bürgers, bei der Staatsanwaltschaft Strafanzeige bei Verdacht auf (politisch) strafbare Handlungen zu erstatten.[69] Der Tätigkeitsbericht über das Jahr 1926 vermittelt einen unmittelbaren Eindruck in das Selbstverständnis und die Tätigkeiten dieser einzigartigen Organisation: »Im Jahre 1926 gelang es, in beinahe sämtlichen Städten des Reiches (außer Bayern) vertrauenswürdige Leute zu finden, welche regelmäßig und zuverlässig die politischen Vorgänge beobachten und danach entsprechende Berichte über antirepublikanische Mißstände liefern konnten. Die Wirkung war die, daß die Deutsche Volkspartei im Preußischen Landtag durch ihren Sprecher, den Abgeordneten Dr. Wiener, bei der Etatdebatte am 15. Dezember 1926 unter lebhaftem Beifall der Rechten die Staatsregierung aufforderte, gegen uns einzuschreiten, damit ›diesem modernen Sykophantentum das Handwerk gelegt werde‹ ... Eine Fülle von Strafanträgen wurde von uns nach Maßgabe der Bestimmung des Republikschutzes gestellt, mit dem Erfolg leider, daß die Hoheit der Republik entweder mit lächerlichen Bagatellstrafen oder überhaupt nicht geschützt wurde. Entsprechend unserer nicht nur republikanischen, sondern republikanisch-pazifistischen Einstellung haben wir insbesondere in den östlichen Provinzen Ostpreußen, Pommern, Grenzmark, Schlesien, Brandenburg usw. eine ganze Reihe von Verfahren und Untersuchungen disziplinarer Art gegen Lehrer und Direktoren beantragt, auch mit Erfolg durchgeführt, welche nach Locarno und nach dem Eintritt Deutschlands in den Völkerbund den Schulunterricht dazu benutzten, um die Jugend systematisch, insbesondere gegen Frankreich und Polen, aufzuhetzen.« Zwischen 1924 und 1926 bearbeitete die Republikanische Beschwerdestelle etwa 2000 Fälle.[70]

Die Zusammenarbeit zwischen der Liga für Menschenrechte und der Republikanischen Beschwerdestelle ging darauf zurück, daß ihre Gründer, der Publizist A. Falk und der Präsident des Kammergerichtes in Berlin a. D., A. Freymuth, Mitglieder der Liga für Menschenrechte waren. A. Falk leitete zusammen mit Robert M. W. Kempner die Ortsgruppe Berlin-West, A. Freymuth war Vorstandsmitglied sowohl in der Liga für Menschenrechte als auch in der Deutschen Friedensgesellschaft. Vor allem A. Falk trug dazu bei, daß die Republikanische Beschwerdestelle zu einer »Kampforganisation für Republik und Pazifismus« wurde,[71] die dann seit Beginn der dreißiger Jahre vor allem den Nationalsozialismus bekämpfte.[72] Personelle Verflechtungen bestanden zwischen der Liga für Menschenrechte, der Republikanischen Beschwerdestelle und dem Republikanischen Richterbund.[73] E. J. Gumbel, A. Freymuth, H. Kantorowicz und K. R. Großmann (Sekretär der Liga für Menschenrechte) veröffentlichten Beiträge in der Zeitschrift des Republikanischen Richterbundes »Die Justiz«. Bereits im ersten Jahrgang erschien ein Aufsatz von A. Heilberg, Justizrat und langjähriges international angesehenes Mitglied der Friedensgesellschaft, über politische Rechtsprechung.[74] Mit etwa 300 Mitgliedern war der Republikanische Richterbund im Vergleich zum Deutschen Richterbund eine recht kleine Organisation. Er stellte sich drei Aufgaben: »Wir brauchen die Pflege des republikanischen Staatsgeistes, damit Staat und Recht wieder eins werden. Wir brauchen die Pflege der persönlichen und menschlichen Elemente in dem juristischen Betrieb... Wir brauchen die Findung und Klärung der neuen Rechtsanschauungen und Rechtsformen..., damit das Recht sich nicht isoliere den neuen Kräften gegenüber, die der Zukunft entgegentreiben.«[75] In der Unterstützung der Republik und im Bemühen um eine Rechtsprechung im demokratisch-republikanischen Geiste trafen sich die Anliegen von pazifistischen Organisationen und Republikanischem Richterbund. Es ist unverständlich, wenn – wie kürzlich geschehen – apodiktisch behauptet wird, die Gründung des Republikanischen Richterbundes sei kein überzeugender Neubeginn gewesen; der Richterbund sei »in Wahrheit ein sozialistischer Bund« gewesen, dessen Mitglieder in der Monarchie ein Übel gesehen und »das Heil des Staates aus der Fortschrittsideologie« erhofft hätten.[76] Friedensbewegung und Richterbund einte neben der gemeinsamen Kritik an der politischen Justiz eine humanitäre Einstellung. Sie lehnten die Todesstrafe ab und forderten eine umfassende Reform der Strafjustiz. Die Internationale Frauenliga für Frieden und Freiheit erklärte in einer Resolution zur Strafjustiz im Jahre 1925: »Die seit dem Weltkriege in den Gefängnissen und Zuchthäusern vieler Länder herrschenden Behandlungsmethoden gemahnen an die im Mittelalter üblichen Quälereien und Folterungen; sie sind eine Schande für unser Zeitalter. Das Strafwesen erheischt dringend eine grundlegende Reform der Strafgesetze, der Strafjustiz und des Strafvollzugs. Es gilt, den Völkern in Bezug auf

Unterbringung, Behandlung und Beschäftigung von gesellschaftlichen Elementen allgemeinverbindliche Normen zu geben, die sich im Einklang mit der Vernunft und den neuesten Forschungen der Psychiatrie, Pädagogik und Soziologie befinden.«[77]

Reichswehr und Justiz haben entscheidend dazu beigetragen, die Demokratie in der Weimarer Republik zu zerstören; sie haben der Weimarer Republik nicht lediglich »Impulse« vorenthalten.[78] Die Friedensbewegung als betont republikanisch-demokratische Gruppierung wurde von beiden Institutionen bewußt diffamiert und systematisch unter Druck gesetzt bzw. verfolgt. Die Friedensbewegung selbst sah deshalb zu Recht im Verhalten der Reichswehr und der Justiz, vor allem in ihrem von der Regierung weitgehend gedeckten Zusammenspiel einen entscheidenden Belastungsfaktor für die Weimarer Demokratie.

3. Die außenpolitischen Ziele der Friedensbewegung: Internationale Organisation des Friedens durch den Völkerbund und Verständigung zwischen den Völkern

Während des Ersten Weltkrieges entstanden in Großbritannien und in den USA einflußreiche Organisationen, die eine internationale Friedensliga forderten. Die englische Union of Democratic Control (UDC) und die amerikanische Ligue to Enforce Peace (LEP) konnten sowohl ihre Regierungen als auch die Öffentlichkeit davon überzeugen, daß nach Kriegsende der Friede nur über die Grenzen der Nationalstaaten hinweg politisch organisiert werden könne. Im englischen Kabinett wurde bereits im April 1915 die Liga-Idee diskutiert, und der amerikanische Präsident W. Wilson erklärte vor der LEP in seiner Rede am 27. Mai 1915, Amerika werde seine Macht »in any feasible association of nations« einbringen.[1] Im Deutschen Reich dagegen fand der Völkerbundsgedanke erst seit 1917/18 bei Politikern und in der Öffentlichkeit größere Aufmerksamkeit, um dann in den Monaten September und Oktober des Jahres 1918 zum beherrschenden Thema zu werden. Für die Völkerbundsdiskussion in Deutschland ist charakteristisch, daß sie unter dem Eindruck der politisch und militärisch verzweifelten Situation nach dem Zusammenbruch der Frühjahrsoffensive von 1918 geführt wurde und von den Hoffnungen und Befürchtungen eines künftigen Friedensschlusses geprägt war. Damit hängt zusammen, daß sowohl die deutsche Öffentlichkeit als auch die Politiker sich weniger mit den grundsätzlichen Fragen einer Friedenssicherung durch eine überstaatliche Institution befaßten, sondern sich vor allem auf wirtschafts- und verkehrspolitische Fragen, auf eine gerechte Behandlung Deutschlands nach dem Krieg und auf die Sicherung der Rohstoffe im Rahmen einer künftigen Friedensordnung konzentrierten. Die Gegner der Völkerbundsidee befürchteten, daß die Entente-Mächte einen künftigen Völkerbund dazu benutzen könnten, Deutschland aus der Weltpolitik herauszuhalten; die Befürworter hofften dagegen, ein künftiger Völkerbund könne den Wiedereintritt Deutschlands in die Weltpolitik erleichtern.[2] Damit war in Deutschland die Idee des Völkerbundes schon vor dem Ende des Krieges vorbelastet. Als die Bedingungen des Versailler Vertrages bekannt wurden, zu denen auch die Koppelung von Friedensvertrag und Völkerbund gehörte, sahen die Gegner der Völkerbundsidee darin eine Bestätigung ihrer Befürchtungen; die Befürworter resignierten und sahen sich in die Ecke gedrängt. Die von den Entente-Mächten, aber auch – was gerne übersehen wird – vom Deutschen Reich betriebene machtpolitische Instrumentalisierung wirkte sich für das Ansehen des Völkerbundes in Deutschland nachteilig aus; der Völkerbund wurde im Deutschen Reich nie populär.[3]

Nach der Kapitulation und vor der Veröffentlichung der Friedensbedingungen schien Deutschland zum »Sachwalter der unverfälschten Völkerbundsidee« zu werden.[4] Es ist jedoch unverkennbar, daß die politischen Aktivitäten zugunsten eines Völkerbundes, die zahlreichen Entwürfe und Vorschläge zur Ausgestaltung eines künftigen Völkerbundes instrumentellen Charakter hatten. Bereits im Dezember 1918 gründeten namhafte Parlamentarier und Politiker wie M. Erzberger, F. Naumann, H. Preuß, Fr. Ebert, Ph. Scheidemann, H. Haase, E. Bernstein, M. von Baden, U. von Brockdorff-Rantzau, von Bernstorff mit bekannten Pazifisten wie L. Quidde, W. Schükking, H. von Gerlach, H. Wehberg, F. W. Foerster und H. Stöcker die Deutsche Liga für Völkerbund. Erster Vorsitzender wurde der Zentrumspolitiker M. Erzberger, der im Herbst 1918 einen umfangreichen und weitgehenden Entwurf für einen Völkerbund vorgelegt hatte.[5] Die Liga für Völkerbund, von der Regierung der Volksbeauftragten mit 100000 RM ausgestattet, verstand ihre propagandistische Arbeit für den Völkerbund auch als einen Beitrag zur Stärkung der deutschen Position nach dem Waffenstillstand. Sie wollte dazu beitragen, die »deutsche Auffassung des Völkerbundgedankens zu gestalten und durchzusetzen«.[6] Die Reichsregierung beschloß im April 1919, einen »Deutschen Völkerbundsentwurf« von einer Kommission ausarbeiten zu lassen, der W. Schücking, W. Simons (später Justizminister) und F. Gaus angehörten. H. Graf Kessler, eine der wenigen Persönlichkeiten der Friedensbewegung mit Verbindungen zu Politikern des In- und Auslandes, war an den Überlegungen beteiligt. Mit ihrem »Völkerbundsentwurf« wollte die deutsche Regierung den Völkerbundsplänen der Entente bewußt eine Alternative gegenüberstellen; wenn auch vielleicht »die Sache nicht sofort durchzusetzen« sei, so hoffte man doch, daß Deutschland »durch diese Idee aber wieder die Führung an sich nehme und die Sympathien weiter Kreise gewinne«.[7] Zweifellos war eine solche Politik allzu durchsichtig. Wenn auch nicht unterstellt werden soll, daß ausschließlich opportunistische Beweggründe das kurzfristige Völkerbundsengagement bestimmten, so schien doch die Warnung A. H. Frieds vor einem »Konjunkturpazifismus« berechtigt, zumal nach Bekanntgabe der Friedensbedingungen das Interesse am Völkerbund schlagartig zurückging. Dieser Umschwung war die Folge der weitgehend zweckorientierten Betrachtungsweise der Völkerbundsidee, die schon die Diskussion vor dem Waffenstillstand kennzeichnete.

Zu den unbeirrbaren Anhängern der Völkerbundsidee gehörte die Friedensbewegung. Es ist bemerkenswert, daß die kurze Zeitspanne der Völkerbundseuphorie in Deutschland zwischen Oktober 1918 und Frühjahr 1919 zugleich den Höhepunkt des öffentlichen und politischen Interesses an der Friedensbewegung markiert. Die Veröffentlichung der Versailler Vertragsbedingungen führte nicht nur zu einer Abwendung vom Völkerbundsgedanken, sie bedeutete auch für die Friedensbewegung insgesamt einen schweren Rückschlag. Dabei übte die Friedensbewegung sowohl am Versailler Vertrag als auch am Völkerbund, wie er sich konkret darstellte, heftige Kritik. Anders aber als die nationalistisch argumentierende Kritik begründete die Friedensbewegung ihren Einspruch gegen den Friedensvertrag aus ihrem pazifistischen und demokratischen Selbstverständnis. Sie verurteilte den Versailler Vertrag als Ergebnis überkommener Gewaltpolitik, als einen »Gewaltfrieden«, der nicht nur pazifistischen Vorstellungen widerspreche, sondern auch die Entwicklung der Demokratie in Deutschland erschwere.[8] Zugleich versuchte sich die Friedensbewegung von der nationalistischen Kritik am Versailler Vertrag abzugrenzen, indem sie ihr die moralische und politische Berechtigung absprach, ohne sich jedoch mit dieser Abgrenzung in der Öffentlichkeit durchsetzen zu können, ja ohne diese Abgrenzung der Öffentlichkeit auch nur verständlich machen zu können: »Es ist mißlich, daß man sich bei der Verurteilung dieser Friedensbedingungen in einer Gesellschaft befindet, die man bisher gemieden und weiter gern meiden möchte. Alle Kriegshetzer und Annexionisten stimmen natürlich mit uns... Die früher ihre Raubpläne nicht weit genug ausdehnen konnten..., die schreien heute am lautesten, gebärden sich am entrüstetsten. Das Recht zu protestieren haben jetzt nur wir, die wir gegen den eigenen Gewaltwahn protestiert haben. Die anderen haben zu schweigen und in der Dunkelheit zu verschwinden; denn sie sind die Urheber dieser Schmach, die dem deutschen Volke angetan wird.«[9]

Trotz ihrer Kritik am Völkerbund setzte sich die Friedensbewegung in zahlreichen Resolutionen und Eingaben an das Parlament und an die Regierung für den Beitritt in den Völkerbund ein.[10] Zwei Gründe spielten dabei eine Rolle: zunächst die Überzeugung, daß man auf den Völkerbund als ein »unentbehrliches Instrument der Friedenssicherung«[11] nicht verzichten dürfe; hinzu kamen die Überlegungen, daß ein Ausbau des Völkerbundes, die Verbesserung seiner Satzung und eine Revision des Versailler Vertrages am ehesten über eine Mitgliedschaft im Völkerbund erreichbar seien. Auf den Deutschen Pazifistenkongressen zwischen 1919 und 1922 stand der Völkerbund im Mittelpunkt der Diskussion.[12] Vor dem 8. Pazifistenkongreß in Berlin (Januar 1919) erklärte L. Quidde, daß der Völkerbund trotz seiner Mängel die Grundlage für einen »wahren Völkerbund« bilden könne. Er erläuterte in verschiedenen Schriften seine Völkerbundskonzeption, die im wesentlichen mit dem offiziellen deutschen Völkerbundsplan übereinstimmte. Gemeinsam ist diesen Gegenentwürfen die Forderung nach Gleichberechtigung aller Mitglieder, nach Errichtung eines Weltparlamentes als Kontrollorgan des Völkerbundsrates, nach obligatorischer Schiedsgerichtsbarkeit, nach allgemeiner Abrüstung und Ächtung des Krieges. Die Satzung des Völkerbundes wie auch die Gegenentwürfe gingen bei aller Verschiedenheit von der Einsicht aus, daß nur eine Einschränkung der einzelstaatlichen Souveränität die Möglichkeit eröffnet den Krieg abzuschaffen; sie differierten jedoch darin, daß sie in unterschiedlichem Grad eine Beschränkung des staatlichen »ius ad bellum« (Recht auf Kriegführung) vorsahen. Die Alternativvorschläge, wie sie von M. Erzberger, L. Quidde und von der Reichsregierung vorgelegt wurden, forderten letztlich die Aufhebung des einzelstaatlichen »ius ad bellum« und als logische Konsequenz die Ächtung des Krieges, während die Völkerbundsatzung den Ausbruch eines Krieges durch juristische Prozeduren verhindern wollte. Der entscheidende Fortschritt gegenüber der Vorkriegszeit besteht darin, daß das Völkerrecht sich erstmals als ein Kriegsverhinderungsrecht verstand und nicht mehr nur als humanitäres Kriegsrecht.

Einen ganz anderen Weg schlug H. Graf Kessler mit seinen zunächst vielbeachteten, dann aber weithin vergessenen Vorschlägen für einen »wahren Völkerbund« ein. Der Zusammenbruch des alten Staatensystems ließ ihn die Fragwürdigkeit des modernen Machtstaates erkennen, den er seit N. Machiavelli und Colbert auf Rivalität und Egoismus hin angelegt sah: »Dieser Staat, der auf Diplomatie und Imperialismus gestellt ist, dessen Form und Wesen zum großen Teil aus diesen beiden Tendenzen der Selbstbehauptung hervorgingen, dieser Staat... steht in einem radikalen Gegensatz zu den beiden Ideen, die, wie mir scheint, dem Völkerbunde zu Grunde liegen sollten: zur Idee der unbedingten Heiligkeit des Rechts und zur Idee der unbedingten Heiligkeit der menschlichen Arbeit.«[13] Eine zweite Erkenntnis, aus der Erfahrung des Krieges und der unmittelbaren Nachkriegszeit gewonnen, wurde konstitutiv für den Völkerbundsentwurf H. Graf Kesslers: die Bedeutung der Wirtschaft und – davon abgeleitet – die gewachsene Macht der Arbeiterschaft: »Vielleicht deutet das auch auf die Überwindung des Krieges in seiner internationalen Form, weil wirksamere Druckmittel heranwachsen. Eines Tages werden Massenmord und Kanonen im Kampf zwischen Staaten ebenso naiv und veraltet erscheinen wie das Maschinengewehr im Klassenkampf. Schon der Weltkrieg ist wirtschaftlich entschieden worden, nicht militärisch... [Es bleibt] die Frage offen, ob unter modernen Verhältnissen militärischer Zwang auf die Dauer gegen den Willen aller in einem Betriebe oder Lande Tätigen sein Ziel erreichen könnte, das heißt, ob Sklaverei unter modernen Verhältnissen auf Dauer möglich ist.«[14] Daraus zog H. Graf Kessler die Konsequenz, daß ein Völkerbund nicht als eine Organisation der Staaten, sondern als eine »Organisation der Organisationen« gegründet werden müsse; den »wahren Völkerbund« dürften nicht interessengebundene Staaten, sondern interessensgleiche Organisationen bilden, da nur sie sich gegen »zwischenstaatliche Gewalt und wirtschaftliche Willkür« wehren könnten.[15] In seinen »Richtlinien für einen wahren Völkerbund« forderte H. Graf Kessler:

»....

2. Daß dieser zu einem demokratischen Bunde der Völker ausgebaut werde, der in erster Linie von den Werktätigen (Hand- und Kopfarbeitern) getragen und beherrscht wird...

3. Daß hierfür die Voraussetzungen unverzüglich geschaffen werden:

a) durch schnellsten Zusammenschluß der großen Produktionszweige zu nationalen und internationalen Selbstverwaltungskörpern, in denen alle in einem Produktionszweig Beschäftigten ... teilhaben an der Mitherrschaft über seine Produktionsmittel;
b) durch einen möglichst nach ähnlichen Grundsätzen durchgeführten nationalen und internationalen Zusammenschluß der Finanz;
c) durch Schaffung eines Zentralorgans, das die selbstverwalteten, internationalen Produktionszweige untereinander und mit der Finanz verbindet;
d) durch die Erhebung dieses Organs zu einem mit den nötigen Rechten und Gewalten ausgestatteten Organe des Völkerbundes;

....

5. Daß auch die großen geistigen, ethischen, religiösen Körperschaften diesem Zentralorgan des Völkerbundes angegliedert werden.

6. Daß dieses wirtschaftliche und geistige Weltorgan ebenso wie das Weltparlament autonom werde, d. h. im Rahmen der ihm zugestandenen Befugnisse frei von der selbständigen Einmischung einzelner Staaten.«[16]

Deutschland könne, nachdem es die Fähigkeit zu seiner Erneuerung bewiesen habe, als »Baumeister an einer neuen Welt« mitarbeiten, indem es nach seinem Eintritt in den Völkerbund für dessen Umgestaltung eintrete.[17] Damit wurde einem besiegten, aber erneuerten Deutschland eine besondere Rolle und Aufgabe zugewiesen. Vielleicht war es dieser Aspekt, der zu dem Erfolg des Entwurfs beitrug.

Erstmals trug H. Graf Kessler seine Völkerbundskonzeption auf dem 9. Pazifistenkongreß in Braunschweig (Oktober 1920) öffentlich vor. Der Kongreß billigte einstimmig diesen Entwurf und empfahl in einer Resolution eine »energische Aktion«, um ihn zu verwirklichen. Der Plan fand vor allem auch bei der organisierten Arbeitnehmerschaft weithin Zustimmung. Im Anschluß an die Londoner Konferenz (1921), die Deutschlands Reparationsleistungen endgültig festlegte, hielt H. Graf Kessler auf einer von der Friedensgesellschaft und vom ADGB gemeinsam getragenen Großversammlung in Wuppertal eine Rede über »Wiedergutmachung und Arbeiterschaft«, in der er auch seine Völkerbundskonzeption vortrug.[18] Auf weiteren Massenveranstaltungen von März bis April 1921 in Kiel, Leipzig, Bremen, Hannover, Osnabrück, Hagen und Köln wurde sein Plan unterstützt. Die internationale Gewerkschaftskonferenz in Amsterdam, die französischen Sozialisten und Gewerkschaften und englische Arbeiterorganisationen äußerten sich zustimmend. Der Westdeutsche Landesverband der Friedensgesellschaft identifizierte sich mit H. Graf Kesslers Vorstellungen, und noch in den Beschlüssen des 25. Weltfriedenskongresses in Bern (1926), die sich mit den wirtschaftlichen Sicherungen des Friedens befaßten, läßt sich sein Einfluß feststellen.[19] Der Höhepunkt des Erfolges für H. Graf Kessler lag zweifellos in den Jahren 1920 bis 1922, als der Völkerbundsgedanke in Deutschland seinen Tiefpunkt erreicht hatte. Seine unkonventionellen Vorstellungen schienen jedoch in dem Maße ihre Anziehungskraft zu verlieren, in dem die deutsche Außenpolitik seit 1924/25 ihre Haltung gegenüber dem Völkerbund zu überdenken begann.

Der »Friedensbund Deutscher Katholiken« bekannte sich in seinen Richtlinien von 1924 ausdrücklich zum Völkerbund; dabei berief er sich auf Benedikt XV., der darauf hingewiesen hatte, daß es andere Mittel als Gewalt und Vernichtung gebe, um verletzte Rechte unter den Völkern wiederherzustellen. Der Friedensbund erkannte im Völkerbund »trotz seiner augenblicklichen Mängel ein Mittel zur friedlichen Erledigung zwischenstaatlicher Rechtsfragen« und forderte daher »den Eintritt Deutschlands in den Völkerbund«.[20] Bei aller Kritik am Völkerbund dürfe man nicht übersehen, daß er zwar »kein ideales Gebilde darstellt und nur ein vorübergehender Zustand, eine Übergangsform sein darf. Aber die Tatsache, daß ein Völkerbund besteht, soll uns nicht mit Mißtrauen erfüllen, sondern mit Vertrauen. Hierin ist doch wenigstens die Möglichkeit einer gegenseitigen Verständigung angedeutet.«[21] Um der verbreiteten Skepsis unter den Katholiken gegenüber dem Völkerbund entgegenzutreten, hob der Friedensbund die Nähe der Völkerbundsidee zum katholischen Universalitätsdenken hervor: »Für uns Katholiken ist die Bejahung des Völkerbundes nur eine logische Konsequenz, die auch durch keine noch so zahlreichen Unvollkommenheiten außer Kurs gesetzt werden kann, eine Konsequenz aus unserem Glauben heraus an die Einheit des Menschengeschlechtes, an die Universalität der Menschheit. Wir Katholiken sagen ... Ja zum Völkerbund, weil wir Glieder einer Universalkirche sind, die von Christus den universalen Missionsbefehl erhalten: hinauszugehen in alle Welt und allen Völkern sein Evangelium zu verkünden. Die Kirche als größte religiöse Menschheitsinstitution, ein wahrer religiöser Völkerbund, kann sich niemals einem politischen Völkerbund versperren, eben so wenig der einzelne Christ, der ihr angehört.«[22]

In den frühen zwanziger Jahren formulierte der katholische Sozialtheoretiker E. Michel – einer der originellsten Denker des Weimarer Katholizismus und profiliertes Mitglied der um die »Rhein-Mainische Volkszeitung« gruppierten Frankfurter Richtung innerhalb des Friedensbundes – seine Vorstellungen von einem »wahren Völkerbund«. Sie verdienen besondere Aufmerksamkeit, weil sie, ähnlich wie die Gedanken des Soziologen E. Rosenstock-Huessy, indirekt in den Kommentaren der Rhein-Mainischen Volkszeitung wirksam wurden.[23] E. Michel sah im Völkerbundsgedanken eine »überstaatliche Forderung der Zeit«, ein überstaatliches Prinzip, das mit einer bloßen Vereinigung von Staaten wenig gemein habe. Das Ziel des Völkerbundes sah er in der Schaffung einer »höheren Einheit«, in der »nicht die Staaten zu einem Bundesstaat vereinigt sind, sondern in dem die Völker in eine höhere Einheit eingehen, ein übervölkisches Volk werden: ein Bundesvolk«. Aus der Idealvorstellung eines Bundesvolkes leitete E. Michel eine besondere Aufgabe für Deutschland ab. Deutschland müsse als »Volk«, nicht aber als »Machtstaat« in den Völkerbund eintreten, um so den wahren Völkerbund zu schaffen: »Wir wollen uns zu unserem bloßen Volksdasein bekennen und zu unserer Wehrlosigkeit, und darin zum Eckstein werden einer Gesellschaftsordnung, die von der ganzen Welt aufgebaut sein soll«.[24] Ähnlich argumentierte E. Rosenstock-Huessy, der im besiegten Deutschland das einzige Land sah, das auf seinen Kern, auf seine Existenzform als »Volk« reduziert und damit auch in der Lage sei, den Völkerbund in ein Bundesvolk umzuwandeln.

Der Gedanke einer besonderen Aufgabe des deutschen Volkes in der europäischen Politik gerade als Konsequenz der erzwungenen Abrüstung gewann in der Publizistik der katholischen Friedensbewegung an Bedeutung. Die Rhein-Mainische Volkszeitung votierte, Deutschland müsse die erzwungene Abrüstung akzeptieren und darin seine große Chance erkennen, zu einem Mittelpunkt zu werden, dem sich als »natürlichem Kristallisationszentrum« die anderen Staaten anschließen würden. Das setze allerdings voraus, daß Deutschland auch den Versailler Vertrag anerkenne: »Darum wollen wir, daß Deutschland die große Chance, die ihm – wahrlich gegen seinen Willen – der Versailler Vertrag geboten hat, herzhaft und ohne Wenn und Aber ergreife und sich nutzbar mache: die Chance, als erste gänzlich abgerüstete Großmacht Europas diesem Erdteile ein Pfahl im Fleische zu sein, der durch seine bloße Existenz die anderen immer wieder dazu zwingt, die Idee der Abrüstung ... im Bewußtsein zu halten und so Schritt für Schritt zu verwirklichen.«[25] Der

Schriftleiter der »Stimmen der Zeit« C. Noppel (S. J.) verstand die von den Entente-Mächten erzwungene Abrüstung als Herausforderung an Deutschland, eine »Pionierarbeit für die neue Völkergemeinschaft« zu leisten; die Zeitschrift »Das Heilige Feuer« hielt an der »pazifistischen These« von der Wehrlosigkeit Deutschlands und ihrer Beispielhaftigkeit fest.[26] Die Gedanken E. Michels über den »wahren Völkerbund« wurden vor allem von der idealistisch-radikalen Christlich-Sozialen Reichspartei begrüßt, die von der Berufung Deutschlands sprach, Europas »Mittler zu sein und den europäischen Völkern in friedlicher und gemäßigter Politik voranzugehen«.[27] Sie erhoffte Versöhnung und Befreiung von einem Völkerbund als »eines vom höchsten sittlichen Willen erfaßten Bundes der Völker«, den sie nach dem Vorbild der Kirche »mit ihrer unvergleichlichen konstitutionellen Struktur« aufgebaut sehen wollte.[28] Angesichts der politischen Wirklichkeit schlug diese idealistische Völkerbundsbegeisterung schon bald in Enttäuschung und Erbitterung um. Dadurch isolierte sich die Christlich-Soziale Reichspartei von der gemäßigten Mehrheit der katholischen Friedensbewegung, die immer wieder den Versuch unternahm, die »guten Kräfte innerhalb des Völkerbundes« zu unterstützen und durch die »Organisierung der öffentlichen Meinung« die pazifistischen Kräfte im Völkerbund zu stärken.[29]

Eine Untersuchung über Völkerbund und Abrüstung aus dem Jahre 1932, die auch heute noch lesenswert ist, stellte fest, daß die Begriffe Völkerbund und Abrüstung in einer »so selbstverständlichen Verbindung stehen, daß man unwillkürlich, wenn man von Versuchen und Bemühungen in der Abrüstungsfrage hört, an Genf denkt, wo das Thema Abrüstung nun schon seit 10 Jahren an hervorragender Stelle behandelt wird«.[30] Nachdem die Vorbereitende Abrüstungskommission im Dezember 1930 den Entwurf eines Abrüstungsabkommens vorgelegt hatte, beschloß der Völkerbundsrat die Einberufung einer Abrüstungskonferenz für den 2. Februar 1932 nach Genf. Das Interesse an einer allgemeinen Abrüstung war offensichtlich recht groß, da »die Ausweitung der Weltwirtschaftskrise zu einer internationalen politischen Krisensituation geführt hatte und damit die Beschränkung der Rüstungsmaßnahmen als Möglichkeit der Friedenssicherung in den Vordergrund rückte. Das bedeutete gleichzeitig, daß sich die Ausgangslage der teilweise entwaffneten Staaten erheblich verbesserte.«[31] Die Voraussetzungen für die traditionelle Strategie der Friedensbewegung, die Öffentlichkeit zu mobilisieren und dadurch Druck auf die Politiker auszuüben, schienen nicht ungünstig zu sein, zumal den Politikern die Dringlichkeit des

Abrüstungsproblems ebenso bewußt war wie die Tatsache, daß »die Lösung der Abrüstungsfrage einen Prüfstein für Sein oder Nichtsein des Völkerbundes bedeutet...«.[32] Die organisierte Friedensbewegung in Deutschland war jedoch nicht in der Lage, durch Öffentlichkeitsarbeit, Stellungnahmen oder programmatische Vorschläge die politische Diskussion zu beeinflussen. Seit 1929/30 setzte zudem in der öffentlichen Meinung eine antipazifistische und promilitaristische Trendwende ein; zumal nach den Reichstagswahlen im September 1930 war die erstarkte politische Rechte nicht mehr bereit, der Verbreitung pazifistischen Gedankenguts »tatenlos zuzusehen«.[33] Da die Friedensbewegung kaum Zugang zur öffentlichen Meinung hatte, war sie gerade jenes Wirkungsfeldes beraubt, auf das sie seit ihren Anfängen trotz wiederholter Enttäuschungen die größten Hoffnungen gesetzt hatte. Diese Situation der Friedensbewegung war teilweise selbstverschuldet. Seit der Auflösung des Deutschen Friedenskartells erwies es sich als unmöglich, die zersplitterte Friedensbewegung für gemeinsame Willenskundgebungen zu gewinnen. Die innerhalb der Deutschen Friedensgesellschaft einflußlosen oder auch aus ihr ausgetretenen Vertreter des völkerrechtlich orientierten Pazifismus mußten feststellen, daß die Organisationen der Friedensbewegung »in letzter Zeit weder zu dem Entwurf der Vorbereitenden Abrüstungskommission noch zu anderen aktuellen Völkerbundsproblemen klar Stellung genommen und Richtlinien ausgearbeitet« hatten. Zu Recht wies H. Wehberg darauf hin, daß es nicht ausreiche, sich »auf die Bekämpfung deutscher Aufrüstung, das Verlangen allgemeiner gleichzeitiger Abrüstung« zu beschränken, sondern daß man auf die in Genf vorgelegten Vorschläge eingehen und »an die öffentliche Meinung der Welt und die Regierungen klar formulierte, für die Gegenwart bestimmte Forderungen« stellen müsse.[34] Damit kritisierte H. Wehberg die unter der Leitung F. Küsters eingeschlagene Richtung der Deutschen Friedensgesellschaft, sich vornehmlich mit der nationalistischen Rechten auseinanderzusetzen. Das Dilemma der Friedensbewegung bestand jedoch darin, daß diese Orientierung angesichts der besorgniserregenden Entwicklung in Deutschland zwar durchaus berechtigt war, daß die Friedensbewegung darüber aber ihre völkerbundspolitische Kompetenz aufgab.

Diesen Kompetenzverlust versuchte ein »Deutscher Ausschuß für Abrüstungspropaganda«, von L. Quidde Anfang 1932 gegründet, wieder zurückzugewinnen. Dem Ausschuß schlossen sich 16 pazifistische Organisationen an, die früher dem Friedenskartell angehört hatten. Er trat mit einem Aufruf an die deutsche Öffentlichkeit:

»Deutsche Volksgenossen! Die Weltabrüstungskonferenz hat begonnen. Ihr Schicksal wird das Schicksal der Menschheit auf lange hinaus bestimmen ... Ihr Mißlingen würde das Signal zu einer Katastrophe entsetzlichen Ausmaßes. Jede Hoffnung auf vertrauensvolles Zusammenarbeiten der Völker, auf Überwindung der Weltwirtschaftskrise mit ihrer furchtbaren Arbeitslosigkeit, müßte auf lange Zeit schwinden. Ein furchtbarer Rüstungswettkampf würde einsetzen, hinter dem die Gefahr eines neuen Weltkrieges lauert ...«.[35] Im Herbst 1931 veröffentlichte die Internationale Frauenliga für Frieden und Freiheit einen Aufruf zur allgemeinen Abrüstung. Mit diesem Aufruf verband – in deutlicher Anlehnung an die Unterschriftenaktion vor der Ersten Haager Friedenskonferenz – die Frauenliga eine Unterschriftensammlung:

»Der Krieg ist geächtet, deshalb fordern wir die Ächtung der Kriegsmittel.

Die unterzeichneten Männer und Frauen in- und außerhalb der Parteien sind überzeugt: Daß die jetzige Rüstungspolitik den Völkern keine Sicherheit gewährt und alle Staaten zugleich dem wirtschaftlichen Ruin entgegenführt ...

Sie fordern deshalb: die allgemeine und totale Abrüstung und ersuchen die Regierungen aufs dringendste, ihren Delegierten zu der nächsten Abrüstungskonferenz formelle Weisungen zu geben, alle schon gemachten oder neu einlaufenden Abrüstungsvorschläge, welchen Ursprungs sie auch sein mögen, auf ihre praktische Durchführbarkeit zu prüfen und die Maßnahmen zu treffen, die die rasche Verwirklichung der Weltabrüstung sichern.«[36] – Den Aufruf unterzeichneten u. a. A. Einstein, Th. Mann, B. Russell, S. Lagerlöf, L. Ragaz und St. Zweig.

Die Kundgebung der Frauenliga veranlaßte den Friedensbund Deutscher Katholiken dazu, eine eigene Abrüstungskundgebung zu formulieren, dazu die Unterschriften der deutschen Bischöfe zu erbitten und dann eine Unterschriftensammlung unter den deutschen Katholiken einzuleiten; die ausländischen Katholiken wollte man um eine entsprechende Aktion in ihrem Land ersuchen.[37] Der Friedensbund beabsichtigte durch seine mit der Autorität der Bischöfe ausgestatteten Aktion, vor allem Einfluß zu nehmen auf die französischen Katholiken und deren Einstellung in der Abrüstungsfrage. Diese Intention bewog wohl auch Reichskanzler H. Brüning dazu, die Aktivitäten des Friedensbundes finanziell zu unterstützen.[38] Die Zustimmung der deutschen Bischöfe zur Abrüstungskundgebung des Friedensbundes konnte aber nur durch eine Entpolitisierung der ursprünglichen Textfassung erreicht werden. Der Aufruf, der nicht viel mehr als eine Zitatensammlung päpstlicher Äußerungen zu Frieden und Abrüstung darstellt, wurde von zwei Millionen deutscher Katholiken unterschrieben.

Das öffentliche Interesse an der Abrüstungskonferenz scheint außergewöhnlich groß gewesen zu sein;[39] da es jedoch über keine entsprechenden politischen Durchsetzungsmöglichkeiten verfügte, mußte es auf der deklamatorischen und appellativen Ebene versanden. Der Internationale Versöhnungsbund richtete in 25 Ländern nationale Arbeitsausschüsse ein, die einen Kreuzzug nach Genf »für Völkerabrüstung und Weltfrieden« organisierten.[40] Die Sozialistische Arbeiterinternationale und der Internationale Gewerkschaftsbund forderten in Resolutionen die allgemeine Abrüstung. Die ansonsten sehr zurückhaltende Interparlamentarische Union veröffentlichte im Oktober 1931 einen dringenden Aufruf zur Abrüstung.[41] Das Internationale Friedensbüro in Genf verschickte 15000 Adressen an alle Parlamentarier in Europa und an einflußreiche Politiker mit dem Appell, ihren Einfluß geltend zu machen: »Die öffentliche Meinung der Völker muß aufgerüttelt werden... Nur durch eine gewaltige und allgemeine Protest-Bewegung, durch eine im Namen der verschiedenen Völker der ganzen Welt gestellte kategorische Forderung wird es möglich sein, die Abrüstungs-Konferenz dazu zu bringen, daß sie ganze und gründliche Arbeit leistet.«[42] Für die deutsche Friedensbewegung waren die Kundgebungen zur Abrüstungskonferenz die letzte Möglichkeit, im internationalen Rahmen und vor der deutschen Öffentlichkeit für Frieden und Völkerbund einzutreten.

Charakteristisch für die deutsche Friedensbewegung in der Weimarer Republik sind ihre Bemühungen um die Verständigung und Aussöhnung mit den Nachbarvölkern Frankreich und Polen. Hier wagte sich die Friedensbewegung auf ein Betätigungsfeld, das nach dem Weltkrieg außerordentlich schwierig war und sehr viel persönliches Engagement erforderte. Dabei stießen die deutschen Pazifisten nicht nur auf das Mißtrauen des Auslandes, sondern auch auf Unverständnis, wenn nicht feindselige Ablehnung im eigenen Land.

Mit Frankreich kam der erste Kontakt zustande, als H. Graf Kessler und M. Jocham, der Gründer des Friedensbundes Deutscher Katholiken, am ersten Kongreß der Internationale Démocratique in Paris (4.–11. Dezember 1921) teilnahmen, den M. Sangnier einberufen hatte; die deutschen Teilnehmer wurden ohne Vorbehalte aufgenommen. Sowohl H. Graf Kessler als auch M. Jocham betonten in ihren Reden, daß die deutschen Pazifisten den Wiederaufbau Nordfrankreichs nicht nur für eine juristische Pflicht, sondern für eine moralische Verpflichtung hielten. H. Graf Kessler notierte in seinem Tagebuch: »Meine Rede wurde immer wieder durch geradezu frenetischen Beifall unterbrochen«.[43] Der Friedenskongreß M. Sangniers war der Ausgangspunkt für die später recht enge Zusammenarbeit zwischen dem Friedensbund Deutscher Katholiken und der Bewegung M. Sangniers. H. Graf Kessler nutzte die Gelegenheit, im Auftrag des Bundes Neues Vaterland Verbindungen aufzunehmen zu der französischen Liga für Menschenrechte. Der Bund Neues Vaterland – der kurz darauf seinen Namen in Deutsche Liga für Menschenrechte änderte – und die französische Liga einigten sich auf einen Aufruf »An die Demokraten Deutschlands und Frankreichs«, in dem sie Grundsätze für eine Verständigung zwischen beiden Ländern aufstellten:[44]

»1. Deutschland muß sich nicht nur juristisch, sondern auch moralisch verpflichtet fühlen, die Schäden wiedergutzumachen, die Frankreich durch den deutschen Einfall erlitten hat, und Deutschland muß dafür sorgen, daß zu diesem Zweck den begüterten Klassen die notwendigen Opfer auferlegt werden ...

2. Um das gegenseitige Mißtrauen zwischen beiden Völkern zu beseitigen, muß Deutschland den versteckten Widerstand gegen die Entwaffnung brechen und diese in loyaler Weise durchführen ... Frankreich aber muß, wenn ihm damit Sicherheit geschaffen, selbst auch abrüsten und damit die Weltabrüstung herbeiführen.«

Ohne das Problem der Kriegsschuld anzusprechen, forderte der Aufruf die Öffnung der Archive und die Einsetzung einer unabhängigen Kommission, die »die Verantwortlichkeit am Kriege« feststellen sollte. Deutschland müsse in den Völkerbund aufgenommen werden, der »nicht von den Regierungen, sondern aus den Völkern« zu bilden sei. Der Aufruf wurde in Frankreich von dem Philosophen L. Brunschvicg, dem ehemaligen Ministerpräsidenten P. Painlevé und einigen Deputierten unterzeichnet; in Deutschland unterzeichneten ihn über 100 Frauen und Männer aus Politik, Wirtschaft, Wissenschaft und Kunst, u. a. E. Bernstein, K. Kautsky und O. Nuschke, A. Einstein und V. Valentin, K. Kollwitz und A. Moissi, H. Mann, C. von Ossietzky und K. Tucholsky.

Nach diesem Aufruf mit seinen überraschend ausgewogenen Forderungen organisierte die Deutsche Liga für Menschenrechte für Mitglieder der französischen Liga einen Aufenthalt in Deutschland, dessen Höhepunkt eine Kundgebung im Reichstag am 1. Juli 1922 war. Nachdem der Präsident des Deutschen Reichstages P. Löbe die

Teilnehmer begrüßt hatte, betonten die deutschen Redner wiederum die moralische Verpflichtung Deutschlands zum Wiederaufbau der zerstörten Gebiete Nordfrankreichs (H. Graf Kessler); andererseits übten die französischen Redner Kritik an der Politik R. Poincarés (V. Basch). Nachhaltige Impulse gingen von dieser Kundgebung trotz ihres halboffiziellen Rahmens nicht aus.

Neue Belastungen für den Verständigungsprozeß brachte die Besetzung des Ruhrgebietes durch belgische und französische Truppen im Januar 1923. Der Einmarsch belgischer und französischer Truppen in das Ruhrgebiet überschattete auch den dritten Kongreß der Internationale Démocratique, den M. Sangnier nach Freiburg/i. Brg. einberufen hatte und der in der ersten Augustwoche des Jahres 1923 stattfand. Allein schon die Tatsache, daß unter diesen Umständen ein deutsch-französischer Kongreß abgehalten werden konnte, mußte Aufsehen erregen. Die Liste der Teilnehmer verzeichnet prominente Vertreter des Zentrums wie J. Joos, den Führer des badischen Zentrums Dr. Schofer, den Staatspräsidenten von Baden und den Oberbürgermeister der Stadt Freiburg; anwesend waren ferner profilierte Katholiken, die sich für die Versöhnung mit Frankreich einsetzten, darunter G. Briefs und H. Platz, E. Michel und Fr. M. Stratmann. Die politische Aktualität des Kongresses brachte der katholischen Friedensbewegung unverhofften Auftrieb, der auch genutzt wurde. Hilfreich war die Resolution des Kongresses, in der die Zurücknahme der Ruhrbesetzung gefordert und Deutschland zur Einhaltung seiner Verpflichtungen ermahnt wurde.[45] Aus der Krise des Jahres 1923 erwuchs nicht nur eine Neubelebung des Friedensbundes Deutscher Katholiken; aus ihr erwuchs auch der Versuch katholischer Jugendbünde wie des Quickborn und der Großdeutschen Jugend unter N. Ehlen, sie durch idealistisches – wenn auch politisch gesehen eher naives – Handeln zu überwinden. In einem Manifest an die französische und die belgische Jugend boten die Jugendlichen ihre konkrete Mitarbeit am Wiederaufbau Nordfrankreichs an:[46]

»Große Teile der deutschen Jugend haben schon lange abgerüstet und sind mit heißer Liebe zum eigenen wie auch zu anderen Ländern erfüllt. Ihr wollt Sicherheiten und Gesinnung haben. Nehmt unsere Arbeitskraft und laßt uns an Frankreichs Aufbau arbeiten, wie wir im Krieg an seiner Zerstörung gearbeitet haben ... Ist unsere Zahl auch gering im Vergleich zu dem gewaltigen Heere, das auf Frankreichs Boden gefochten hat, so wißt, daß hinter unserer Gesinnung der Ewige steht. Werkleute, Studenten und Gelehrte, Kaufleute und

Bauern, Priester und Laien, wir werden kommen. So laßt uns ein! Öffnet uns die Grenzen und zeigt, wo wir wirklich unmittelbar dem französischen Volk helfen können.«

Das Vorhaben scheiterte daran, daß Frankreich seine Grenzen nicht öffnete. Der französische Ministerpräsident R. Poincaré vereitelte zunächst eine Initiative, die 500 deutschen Kindern einen Erholungsaufenthalt in Frankreich ermöglichen sollte. Deutsche Politiker verhielten sich ebenso verständigungsfeindlich. Als nach dem Sturz R. Poincarés der neue Ministerpräsident E. Herriot die Einreise der deutschen Kinder erlaubte, erhoben deutsche Politiker Einwände; erst nach langwierigen Verhandlungen gaben sie ihre Zustimmung. Badische bzw. württembergische Regierungsstellen verhinderten 1921/22 den Versuch französischer Pfadfinder, eine Wanderung durch den Schwarzwald durchzuführen.[47] Die deutsch-französischen Beziehungen waren offensichtlich so verhärtet, so sehr auf gegenseitige Abschottung ausgerichtet, daß auch unterhalb der politischen Ebene Verständigungsbemühungen selbst bescheidenen Ausmaßes vergeblich waren. Erst als mit dem Abschluß des Locarno-Vertrages und dem Eintritt Deutschlands in den Völkerbund die deutsch-französischen Beziehungen insgesamt auf eine neue Grundlage gestellt waren, wurden Begegnungen zwischen Deutschen und Franzosen möglich. Dem Vertrag von Locarno folgte im August 1926 ein »Locarno der Jugend«, wie der VI. Kongreß der Internationale Démocratique in Bierville genannt wurde. Über 5000 meist jugendliche Teilnehmer diskutierten auf dem Besitztum M. Sangniers über die »sittlichen, sozialen und politischen Bewegungen der heutigen Jugend in den einzelnen Ländern«, über die »Kennzeichen und Ziele der wichtigsten Jugendbewegungen und Jugendorganisationen« und über »internationale Zusammenarbeit der Jugend im Dienste der Völkerverständigung und der Entspannung des Abendlandes«.[48] Die stärkste nationale Gruppe stellten die Deutschen; vor allem die katholische Jugendbewegung war mit Jungborn, Quickborn und Großdeutscher Jugend vertreten, aber auch die sozialistische Arbeiterjugend mit Wandervogelbund und Jungproletarierbund. Pazifistische Organisationen wie Deutsche Friedensgesellschaft, Deutsche Liga für Menschenrechte und Friedensbund Deutscher Katholiken waren ebenfalls in Bierville anwesend.[49] Wenn auch der Erfolg dieses Kongresses einmalig blieb, wenn auch Kritik an der emotionalen Anlage dieses Kongresses laut wurde, so leitete er doch eine Reihe weiterer Begegnungen ein. Eine größere Aktion gelang noch einmal im August 1929, als M. Sangnier die Jugend zu einem »Kreuzzug des Friedens«

aufrief, der von verschiedenen Grenzpunkten aus in einen »konzentrischen Marsch auf Paris« einmündete. Über 200 deutsche Jugendliche vor allem aus katholischen Bünden nahmen an diesem »Kreuzzug des Friedens« teil.[50] Andere Begegnungsformen wie Schülerbriefwechsel, Klassenfahrten und internationale Ferienlager wurden organisiert.[51] Der Schüleraustausch, von der Liga für Menschenrechte betreut, hielt sich – an heutigen Zahlen gemessen – zwar in einem bescheidenen Rahmen, bedeutete aber doch einen großen Fortschritt.[52] Gerade am Schüleraustausch beteiligten sich kaum Katholiken; es war »ungeheuer schwer«, auch nur ein halbes Dutzend junger katholischer Leute in katholischen Familien Deutschlands oder Frankreichs unterzubringen. Das distanzierte Verhalten der Katholiken zu anderen Völkern zumal in Konfliktfällen verurteilte der Friedensbund als eine »regelrechte Unterlassungssünde und Untreue gegen ihre eigenen Ideale. Grundsätzlich gibt kein Katholik . . . diese Ideale der Brüderlichkeit, Versöhnlichkeit und Verpflichtung zu gemeinsamer positiver Arbeit preis, aber praktisch versagt hier die große Mehrzahl gerade derer, die den Einfluß und die Mittel haben, diese elende Passivität und unwürdige Verstricktheit in nationale Leidenschaften und Vorurteile zu überwinden.«[53]

Mit der Katholischen deutsch-französischen Konferenz (20./21. 12. 1929) in Berlin, getragen vom Zentrum in Verbindung mit der Parti Démocrate Populaire und vom Friedensbund in Kontakt mit der Bewegung M. Sangniers, gelang eine Initiative, die vor allem in Frankreich, weniger in Deutschland Aufsehen und Zustimmung fand. Von deutscher Seite nahmen prominente Zentrumspolitiker wie J. Joos, W. Marx, A. Stegerwald, H. Krone und die Staatssekretäre H. Pünder und H. H. Lammers teil; der Friedensbund war vertreten durch F. M. Stratmann, C. Noppel, H. Scharp, F. Muckermann und Bischof Schreiber von Berlin. Wenn der Kongreß auch kaum politische Probleme behandelte, sich vielmehr Fragen katholisch-kultureller Bedeutung zuwandte, so rief er doch – wie der deutsche Botschafter in Paris feststellte – »gute Wirkungen in der französischen Gesellschaft hervor und wirkte sich günstig auf die französischen Vertreter bei den Verhandlungen über den Young-Plan im Haag aus«.[54] Die deutsch-französische Konferenz ging jedoch auseinander, ohne neue Akzente zu setzen. Zwar gab es auch weiterhin noch vereinzelt Begegnungen zwischen jungen Deutschen und Franzosen (z. B. Grenzlandtreffen), sie blieben jedoch isolierte Aktivitäten ohne größere Ausstrahlungskraft. Insgesamt gesehen erreichten die deutsch-französischen Verständigungsbemühungen eine recht große Publizität. Ihre Bedeutung für die deutsch-französische Verständigung nach dem Zweiten Weltkrieg ist noch unerforscht.[55]

Es bleibt das Verdienst pazifistischer Organisationen wie der Liga für Menschenrechte und des katholischen Friedensbundes, daß sie früher als die Politiker die Notwendigkeit einer Verständigung zwischen beiden Ländern erkannten. Nach dem Vertragswerk von Locarno verbesserten sich auch die Voraussetzungen für eine Verständigungsarbeit außerhalb der offiziellen Politik. G. Stresemanns Ausgleichspolitik mit Frankreich hatte zwar »vorrangig einen instrumentalen bzw. funktionalen Charakter«,[56] der von der deutschen Friedensbewegung durchaus erkannt wurde; doch schuf erst die Anerkennung der Westgrenze eine tragfähige Grundlage dafür, die Ausgleichspolitik zwischen beiden Staaten durch eine Verständigung zwischen der Bevölkerung beider Staaten zu festigen und auch auszubauen. Die Verleihung des Friedensnobelpreises im Jahre 1927 an L. Quidde und V. Basch als die Repräsentanten der Friedensbewegung beider Länder wollte diese Form der Verständigungsarbeit ausdrücklich würdigen, nachdem im Jahre zuvor die Arbeit der Politiker G. Stresemann und A. Briand ebenfalls mit der Verleihung des Friedensnobelpreises anerkannt worden war.

Den Bemühungen der Friedensbewegung, mit Polen zu ähnlich intensiven Kontakten wie mit Frankreich zu kommen, blieb der Erfolg weitgehend versagt. Das lag in erster Linie daran, daß die deutsche Außenpolitik ein »Ost-Locarno« strikt ablehnte, d. h. die Grenze mit Polen nicht anerkannte, sondern offen deren Revision forderte; hinzu kam, daß eine »subventionierte Wissenschaft und Publizistik« in den zwanziger Jahren erheblich dazu beitrugen, die »antipolnische Stimmung in Deutschland anzufachen und die These der notwendigen Grenzrevision« weiter zu festigen.[57] Die Versuche der deutschen Politik, Polen zu isolieren, wirtschaftlich und letztlich auch politisch zu destabilisieren, blieben zwar erfolglos; sie zwangen aber Polen zu einer kompromißlosen Gegenposition, zu einem politischen Immobilismus. Der Revisionismus der deutschen Politik rief eine Tabuisierung der Grenzproblematik in der polnischen Politik hervor, die sich weigerte, über das Grenzproblem auch nur zu sprechen. Dieser Zustand der offiziellen Beziehungen zwischen Deutschland und Polen bestimmte auch den Charakter und den Inhalt der nichtoffiziellen Kontakte, die von der Friedensbewegung gesucht wurden. Die Hoffnungen der Friedensbewegung auf ein deutsch-polnisches Bierville waren schon deshalb illusionär, weil es kein deutsch-polnisches »Locarno« gab. Belastend wirkte sich auf die deutsch-polnischen Verständigungsversuche aus, daß der überwiegende Teil der deutschen Friedensbewegung die deutschen Revisionsforderungen im Osten unterstützte und daß umgekehrt die polnischen Gesprächspartner kompromißlos den Standpunkt der polnischen Regierung vertraten.

In H. Graf Kessler, nach dem Waffenstillstand für kurze Zeit Gesandter in Warschau, und in H. von Gerlach, bis März 1919 Leiter des Polendezernats im preußischen Innenministerium, verfügte die deutsche Friedensbewegung über kompetente Sachkenner der deutsch-polnischen Beziehungen. Ende März 1919 beschloß die Liga für Menschenrechte – der H. von Gerlach als führendes Mitglied angehörte –, eine deutsch-polnische Kommission einzusetzen, die allerdings wenig aktiv war.[58] Als schließlich im Rahmen des Berliner Weltfriedenskongresses (1924) zwischen deutschen und polnischen Pazifisten erstmals regelmäßige Kontakte vereinbart wurden, wurden sie durch die Handelssperre erschwert, durch die Deutschland den polnischen Staat unter Druck setzen wollte.[59] Dennoch fand am 25. Oktober 1925 in Danzig eine deutsch-polnische Konferenz statt, auf der die Einsetzung einer gemeinsamen Kommission beschlossen wurde, die vor allem die ethnographischen und statistischen Fragen des Minoritätenproblems untersuchen sollte. Die Konferenz forderte konkrete Schritte zur Verbesserung des deutsch-polnischen Verhältnisses, die jedoch nicht realisierbar waren, weil sie den Verständigungswillen der Regierungen voraussetzten. Die Danziger Konferenz regte an:[60]

> Fortfall des Visum- und Paßzwanges;
> Durchführung eines von staatlichen Reglementierungen freien Eisenbahnverkehrs;
> beiderseitige Erleichterungen in der Einbürgerungspraxis;
> häufige Zusammenkünfte der Angehörigen beider Völker, insbesondere der Jugend;
> pazifistische Erziehung der Jugend sowie ungehinderter Austausch der wissenschaftlichen und literarischen Güter.

H. von Gerlach ist es gelungen, das deutsch-polnische Komitee durch ein Gremium zu erweitern, in dem sich deutsche und polnische Parlamentarier zusammenfanden. Einige Reichstagsabgeordnete der SPD, des Zentrums und der DDP gehörten von deutscher Seite diesem Gremium an, das jedoch keine erkennbaren Erfolge erzielte. Das Auswärtige Amt stand der Bildung des Parlamentariergremiums von Anfang an mißtrauisch und ablehnend gegenüber: es hielt eine solche Initiative der angeblich deutschfeindlichen Politik Polens wegen – von der deutschen Politik wurde nicht gesprochen – für unangebracht und eher schädlich.[61] Besonders aufmerksam beobachtete das Auswärtige Amt die Verständigungsbemühungen des Friedensbundes Deutscher Katholiken, da es befürchtete, das Zentrum könnte eine polenfreundliche Haltung einnehmen und damit die gemeinsame Front der Parteien aufweichen. Allerdings überschätzte das Auswärtige Amt damit den Einfluß des Zentrumspolitikers und Mitglieds des Friedensbundes R. Kuenzer, der sich besonders um eine Verständigung mit Polen bemühte. Die Befürchtungen des Auswärtigen Amtes faßte der vortragende Legationsrat H. von Dirksen in einer Aufzeichnung vom 21. März 1927 zusammen, die von »gewissen Anzeichen« spricht, daß »das Zentrum demnächst zu den Fragen deutscher Ostpolitik eine grundsätzlich andere Haltung einnehmen wird, und zwar in dem Sinne, daß es ein Abrücken von Sowjetrußland und eine ausgesprochene Versöhnungspolitik mit Polen fordern wird«.[62] Solange jedoch keine eindeutigeren Hinweise als die bisher bekannten vorliegen,[63] sollte man mit einer Übernahme dieser Beurteilung des Auswärtigen Amtes vorsichtig sein, zumal Fehleinschätzungen innerpolitischer Entwicklungen durch das Auswärtige Amt nicht selten waren.

Die Haltung des Friedensbundes gegenüber Polen war merkwürdig gespalten: Einerseits hielt der Friedensbund, wie die Mehrheit der Deutschen, an der Revisionspolitik im Osten fest, andererseits empfand er das Verhältnis zu Polen als ein »sichtbares Zeichen für die Ohnmacht der christlichen Friedenskräfte«.[64] Für den Friedensbund stellte die Verständigung mit Polen schon deshalb eine besondere Herausforderung dar, weil er in der »gemeinsamen Grundlage der katholischen Idee« eine einzigartige Möglichkeit für eine deutsch-polnische Friedensarbeit sah.[65] Gerade in den Verständigungsbemühungen mit Polen wurde die Bedeutung der kirchlich-religiösen Grundlage betont. W. Dirks sah im gemeinsamen Katholizismus einen Ansatz, von dem aus die nationale Leidenschaft bekämpft werden könne: »Immer mehr wächst in uns das Bewußtsein, daß solche Gesinnungen im Reich Gottes ein Skandalum sind, ein beschämendes Zeichen unseres ungeläuterten heidnischen Herzens.«[66] Es ist dem Friedensbund nicht gelungen, die Spannung zwischen nationalpolitischem Interesse (Revisionspolitik) und kirchlich-religiösem Friedensauftrag in Einklang zu bringen.

Auf der Reichstagung des Friedensbundes in Münster (1926)

schlug C. O. von Soden vor, von der Unlösbarkeit der Grenzfrage auszugehen, d. h. die Grenzproblematik für zwanzig Jahre nicht anzurühren und zunächst einmal ein Klima des Vertrauens zwischen Deutschen und Polen herzustellen.[67] Diese angesichts der deutschen Polenpolitik letztlich unrealistische Konzeption lag auch der Konferenz deutscher und polnischer Katholiken zugrunde, die im Mai 1929 in Berlin stattfand.[68] Die zweite deutsch-polnische Konferenz in Köln (1931), die vom Friedensbund, vom Internationalen Versöhnungsbund und von der Katholischen Weltjugendliga getragen wurde, versuchte dagegen, konkrete politische Fragen wie das Korridorproblem und das Minderheitenproblem zu diskutieren. Sehr bald stellte sich heraus, daß diese Fragen selbst bei bestem Willen nicht einvernehmlich zu lösen waren.[69] Während die polnischen Pazifisten ohne Einschränkung den Standpunkt ihrer Regierung vertraten, hielt die deutsche Seite an dem Irrtum fest, das deutsch-polnische Problem sei auf methodisch vergleichbarem Weg wie das deutsch-französische Problem zu lösen, so nämlich, daß »eine vernünftige, mit den realen Möglichkeiten rechnende Politik nicht darauf ausgehen kann, die Formeln und Paragraphen des Versailler Vertrages zu zerstören, sondern daß nur ein anderes möglich ist: eine Beeinflussung und Umgestaltung der tatsächlichen Verhältnisse . . . und trotz der Formeln und Paragraphen eine erträgliche Möglichkeit des Zusammenlebens« zu schaffen.[70] Es ist bezeichnend für das Dilemma der deutsch-polnischen Beziehungen, daß selbst die ansonsten phantasievolle Rhein-Mainische Volkszeitung verkannte, daß diese Methode gerade auf das deutsch-polnische Verhältnis nicht anwendbar war. Für Polen bedeutete die Anerkennung der Grenze nicht nur wie für Frankreich eine Sicherheitsfrage, sondern die Grundlage seiner Selbstbehauptung. Die zwiespältige Haltung des Friedensbundes stand in Widerspruch zu seinem Anspruch, im deutsch-polnischen Verhältnis eine Vermittlungsrolle spielen zu können.[71]

Bereits im Jahre 1929 stellte Fr. M. Stratmann fest, daß sich trotz der zahlreichen Verständigungsbemühungen »so gut wie nichts« bewegt habe. Da weder die Deutschen noch die Polen nachgeben wollten, bleibe nichts anderes übrig, als daß »die gemeinsame Mutter Europa die politischen und wirtschaftlichen Grenzen ihrer Stachel entkleidet, d. h. zu bloßen Verwaltungsgrenzen herabsinken läßt. Die Vereinigten Staaten Europas brauchen nichts von dem anzutasten, was den Völkern teuer und unveräußerlich ist: Eigenart, Sprache, Kultur . . . Aber die staatsbürgerlichen Rechte, zu denen vor allem freier Handel und Wandel gehören, dürfen in den so dicht nebeneinander liegenden und aufeinander angewiesenen Völkern nicht länger verschieden sein und infolgedessen zu tatsächlichen Ungerechtigkeiten führen. Mit dieser Perspektive wird also nicht einer Grenzverschiebung zuungunsten Polens und zugunsten Deutschlands das Wort geredet, vielmehr einer Überwindung der beunruhigenden Lage zugunsten beider.«[72]

Die Idee der Vereinigten Staaten von Europa spielte in der Friedensbewegung der Weimarer Republik eine bedeutende Rolle. Erstmals schienen Hoffnungen, das Projekt der »Vereinigten Staaten von Europa« realisieren zu können, nicht ganz unbegründet. Nach dem Ersten Weltkrieg war der Grundsatz von der uneingeschränkten Souveränität der Einzelstaaten fragwürdig geworden, und die Staaten hatten bereits einer – wenn auch freiwilligen und jederzeit widerrufbaren – Einschränkung ihrer Souveränität zugunsten einer übergeordneten Institution (Völkerbund) zugestimmt. Die Idee der Vereinigten Staaten von Europa beschäftigte deshalb nicht nur einige politische Schriftsteller und Intellektuelle wie noch vor dem Weltkrieg. Sie faszinierte zahlreiche Menschen und führte zur Paneuropa-Bewegung; sie beschäftigte auch Politiker, wie A. Briand, der im Jahre 1929 einen Europaplan vorlegte. Angesichts der unzulänglichen Organisationsstruktur des Völkerbundes und seiner politischen Schwäche entstanden zahlreiche Europapläne, die sich grob in zwei Gruppen einteilen lassen: eine, die »dem Völkerbund durchaus freundlich gegenübersteht und einen europäischen Zusammenschluß nur in seinem Rahmen durchführen will, und eine andere, die am liebsten dem Völkerbund eine andere Gestalt geben möchte, weil sie seine augenblickliche Verfassung höchst kritisch betrachtet und die kontinentale Gliederung letzten Endes für wichtiger hält als die Organisation der ganzen Welt«.[73] Die Friedensbewegung hielt allerdings grundsätzlich am Völkerbund fest. Sie ging davon aus, daß das Grundproblem der Nachkriegszeit, die Sicherheitsfrage, nicht bilateral zu lösen sei, sondern nur im Rahmen eines kollektiven Sicherheitssystems. Die Sicherheitsfrage aber war wiederum aufs engste verknüpft mit der Abrüstungsproblematik; und hier standen sich die Positionen Deutschlands und Frankreichs unvereinbar gegenüber, weil Deutschland seine erzwungene Abrüstung nicht akzeptierte und weil Frankreich sich aus diesem Grund weigerte, seinerseits abzurüsten. Der traditionellen Machtpolitik, die nach 1918 weder von den Siegern und noch weniger von den Besiegten des Ersten Weltkrieges aufgegeben wurde, ist es nicht gelungen, einen überzeugenden Ansatz zu finden, von dem aus die gegenseitige Blockierung von Sicherheit und Abrüstung hätte aufgelöst und damit der Grundstein für eine internationale Friedensordnung hätte gelegt werden können.

Einen solchen Ansatzpunkt erkannten die Pazifisten gerade in der Entwaffnung der Weimarer Republik. Sie insistierten darauf, die erzwungene Entwaffnung bewußt als politisches Instrument einzusetzen, um die allgemeine Abrüstung im Rahmen des Völkerbundes zu verwirklichen. Das setzte jedoch voraus, daß die deutsche Entwaffnung tatsächlich durchgeführt und ohne Mentalreservation auch akzeptiert werden mußte. Wenn die Friedensbewegung immer wieder darauf drängte, die Aufgaben der Reichswehr – wie auch im Versailler Vertrag festgelegt – auf die Erhaltung der inneren Ordnung zu beschränken, dann eben auch deshalb, weil darin die Voraussetzung für eine Neuordnung der internationalen Beziehungen lag. Der Reichswehr kam im sicherheitspolitischen Konzept der Friedensbewegung, das von Sicherheit durch Abrüstung ausging, eine Schlüsselfunktion zu. Im Ringen der Friedensbewegung um eine demokratisch-republikanische Reichswehr wird der Zusammenhang zwischen innerstaatlicher Ordnung und sicherheits- bzw. friedenspolitischer Zielsetzung deutlich.

Dem Völkerbund fiel bei der Organisation der internationalen Beziehungen und für die Gewährleistung der Sicherheit eine zentrale Bedeutung zu. Deshalb zielten die Vorschläge der Friedensbewegung zum Ausbau des Völkerbundes vor allem auf eine Erweiterung seiner Kompetenzen. Mit der Entwaffnung der Staaten sollte nach den Vorstellungen H. Wehbergs, P. von Schoenaichs, W. Schückings und H. von Gerlachs der Aufbau einer Völkerbundarmee einhergehen, um – der Verfügungsgewalt einzelstaatlicher Souveränität entzogen – den »Frieden durch Recht« zu garantieren. Anders als die radikalen Pazifisten sahen die völkerrechtlich orientierten Pazifisten im militärischen Schutz des Friedens keinen Widerspruch: sie bezweifelten, daß der Völkerbund allein durch die Anwendung politischer und wirtschaftlicher Druckmittel Sicherheit und Frieden gewährleisten könne.

Die Bausteine der Friedens- und Sicherheitskonzeption des demokratischen Pazifismus: republikanisch-demokratische Reichswehr, allgemeine Abrüstung und Stärkung des Völkerbundes stellten eine in sich geschlossene Konzeption dar. Sie war eine überzeugende Alternative zur offiziellen Politik der Weimarer Republik, die – bei aller Verständigungsbereitschaft – immer noch am Großmachtdenken festhielt.

4. *Die politische Ohnmacht der Friedensbewegung in der Weimarer Republik*

Nach dem Zusammenbruch im Spätherbst 1918 lebte das deutsche Volk fast ein halbes Jahr im »Traumland der Waffenstillstandsperiode« (E. Troeltsch). In dieser kurzen Zeitspanne, die mit der Bekanntgabe der Friedensbedingungen ein desillusionierendes Ende nahm, wechselten ständig »höchste Anspannung und tiefste Abspannung, Hoffnungslosigkeit und Furchtlosigkeit, Tatenlosigkeit und Entschlossenheit«.[1] Für die Friedensbewegung wirkte sich diese Stimmungslage günstig aus. Nicht nur Politiker entdeckten – wenn auch nur für kurze Zeit und meistens aus durchsichtigen Gründen – die Nützlichkeit des organisierten Pazifismus; auch zahlreiche Bürger schlossen sich, auf der Suche nach einer überzeugenden Alternative zur gescheiterten Politik der Vergangenheit, der Friedensbewegung an. So konnte der organisierte Pazifismus nach der gesellschaftlichen Ächtung und der politischen Unterdrückung in der Kriegs- und Vorkriegszeit einen bisher ungekannten Aufschwung nehmen.

Andererseits waren aber selbst im »Traumland der Waffenstillstandsperiode« zahlreiche Pazifisten, vor allem die Mitglieder des Bundes Neues Vaterland, bösartigen Schikanen, willkürlichen Verhaftungen und hartnäckigen Verfolgungen ausgesetzt. Im Januar 1919 drangen Soldaten in das Büro des Bundes ein und entwendeten Akten; Militärs durchsuchten die Wohnung O. Lehmann-Rußbüldts (Sekretär des Bundes), raubten seine Korrespondenz und nahmen ihn zur Wache mit. Bewaffnete Militärs demolierten die Wohnungen H. Stöckers und der Gebrüder Gerson. Mitte März 1919 wurde die Wohnung E. J. Gumbels in seiner Abwesenheit von einem Offizier und zehn Soldaten besetzt: »Aus den Drohungen des Offiziers ging hervor, daß ihm das Schicksal Paasches (d. h. Ermordung) widerfahren wäre, wenn er anwesend gewesen wäre.«[2] Diese und zahlreiche andere willkürliche Handlungen wurden mit angeblichen »spartakistischen Umtrieben« der Betroffenen gerechtfertigt. Nach der Bekanntgabe der Friedensbedingungen im Juni 1919 häuften sich die Willkürakte; sie nahmen auch brutalere Formen an. Die »totale innenpolitische Konfrontation«[3] im offenen Bürgerkrieg nach 1918 traf die Pazifisten mit voller Wucht. So hatten die Angriffe auf A. Einstein den Charakter einer organisierten Hetzkampagne. Ein nationalistisches Studentenorgan verstieg sich zu der Drohung, diesem

»Juden die Gurgel durchzuschneiden«; A. Einstein klagte in einem Brief an seinen Freund M. Born, Presse und »sonstiges Gelichter« verfolgten ihn so sehr, daß er »kaum mehr schnaufen, geschweige zu vernünftiger Arbeit« kommen könne.[4] Die Antrittsvorlesung des Medizinprofessors G. Nicolai wurde von Studenten so schwer gestört, daß die »Exzesse randalierender Studenten zu einem der trübsten Akte in der Geschichte der deutschen Universitäten« wurden. Angesichts wiederholter Drohungen verließ G. Nicolai im Jahre 1922 Berlin und wanderte nach Córdoba aus. Opfer der militärischen Selbstjustiz wurden A. Futran, der widerrechtlich von einem Standgericht erschossen wurde, und H. Paasche, der von Reichswehrtruppen heimtückisch auf seinem Gut ermordet wurde.[5] Militärs und »Baltikumer« störten im Februar 1920 einen Vortrag H. von Gerlachs, umringten den Redner, beschimpften ihn und schlugen ihn blutig. Als von Gerlach im März 1920 auf einer öffentlichen Veranstaltung der Deutschen Friedensgesellschaft in Osnabrück als Redner auftrat, kam es zu einem schweren Zwischenfall: »Wiederholt waren in dortigen pazifistischen Versammlungen Soldaten vom Freikorps Lichtschlag als Störenfriede aufgetreten. An diesem Abend erschienen gegen 50 davon und forderten Eintritt. Von den Ordnern wurden sie aufgefordert, ihre Waffen abzugeben ... Die Soldaten weigerten sich, das zu tun und versuchten, die Ordner beiseite stoßend, in den Saal hinein zu kommen. Einer der Soldaten zog, ohne irgendwie an Leben und Gesundheit bedroht zu sein, den Revolver und feuerte. Ein junger Mann von 24 Jahren, Erich Knüppe, der Sohn des Vorsitzenden der Versammlung, brach schwer getroffen zusammen.« In beiden Fällen blieben Ermittlungen der Staatsanwaltschaft ohne Erfolg. Die Überfälle auf H. von Gerlach wertete die Friedensbewegung völlig zu Recht als »Glied in der Kette jener Terrorakte, die mit der Ermordung Kurt Eisners einsetzten und deren letztes beklagenswertes Opfer Kapitänleutnant Paasche ist. Wenn Eisner von einem aristokratischen Desperado ermordet, Gustav Landauer in viehischer Weise erschlagen wurde, so sollten diese Männer nicht als Parteipolitiker getroffen werden, es war nachgewiesenermaßen der Pazifist in ihnen, der den Haß bis zur Mordtat steigerte. Auch das Attentat gegen den früheren Minister Erzberger gehört in diese Kategorie.«[6] Es blieb nicht bei der Anwendung physischer Gewalt gegen Pazifisten; hinzu kam eine breit angelegte verleumderische Stimmungsmache, die – politisch sehr viel gefährlicher – der Friedensbewegung die Schuld an der deutschen Niederlage zuzuschreiben versuchte. Bereits Mitte 1919 verbreitete der Alldeutsche Verband eine antipazifistische Version der Dolchstoßlegende: »Nach den Erfahrungen der Jahre etwa seit 1916 liegt eigentlich einer künftigen Regierung das Recht und die Pflicht ob, anders zu verfahren. Es ist kein Zufall, daß die Länder gesiegt haben, in denen die Pazifisten heute erschossen oder im Zuchthaus, und daß die Staaten unterlegen sind, in denen die Pazifisten heute mächtig und in der Regierung und im Parlament sind.«[7] Die Gründung des Deutschvölkischen Schutz- und Trutzbundes unter maßgeblicher Beteiligung des Alldeutschen Verbandes im Februar 1919 markiert den Punkt, an dem »die nationale Rechte versuchte, den politischen Antisemitismus als vorzüglichstes propagandistisches Mittel zum Aufbau einer breiteste Massen ansprechenden Organisation einzusetzen, und an dem sie dazu überging, ihn in ihr politisches Programm zu übernehmen und vollständig zu integrieren«. Der Schutz- und Trutzbund sagte dem Judentum und »allem, was tatsächlich oder vermeintlich sich mit diesem verband«, einen rücksichtslosen Kampf an.[8] Mit seiner Kampflosung »Hie deutschvölkisch – Hie international« erwies er sich in allem als der eigentliche Gegenpol zur Friedensbewegung: in der Frage der Kriegsschuld, in der Haltung zur Republik, in der Ablehnung der Völkerverständigung und des inneren Ausgleichs. Die deutschvölkische Massenbewegung machte den sog. »Internationalismus«, die Sozialdemokraten und die bürgerlichen Demokraten, vor allem deren jüdische Mitglieder, für die deutsche Niederlage verantwortlich: »Unser tapferes, glänzend geführtes deutsches Heer, das vier Jahre hindurch der Übermacht standhielt und durch seinen Siegeslauf dafür sorgte, daß der deutsche Boden während des Krieges von Feinden befreit blieb, wurde von hinten durch internationale Verschwörerbanden erdolcht, wie selbst ein englischer General bekannte.«[9] Der Forderung der Ententemächte, deutsche Kriegsverbrecher auszuliefern, stellte der Schutz- und Trutzbund die Aufforderung entgegen, die »wahren« Kriegsverbrecher vor ein »Deutsches Volksgericht« zu stellen. Auf der vom Schutz- und Trutzbund erstellten Liste dieser »wahren« Kriegsverbrecher standen neben Th. Wolff, K. Kautsky und W. Rathenau auch die (jüdischen) Pazifisten M. Harden, E. Bernstein und M. Hirschfeld.[10] Die Agitation des Schutz- und Trutzbundes gegen »jüdisches Unwesen« in der Kunst führte am 15. November 1920 zu Krawallen bei der Aufführung des Theaterstückes »Masse Mensch« von E. Toller in München. Ein Rezitationsabend des (jüdischen) Pazifisten und Schauspielers A. Moissi in Hamburg am 23. Januar 1920 mußte wegen deutschvölkischer Tumulte abgebrochen werden. Die Gleichsetzung von Judentum und Pazifismus durch eine »ins Wahnsinnige gesteigerte antisemitische Agitation« illustriert ein Vorgang, von dem der Generalsekretär der Friedensgesellschaft berichtet. Als sich G. Seger in einer Versammlung auf I. Kants Schrift »Vom Ewigen Frieden« berief, nannte ein Studienrat I. Kant einen Juden: »Kant sei ein Pazifist gewesen, also (!) war er ein Jude.«[11]

Der deutschvölkische Schutz- und Trutzbund konnte die meisten Mitglieder in jenen Monaten des Jahres 1920 gewinnen, die durch das Inkrafttreten des Versailler Vertrages, den Kapp-Putsch, durch die anschließenden kommunistischen Unruhen und durch die Wahlen zum ersten Reichstag der Weimarer Republik geprägt waren; im Jahre 1922 zählte er annähernd 200000 Mitglieder.[12] Dieser antidemokratischen Massenbewegung stand die demokratisch-pazifistische Anti-Kriegs-Bewegung nur scheinbar gleichgewichtig gegenüber. Die Anti-Kriegs-Bewegung zerfiel in den Jahren 1923/24, weil sie sich weder auf ein politisches Programm einigen noch die Massen organisatorisch zusammenhalten konnte. Zwar löste sich auch der Schutz- und Trutzbund im Laufe des Jahres 1922 auf; anders aber als die Nie-Wieder-Krieg-Bewegung fand er bereits Mitte 1922 in der NSDAP eine Nachfolgeorganisation, die zum »Sammelbecken der aktiveren Kräfte des Deutschvölkischen Schutz- und Trutzbundes wurde«.[13] Die Nationalsozialisten zogen aus dem Zerfall des Schutz- und Trutzbundes insofern Konsequenzen, als sie einen zentralistischen Organisationsapparat schufen, Hitler zur überragenden »Führer«-Gestalt aufbauten und ein zwar diffus-opportunistisches, aber breit gefächertes Programm anboten. Die Nie-Wieder-Krieg-Bewegung dagegen verlor an Anziehungskraft, weil ihr kein organisatorisches Kraftzentrum zur Verfügung stand und weil sie programmatisch zerstritten war. Die Deutsche Friedensgesellschaft, die allein als Träger einer pazifistischen Massenorganisation in Frage gekommen wäre, lehnte die Konzeption einer pazifistischen Massenbewegung ebenso ab wie die Bildung einer pazifistischen Partei. Vergleicht man die Entwicklung der Anti-Kriegsbewegung mit der Geschichte des Schutz- und Trutzbundes, dann wird erkennbar, daß schon Mitte 1919 die Voraussetzungen für eine konsistente pazifistische Massenbewegung nach einer kurzen Zeit der Hoffnung nicht mehr vorhanden waren. Dieser Befund stimmt mit der Beobachtung überein, daß zu diesem Zeitpunkt auch die »optimalen politischen Chancen zwischen November und Dezember 1918« für die Entwicklung einer »revolutionären Massenbewegung« bereits verspielt waren und daß eine Erklärung für dieses Versagen »letztlich im politischen Bereich«

gesucht werden muß.[14] Die alten herrschenden Schichten, die mit ihnen verbündeten Organisationen und Meinungsträger, die sich nach der Niederlage und während der Revolutionswirren zunächst bedeckt gehalten hatten, machten sich wieder bemerkbar; sie schoben die Schuld am verlorenen Krieg allein den demokratisch-republikanischen Parteien zu, und »das allgemeine Revisionsstreben nach der Unterzeichnung des Versailler Vertrags gewann aus dieser Perspektive noch eine besondere Bedeutung: es ging nicht nur um die Revision nach außen ..., sondern auch um Revision nach innen ...«.[15] Am 2. September 1919 notierte H. Graf Kessler in seinem Tagebuch: »Die vollständige Unfähigkeit des sozialdemokratischen Regierungspersonals, die weit überlegene Erfahrung und Schlauheit der konservativen Beamten ..., die Schwierigkeit, in einem ruinierten Lande Sozialismus zu machen, die physische Ermattung des ausgehungerten Proletariats haben die Revolution auf einen toten Punkt gebracht, und da nichts dauernd stillstehen kann, so kommt jetzt die rückläufige Bewegung, die Gegenrevolution. Das wird Deutschlands wirkliche Niederlage.«[16]

Bereits im Jahre 1919 entschloß sich die Deutsche Friedensgesellschaft, von der Gründung einer pazifistischen Partei abzusehen und statt dessen innerhalb der demokratisch-republikanischen Parteien der Weimarer Koalition für pazifistische Vorstellungen zu werben. Die Hoffnungen der Friedensgesellschaft und des Friedensbundes Deutscher Katholiken, innerhalb der drei demokratisch-republikanischen Parteien pazifistische Ziele zur Geltung bringen zu können, schienen durchaus nicht unberechtigt. Die Programme von DDP, SPD und Zentrum kamen pazifistischen Forderungen weitgehend entgegen. Die Friedensbewegung versuchte zumal vor Wahlen, von den Parteien verbindliche Stellungnahmen zu grundsätzlichen und auch aktuellen Fragen wie Völkerbund und Abrüstung, europäischer Zollunion und Strafrechtsänderung zu erhalten. Nach den Wahlen erinnerte die Friedensbewegung in Eingaben die Parteien an ihre Aussagen, auch um die innerparteiliche Position der Pazifisten zu stärken. So mahnte die Friedensgesellschaft nach den Reichstagswahlen im Jahre 1928: »Die unterzeichnete Friedensgesellschaft erlaubt sich, in den nachfolgenden Zeilen die Aufmerksamkeit der Abgeordneten des neuen Reichstages auf die Forderungen der Friedensbewegung zu lenken, die im Wahlkampf zur Unterstützung der Weimarer Parteien in vielen Versammlungen von uns vertreten wurden. Die Sozialdemokratische, die Demokratische und die Zentrumspartei haben sich auf die vor der Wahl gestellten Fragen im wesentlichen zustimmend geäußert, um so mehr dürfen wir wohl hoffen, daß die Abgeordneten dieser drei Parteien die Forderungen der Friedensbewegung verwirklichen helfen.«[17]

Der Pazifismus fand in der Deutschen Demokratischen Partei ein zunächst vielversprechendes politisches Forum; zahlreiche bekannte Pazifisten wie L. Quidde, W. Schücking, H. von Gerlach, P. von Schoenaich und H. Graf Kessler traten in die Partei ein. Umgekehrt war die Demokratische Partei auch in der Geschäftsleitung der Friedensgesellschaft mit fünf Mitgliedern – gegenüber drei Mitgliedern, die der SPD/USPD angehörten – sehr stark vertreten. Die parteipolitische Zusammensetzung der Geschäftsleitung verschob sich jedoch, als sich in der Friedensgesellschaft der radikal-antimilitaristische Flügel durchsetzte. Im Jahre 1928 gehörten nur noch drei Mitglieder der Geschäftsleitung der DDP, sieben Mitglieder jedoch der SPD an.[18] Die große Anziehungskraft, die in den ersten Nachkriegsjahren von der DDP auf Pazifisten ausging, geht darauf zurück, daß der linksliberale Pazifismus bürgerlicher Prägung glaubte, in der Demokratischen Partei eine ihm adäquate politische Heimat gefunden zu haben. Der außenpolitische Teil des Wahlaufrufs der DDP vom 14. Dezember 1918 liest sich denn auch wie eine Zusammenfassung des organisatorischen Pazifismus: »Militaristische Gewaltpolitik hüben und drüben hat uns in diesen Krieg geführt. Das Recht muß unter den Völkern herrschen. Wir verlangen eine auswärtige Politik, die getragen ist vom Geiste dauernden Friedens und Deutschlands Geltung in der Welt sichert. Wir treten ein für einen Bund gleichberechtigter Völker, für internationale Schiedsgerichte und für eine gleichmäßige Beschränkung der Rüstungen. Im Heere verlangen wir die Beseitigung aller Privilegien. Wir fordern Freiheit der Meere und freie Entwicklung von Handel und Schiffahrt.«[19] Den Abschnitt »Staat« im Parteiprogramm der DDP gestalteten neben H. Preuß und H. Gerland die Pazifisten L. Quidde und W. Schücking; den Abschnitt »Kultur« verfaßte M. Rade.[20] Dem pazifistischen Flügel stand aber von Anfang an die Parteimehrheit gegenüber, die einen »demokratischen Nationalismus« vertrat und das Bekenntnis zur demokratischen Republik mit einem betont nationalen Engagement verband.[21] Für den heterogenen Charakter der DDP ist es charakteristisch, daß zwischen den Vorstellungen pazifistischer und nicht-pazifistischer Politiker eine tragfähige Synthese nicht möglich war, sondern daß lediglich ein labiles Gleichgewicht äußerlicher Gemeinsamkeiten erreicht werden konnte.[22] Bereits im Programm von 1920 überwogen die nationalen Zielsetzungen (Bildung eines großdeutschen Nationalstaates, Anspruch auf kolonisatorische Betätigung) gegenüber den internationalen Bestrebungen, wenn auch weiterhin an dem Ziel des »friedlichen Zusammenlebens der Völker in einer Welt des Rechts und der Versöhnung« festgehalten und die Errichtung eines »Bundes aller freien Staaten« gefordert wurde.[23] Die Heterogenität der Partei führte zu divergierenden Stellungnahmen über die Rolle und den Stellenwert des Pazifismus für den politischen Kurs der Partei. So erklärte der Parteivorsitzende E. Koch-Weser vor dem Parteitag des Jahres 1924, die DDP sei »niemals von pazifistischen Rücksichten ausgegangen«, sondern nur davon, was »dem Wohle Deutschlands nützlich sei«;[24] andererseits betonte noch im Jahre 1928 eine offizielle Broschüre der Partei die Bedeutung des organisatorischen Pazifismus.[25] Im Jahre 1925 brach zwischen pazifistischen und nicht-pazifistischen Politikern ein offener Streit aus,[26] als P. Rohrbach in einem Rundbrief an die Mitglieder des Parteiausschusses heftige Angriffe gegen L. Quidde richtete, weil dieser in enger Verbindung mit radikalen Pazifisten wie H. von Gerlach und F. W. Foerster stehe. P. Rohrbach forderte »eine Absage an den faulen Pazifismus« und eine eindeutige Hinwendung der Partei zum deutschen Volksgedanken »im Sinne eines gesamtdeutschen Nationalstaates, der alle Deutschen im geschlossenen deutschen Sprachgebiet Mitteleuropas« umfaßt. Einerseits konnte sich P. Rohrbach auf der Sitzung des Parteiausschusses am 1. März 1925 nicht durchsetzen; andererseits grenzten sich die linksliberalen Pazifisten in der DDP, die den organisatorischen Pazifismus vertraten, vom radikal-antimilitaristischen Pazifismus und von F. W. Foerster ab. W. Schücking unterschied in seiner Schlußrede vor dem Parteiausschuß drei pazifistische Richtungen: die Anhänger F. W. Foersters nannte er »Friedensfreunde, die gute Menschen sind, aber schlechte Musikanten«; dagegen müßten die Vertreter des organisatorischen Pazifismus, aber auch Männer wie H. von Gerlach weiterhin Platz in der DDP finden. Das Führungsorgan der Partei schloß sich den Ausführungen W. Schückings an und ließ damit erkennen, daß man es weiterhin als nützlich betrachtete, wenn ein »bewährter Politiker wie Quidde in der führenden Position der so wichtigen Deutschen Friedensgesellschaft blieb, und mochte sich nicht von ihm trennen«.[27]

Die widerspruchsvolle Haltung der DDP bewog schon in den ersten Nachkriegsjahren einige Pazifisten wie H. von Gerlach, G. Schümer, J. Leonhart und F. Küster dazu, die Partei zu verlassen. Die Abgrenzung der DDP vom radikalen Pazifismus, den in der

Partei vor allem P. von Schoenaich vertrat, ist jedoch nicht ganz unverständlich. Die DDP mußte bei den Reichstagswahlen am 4. Mai 1924 einen Verlust von 28% ihrer Wählerstimmen hinnehmen. Im Wahlkreis Mecklenburg, in dem P. von Schoenaich als Spitzenkandidat der DDP aufgestellt war, lagen die Verluste weit über dem Reichsdurchschnitt. Noch ungünstiger wirkte sich für die Position der Pazifisten innerhalb der DDP aus, daß bei den Wahlen zum Preußischen Abgeordnetenhaus am 7. Dezember 1924 trotz allgemeiner Stimmengewinne der DDP H. Graf Kessler den nordrhein-westfälischen Wahlkreis verlor. Die Radikalisierung der Deutschen Friedensgesellschaft verstärkte die Distanzierungstendenzen in der DDP gegenüber der Friedensbewegung. Beiden Entwicklungen versuchte L. Quidde gegenzusteuern, was ihm Kritik von seiten der Nationalkonservativen in der DDP als auch Anfeindungen von radikalpazifistischer Seite einbrachte.[28]

Wenn auch die Position der Pazifisten in der DDP immer schwächer wurde,[29] so konnten sie doch erreichen, daß die Partei eine allzu große Ausweitung des Reichswehretats ablehnte. Spätestens aber seit der Diskussion um den Bau des Panzerkreuzers A im Jahre 1928 zeigte es sich, daß die DDP nicht mehr in der Lage war, die Antithese Wehrpolitik – Pazifismus mit Formelkompromissen zu überdecken, wonach »die Partei imstande sein müsse, Pazifisten und Nichtpazifisten zu gemeinsamer Arbeit zusammenzuführen«.[30] Die Rechtswendung der DDP, die ihren Ausdruck in der unglücklichen Verbindung mit dem Jungdeutschen Orden und in der Umbenennung in »Deutsche Staatspartei« fand (1930), vertrieb die Vertreter pazifistischer Vorstellungen aus der Partei; parallel dazu faßte die Partei kurz darauf den Beschluß, daß die Mitgliedschaft in der Deutschen Staatspartei nicht vereinbar sei mit der Mitgliedschaft in der Deutschen Friedensgesellschaft. Das Scheitern der Pazifisten innerhalb der Partei und die verheerende Niederlage der DDP bei der Reichstagswahl vom 14. September 1930 bedeutet einen entscheidenden Einschnitt in der Geschichte des bürgerlichen Pazifismus. Wie W. Dirks in einem Kommentar zum Ergebnis der Reichstagswahl feststellte, war die DDP »trotz Geßler und anderen Nationaldemokraten der politische Ort des bürgerlichen Pazifismus, soweit er nicht katholisch ist«. W. Dirks erkannte im Ende des bürgerlichen Pazifismus innerhalb der DDP den Niedergang des linksliberalen Bürgertums: »Wir müssen uns darüber klar werden, was das für uns bedeutet. Der Pazifismus ist in Deutschland auf bürgerlich-liberalem Boden entstanden. Er ist ein Bestandteil des fortschrittlich-radikalen Bürgertums, eine Fortbildung und Auswirkung der Ideale von 1789 und 1848 gewesen, die Haltung desjenigen Teils des Bürgertums, das seine reformerische Ideologie auch nach der Erreichung des gesellschaftlichen Zieles, der Macht und Herrschaft des Bürgertums, nicht preisgab. Der sozialistische und der katholische Pazifismus sind gewiß aus anderen Quellen gespeist worden, aber diese beiden Bewegungen sind später entstanden und haben sich sachlich am bürgerlich-radikalen Pazifismus sehr weitgehend orientieren können. Dieser eine älteste Bundesgenosse ist bedroht. Das radikale Bürgertum, soweit es noch da ist, gibt seinen eigenen politischen Platz auf, offenbar in der Einsicht, daß die bürgerlichen Antriebe vor der Weltsituation keine Kraft mehr haben. Es sucht Anschluß beim Sozialismus. In der Schwerpunktverlagerung einerseits auf die radikaleren und direkteren Methoden (statt der bürgerlich-parlamentarischen), andererseits auf die antiimperialistische und antikapitalistische Motivierung des Pazifismus drückt sich dieselbe Auflösung des radikalen Bürgertums aus. Auch wir haben mit diesen Tatsachen zu rechnen. Wenn es sich herausstellt, daß das Bürgertum und die bürgerlichen Antriebe aus sich heraus, ohne die Ausrichtung vom Glauben her, keine wirklich mutigen und aktiven pazifistischen Kräfte mehr erzeugt, so müssen auch wir katholische Pazifisten, seien wir Bürger oder Proletarier oder mögen wir, wie die meisten, zu der breiten Schicht dazwischen gehören, die Hoffnung auf pazifistische Waffenbrüderschaft mit der Arbeiterschaft setzen.«[31] Den Auszehrungsprozeß des linksliberalen Bürgertums charakterisierte der demokratische Politiker A. Erkelenz im August 1930, als er seinen Übertritt zur SPD rechtfertigte: »Wir haben in der Demokratischen Partei seit 12 Jahren für ein Bürgertum und für Interessen eines Bürgertums gekämpft, das leider fast gar nicht mehr vorhanden ist; denn das sog. Bürgertum, für das wir kämpfen wollten, indem wir der Sozialdemokratie entgegentraten, gibt es leider nur in einer dünnen Schicht der Gebildeten, während das eigentliche Bürgertum mindestens so sehr dem Klassenkampf zuneigt, wie die sozialdemokratischen Arbeiter.«[32] Die Hinwendung vormals gemäßigter bürgerlicher Kräfte zur antidemokratischen Rechten[33] machte es der DDP praktisch unmöglich, eine »pazifistische Politik« zu vertreten, denn: »Für die Kreise, auf die es aber bei dieser Frage ankommt, ist jede Form des Pazifismus, ist überhaupt die Verwendung dieses Wortes schon eine Sünde gegen das Nationalbewußtsein.«[34]

Die Hoffnung auf eine pazifistische »Waffenbrüderschaft« mit der Arbeiterschaft gründete auf einer Annäherung zwischen bürgerlicher

Friedensbewegung und Sozialdemokratie nach dem Ende des Weltkrieges. In der außen- und friedenspolitischen Zielsetzung gab es eine weitgehende Übereinstimmung, so daß zahlreiche Sozialdemokraten in die Deutsche Friedensgesellschaft eintraten.[35] Der Abschnitt über »Völkerbeziehungen und Internationale« im Görlitzer Programm (1921) dokumentiert die Gemeinsamkeiten zwischen bürgerlich-pazifistischen und sozialdemokratischen Vorstellungen: »Ein Völkerbund, der kein die Völkerbundsatzungen anerkennendes Volk ausschließt und in dem die Parlamente aller Länder durch Delegierte nach der Größe der Parteien vertreten sind. Ausbau des Völkerbundes zu einer wahrhaften Arbeits-, Rechts- und Kulturgemeinschaft. Entscheidung aller internationalen Streitigkeiten durch ein internationales Gericht... Internationale Abrüstung unter Garantie des Völkerbundes, Herabsetzung der Wehrmacht in allen Staaten auf das Maß, das die internationale Sicherheit der Staaten und die Erzwingung internationaler Verpflichtungen durch gemeinschaftliches Vorgehen des Völkerbundes erfordert... Revision des Friedensvertrages von Versailles im Sinne wirtschaftlicher Erleichterung und Anerkennung der nationalen Lebensrechte.«[36] Auf dem Parteitag des Jahres 1920 forderte E. Bernstein – nach Kriegsende Mitglied der Geschäftsführung der Deutschen Friedensgesellschaft und Exponent einer Zusammenarbeit von linksliberaler Friedensbewegung und Sozialdemokratie – unter dem Beifall der Delegierten, daß »die erste Bedingung für ein Zusammengehen mit anderen Parteien eine pazifistische Politik ist. Es genügt aber nicht, zu sagen: ›Wir wollen keinen Krieg!‹ Das sagen heute alle, und man kann antworten: Natürlich, der Knüppel liegt ja beim Hunde. Nein, dazu gehört eine pazifistische Erziehung des Volkes.«[37] Dennoch zeigen die Diskussionen um Schuld und Verantwortung des kaiserlichen Deutschland am Ausbruch des Weltkrieges auch die Grenzen der Übereinstimmung mit jenen Pazifisten, die der deutschen Regierung einen großen Schuldanteil – nicht aber die Alleinschuld! – am Kriegsausbruch anlasteten. E. Bernstein forderte auf dem Weimarer Parteitag (1919) die Delegierten auf, den »Strich, der uns von dem alten System trennt, so dick wie möglich zu ziehen. Wenn ich die Schuld des alten Systems feststelle, dann sage ich nicht, wir, das deutsche Volk, sind schuld, sondern dann sage ich, diejenigen sind schuld, die das deutsche Volk damals belogen und betrogen haben.«[38] Mit seiner Schuldzuweisung an das kaiserliche Deutschland, wie sie auch von Teilen der Friedensbewegung auf dem Braunschweiger Friedenskongreß ausgesprochen wurde, stieß E. Bernstein auf erbitterten Widerstand bei der Mehrheit des Parteitages. Unter dem Eindruck der Friedensbedingungen war es offensichtlich nicht möglich, den Delegierten des Parteitages klarzumachen, daß die Anerkennung der Mitschuld oder gar der Hauptschuld des kaiserlichen Deutschland am Ausbruch des Weltkrieges und damit eine klare Distanzierung vom kaiserlichen Deutschland die einzige Möglichkeit für einen neuen Anfang bot. Die Anerkennung der Kriegsschuld mußte den Delegierten allerdings schon deshalb schwerfallen, weil sie indirekt auch eine Kritik am Verhalten der eigenen Partei bei Kriegsausbruch und während des Krieges erfordert hätte. Bezeichnend für die Unfähigkeit zur Selbstkritik ist die Reaktion O. Brauns auf die Ausführungen E. Bernsteins. Er warf ihm nicht nur »Weltfremdheit« vor, sondern rechtfertigte die Haltung der SPD – auf intellektuell unredliche Weise – mit den harten Bedingungen des Versailler Vertrags: »Denn weil die Partei das Unheil fürchtete, das jetzt über uns kommt, weil sie nicht der Auffassung war, daß drüben die pazifistischen Lämmer die Oberhand haben, sondern daß dort genau so gut der raubgierige Imperialismus herrscht, wie er vor der Revolution bei uns geherrscht hat. Deshalb haben wir unsere Haltung eingenommen, um dieses Unheil von unserem Volke fernzuhalten.«[39] E. Bernstein fand für seine Position keine Mehrheit in der SPD, wie er auch insgesamt innerhalb der Partei »keinen maßgeblichen Einfluß gewinnen« konnte.[40]

Wie das Görlitzer Parteiprogramm von 1921 zeigt, kam es zu einer weitgehenden Annäherung zwischen bürgerlicher Friedensbewegung und Sozialdemokratie. Andererseits formierte sich in der linken Parteiopposition unter Führung P. Levis eine starke Bewegung gegen eine zu weitgehende Übernahme der Vorstellungen des bürgerlichen Pazifismus in seiner klassischen Form. Im Jahre 1924 erschien P. Levis Broschüre »Der Sozialismus ist der Friede; der Kapitalismus ist der Krieg. Über realistischen Pazifismus« als Sonderdruck der von ihm herausgegebenen Wochenzeitschrift »Sozialistische Politik und Wirtschaft«. Der linkssozialistische Politiker erkannte zwar den bürgerlichen Pazifismus als moralische Kraft an, wollte aber wieder bewußt an die lange antimilitaristische Tradition des Sozialismus anknüpfen: »Wir haben uns nie damit abgefunden, als diese Tradition zu Beginn des Weltkrieges verlassen wurde; wir gedenken es auch heute nicht zu tun. Man mag uns also in diesem Sinne Pazifisten heißen – jawohl wir sind gegen den Krieg!«[41] P. Levi grenzte den sozialistischen Antimilitarismus deutlich vom »bürgerlichen Pazifismus, also dem, was man schlechthin Pazifismus heißt« ab. Der bürgerliche Pazifismus sei ideologisch, weil er davon ausgehe, daß Kriege unvernünftig seien und die Menschen nur vernünftig zu werden brauchten, um den Krieg abzuschaffen. Diese Auffassung verkenne, daß »die Welt kein Bau ist, der von der Vernunft, einer überirdischen, als Gottheit auf den Thron gesetzten Vernunft, regiert wird, sondern von wirtschaftlichen und sozialen Tatsachen«. Man müsse deshalb die »veränderlichen Tatsachen ändern, ein Gesellschaftssystem ändern, das mit den Tatsachen der Wirtschaft in Widerspruch geraten ist«. Aus dem Glauben an die Vernunft ergebe sich der Irrtum des bürgerlichen Pazifismus, man brauche nur ein vernünftiges System erfinden, dessen Annahme »aus vernünftigen Gründen« dringend empfehlen – und die Welt sei in Ordnung. Da dem bürgerlichen Pazifismus »ein System und eine Rechtsform« vorschwebe, könne er nicht erkennen, daß »kaum irgendeine Rechtsform, ein System an sich gut ist – nicht die Republik, nicht das Sowjetsystem, nicht der Völkerbund sind an und für sich gut –, sondern daß alle Systeme und Formen nur ihren Wert bekommen dank der gesellschaftlichen Kräfte, die sich in ihnen entfalten«. Da P. Levi nur im Proletariat eine gesellschaftliche Kraft erkennt, die den Frieden verbürgt, verurteilt er den Völkerbund als eine Organisation kapitalistischer Staaten, als Werkzeug der »kapitalistischen Interessen«. Der »Schwerpunkt einer Völkerbundpolitik für das Proletariat« müsse deshalb »in der Internationale und in der Betonung der dem Proletariat aller Länder gemeinschaftlichen Interessen« liegen.[42] Nicht in völkerrechtlichen Abkommen und nicht in Abrüstungsverhandlungen sieht P. Levi Möglichkeiten, den Krieg zu verhindern, sondern allein im Friedenswillen der großen Arbeiterparteien und der in ihnen organisierten Massen: »Sie haben das wirksamste Mittel, ja das einzige gegen den Krieg in der Hand: ihre Weigerung, sich und die Arbeitermassen zu einem Krieg mißbrauchen zu lassen.«[43] Dieses Programm, das Kriegsdienstverweigerung und Generalstreik in den Mittelpunkt stellte, stimmte weitgehend mit dem radikal-antimilitaristischen Flügel in der Friedensgesellschaft überein.

Die linke Parteiopposition, als deren Sprecher P. Levi galt, war jedoch keineswegs eine homogene Gruppierung. In ihr sammelten sich Luxemburgianer, Kautskyaner, Revisionisten, Sozialpazifisten und die Mehrheit der Jungsozialisten,[44] die sich ebenfalls zu einem antimilitaristischen Pazifismus bekannte.[45] Zum Kern des antimilitaristischen Pazifismus innerhalb der linken Parteiopposition gehörten H. Ströbel, K. Rosenfeld und M. Seydewitz, die seit 1928 auch in der Friedensgesellschaft stärker hervortraten. Auf ihren Einfluß gehen wohl auch die antimilitaristisch-pazifistischen Forderungen im Aufruf der linken Parteiopposition vor der Reichstagswahl vom 20. Mai 1928 zurück. Der Aufruf lehnte nicht nur die Reichswehr als ein Herrschaftsinstrument der deutschen Bourgeoisie ab; er attackierte – wie schon P. Levi im Jahre 1924 – auch die außenpolitische Linie der deutschen und europäischen Bourgeoisie, die »im Völkerbund und in den Vereinigten Staaten von Europa nur neue imperialistische Machtmittel schaffen will, um ihre Herrschaft auf der ganzen Welt aufrecht zu erhalten. Wenn je noch ein Zweifel daran gewesen wäre, die Abrüstungskomödie der kapitalistischen Völkerbundsstaaten hätte diese letzten Zweifel unbarmherzig zerstreut. Die Tätigkeit sozialistischer Regierungen und sozialistischer Staatsvertreter im Völkerbund kann nur darin bestehen, die Volksmassen aller Länder über die wahren Absichten dieses kapitalistischen Staatenbundes aufzuklären und so den Weg für einen wirklichen Bund der Völker vorzubereiten.«[46] Die Linksopposition konnte zwar im Jahre 1928 insofern einen Teilerfolg verzeichnen, als sie die Ablehnung des Panzerkreuzerbaus durchsetzte. Das grundsätzliche Problem, das hinter den Flottenbauplänen stand, die »Frage der positiven oder negativen Einstellung zur militärischen Verteidigung der bürgerlichen Demokratie, wurde jedoch auf dem anschließenden Magdeburger Parteitag zugunsten der Partei- und Fraktionsführung beantwortet«.[47] Die antimilitaristischen Pazifisten und mit ihnen die linke Parteiopposition bildeten eine Minderheit, die von Parteimehrheit und Parteiführung unter starken Druck gesetzt wurde. Schon auf dem Kieler Parteitag (1927) lehnte die Partei eine Propagierung der Kriegsdienstverweigerung und des Generalstreiks als Mittel der Kriegsverhinderung ab.[48] Die heftigen Diskussionen von 1928 bis 1931 um den Bau des Panzerkreuzers und um die »Richtlinien zur Wehrpolitik« verschärften die Spannungen zwischen Parteiopposition und Parteimehrheit. Die Wortführer der pazifistisch-antimilitaristischen Gruppe (H. Ströbel, M. Seydewitz, A. Siemsen, R. Kleineibst und K. Rosenfeld) veröffentlichten in der pazifistischen Zeitschrift »Das Andere Deutschland« kritische Artikel zur Wehr- und Tolerierungspolitik der SPD und richteten auf den Versammlungen und Tagungen der Friedensgesellschaft scharfe Angriffe gegen die Partei; die Friedensgesellschaft erfüllte damit immer mehr die Funktion eines »außerparlamentarischen Auffangbeckens für frustrierte Sozialdemokraten«.[49] Der Austritt des Vorsitzenden der Friedensgesellschaft F. Küster und der Ausschluß der Abgeordneten K. Rosenfeld und M. Seydewitz aus der SPD (1931) zeigen, daß es der SPD ebensowenig wie der DDP gelang, in der Wehrpolitik die Kluft zwischen einer pazifistischen Minderheit und einer wehrfreundlichen Mehrheit zu überbrücken. Das unauflösliche Dilemma, in dem sich beide Parteien befanden, war struktureller Natur und wäre »nur aufzulösen gewesen durch eine rückhaltlose Aufrollung der Kriegsschuldfrage und, dadurch erzwungen, der Schaffung einer auch die bewaffnete Macht einschließenden republikanischen Infrastruktur, das heißt auch jener republikanischen Armee, deren gewünschte Existenz so oft beschworen wurde«.[50]

Die Angriffe aus der Friedensgesellschaft und vor allem die Attacken sozialdemokratischer Pazifisten gegen die eigene Partei stießen bei der Parteimehrheit auf Unverständnis und Ablehnung. Auf dem Leipziger Parteitag (1931) erklärte W. Sollmann als Vertreter der Parteimehrheit: »Ich wundere mich überhaupt, daß es Parteigenossen gibt, die ständig mit radikal-pazifistischen Worten ihre eigene Partei besudeln und bestänkern. Wir haben in Deutschland nur eine große Friedenspartei und nur eine deutsche Friedensgesellschaft: das ist die deutsche Sozialdemokratie.«[51] Fast noch empfindlicher reagierte die SPD auf die Kritik radikal-pazifistischer Intellektueller. O. Wels verurteilte auf dem Magdeburger Parteitag (1929) den »intellektuellen Linksradikalismus« eines Teils der bürgerlichen Presse, und auf dem Parteitag in Leipzig (1931) fiel das böse Wort von den »Asphaltliteraten vom Schlage der Weltbühne«.[52] Der Bruch zwischen der Parteimehrheit und der antimilitaristisch-pazifistischen Minderheit und damit auch der Bruch zwischen Sozialdemokratie und Deutscher Friedensgesellschaft war unvermeidlich. Man kann für diesen Bruch nicht ohne weiteres nur eine Seite verantwortlich machen. Zweifellos haben sich Parteimehrheit und Parteiführung gegenüber der pazifistisch-antimilitaristischen Gruppierung wenig verständnisvoll verhalten; andererseits ist es verständlich, daß sich die SPD dagegen wehrte, wenn Parteimitglieder vom Forum der Friedensgesellschaft aus die eigene Partei angriffen. Es scheint, daß die Aktivitäten der sozialdemokratischen Antimilitaristen im Rahmen der Friedensgesellschaft eben der Friedensgesellschaft mehr geschadet als genutzt haben. Der Unvereinbarkeitsbeschluß der SPD drängte die Friedensgesellschaft in die Rolle eines politischen Außenseiters. Innerhalb der Friedensgesellschaft war die Konfrontationspolitik der Führungsgruppe um F. Küster gegen die SPD durchaus umstritten. Die »Norddeutsche Arbeitsgemeinschaft« der Friedensgesellschaft warf dieser Führungsgruppe vor, sie habe die Organisation »immer weiter in die Isolation geführt«. Man müsse sich mit den »dem Pazifismus zugänglichen Parteien gut stehen dadurch, daß man nicht nur ihren Militarismus anprangert, sondern auch ihre pazifistischen Ansätze lobt«.[53] Der Jungdemokrat E. Lüth, der selbst mit seiner radikal-pazifistischen Haltung in der DDP auf harte Kritik gestoßen war, mahnte Mitte 1932 die Friedensgesellschaft: »Wir müssen unter Auslöschung alles beleidigten und gestrigen Primadonnentums ohne die geringste Zögerung wieder die volle Fühlung mit den republikanischen Parteien aufnehmen.«[54]

Eine Annäherung zwischen Friedensgesellschaft und Sozialdemokratie war zu diesem Zeitpunkt schon deshalb nicht mehr möglich, weil M. Seydewitz, K. Rosenfeld und H. Ströbel im Oktober 1931 die Sozialistische Arbeiterpartei (SAP) gegründet hatten, der sich auch F. Küster anschloß. In der SAP konnte sich jedoch der pazifistisch-reformsozialistische Kreis um H. Ströbel und A. Siemsen nicht gegen die zentralistische, an leninistischen Organisationsprinzipien orientierte Gruppe um F. Sternberg und P. Fröhlich durchsetzen.[55] Damit erwies sich die Hoffnung von W. Dirks auf eine »pazifistische Waffenbrüderschaft« mit der Arbeiterschaft als eine Illusion. Das pazifistische Engagement der organisierten Arbeiterschaft ging in der Auseinandersetzung um die staatspolitische Linie der SPD unter, verzettelte sich in der Beteiligung an Spaltungstendenzen und schwächte damit die »dynamischen Kräfte innerhalb der SPD, die die ›Tatlähmung‹ der sozialdemokratischen Arbeiterbewegung gegenüber dem Nationalsozialismus und gegenüber dem . . . konservativen Interessenbündnis durch neue Kampf-, Agitations- und Organisationsvorstellungen zu überwinden trachteten«.[56] Andererseits brüskierten Parteimehrheit und Parteiführung die reformsozialistisch-pazifistische Minderheit und provozierten dadurch auch die Abspaltungen.

Innerhalb des deutschen Katholizismus konnten die kriegsgegnerischen Gruppierungen zwar mit zahlreichen potentiellen Anhängern und mit einer beträchtlichen Zahl aktiver Mitglieder rechnen; dennoch reichte ihre Kraft nicht aus, um den »politischen Kurs des deutschen Katholizismus mitzubestimmen«.[57] Dabei eröffneten die Leitsätze der Zentrumspartei vom 10. Oktober 1918 günstige Perspektiven für eine aktive Friedens- und Verständigungspolitik im Sinne des klassischen Pazifismus. Die Leitsätze forderten völkerrechtliche Regelungen für die Beziehungen der Staaten untereinander, die Schaffung eines Völkerbundes »gleichberechtigter großer und kleiner Staaten unter Ausbau der obligatorischen Schiedsgerichtsbarkeit, Ausführung weitgehender, gleichzeitiger Abrüstung und Abschaffung der Geheimverträge«.[58] In diesen Leitsätzen spiegelt sich vor allem der überragende Einfluß M. Erzbergers wider, weniger jedoch eine politische Einsicht der Partei selbst, deren praktische Politik sich weiterhin um »nationale Zuverlässigkeit« bemühte und an den Methoden und Zielen traditioneller Machtpolitik festhielt. Die Zentrumspolitiker zeigten sich nicht weniger empört über die Versailler Friedensbedingungen als die Politiker anderer Parteien und riefen nach »Gerechtigkeit und Revision«. Das Bewußtsein, Opfer eines unerträglichen Unrechts zu sein, deckte nicht nur »auf lange Zeit die eigene Gewissenserforschung hinsichtlich der deutschen Politik vor 1918 zu«;[59] es versperrte auch die Bereitschaft, neue und unkonventionelle Denkanstöße aufzunehmen, wie sie von der katholischen Friedensbewegung ausgingen. Hinzu kam, daß die maßgeblichen Zentrumspolitiker ganz überwiegend einer Altersgruppe angehörten, deren »Charaktere und Anschauungen« sich bereits vor 1914 ausgebildet hatten und nur wenig Verständnis für die jüngere Generation aufbringen konnten, welche »durch das Feuer des Weltkrieges« hindurchgegangen war.[60] Gerade in den katholischen Jugendbünden aber, die sich aus der »werktätigen Jugend« rekrutierten (Großdeutsche Jugend, Jungborn, Kreuzfahrer), auch in einzelnen Gruppen des Katholischen Jungmännerverbandes und in den Windthorstbünden waren die kriegsgegnerischen jungen Katholiken organisiert, die sich der katholischen Friedensbewegung angeschlossen hatten.[61] Auf der Reichstagung der Windthorstbünde in Hildesheim (1923) bekannten sich junge Katholiken zur deutschen Republik und diskutierten die Problembereiche »Krieg, Kriegsschuld Deutschland – Frankreich und wir. Es war das Jahr des Ruhreinbruchs, stärkster französischer Machtentfaltung auf deutschem Boden. Wiederum stießen Kreise der katholischen Jugendbewegung vor und stellten dem Imperialismus der Zeit den radikalen Willen zum Frieden entgegen. Junge Menschen, die im Kriege gestanden hatten, sprachen von der hohen Aufgabe, der Machtpolitik Frankreichs ein Beispiel selbstloser Liebe durch praktische Wiederaufbauarbeit im zerstörten Kriegsgebiet zu geben.«[62] Den gleichen Vorschlag machte zur gleichen Zeit N. Ehlen, der Führer der »Großdeutschen Jugend«, auf dem Friedenskongreß M. Sangniers in Freiburg. Es war wohl mehr ein Zufall, wenn im Jahre 1924 – also ein Jahr nach der Reichstagung der Windthorstbünde in Hildesheim – die erste Reichstagung des Friedensbundes Deutscher Katholiken ebenfalls in Hildesheim stattfand. Im Jahre 1924 wiederholten die Windthorstbünde auf ihrer Reichstagung in Glatz ihr Bekenntnis zum Frieden: »Die in

Glatz versammelten Vertreter der Windhorstbünde bekennen sich als lebendige Christen aus der Kraft ihres Glaubens heraus und im Bewußtsein der natürlichen und historischen Aufgabe Deutschlands zu einer aktiven Politik der Verständigung und Versöhnung der Völker Europas.«[63] In den Jahren 1924/25 wurde das Pazifismus-Problem in katholischen Zeitschriften kontrovers diskutiert.

Kritik an der pragmatischen Politik der Zentrumspartei und an der Haltung der Parteiführung gegenüber der jüngeren Generation übte im Mai 1928 H. Krone, der Vorsitzende der Windthorstbünde, als die Diskussion um den Panzerkreuzerbau ausbrach: »Die Frage nach der Überwindung des Krieges als des Mittels, die naturgegebenen Spannungen zwischen den Völkern zu lösen, steht nun einmal im Denken der jungen Generation im Mittelpunkt ... [Es] muß endlich seitens der Partei die auch heute noch so oft anzutreffende Mißachtung aufhören, die man dem entgegenbringt, was an Ideenbewegung und Zielsetzung aus der Jugend kommt.«[64] Die Zustimmung des Zentrums zum Panzerkreuzerbau löste bei den katholischen Jungwählern offenen Protest aus: »Hat die katholische Volksvertretung, haben wenigstens alle Frauen unter ihnen, gegen den Panzerkreuzer gestimmt, gegen den unwahrhaftigen Wehretat? Nein, sie haben dafür gestimmt, mit nur ganz wenigen Ausnahmen.«[65] Die Kritik innerhalb des politischen Katholizismus an der Zustimmung des Zentrums zum Panzerkreuzerbau, die von kriegsgegnerischen Jugendführern wie N. Ehlen, von katholischen Pazifisten wie F. M. Stratmann, von pazifistischen Intellektuellen wie W. Dirks, von linkskatholischen Zentrumspolitikern wie F. Dessauer und schließlich von der Christlich-Sozialen Reichspartei erhoben wurde, konnte die Zentrumspartei jedoch nicht beeindrucken. Das Zentrum lehnte weiterhin jeden »fanatischen Pazifismus« ab, der dem eigenen Staatswesen »jede Waffe zur Verteidigung gegen ungerechte Angriffe« entziehen wolle; nicht ohne Genugtuung betonte es, daß die Zentrumsfraktion immer den Heeresetat bewilligt habe. Andererseits verwies das Zentrum mit Vorliebe auf seinen Willen zur Völkerverständigung, der »insbesondere in der katholischen Friedensbewegung sinnfälligen Ausdruck« finde. Es ist sicherlich das Verdienst der katholischen Friedensbewegung, wenn die Zentrumsführung eingestehen mußte, daß »das innere Ringen um das Problem Weltfrieden und Wehrhaftigkeit in der Partei weiter geht, ohne schon seine letzten Formulierungen gefunden zu haben«.[66] Wenn die katholische Friedensbewegung auch kaum Einfluß auf politische Entscheidungen der Zentrumsführung gehabt haben dürfte, so erkannte man doch die sachliche Kompetenz und geistig-moralische Autorität ihrer führenden Vertreter an. In der 1929 erschienenen repräsentativen Selbstdarstellung des Zentrums »Nationale Arbeit« waren drei Mitglieder des Friedensbundes mit Beiträgen über »Die Außenpolitik des Zentrums« (R. Kuenzer), über »Die junge katholische Generation in der deutschen Politik« (H. Krone) und über »Zentrumspresse und verantwortliche Regierungspolitik« (H. Scharp) vertreten.[67] Anders als vor 1914, anders auch als nach 1945 erwies sich die Position der katholischen Kriegsgegner als »innerkatholisch zwar (immerhin!) diskutabel, aber nicht als mehrheitsfähig«.[68] Seit 1929/30 geriet die katholische Friedensbewegung zunehmend in Bedrängnis. Nuntius E. Pacelli warnte im Jahre 1929 davor, daß sie mit dem nichtkatholischen Pazifismus zusammenarbeiten und einen »dem Christentum fremden Pazifismus« vertreten könnte.[69] Die Christlich-Soziale Reichspartei wurde von den deutschen Bischöfen heftig bekämpft und scheiterte nicht zuletzt deshalb mit ihrem Versuch, als radikal-christliche und pazifistische Partei eine Alternative zum Zentrum zu bilden,[70] und die Politik des Zentrums unter H. Brüning nach den Reichstagswahlen vom 14. September 1930 stieß im Friedensbund Deutscher Katholiken auf Kritik und Ablehnung. Das zeitweilige – wenn auch nur verhaltene – Interesse des Zentrums an dem im Friedensbund organisierten katholischen Pazifismus war endgültig erloschen.

Einen allmählichen Abbau pazifistischer Positionen kann man auch beim Reichsbanner Schwarz-Rot-Gold beobachten, der etwa drei Millionen Mitglieder zählenden republikanischen Schutzorganisation. Die Gründung des Reichsbanners im Jahre 1924 wurde von der Friedensbewegung begrüßt: Prominente Pazifisten wie P. Löbe und E. Bernstein (SPD), H. von Gerlach und P. von Schoenaich (DDP), H. Krone und F. Dessauer (Zentrum) gehörten dem Reichsausschuß des Reichsbanners an. Die Vertreter der Friedensbewegung befanden sich zunächst keineswegs in der Situation von Außenseitern. Noch im Jahre 1925 gehörte P. von Schoenaich zu den angesehensten und begehrtesten Rednern des Reichsbanners.[71] Dem pazifistischen Flügel stand allerdings ein betont wehrfreundlicher Flügel gegenüber, der von der Reichsbannerführung unterstützt und gefördert wurde. Diese wehrfreundliche Politik der Reichsbannerführung fand starken Rückhalt bei Politikern der republikanischen Parteien. Im März 1925 forderte der Sozialdemokrat F. Sollmann den Bundesvorstand des Reichsbanners auf: »Sorgen Sie dafür, daß der Mollusken-Pazifismus, der mit wirklicher Friedenspolitik nichts zu tun hat, in der republikanischen Bewegung zurückgedrängt wird.«[72] Einige

Monate später erklärte der Bundesvorsitzende F. O. Hörsing: »Ich muß es offen aussprechen: für die Dauer werden wir als Republikaner diese pazifistische Bewegung, die sich nach meiner Auffassung immer mehr mit kommunistischen Schlagworten schmückt, kaum ertragen, sondern sie wegfegen und an ihre Stelle vernünftige Leute in die Redaktion der pazifistischen Blätter bringen müssen.«[73] Reichswehrminister O. Geßler stellte am 5. März 1926 im Reichstag mit Befriedigung fest, daß das Reichsbanner durch den Einfluß seiner politischen Freunde, der demokratischen Reichsbannerführer L. Haas, E. Lemmer, B. von Deimling und des Bundesvorsitzenden F. O. Hörsing, nicht mehr, »wie das anfänglich gewesen ist, sich gegen den Gedanken der Wehrhaftigkeit wehrt, sondern in den Vordergrund stellt den Schutz der Republik, aber auch die Verteidigung des Vaterlandes nach außen«.[74] Die Führung des Reichsbanners versuchte offensichtlich ganz bewußt, die Pazifisten und deren Sympathisanten aus dem Reichsbanner zu verdrängen. Der Dissens zwischen Pazifisten und Nichtpazifisten wurde auf der Tagung des Reichsausschusses vom 21. Februar 1925 erörtert, ohne daß eine Einigung erzielt wurde. Der Reichsausschuß empfahl den Pazifisten, sich mit den Parteien DDP, SPD und Zentrum zu besprechen; das Ergebnis dieser Gespräche wolle das Reichsbanner akzeptieren.[75] Damit wurden die Pazifisten auf geschickte Weise in die Defensive gedrängt.

Zum offenen Konflikt zwischen Pazifisten und Reichsbannerführung kam es im Herbst 1925, als K. Tucholsky im »Anderen Deutschland« den berühmt-berüchtigten Satz schrieb: »Wer im Kriege getötet wurde, ist nicht zu feiern, sondern aufs tiefste zu bedauern, weil er für einen Dreck gefallen ist.«[76] Daraufhin[77] verbot der Bundesvorsitzende F. O. Hörsing den Mitgliedern des Reichsbanners, die Zeitschrift in Uniform auszutragen. Dieser Erlaß gegen das »Andere Deutschland« rief eine lebhafte Diskussion über die Aufgaben und das Selbstverständnis des Reichsbanners hervor. Grundsätzlich wurde von pazifistischer Seite anerkannt, daß F. O. Hörsing mit dem Reichsbanner »im Abwehrkampf gegen die Vaterländischen Verbände« und zur »Unterstützung der republikanischen Parteien« eine Organisation aufgebaut habe, vor der »die Femeleute kuschen«.[78] Man bestätigte dem Reichsvorsitzenden, daß er sich als »Organisator des Reichsbanners unbestreitbar seine beträchtlichen Verdienste erworben hat«.[79] Es sei auch notwendig, »nunmehr, wo die Organisation steht, auch die geistige Erziehung der jungen Reichsbanner-Mitglieder zur demokratischen Republik zu beginnen. Doch so, wie

Hörsing seinen Leuten ›Weltanschauung‹ oktroyiert, so geht es nicht. Wenn er, einem Diktator gleich, verbietet, daß das Reichsbanner gewisse pazifistische Zeitungen verkauft, wenn er gegen die deutschen Pazifisten wettert..., dann schlägt das dem demokratischen Gedanken, für dessen Erhaltung das Reichsbanner kämpft, schallend ins Gesicht.«[80] Auch die liberal-demokratische, aber nicht pazifistisch orientierte »Vossische Zeitung« kritisierte die Maßregelung pazifistischer Zeitschriften: »Ließe das Reichsbanner sich auf die abschüssige Bahn einer unfreiheitlichen Bevormundung der Geister treiben, folgte es den unheilvollen Spuren des Obrigkeitsstaates, so verlöre es den Charakter eines Bundes freiwilliger Miliz und sänke herab zu einem Verein uniformierter Demonstranten, die einschwenken, wie es der Vorturner angibt. Die große Mission der überparteilichen republikanischen Einigung würde seinen Händen entgleiten.«[81] Der ansonsten eher exzentrische Pazifist K. Hiller unternahm den Versuch, das Reichsbanner aus der politischen Auseinandersetzung herauszuhalten: »Das Reichsbanner war, als es gegründet wurde – und lange, eh' es gegründet wurde –, notwendig, die Republik brauchte einen Arm, sie zu schützen. Noch lange braucht sie ihn. Gewiß heißt das Ziel, das wir Radikalen uns setzen: der Form Republik republikhaften, republikwürdigen, sozialen, humanen Inhalt zu geben; solange der fehlt, freut uns die Form nicht, aber da sie ihn unzweifelhaft eher ermöglicht, als die alte, zertrümmerte Form ihn ermöglicht hat, dient auch schon Schutz der bloßen Form... unserem Ziele.« Das Reichsbanner sei auch dann nicht wertlos, wenn es sich auf Verfassungsschutz beschränke und sich desinteressiert zeige an einer inhaltlich-republikanischen Propaganda, die »wir als radikale Sozialisten, als radikale Kulturpolitiker, als radikale Kriegsgegner entfalten; aber es wird gefährlich, wenn es dieser Propaganda widersteht«.[82] Dagegen lehnte K. Tucholsky einen lediglich formalen Republikanismus ab, weil dieser keinen »positiven Inhalt«, kein »ökonomisches Glaubensbekenntnis« und keine »ideologische Impfung« kenne; damit aber überlasse man die jungen Mitglieder des Reichsbanners der Verführung durch Nationalismus und Militarismus, die Republik selbst gebe man der inneren Aushöhlung preis.[83]

Auch die Führung des Reichsbanners war keineswegs gewillt, sich mit einem formalen Republikanismus zu begnügen. Sie verfolgte hartnäckig das Ziel, das Reichsbanner zu einem wirkungsvollen Träger des Wehrgedankens zu machen und es in die Front des »deutschen Verteidigungswillens« einzugliedern. Damit aber entfernte es sich von seiner eigentlichen Bestimmung: als republikanische

Sammlungsbewegung ein Gegengewicht zu den paramilitärischen Organisationen der antirepublikanischen und antidemokratischen Kräfte zu bilden. Die Auseinandersetzungen zwischen Pazifisten und Nichtpazifisten um den Kurs des Reichsbanners blieben der Öffentlichkeit nicht verborgen. Der Vorsitzende der »Vereinigung der Vaterländischen Verbände«, General von der Goltz, sprach schon Mitte 1926 von einem »irreparablen Gegensatz« zwischen dem »Heimat-General der pazifistischen Asphalt-Demokratie« P. von Schoenaich einerseits und dem »Frontsoldatenflügel unter Frontfeldwebel Hörsing« andererseits.[84] Der Konflikt zwischen Pazifisten und Nichtpazifisten im Jahre 1926 konnte durch eine Kompromißformel noch einmal notdürftig überdeckt werden: »Der Pazifismus gehört nicht in den Aufgabenkreis des Reichsbanners. Wohl aber sind Pazifisten, die den Grundsätzen des Reichsbanners entsprechend zur Verteidigung der Republik bereit sind, dem Reichsbanner als Mitglieder willkommen.« Diesen Kompromiß verfälschte der Bundesvorstand in ein »Verbot, die Pazifistenfrage in unseren Versammlungen überhaupt zu behandeln«. Dadurch aber ergab sich, wie P. von Schoenaich feststellte, neben den sachlichen Gegensätzen die Frage, ob »wir eigentlich ein auf demokratischer Grundlage stehender Verein freier Männer seien oder eine Rekrutenabteilung . . .«.[85]

Ein Bruch zwischen Pazifisten und Nichtpazifisten innerhalb des Reichsbanners wurde unvermeidlich, als im Jahre 1928 die Führung des Bundes die Diskussion um den Panzerkreuzerbau zum Anlaß nahm, die Pazifisten im Verband endgültig »auszuräuchern«. Pazifistische Mitglieder wie O. Lehmann-Rußbüldt und vor allem P. von Schoenaich, der »bald als Pazifist, bald als Sowjetverteidiger, bald als Kriegsdienstverweigerer« auftrete, wurden in übler Weise beschimpft, die Deutsche Friedensgesellschaft immer heftiger angegriffen.[86] P. von Schoenaich wehrte sich gegen diese Angriffe, indem er die Reichsbannerführung herauszufordern versuchte: »Ist das Reichsbanner ein schwarz-rot-goldener Wehrverein oder ist es ein pazifistisch-antimilitaristischer Bund, der nicht nur den offen schwarz-weiß-roten, sondern auch den heimlichen schwarz-rot-goldenen Wehrträumen schärfsten Kampf ansagt? Ein Mittelding gibt es nicht!«[87] Der Versuch, die Führung des Reichsbanners unter Druck zu setzen, mißlang, weil die Pazifisten die Mehrheit im Reichsbanner nicht für sich mobilisieren konnten. Die Schätzung P. von Schoenaichs, daß 99% aller Sozialdemokraten und Reichsbannerkameraden »pazifistisch und antimilitaristisch denken«, mag weit übertrieben sein; es dürfte aber zutreffen, daß viele Mitglieder des Reichsbanners

»mit Hilfe des Partei- und Bundesapparates« in die nationalistische Richtung gedrängt wurden.[88] Die Kompromißlosigkeit, mit der P. von Schoenaich die Reichsbannerführung unter Druck setzte, brachte das Gegenteil des beabsichtigten Effekts, da sie die Entscheidungsbereitschaft und die Entscheidungskraft des einzelnen voraussetzte und offensichtlich überforderte. Im Jahre 1932 stellte die Führung des Reichsbanners in einer Mitteilung an Reichswehrminister W. Groener fest, daß »der Agitation der Schoenaich, Küster usw. von der Führung des Reichsbanners das Genick sehr gründlich gebrochen ist«.[89]

Deutlich wird, daß seit Mitte der zwanziger Jahre die Kriegsdienstverweigerung als Kern des antimilitaristischen Pazifismus die Auseinandersetzungen zwischen Pazifisten und Nichtpazifisten sowohl in den Parteien als auch im Reichsbanner verschärfte.[90] Am Problem der Kriegsdienstverweigerung scheiterte das ohnehin schwierige Zusammenleben von Pazifisten und Nichtpazifisten. Die Radikalität der Kriegsdienstverweigerung legte die Brüchigkeit einer Wehrkonzeption offen, deren Fundament in den ersten Jahren der Republik gelegt wurde. Die republikanischen Parteien und das Reichsbanner versuchten die Krise ihrer Wehrpolitik, die in der Kontroverse um den Bau der Panzerkreuzer zutage trat, dadurch zu überwinden, daß sie die innerparteiliche Opposition und deren antimilitaristisch-pazifistischen Kern majorisierten oder abdrängten. Die Herausdrängung der pazifistischen Kräfte aus den republikanischen Parteien und aus dem Reichsbanner verwies die Friedensbewegung auf sich selbst zurück und drängte sie in die politische Isolation. Das oft ungeschickte Verhalten des antimilitaristischen Pazifismus hat diesen Verdrängungsprozeß zwar beschleunigt; ob es ihn auch verursacht hat, kann man bezweifeln. Am Ende aber hat der Bruch zwischen den pazifistisch-demokratischen Kräften und den nichtpazifistischen Republikanern die Abwehrfront gegen die Nationalsozialisten, die ohnehin nicht sehr überzeugend auftrat, noch weiter geschwächt.

VII.
Friedensbewegung und Nationalsozialismus

Im September 1929 beurteilte »Das Andere Deutschland« die Gefahr, die von der nationalsozialistischen Partei ausgehen könnte, noch recht gelassen. Nach Abwägung der Aktiva und Passiva der NSDAP kam man zu dem Ergebnis: »Der Mangel an einer wirklich hieb- und stichfesten, ernsthaft begründeten Idee ist im politischen Leben auf die Dauer durch nichts zu kompensieren, auch nicht durch noch so wüstes Auftreten. Wir sind daher sicher, daß der augenblicklich zu beobachtende Anstieg der Hakenkreuz-Partei vorübergehender Natur ist. Sie wird bald wieder zu der schwachen aber lauten Gruppe werden, die sie von 1924–1929 gewesen ist.«[1] Vor einer Unterschätzung des Nationalsozialismus warnte jedoch im Dezember 1929 der ehemalige sächsische Ministerpräsident H. Zeigner auf dem Delegiertentag des Westdeutschen Landesverbandes der Deutschen Friedensgesellschaft in Hagen: »Jeder von uns muß sich verantwortlich fühlen, jeder einzelne muß ein Funktionär werden im Kampf gegen den Faschismus.«[2] Das Ergebnis der Reichstagswahlen vom 14. September 1930 bestätigte die Warnungen H. Zeigners. Die Nationalsozialisten gingen als zweitstärkste Partei aus den Septemberwahlen hervor: Von 18,2% der stimmberechtigten Deutschen gewählt, waren sie zwar schwächer als die SPD (24,5%), aber doch beträchtlich stärker als die KPD (13,1%). Beunruhigend war vor allem, daß die bürgerlichen Parteien – mit Ausnahme des Zentrums – schwere Verluste hinnehmen mußten.

Seit dem Wahlergebnis vom 14. September 1930 wurde die nationalsozialistische Bedrohung von der Friedensbewegung ernst genommen. Der geschäftsführende Vorsitzende der Deutschen Friedensgesellschaft F. Küster richtete einen Aufruf an die Mitglieder seiner Organisation: »Dort Revanchegeist, Faschismus und Krieg, hier politische Freiheit, internationale Verständigung und Kriegsbekämpfung mit allen Mitteln. In diesem Kampf, der an Heftigkeit täglich zunimmt, muß jeder sich in die aktive Front einreihen, müssen durch Versammlungen, Propaganda von Mund zu Mund, neue Mitkämpfer gewonnen werden, muß die Aufklärung über das wahre Gesicht des Hitlertums bis in das letzte Dorf und in die letzte Hütte getragen werden. Sämtliche Organisationseinheiten müssen sich sofort auf diesen Entscheidungskampf einstellen, alle Versammlungen mit größter Umsicht vorbereiten und durchführen. Es darf 1931 keinen größeren Ort in Deutschland geben, in dem das Andere Deutschland nicht das Deutschland der Anderen, der Hitler und Stahlhelmer, berennt.«[3]

Die deutsche Friedensgesellschaft war davon überzeugt, daß die Nationalsozialisten in erster Linie »nicht durch die eigene Zahl und Kraft, sondern durch die Unzuverlässigkeit und Zerrissenheit der anderen Parteien«, durch die Uneinigkeit zwischen SPD und KPD und die unentschiedene Haltung der Mittelparteien zu Republik und Demokratie stark seien. Sie rief deshalb zu einer glaubwürdigen Politik auf: »Wir wissen, daß das Edelmenschliche auch in den Millionen schlummert, die für Hitler und Goebbels und Strasser gestimmt haben. Es braucht nur geweckt, genährt zu werden, um den düsteren Wahn des faschistischen Gewalt- und Blutglaubens abzustreifen. Der Kleinbürger, Kleinbeamte, Proletarier, der im Fieber der Krise gestern kommunistisch, heute nationalsozialistisch wählte, würde sich auch für eine soziale Demokratie und für pazifistische Ideale entflammen, wenn ihm nur statt des nationalsozialistischen Zerrbildes der Dinge ein wahrheitsgetreues Weltbild gezeigt würde.«[4] Seit den Septemberwahlen des Jahres 1930 wurden die Friedensgesellschaft und ihr Kampforgan »Das Andere Deutschland« zum schärfsten Gegner des Nationalsozialismus. Jetzt nahm man auch das Programm der Nationalsozialisten ernst. Wenige Tage nach der Reichstagswahl stellte »Das Andere Deutschland« fest: »[Die Nationalsozialisten] wollen Freiheit des Rüstens. Sie wollen Raum und Weltgeltung für ein deutsches Hundertmillionen-Volk. Sie wollen Zertrümmerung der Demokratie und die Herrschaft jener machtlüsternen Herren- und Abenteurer-Kaste, die sich aus ehemaligen Offizieren und Reserve-Offizieren, aus jenem ehedem alldeutschen Klüngel zusammensetzt, der die Kriegserklärung von 1914 mit dem frohlockenden Bekenntnis begrüßte: ›Diesen Tag haben wir ersehnt‹.«[5]

In der Auseinandersetzung mit dem Nationalsozialismus bewährte sich die Strategie F. Küsters, der aus dem Westdeutschen Landesverband schon frühzeitig einen straff organisierten Kampfverband geformt hatte und seit 1929 versuchte, dieses Konzept auf die ganze Friedensgesellschaft zu übertragen. Die Gruppe um F. Küster suchte die direkte Konfrontation mit den Nationalsozialisten in Versammlungen und scheute auch vor Kraftproben nicht zurück. Versammlungen wurden bewußt in Hochburgen der Nationalsozialisten abgehalten; umgekehrt versuchten die Nationalsozialisten, öffentliche Kundgebungen der Friedensgesellschaft zu stören. So zogen beispielsweise die Nationalsozialisten ihre Anhänger aus dem Oberbergischen Land zusammen, um eine Veranstaltung in Wiehe zu sprengen: »Wohl 1000 Personen waren zusammengeströmt, während der Saal nur 300 faßte. Zum Glück waren unsere Anhänger ... als erste im Saal. Der Naziführer Lehrer Friedrichs aus Rebbelroth hatte vom Versammlungsleiter die Zusicherung freier Aussprache erhalten, falls sich seine Leute einigermaßen gesittet verhielten. Aber daran war gar nicht zu denken. Die Unruhe wurde schließlich derartig, daß die aus der ganzen Gegend zusammengezogene Polizei die Versammlung schloß. ... Es gab eine regelrechte Saalschlacht, wobei schließlich die Nationalsozialisten durch die Beamten aus dem Saale gedrängt wurden. Zwei Nazis wurden verletzt. Darauf wurde die Versammlung aufs neue eröffnet. ... Jetzt verlief die Versammlung reibungslos, nur aus der Ferne hörte man noch gelegentlich ein wildes Gebrüll ›Heil Hitler‹.«[6] Zahlreiche Beispiele belegen, daß nationalsozialistische Störaktionen durch entschlossenes Handeln abgewehrt werden konnten. Als Nationalsozialisten eine Kundgebung des Friedensbundes Deutscher Katholiken auf dem Borberg (bei Brilon) zu stören versuchten, wurden sie »durch zwei Förster und einen Polizeibeamten und mit Hilfe einer Reihe kräftiger Männer schrittweise vom Borberg weggedrängt«.[7] Die Aktivitäten der Friedensbewegung wuchsen trotz ihrer Schwäche gerade in den beiden letzten Jahren der Weimarer Republik offensichtlich an; sogar im Osten Deutschlands konnte die Friedensbewegung erstmals Erfolge erzielen.[8] Dennoch war sie sich darüber im klaren, daß nach dem sog. »Preußenschlag« am 20. Juli die Machtfrage letztlich schon entschieden war. In einem »Appell an unsere Leser und Mitglieder« vom August 1932 warnte der Friedensbund Deutscher Katholiken eindringlich: »Wenn nicht alle Dämme nationaler Selbstzucht reißen sollen, dann müssen die verantwortungsbewußten Christen und Deutschen sich um so entschlossener gegen die Flut des unwahren, überheblichen und zerstörerischen Nationalismus und Militarismus stemmen und genau so stark zu den Abwehrorganen und -organisationen stehen wie die Gegenseite zu den ihrigen.«[9]

Um die gleiche Zeit kündigte das Andere Deutschland in einem Aufruf an die »Mitkämpfer im Lande« an, das »halbfaschistische« Regime Hindenburg-Brüning und die täglich zu erwartende Hugenberg-Hitler-Diktatur zwängen die Friedensgesellschaft zu einer organisatorischen Veränderung und Umstellung. Nur ein »Elite-Korps« erprobter Kämpfer könne unter den Bedingungen einer solchen Diktatur überleben; deshalb sollten »unabhängige Männer und Frauen«, die ihre ganze Kraft in den Dienst der Friedensgesellschaft stellen könnten, sich zusammenschließen.[10] Ähnliche Überlegungen stellte der Friedensbund Deutscher Katholiken bereits Ende 1931 an, nachdem in Hessen politische Versammlungen verboten worden waren. Der Friedensbund befürchtete, daß dieses Verbot »nur ein Anfang in einer langen Kette« sein könnte; denn »wo solche Verbote für die Dauer bestehen, wird es Pflicht derer, die für die Friedensidee zu leben und zu opfern bereit sind, Vorträge in Privathäusern abhalten zu lassen. ... Diesen Ausweg können wir wählen, solange es noch Privathäuser gibt, und wir hoffen, daß wir sie über den Fieberwahn der europäischen Diktaturen hinwegretten können.«[11] Damit richtete sich die Friedensbewegung lange vor dem 30. Januar 1933 auf illegale Arbeit ein. Geradezu prophetisch warnte Das Andere Deutschland Mitte 1932: »Dieser Faschismus ist nicht nur der Tod der Demokratie, sondern auch der fanatische Entfacher des neuen Weltkrieges. Wer seine Gefahr unterschätzt, wer sich gar zum Hehler der nationalsozialistischen Weltbedrohung entwürdigt, macht sich zum Mitschuldigen des neuen Weltkrieges!«[12]

Trotz des großen Erfolges der Nationalsozialisten am 14. September 1930 verfügten SPD und KPD mit 220 Mandaten über doppelt so viele Stimmen wie die Nationalsozialisten. Daran erinnerte das Andere Deutschland, fügte aber einschränkend hinzu: »Wenn sie einig wären. Das heißt: wenn die Sozialdemokratie sich rücksichtslos der Interessen der vergewaltigten zwei Volksdrittel anzunehmen wagte, konsequente Völkerversöhnungspolitik triebe und wenn die Kommunisten der utopischen Weltrevolution entsagten und ihre Kraft für das wirklich Erreichbare einsetzten.«[13] Die Kritik an der SPD und deren Tolerierungspolitik wurde immer heftiger. Ebenso hart griff die Friedensgesellschaft aber auch die KPD an. Bereits vor der Reichstagswahl im September 1930 warf sie der KPD vor, sie sei in die nationale Front eingeschwenkt und »nationalistisch« geworden.

Die »nationale Einheitsfront der Kommunisten und Nationalsozialisten« bewertete die Deutsche Friedensgesellschaft als »die schmählichste Erscheinung dieses Wahlkampfes 1930«. Die Charakterisierung des Versailler Vertrages als (kapitalistischer) »Gewaltfriede« durch die Kommunisten und die Ablehnung des Young-Planes durch Nationalsozialisten und Kommunisten wirkten nach Auffassung der Friedensgesellschaft als unbeabsichtigte »Helferdienste der Kommunisten für die deutsche Plutokratie, für den deutschen Nationalismus und Faschismus«. Die einem »hirnverbrannten Wahne« entsprungene Strategie, die deutsche Arbeiterklasse »durch Chaos, Krieg und Bürgerkrieg hindurch dem Sowjet-Paradiese zuführen zu können, ändert nichts an der Unsinnigkeit und Rücksichtslosigkeit einer solchen Politik«.[14] Nach dem Verzicht des Reichstages auf seine Einberufung im Juni 1931 und vor der Reichstagswahl vom 31. Juli 1932 drängte die Friedensgesellschaft verstärkt auf die Bildung einer Einheitsfront von der KPD bis zu den Organisationen der Eisernen Front. Diese Forderung wurde von der Sozialistischen Arbeiterpartei und vom Internationalen Sozialistischen Kampfbund unterstützt.[15] Zugleich sollte sich die organisierte Arbeiterschaft auf ihre schärfste Waffe besinnen: auf Generalstreik und Sabotage, falls eine Machtübernahme durch die Nationalsozialisten unmittelbar bevorstehe. Für diesen »Kriegsfall« müßten »Mobilmachungspläne ausgearbeitet werden, und zwar nicht nur national, sondern auch international. Im gleichen Moment, wo diese Mörder- und Femepartei nach der Macht greift, muß neben dem Generalstreik im Inlande der internationale Boykott durch die organisierte Arbeiterschaft über Deutschland verhängt werden. Jede Warenein- und -ausfuhr muß unterbunden werden.«[16] Nach der illegalen Absetzung der preußischen Regierung am 20. Juli 1932 wurden die Aufrufe zur Bildung der Einheitsfront immer drängender, die Angriffe auf die KPD immer heftiger, weil diese weiterhin jede Abschwächung ihres Kampfes gegen die SPD ablehnte.[17] Die Vorwürfe der Friedensgesellschaft gegen die Politik der KPD lassen sich in drei Punkten zusammenfassen: Das taktische Ziel der KPD, mit ihrem »Nationalbolschewismus den Hakenkreuznationalismus« zu übertrumpfen, trage dazu bei, daß »die Sumpfblume des Nationalismus üppig ins Kraut geschossen, daß die Nazis groß geworden sind, und daß wir die bitteren Früchte jetzt auf der Spitze der Bajonette dargeboten kriegen«;[18] die Kommunisten hätten noch nicht gelernt, daß sie in Europa lebten und »Deutschland nicht ein Teil von Rußland ist« – dieser Vorwurf richtete sich gegen die moskauhörige Haltung der deutschen Kommunisten;[19] es sei unverständlich, daß die KPD »noch immer, wie bisher, in der Sozialdemokratischen Partei ihren Hauptfeind« erblicke.[20] Diese Kritik an der KPD wiegt um so schwerer, als das Andere Deutschland sich bewußt vom üblichen Antibolschewismus distanzierte und Sowjetrußland gegenüber klischeehaften Vorurteilen in Schutz nahm.[21] Auch verschiedene Gruppierungen der katholischen Friedensbewegung wandten sich gegen eine verfälschende Berichterstattung über die UdSSR. Einzelne Mitglieder des Friedensbundes Deutscher Katholiken wie Kaplan J. Rossaint und N. Ehlen unterhielten persönliche Beziehungen zu Kommunisten. Probleme des Sozialismus und des Kommunismus wurden von den katholischen Sozialisten in ihrem Organ »Das Rote Blatt« ernsthaft diskutiert. Dieser Interessengemeinschaft gehörten u. a. E. Michel, F. Müller und K. M. Faßbinder an, die auch Mitglieder des Friedensbundes waren. Die katholischen Sozialisten erkannten die Marx'sche Gesellschaftsanalyse an und forderten die Aufhebung der bestehenden privatkapitalistischen Eigentumsordnung.[22] Die Kontakte einzelner Mitglieder des Friedensbundes zu Kommunisten und die Diskussionen im Kreis der katholischen Sozialisten führten jedoch nicht zu gemeinsamen Aktionen von Friedensbund und KPD; es dürfte auch übertrieben sein, von einem »partiellen Zusammengehen« zu sprechen.[23] Zu der seit 1930 heftig diskutierten Frage der Einheitsfront nahm der Friedensbund Deutscher Katholiken schon aus Rücksicht auf seinen katholischen Status nicht direkt Stellung. Außerhalb des Friedensbundes setzten sich jedoch pazifistische Journalisten wie W. Thormann und W. Dirks in der Zeitschrift »Deutsche Republik« – deren Redaktion sich seit 1929 in den Räumen der Rhein-Mainischen Volkszeitung befand und die von W. Thormann und F. Dessauer herausgegeben wurde[24] – mit diesem Problem auseinander. Nach Bildung der Harzburger Front forderte W. Thormann eine »breite antifaschistische Abwehrfront der Revolutionäre und der Reformisten, der Marxisten und Nichtmarxisten, der Demokraten und der Anhänger einer proletarischen Diktatur«.[25] Wiederum war diese Forderung von einer scharfen Kritik an der Sozialfaschismus-Theorie der KPD begleitet: »Diese Taktik läuft hinaus auf die Begünstigung des faschistischen Experiments, das man für eine Durchgangsstufe für Sowjetrußland hält. Sie gründet sich auf die Legende von einem Kampfwillen und einer Revolutionsbereitschaft der deutschen Arbeiterklasse, von denen nichts zu verspüren ist. Sie scheint uns deshalb auf ein Deutschland hinauszulaufen, das innenpolitisch von der faschistischen Diktatur und der damit gleichbedeutenden sozialen Reaktion geknechtet und ausgebeutet wird, im übrigen aber Glied einer kapitalistischen Weltfront und einem Regime unterworfen ist, das in dem Wort ›dette allemande‹ seinen richtigen Ausdruck findet. Etwas anderes kann bei einer Taktik nicht herauskommen, der die Zersetzung der SPD wichtiger ist als der Kampf gegen die faschistische Gefahr.«[26] Die Christlich-Soziale Reichspartei vertrat seit 1931 ebenfalls die Auffassung, daß nur die Mobilisierung der Massen im Rahmen einer antifaschistischen Einheitsfront in der Lage sei, gegen »Kapitalismus und Faschismus« erfolgreich vorzugehen; anders aber als der Friedensbund Deutscher Katholiken, die Rhein-Mainische Volkszeitung oder die Deutsche Republik unterstützte sie zeitweise die Sozialfaschismus-Theorie der KPD.

Die Friedensbewegung war sich in der Ablehnung und Bekämpfung des Nationalsozialismus einig; auffällig ist jedoch die Unterschätzung der Person Hitlers. C. von Ossietzky sah in ihm den »aufgestiegenen Kleinbürger«, den »trägen Schlawiner« und den »unschlüssigen Zauderer«[27] – was er zwar auch, aber eben nicht nur war. Die Christlich-Soziale Reichspartei hielt Hitler für eine Repräsentationsfigur, da die tatsächliche Macht bei Hugenberg, Papen und Seldte liege.[28] Die Zeitschrift Das Andere Deutschland sprach von der »Firma Hitler – Schleicher – Hindenburg«, stufte Hitler als »Demagogen« ein, der »nie und nimmer einlösen kann, was er versprochen hat«. Noch im Februar 1933 charakterisierte man die Regierung »Hitler – Papen – Hugenberg – Seldte« als eine »kapitalistisch-militärische Oligarchie, mit der Monarchie als Endziel«.[29] Mit dieser Unterschätzung der Person Hitlers befand sich die Friedensbewegung in Übereinstimmung mit fast allen politischen Beobachtern. Auch die SPD neigte dazu, Hitler als »Politclown« zu verharmlosen, den Aufstieg des Nationalsozialismus als kurzlebigen Erfolg zu betrachten.[30] Die französischen Freunde des Friedensbundes Deutscher Katholiken teilten diese Fehleinschätzung: Hitler selbst interessiere die Franzosen wenig; man halte ihn »weder für interessant noch für originell«, vielmehr für einen »Strohmann, für einen Agenten der Schwerindustrie und der Agrarier«.[31] Auf die polnischen Pazifisten dagegen wirkten der Nationalsozialismus und die Person Hitlers »ein wenig wie ein Kinderschreck«; doch müsse man bedenken, daß sich die abenteuerliche Vorstellung von einem Krieg gegen Polen »viel einfacher für einen verantwortungslosen Demagogen darstellt, als für einen für die Geschicke seines Landes verantwortlichen Kanzler oder gar Reichspräsidenten, selbst wenn sein Name Hitler ist«.[32] Die Unterschätzung bzw. falsche Einschätzung der Person Hitlers war meist mit einem weiteren verhängnisvollen Irrtum verbunden. F. Küster und Das Andere Deutschland wie auch die Christlich-Soziale Reichspartei gingen wie viele andere auch davon aus, daß eine

Beteiligung der Nationalsozialisten an der Regierung zum Scheitern der NSDAP führen müsse.[33]

Vor dieser Illusion warnte eindringlich W. Dirks, als sich im Frühjahr 1932 die Gerüchte über Gespräche zwischen H. Brüning und Hitler verdichteten. Die Aufgabe des Katholizismus könne nur darin bestehen, eine Diktatur zu verhindern, da der politische Katholizismus auf die Demokratie angewiesen sei. Der deutsche Katholizismus denke und verhalte sich viel zu legitim und loyal, als daß er als »illoyale Bewegung in geheimer Opposition gegen ein diktatorisches Regime seine Kraft entfalten könnte«. Weil aber auch ein an einer Diktatur beteiligter Katholizismus die »eigentliche Kraft, die Kraft seiner Volksmassen, dem Diktaturpartner nicht ausgleichend entgegenstellen könnte – in der Diktatur kommt es auf andere Arten von Macht an – so würden wir als Mitträger der Diktatur nicht weniger denn als Opponenten den Kürzeren ziehen«.[34] W. Dirks hielt es für unrealistisch, daß die Nationalsozialisten nach einer Machtübernahme sich selbst demontieren könnten, da sie »durch eine glänzende Fassade, durch ein nationales Straßenleben, durch Reden, Zeitungen, durch die Schule« die Massen an sich fesseln würden.[35] Die »sehr realen wirtschaftlichen und gesellschaftlichen Gegebenheiten«, die dem nationalsozialistischen Erfolg zugrunde lagen, sah W. Dirks in der Allianz zwischen Reichswehr und Wirtschaft. Diese Allianz werde »die nationalsozialistische Ideologie wohl als Fassade« für ihre eigenen Interessen benutzen und zugleich dafür sorgen, daß »die sozialistischen und nationalistischen Neigungen der Nationalsozialisten auf ein genehmes Maß beschnitten werden ... Versagt die indirekte Machtausrüstung durch das demokratische System, so muß man zur direkten Ausübung der Macht übergehen, und dazu braucht man ... eine verhüllende Fassade von antidemokratischen Werten: Rasse, Nation, Ordnung, Disziplin. Das ist der Faschismus ...«.[36] Die Schwäche dieses von der marxistischen Theorie beeinflußten Erklärungsmodells liegt darin, daß der Verselbständigungsprozeß des Nationalsozialismus und der weitgehend autonome Charakter seiner Ideologie unterschätzt wurden. Andererseits ist W. Dirks mit seiner Einschätzung des Nationalsozialismus als der »Idee des Krieges um seiner selbst willen, der Gewalt um ihrer selbst willen«[37] nicht weniger als E. Toller ein Beispiel für das, was »damals an Voraussicht möglich war«.[38] W. Dirks wie auch E. Toller waren davon überzeugt, daß der Nationalsozialismus, einmal an der Macht, nicht mehr aufzuhalten sei. W. Dirks rechnete nicht nur mit einem Krieg des nationalsozialistischen Deutschland gegen Polen, sondern auch damit, daß

»diese Gefahr von einer noch größeren überdeckt wird: von der Gefahr eines europäischen Krieges gegen Rußland«.[39] E. Toller sah eine Periode des europäischen Faschismus voraus, deren Ablösung »nur im Gefolge grauenvoller, blutiger Wirren und Kriege zu erwarten ist«.[40]

Die Auseinandersetzung mit der nationalsozialistischen Ideologie fiel der Friedensbewegung offensichtlich sehr schwer. Die Stärke der Friedensbewegung: politische Aufklärung und rationale Argumentation schlug gegenüber einer Ideologie, deren irrationale Grundlage und deren assoziative Verknüpfung tradierter Vorurteile unter den Bedingungen der Weltwirtschaftskrise große Anziehungskraft ausübten, in Hilflosigkeit um. W. Dirks versuchte die Anziehungskraft des nationalsozialistischen Gewaltmythos, in dem der »Krieg« zum höchsten Wert, der »Krieger« zur höchsten menschlichen Existenzform wurde, soziologisch zu erklären. Der nationalsozialistische Gewaltmythos verhelfe dazu, die für das Bürgertum unerträgliche »wirtschaftliche und soziale Deklassierung, die es in der Krise erfährt, durch eine Steigerung des Selbstgefühls wett zu machen: als heldischer, kriegerischer Träger des höchsten Wertes der deutschen Nation kann sich auch der verarmte, der ungesichert gewordene, der von der sozialen Deklassierung bedrohte Bürger selber noch für höher halten als die, die ihn seiner Bedeutung nach deklassiert haben: die Franzosen, die Plutokraten und die Marxisten«.[41] Der »heimliche Führer« des Friedensbundes Deutscher Katholiken F. M. Stratmann erklärte die Anziehungskraft der nationalsozialistischen Ideologie damit, daß der Nationalsozialismus »über das Parteiliche hinaus eine Weltanschauung ist, die wie wenig andere aufs Ganze geht und jedes sich bietende Mittel, ohne Rücksicht auf seinen moralischen Wert oder Unwert, in den Dienst dieses Ganzen stellt. Dabei ist es für den weltanschaulichen Charakter der Bewegung bezeichnend, daß sie weniger eine ganze, aber doch begrenzte Sache anstrebt als den ganzen Menschen unbegrenzt mit Beschlag belegt.« Dabei sei es ganz unwichtig, daß der Nationalsozialismus kein konkretes Programm habe, denn »für die Kraft eines Glaubens ist der Inhalt des Glaubens nicht entscheidend«. Gerade weil in dieser Bewegung »Ziel und Zweck . . . jedes Mittel heiligen, weil jeder Gegner Freiwild ist . . ., weil die Gewissen durch nichts anderes gebunden werden als durch den Befehl eines Führers, ›des Führers‹, des nationalsozialistischen Messias, der gewiß auch Pflichten auferlegt, aber nur solche, die ins Gelobte Land des nahen Dritten Reiches führen – darum kann in dieser Bewegung jeder mitschwimmen, der neben den höchsten Idealen (wie er sie versteht) auch die niedrigsten Instinkte zu ihrem Recht kommen lassen möchte«.[42] Damit legte F. M. Stratmann den totalitären Charakter und die inhumane Zukunfts-»Vision« des Nationalsozialismus bloß. Der nationalsozialistischen Dynamik stellte er die »Passivität und Resignation« gegenüber, die auf christlicher Seite nur allzuweit verbreitet sei und das Wort von der »Schlafenden Kirche« geprägt habe. Als Theologe warf F. M. Stratmann angesichts der nationalsozialistischen Gefahr Fragen auf, die auch heute noch bedenkenswert sind: »Ist der Nationalsozialismus nicht auch ein Gericht über diese ›Schlafende Kirche‹? Trommelt er nicht Tausende ihrer Schläfer wach, aber nicht mit dem Erfolg, daß er sie um das Kreuz, sondern um das Hakenkreuz schart? Würden sie aber, besonders die Jungen, dem Hitlertum verfallen, wenn ihnen das moderne Christentum nicht so schlapp, so leisetreterisch, so opportunistisch, so rückgratlos vorkäme?«[43]

Völkischer Nationalismus und Nationalsozialismus erkannten schon sehr früh in der Friedensbewegung einen ernsthaften Gegner. Das läßt sich exemplarisch an der Publizistik A. Rosenbergs, seit 1921 Hauptschriftleiter des Völkischen Beobachters, nachweisen. Bereits in seinen Artikeln aus diesem Jahr wird die Grundlinie der Agitation erkennbar, die auch beim deutschvölkischen Schutz- und Trutzbund vorherrschte: Der Pazifismus galt als Hilfstruppe des Judentums, von dem das deutsche Volk »tagtäglich von neuem frech herausgefordert wird, sei es durch die Rathenau oder die Zionisten oder durch die Witkowsky, Jakobsohn, Tucholsky usw.«. Die Weltbühne und das Tagebuch, das »alljüdische« Berliner Tageblatt und die Frankfurter Zeitung gehörten für ihn zu jenen intellektuellen Blättern der »jüdisch-demokratisch-pazifistischen Presse«, deren Lektüre die »Gehirnerweichung« der Intellektuellen von Tag zu Tag befördere.[44] Vor allem der »jüdische Pazifismus« K. Tucholskys und seine heftigen Angriffe auf den deutschen Militarismus reizten A. Rosenberg zu massiven Drohungen und rüden Attacken: »Ein jeder Deutsche hätte nun unserer Meinung nach das Recht, daß, wenn der Staat nicht in der Lage ist, die Ehre des Volkes zu wahren, diesem Kurt Tucholsky bei der ersten Begegnung mit einer Hundepeitsche die Meinung zu sagen, bis ihm die Lust zu seinen Unflätigkeiten vergeht.«[45] Neben K. Tucholsky, G. Grosz, H. von Gerlach, A. Einstein, dem »Pazifistenjuden« E. Fried und G. Moenius verunglimpfte A. Rosenberg vor allem Fr. W. Foerster als »Sittlichkeitsfanatiker und erfolgreichen Beschmutzer des deutschen Volkes. In den Augen dieses Burschen ist der deutsche Kampf gegen die Kriegsschuldlüge natürlich ein Verbrechen gegen das geliebte Frankreich ...«. Der Weltfriedenskongreß in Berlin (1924), auf dem der »jüdische – und zwar zionistische – Professor Basch Einlullungsreden hielt, gab dem Herrn Foerster wieder einmal Gelegenheit, seinen reichhaltigen Schmutzkübel über unser Volk zu entleeren und die Notwendigkeit für Frankreich zu betonen, sich vor neuen deutschen Überfällen zu schützen«.[46] Es ist bemerkenswert, mit welcher Aufmerksamkeit A. Rosenberg pazifistische Aktivitäten verfolgte. Als auf der 3. Bodenseekonferenz katholischer Politiker Ende Mai 1923 in Konstanz der Friedensbund Deutscher Katholiken seine erste, bescheidene Anerkennung fand, die Konferenz selbst sich gegen die »Vergötterung der Nation« und gegen die »Vergötterung der Gewalt« aussprach, warf A. Rosenberg den katholischen Politikern mangelnden Patriotismus und Schwächung der deutschen Position vor.[47] Die Verständigungs- und Friedensbemühungen der Kirchen beobachtete A. Rosenberg besonders argwöhnisch. Wiederholt warf er dem Münchener Kardinal Faulhaber »unwürdigen Pazifismus« vor, weil sich der Kardinal zum Völkerfrieden bekannte, den Einmarsch deutscher Truppen nach Belgien und die Torpedierung der »Lusitania« als Fehler bezeichnet hatte. Er stellte ihn – völlig zu Unrecht – in eine Reihe mit dem, was »die Friedrich Wilhelm Foerster, Grelling, Kurt Eisner und Genossen seit Jahren auch predigten«.[48] Die Bemühungen des schwedischen Bischofs Söderblom um die Zusammenführung der Kirchen, die Kongresse der christlichen Kirchen (außer der katholischen Kirche) in Stockholm (1927) und in Prag (1928) standen nach A. Rosenberg ebenso wie »der Völkerbund, die Pazifistenkreise um Basch und Gerlach und die Amsterdamer Internationale« in Widerspruch zum »deutschen Gewissen und deutschen Interesse«.[49] Als sich im September 1923 die Verbände »Oberland« und »Reichsflagge« mit der SA zu einem Vaterländischen Kampfbund zusammenschlossen, forderte das gemeinsame Programm die »Bekämpfung der marxistischen Bewegung, der Internationale in jeder Form, des Judentums und des Pazifismus«.[50] Einige Jahre später bezeichnete A. Rosenberg den Pazifismus zwar als »natürlichen Rückschlag nach furchtbaren leiblichen und seelischen Anstrengungen«, aber auch als skrupellose »Ausnützung dieser Schwächestimmung durch bezahlte und unbezahlte Konjunkturritter, um diese Schwäche in den Dienst fremder Herrschergelüste zu stellen«. Denunziatorisch ist bereits die Sprache, wenn von »pazifistischen Derwischen« die Rede ist. Pazifismus wird diffamiert als »schön gebaute Organisation«, als lukrativer Selbstzweck für »elegante Sekretäre«, die »Luxusfahrten zu internationalen Kongressen« machen.[51] Es bedarf keines weiteren Nachweises, daß die pazifistischen Grundsätze und Ziele in diametralem Gegensatz zur nationalsozialistischen Gewaltpolitik standen.[52] Die publizistische Agitation A. Rosenbergs zeigt deutlich genug, daß die Nationalsozialisten nach den Juden und neben den »Marxisten« auch die Pazifisten als ideologische Hauptfeinde bekämpften.[53]

Nach der sog. Machtergreifung rief Das Andere Deutschland noch einmal die Arbeiterparteien auf, eine antifaschistische Einheitsfront zu bilden. In Berlin klebten K. R. Grossmann, C. von Ossietzky und andere Mitte Februar 1933 Plakate mit einem Aufruf zur Einheitsfront.[54] Am 20. Februar 1933 trafen sich C. von Ossietzky, H. von Gerlach, F. Hertz, O. Lehmann-Rußbüldt, A. Falkenberg (Vorsitzender des Allgemeinen Freigewerkschaftlichen Beamtenbundes), F. Küster und H. Lange in Berlin: »Gegenstand der Diskussion: Was soll geschehen? Ist der Kampf beendet? Sollen wir nun daran denken, uns in Sicherheit zu bringen?« H. von Gerlach und F. Küster wollten die Wahlen am 5. März abwarten; C. von Ossietzky war sich noch unschlüssig, entschied sich dann aber dafür, in Deutschland zu bleiben. O. Lehmann-Rußbüldt dagegen stellte fest: »Die Chancen, eine Tätigkeit hier weiter auszuüben, sind gleich Null, aber die Aussicht, daß die Nazis ihr Programm durchführen werden, sicher. Die ›Nacht der langen Messer‹ wird Wirklichkeit werden. Wir haben die Verpflichtung, um Deutschland willen zu leben, um von dem Standort, wo wir noch handeln können, das Menschenmögliche zu tun. Unter diesen Umständen ist Flucht kein Verrat, sondern logisch und notwendig.«[55]

Die Verfolgungen begannen nach dem Reichstagsbrand mit der Verordnung »zum Schutze von Volk und Staat« am 28. Februar 1933. Am 3. März wurde die Zeitschrift »Das Andere Deutschland« verboten. Nach den Wahlen am 5. März zerschlugen die Nationalsozialisten die Organisationsgrundlagen der Deutschen Friedensgesellschaft; das Büro wurde geschlossen, und die Akten wurden beschlagnahmt. Führende Mitglieder pazifistischer Organisationen kamen in Schutzhaft, wurden in Gefängnissen und Zuchthäusern festgehalten oder in Konzentrationslager gebracht, u. a. F. Küster, G. Seger, C. von Ossietzky, K. Hiller und P. von Schoenaich. Rechtzeitig noch konnten H. Graf Kessler, O. Lehmann-Rußbüldt, K. R. Grossmann, L. Quidde, H. Stöcker, A. Siemsen und zahlreiche andere ins Ausland fliehen.

Während die Christlich-Soziale Reichspartei ebenfalls verboten und ihr Vorsitzender V. Heller in ein Konzentrationslager gebracht wurde, konnte der Friedensbund Deutscher Katholiken unter schwierigen Umständen und gewissen Einschränkungen weiterhin existieren. Die Zurückhaltung gegenüber dem Friedensbund hing mit der Taktik der Nationalsozialisten zusammen, dem politischen Katholizismus und der Kirche möglichst wenig Anlaß zur Kritik zu geben, um die Verhandlungen mit dem Zentrum über das Ermächtigungsgesetz und die Konkordatsverhandlungen nicht zu gefährden. Die Zustimmung des Zentrums zum Ermächtigungsgesetz und die Erklärung der Bischöfe vom 28. März 1933 stießen jedoch beim Friedensbund auf Kritik. Vom Zentrum distanzierte sich der Friedensbund durch seine Erklärung: »Der Friedensbund Deutscher Katholiken ist keine Gruppe des Zentrums, aber eine Gruppe der katholischen Kirche.«[56] Das Verhalten der Bischöfe wurde indirekt durch Bibelzitate hart kritisiert: »Manchmal tritt der Irrtum in äußerst bestechender Gestalt auf, so daß viele ihm anheimfallen. ›Mich wundert‹, schreibt Paulus an solche Christen, ›daß ihr euch so schnell abwendig machen laßt und euch einem anderen Evangelium zuwendet..., und doch gibt es kein anderes. Nur machen gewisse Leute euch irre und wollen das Evangelium Christi fälschen‹.«[57] Es war nur noch eine Frage der Zeit, bis auch den Friedensbund das Schicksal der anderen pazifistischen Organisationen traf.

Als am 1. Juli 1933, nur zwanzig Tage vor dem Abschluß des Konkordats, der Friedensbund Deutscher Katholiken, der Windthorst-Bund, der Volksverein für das katholische Deutschland und der Katholische Jungmännerverband verboten wurden, da zeigte sich die Selbstsicherheit des nationalsozialistischen Regimes. Das Verbot erging im Vorgriff auf Artikel 31 des Konkordats und machte damit deutlich, wie der Nationalsozialismus die Konkordatsbestimmungen praktisch umzusetzen gedachte. Die katholischen Verbände wurden verboten, weil sie als »konfessionelle Hilfsverbände« des Zentrums sich angeblich »staatsfeindlich« betätigt und durch »Mißbrauch religiöser und kirchlicher Einrichtungen für parteipolitische Zwecke« das Verhältnis zwischen »nationalem Staat und Katholischer Kirche« gefährdet hatten. Der Zusatz, daß »rein kirchliche Vereine«, die lediglich »sozialen und caritativen Zwecken« dienten, von diesem Verbot nicht betroffen seien,[58] entspricht Artikel 31 des Konkordats vom 20. Juli 1933, der festlegte: »Diejenigen katholischen Organisationen und Verbände, die ausschließlich religiösen, rein kulturellen und karitativen Zwecken dienen..., werden in ihren Einrichtungen und in ihrer Tätigkeit geschützt.«[59] Kurz darauf wurden führende

Vertreter des Friedensbundes Deutscher Katholiken verhaftet: F. Dessauer, W. Dirks, H. Knecht, P. Lenz und F. M. Stratmann; der letztere konnte nach seiner Entlassung nach Rom fliehen, hielt sich seit 1938 in Holland auf und mußte sich während des Krieges in einem Kloster verstecken.[60] P. Lenz, Generalsekretär des Friedensbundes, konnte nach Frankreich, F. Müller in die USA flüchten. J. Rossaint wurde im Jahre 1937 zu elf Jahren Zuchthaus verurteilt. Den bekannten Prälaten Lichtenberg aus Berlin, Mitglied der Arbeitsgemeinschaft der Konfessionen für den Frieden und Leiter der Hilfsstelle für getaufte Juden, verhafteten die Nationalsozialisten im Jahre 1941; er starb 1943 auf dem Transport ins Konzentrationslager Dachau. R. Kuenzer, Legationsrat a. D., schloß sich dem Widerstandskreis um K. Goerdeler und W. Solf an und wurde im September 1944 hingerichtet. M. J. Metzger, einer der Gründungsväter der katholischen Friedensbewegung, wurde von den Nationalisten am 17. April 1944 erhängt.[61] Zahlreiche unbekannte, aber auch prominente Mitglieder der katholischen Friedensbewegung, wie J. Antz, N. Ehlen und die ehemaligen Bundesvorsitzenden Gunst und Miller waren vom »Gesetz zur Wiederherstellung des Berufsbeamtentums« (7. April 1933) und vom Erlaß des Reichsinnenministers aus dem Jahre 1934 betroffen, wonach »Beamte, die am 30. Januar 1934 noch dem F.D.K. angehört haben ..., nicht mehr angestellt oder befördert« werden durften.[62]. Trotz eindringlicher Bittschreiben waren die Bischöfe nicht bereit, sich für den Friedensbund und seine führenden Vertreter einzusetzen.[63]

Auf der ersten Ausbürgerungsliste vom 23. August 1933 standen neben emigrierten Mitgliedern der KPD und der SPD auch führende Mitglieder der Friedensbewegung: H. von Gerlach, E. J. Gumbel, B. Jacob, K. Tucholsky, O. Lehmann-Rußbüldt, K. R. Grossmann und F. W. Foerster; später wurden H. Kraschutzky, K. Hiller, H. Stökker, L. Quidde und Fr. M. Stratmann ausgebürgert.[64] Das Exil brachte den emigrierten Pazifisten materielle Not und psychische Belastungen, die manche von ihnen nicht ertragen konnten, so daß sie den Freitod wählten (K. Tucholsky, A. Freymuth). Andere dagegen versuchten mit bescheidenen Mitteln, notleidende Emigranten zu unterstützen. K. R. Grossmann gründete in Prag die »Demokratische Flüchtlingsfürsorge«; L. Quidde leitete in Genf das »Comité de secours aux pacifistes exilés«. H. von Gerlach baute in Paris mit Hilfe der französischen Liga für Menschenrechte einen Hilfsdienst auf, und O. Lehmann-Rußbüldt rief in London mit Unterstützung E. Tollers die Deutsche Liga für Menschenrechte im Exil ins Leben. H.

von Gerlach und O. Lehmann-Rußbüldt setzten im Exil den Kampf gegen den Nationalsozialismus fort. G. Seger, lange Jahre Präsidiumsmitglied der Deutschen Friedensgesellschaft und seit 1930 Reichstagsabgeordneter der SPD, konnte im Dezember 1933 aus dem Konzentrationslager Oranienburg flüchten. In Prag veröffentlichte er 1934 den ersten Bericht über ein Konzentrationslager, der in fünf Sprachen übersetzt wurde. Als nach G. Segers gelungener Flucht seine Frau und die zweijährige Tochter am 19. Januar in Schutzhaft genommen wurden, erregte diese Geiselnahme die englische Öffentlichkeit so sehr, daß die deutsche Botschaft in London auf Freilassung drängte. Auf Intervention des Auswärtigen Amtes hin konnten Frau Seger und das Kind am 19. Mai 1934 nach London ausreisen. Die Nationalsozialisten wandten das erpresserische Instrument der Geiselnahme auch gegenüber Angehörigen anderer prominenter Emigranten an, so gegenüber den Verwandten des ehemaligen Reichskanzlers Ph. Scheidemann oder gegenüber der Frau und den beiden Kindern des SPD-Reichstagsabgeordneten A. Arzt.[65] Nicht weniger Aufsehen erregte der »Fall Jacob«, die Entführung des emigrierten Pazifisten B. Jacob durch die Gestapo aus der Schweiz nach Deutschland am 9. März 1935. B. Jacob, der bereits während der Weimarer Republik in der Zeitschrift Das Andere Deutschland die Geheimrüstungen der Reichswehr enthüllt hatte und als Militärexperte galt, unterrichtete in seinem »Unabhängigen Zeitungsdienst« im Exil über die Aufrüstung der Nationalsozialisten. Seine Berichte, die auf genauer Kenntnis basierten, kamen den Nationalsozialisten gerade im Jahre 1935, in dem die allgemeine Wehrpflicht eingeführt wurde, sehr ungelegen. Die Entführung stieß auf den Protest der Schweiz, die auf einer Überstellung B. Jacobs bestand. Am 17. September 1935 freigelassen, suchte der streitbare Journalist Zuflucht in Portugal. Im Jahre 1941 zum zweitenmal von der Gestapo entführt, wurde er im Jahre 1944 in einem Konzentrationslager ermordet.[66]

Den Nationalsozialisten ist es nicht nur gelungen, die Friedensbewegung zu zerschlagen, sondern sie auch aus dem Bewußtsein der Deutschen zu verdrängen. Damit aber ging nicht nur eine – wenn auch nur kurze und überdies erfolglose – demokratische und emanzipatorische Traditionslinie in der neueren deutschen Geschichte verloren, sondern auch ein wichtiger Bestandteil der politischen Kultur. Eine Folge dieses gewaltsamen Kontinuitätsbruches ist die A-Historizität der gegenwärtigen Friedensbewegung in der Bundesrepublik, die da handelt und argumentiert, als wäre sie »nur von heute«.[67] Dem entspricht eine allgemeine Unkenntnis bei den politischen Gegnern des Pazifismus, die zuweilen ein zynisch-groteskes Ausmaß annimmt; so etwa, wenn man »dem« Pazifismus vorwirft, er habe Auschwitz überhaupt erst möglich gemacht!

Schlußbemerkungen

(1) Der Friedensbewegung wurde immer wieder vorgehalten, sie lasse sich von Wunschdenken leiten und verfolge illusionäre Ziele. Die politischen und weltanschaulichen Gegner der Friedensbewegung hielten sich für Realisten, wenn sie erklärten und zu begründen versuchten, daß und warum alle Anstrengungen vergeblich sein müßten, den Krieg als Mittel der Politik überflüssig zu machen. Die extreme Steigerung dieses antiutopischen Realismus verkörperte sich in Hitler, der sich in seinem sog. Politischen Testament als den großen Realisten bezeichnete und sich gegen die Utopie der humanitären Idealisten, der Christen und der Kommunisten wandte. Die rassistische Ideologie des Herrenmenschentums pervertierte die pazifistische Utopie, machte sie sich sogar zunutze, indem sie die Realisierung der »pazifistisch-humanen Idee« davon abhängig machte, daß »der höchststehende Mensch sich vorher die Welt in einem Umfange erobert und unterworfen hat, der ihn zum alleinigen Herren dieser Erde macht ... Also erst Kampf und dann vielleicht Pazifismus.« Wer sich den »Sieg des pazifistischen Gedankens in dieser Welt wirklich von Herzen wünschen wollte, müßte sich mit allen Mitteln für die Eroberung der Welt durch die Deutschen einsetzen«.[1] Der antiutopische Realismus in seiner maßlosen Übersteigerung durch die nationalsozialistische Ideologie führte nicht nur zur Vernichtung der Friedensbewegung; er führte auch in die Katastrophe des Zweiten Weltkrieges.

(2) In seinem Aufsatz über »Die Funktion der Utopie im politischen Denken der Neuzeit« weist Th. Nipperdey darauf hin, daß das utopische Entwerfen in einen Geschichtsprozeß eingebettet ist, in dem sich neuzeitliches Denken vom Mittelalter absetzt; ferner zeigt Th. Nipperdey die Wandlungen utopischen Denkens seit Beginn der Neuzeit bis in das 19. Jahrhundert auf.[2] Seine Beobachtungen finden eine weitgehende Bestätigung in der Geschichte der neuzeitlichen

Friedensutopien. Die frühe Friedensliteratur ist geprägt durch eine »passive Erwartungshaltung des Wünschens«, die den appellativen Grundzug in der »Klage des Friedens« des Erasmus erklärt. Aus dem »Entwurf des Ideals« wird in dem utopischen Schrifttum der Aufklärung über den ewigen Frieden ein »Leitbild des Handelns«,[3] in dem das Bürgertum im Namen der Vernunft und der Moral seinen Anspruch auf politische Gestaltung anmeldet. In der Friedensbewegung als einer sozialen Bewegung wird eine qualitative Veränderung der Funktion der Utopie insofern deutlich, als das utopische Friedensdenken in programmatische Aktivität umgesetzt wird. Dabei legitimiert sich der Zukunftsentwurf, wie er von der Friedensbewegung vorgetragen wird, zunehmend »aus der Hinwendung zur Erfahrung, nur so kann der Boden politisch-sozialer Argumentation nach vorn gewonnen werden. Das Handeln wird in den sozialen Bedingtheiten verankert.«[4] Es soll hier nicht weiter erörtert werden, ob die Hinwendung zu Problemen und Möglichkeiten der konkreten Realisierung auch zu einem Verlust des utopischen Gehaltes führte. Eine utopische Funktion behält die Friedensbewegung schon dadurch, daß sie als »Antizipationsmacht, mit ihrem offenen Raum und ihrem zu realisierenden, sich realisierenden Gegenstand nach vorwärts« weist, daß sie als das »konkret-utopisch begriffene Korrelat in der realen Möglichkeit«[5] die bestehenden Verhältnisse kritisiert und relativiert. Damit setzt sie sich notwendigerweise den Angriffen jener aus, die das bestehende System repräsentieren und verteidigen.

(3) Die bürgerliche Friedensbewegung schälte sich aus der bürgerlichen Gesellschaft heraus, um ihr »spezifisch Bestes zu suchen, vorauszumalen«.[6] Hieraus ergibt sich ihr evolutionär-reformerischer Grundzug. In Deutschland konnte die Friedensbewegung deshalb nicht oder nur sehr begrenzt wirksam werden, weil ihr politisch-sozialer Träger, das linksliberale Bürgertum, sich in einer permanenten Krise befand.[7] Gerade aber der »alte Friedenstraum setzt fast noch zwingender als jedes andere Element der Sozialutopie klare Träger und Berichtigung voraus«.[8] Die Verbindung von Friedensutopie und Sozialutopie, die nach dem Ersten Weltkrieg in der Zusammenarbeit von linksliberalem Bürgertum und sozialistischen Kräften erkennbar wurde, brachte neue Impulse; die lange Jahre ausgesparte, jetzt wieder aufgenommene Diskussion über Gewalt und Gewaltlosigkeit, die hier nur angedeutet werden kann, ist dafür das interessanteste Beispiel.[9] Nach dem Ersten Weltkrieg erwies sich die Friedensbewegung mit ihrer »normativen Forderung nach einer Weltordnung ohne Krieg durch Revolutionierung der internationalen

Beziehungen wie der innerstaatlichen Verhältnisse ... als ein energischer Verfechter jenes progressiven Utopismus, der als Hebel geschichtlicher Entwicklung unentbehrlich erscheint«.[10] Um so erbitterter und hartnäckiger – und schließlich erfolgreich – wurde sie von jenen politischen und ideologischen, wirtschaftlichen und militärischen Kräften bekämpft, die an den Grundsätzen und Methoden tradierter Macht- und Gewaltpolitik festhielten und sie auch wiederum praktizierten.

(4) Die Geschichte der organisierten Friedensbewegung begann in Deutschland sehr viel später als in den klassischen Staaten des liberal-demokratischen Parlamentarismus. Unter den gesellschaftlich-politischen Verhältnissen und Bedingungen des kaiserlichen Deutschland konnte sich die Friedensbewegung nur mühsam behaupten. Um so erstaunlicher ist der zeitweilige Aufschwung, den die Friedensbewegung in der Weimarer Republik erlebte. Die Friedensbewegung in Deutschland war besser organisiert und auch zahlenmäßig stärker als die »echten« Friedensorganisationen in Frankreich und in England; so umfaßten die pazifistischen Organisationen in England nicht mehr als 20000 Mitglieder. Dennoch konnte die organisierte Friedensbewegung in England größeren Einfluß gewinnen als die deutsche Friedensbewegung. Sie verfügte nicht nur über erhebliche Geldmittel; ihr gehörten vor allem »beste und politisch und sozial hochangesehene Persönlichkeiten« an, die sich zudem »auf eine vorwiegend pazifistische Grundstimmung des Volkes auch im recht radikalen Sinne« stützen konnten.[11] Damit wird das Grundproblem des organisierten Pazifismus in der Weimarer Republik deutlich: Er agierte als Fremdkörper in einem gesellschaftlich-politischen und geistigen Umfeld, das sich bewußt von ihm abkapselte und ihn aggressiv bekämpfte.

Anmerkungen

Vorbemerkungen

1 Zu den Begriffen »Friedensbewegung« und »Pazifismus« und deren Wandel vgl. K. Holl, Pazifismus, in: O. Brunner/W. Conze/R. Koselleck (Hg.), Geschichtliche Grundbegriffe, Band 4, Stuttgart 1978, S. 767–787.

2 W. Wette, Einleitung: Probleme des Pazifismus in der Zwischenkriegszeit, in: K. Holl/W. Wette (Hg.), Pazifismus in der Weimarer Republik, Paderborn 1981, S. 12.

3 Um eine Aufzählung der Arbeiten zu vermeiden, verweise ich auf die Bibliographie in: H. Donat/K. Holl, Die Friedensbewegung. Organisierter Pazifismus in Deutschland, Österreich und in der Schweiz, Düsseldorf 1983. – Das Lexikon informiert über pazifistische Positionen, Organisationen und Persönlichkeiten; jedem Artikel sind spezifische Literaturhinweise beigefügt.

I. Von der Friedensliteratur zur Friedensbewegung

1 K. von Raumer, Ewiger Friede, Freiburg/München 1953, S. VI.

2 K. von Raumer, Ewiger Friede. – Die Zitate von Erasmus von Rotterdam, Sebastian Franck, Emeric Crucé, William Penn, Jeremy Bentham und Immanuel Kant sind dieser Dokumentation entnommen. Um den darstellenden Teil von Anmerkungen zu entlasten, wurde auf den genauen Nachweis der Zitate verzichtet.

3 K. von Raumer, Ewiger Friede, S. 1.

4 P. Eicher, »Er ist unser Friede«. Von der Sicherheitsmoral zum Friedenszeugnis, in: ders., Das Evangelium des Friedens. Christen und Aufrüstung, München 1982, S. 54.

5 H. E. Tödt, Theologie und Völkerrecht, in: G. Picht/C. Eisenbart (Hg.), Frieden und Völkerrecht, Stuttgart 1973, S. 50.

6 J. Engel, Von der spätmittelalterlichen republica christiana zum Mächte-Europa der Neuzeit, in: Th. Schieder (Hg.), Handbuch der Europäischen Geschichte, Bd. 3, Stuttgart 1971, S. 317.

7 R. Wohlfeil, Ritter – Söldnerführer – Offizier, in: A. Borst (Hg.), Das Rittertum im Mittelalter, Darmstadt 1976, S. 336.

8 R. Kosellek, Kritik und Krise, Freiburg/München 1973, S. 13.

9 K. von Raumer, Ewiger Friede, S. 69.

10 Zu den Begriffen »institutionelles« und »isoliertes« Schiedsgericht vgl. J. Engel, republica christiana, S. 373f.

11 H. Duchhardt, Studien zur Friedensvermittlung der Neuzeit, Wiesbaden 1979, S. 93.

12 Vgl. H.-J. Schlochauer, Die Entwicklung der internationalen Schiedsgerichtsbarkeit, in: Archiv des Völkerrechts 10/1962-62, S. 3; H. Duchardt, Friedensvermittlung S. 117.
13 K. von Raumer, Ewiger Friede, S. 109.
14 G. Dohrn van Rossum, Die puritanische Familie. In: R. Reif (Hg.), Die Familie in der Geschichte. Göttingen 1982, S. 65 u. S. 68.
15 K. von Raumer, Ewiger Friede, S. 109.
16 R. Vierhaus, Überstaat und Staatenbund, in: Archiv für Kulturgeschichte 43/1961, S. 334.
17 Handbuch der deutschen Wirtschafts- und Sozialgeschichte, hg. von H. Aubin/W. Zorn, Bd. 1, Stuttgart 1971, S. 563.
18 Vgl. dazu allgemein P. Klassen, Zur Geschichte der europäischen Idee. II. Die englisch-französische Rivalität und die Wandlung der europäischen Friedensidee im 18. Jahrhundert, in: Welt als Geschichte 3/1937, S. 163 pass.
19 Zu Saintard vgl. ebd., S. 171; hier auch das Zitat.
20 Zu J. Bentham vgl. M. Weber, Jeremy Bentham, in: Vom Nationalstaat zum Empire. München 1970, S. 117.
21 So G. Picht, Philosophie und Völkerrecht, in: G. Picht/C. Eisenbart (Hg.), Frieden und Völkerrecht, S. 175.
22 Die kurzen Bemerkungen zu Kants Friedenskonzeption von Zwi Batscha/R. Saage (Hg.), Friedensutopien, Frankfurt 1979, S. 7–16, scheinen mir sehr von dem Bedürfnis bestimmt, diese Widersprüchlichkeit zu harmonisieren.
23 P. Brock, Pacifism in the United States. From the Colonial Era to the First World War, Princeton/New Jersey 1968, S. 479.
24 E. Kraft, Die ersten internationalen Kongresse und ihre Entstehung, Phil. Diss., Frankfurt 1925, S. 3.
25 Ebd., S. 63f.
26 W. J. Mommsen, Großbritannien vom Ancien Régime zur bürgerlichen Industriegesellschaft 1770–1867, in: Th. Schieder (Hg.), Handbuch der europäischen Geschichte, Bd. 5, Stuttgart 1981, S. 377f.
27 H. Gollwitzer, Geschichte des weltpolitischen Denkens. Bd. I. Vom Zeitalter der Entdeckungen bis zum Beginn des Imperialismus, Göttingen 1972, S. 500.
28 H. Gollwitzer, Weltpolitisches Denken, S. 509.
29 E. Kraft, Kongresse, S. 56.
30 Übersetzt nach: J. ter Meulen, Der Gedanke der internationalen Organisation in seiner Entwicklung, Zweiter Band, Erstes Stück, Haag 1929, S. 281.
31 Daß die Friedensbewegung als eine »soziale Bewegung« zu verstehen ist, hat Fr.-K. Scheer, Die Deutsche Friedensgesellschaft (1892–1933). Organisation, Ideologie, politische Ziele, Frankfurt 1981, nachgewiesen: vgl. S. 5.
32 R. Kosellek, Kritik und Krise, S. 41.
33 J. Habermas, Strukturwandel der Öffentlichkeit, Neuwied/Berlin ^{6}1974, S. 97.
34 Christian Garve, Clubs. Breslau 1804; zitiert nach: Von der ständischen

zur bürgerlichen Gesellschaft, hg. von Zwi Batscha/J. Garber, Frankfurt 1981, S. 279.
35 J. Habermas, Strukturwandel, S. 117.
36 Vgl. dazu J. Voss, Die Akademien als Organisationsträger der Wissenschaften im 18. Jahrhundert, in: Historische Zeitschrift 231/1980, S. 64f.
37 Übersetzt nach dem Zitat in P. Brook, Pacifism, S. 472.
38 Zitiert nach E. Kraft, Kongresse, S. 19.
39 Fr.-K. Scheer, Friedensgesellschaft, S. 15.

II. Die internationalen Friedenskongresse (1848–1853) und die Anfänge der Friedensbewegung in Deutschland

1 E. Kraft, Kongresse, S. 68.
2 Vgl. P. Brock, Pacifism, S. 641 pass.
3 Zitiert nach H. Hetzel, Die Humanisierung des Krieges in den letzten hundert Jahren 1789–1889. Eine Studie, Frankfurt a. d. O. 1891, S. 41f.
4 A. Brücher, Victor Hugos Eröffnungsrede zum Pariser Friedenskongreß von 1849, in: Archiv für Politik und Geschichte, 5/1927, S. 222–227.
5 H. Hetzel, Humanisierung, S. 43.
6 E. Kraft, Kongresse, S. 82f.
7 V. Valentin, Geschichte des Völkerbundgedankens in Deutschland, Berlin 1920, S. 70.
8 Verhandlungen des dritten allgemeinen Friedenscongresses, gehalten in der Paulskirche zu Frankfurt a. M., am 22., 23. und 24. August 1850, Frankfurt 1851, S. 4; Ruge stimmte allerdings nur »bedingterweise« den Friedensgrundsätzen des Kongresses zu.
9 Ebd., S. 2.
10 Ebd., S. 4.
11 Ebd., S. 59; vgl. auch die Rede des französischen Delegierten S. 9: »Überall stürzt das gotische Gebäude der alten Politik in Trümmer und der Bau der Wissenschaft nimmt seine Stelle ein. Durch sie wird der Friede eine allgemeine Wahrheit, was auch verblendete Regierungen gegen ihn unternehmen mögen. Allgemein hat Staatskunst die Menschen getrennt; Wissenschaft wird sie vereinigen. In Folge des Buchdrucks und des Dampfes, dieser beiden friedlichen Eroberungen, sehen wir von Tag zu Tag den Gedankenverkehr in gleichem Maße sich ausdehnen, wie den Verkehr der Erzeugnisse ...«.
12 Ebd., S. 47; – Zu den Auswirkungen der Befreiungskriege auf die Haltung des Bildungsbürgertums gegenüber dem nationalen Krieg vgl. O. Dann, Vernunftfrieden und nationaler Krieg. Der Umbruch im Friedensverhalten des deutschen Bürgertums zu Beginn des 19. Jahrhunderts, in: Kirche zwischen Krieg und Frieden, hg. von W. Huber/J. Schwerdtfeger, Stuttgart 1976, S. 198.
13 E. Kraft, Kongresse, S. 159f.

14 C. L. Siemering, Von der ersten deutschen Friedensgesellschaft zu Königsberg i. Pr. 1850/1851 (Schriften des Frankfurter Friedensvereins, H. 4), Frankfurt a. M. 1909 S. 12, – Die folgenden Ausführungen stützen sich auf diese Schrift; auf Einzelnachweise kann deshalb verzichtet werden.
15 Ebd., S. 30f.
16 Ebd., S. 18.
17 Fr. Grünhagen, Ein Wort an und für die Friedensvereine, Königsberg 1850, S. 6ff.
18 C. L. Siemering, Friedensgesellschaft zu Königsberg, S. 29: »Sind Sozialismus und Kommunismus wirklich schon jetzt so furchtbare Erscheinungen, da sie sich noch in Finsternis verbergen und auf Zeitungen und Broschüren beschränken – was wird aus ihnen werden, wenn sie mit Muskete und Bajonett in der Hand dahermarschieren, nur durch das Spinngewebe der Kriegszucht gehalten. Das sind Fragen, welche die Bewunderer stehender Heere gut tun werden, in Erwägung zu ziehen.« – Damit wurde die Funktion des Militärs als innenpolitisches Ordnungsinstrument kritisiert.
19 Vgl. W. Treue, Gesellschaft, Wirtschaft und Technik Deutschlands im 19. Jahrhundert, in: Gebhard, Handbuch der Deutschen Geschichte, Bd. 3, Stuttgart 1973, S. 425.
20 C. L. Siemering, Friedensgesellschaft zu Königsberg, S. 10.
21 Ebd., S. 22.
22 Über Th. Creizenach vgl. ADB, Bd. 47, Leipzig 1903, S. 549ff.
23 S. Verhandlungen des dritten allgemeinen Friedenscongresses . . ., S. 64: »Sind wir die Feinde Deutschlands? (Lauter Ruf: Nein! Nein!). Verlangen wir nicht vielmehr, Deutschland mächtig, einig und frei zu sehen? (Alle englischen Abgeordneten erheben sich und geben in lautem Beifall ihre Zustimmung zu erkennen.) . . . Ja! wir verlangen sehnlichst, Deutschland einig und stark zu sehen . . .«
24 H. A. Winkler, Bürgerliche Emanzipation und nationale Einigung. Zur Entstehung des Nationalliberismus in Preußen, in: Probleme der Reichsgründerzeit 1848–1879, hg. von H. Böhme, Köln 1968, S. 236f.
25 H.-U. Wehler, Das Deutsche Kaiserreich 1871–1918, Göttingen 1973, S. 164.
26 D. Stiewe, Die bürgerliche deutsche Friedensbewegung als soziale Bewegung bis zum Ende des 1. Weltkrieges, Diss. Phil. Freiburg i. Br. 1971, S. 49; zu E. Löwenthal vgl. auch J. ter Meulen, Der Gedanke der Internationalen Organisation in seiner Entwicklung. Zweiter Band, Zweites Stück, Haag 1940, S. 17–21.
27 Vgl. V. Valentin, Völkerbundsgedanke, S. 140–150.
28 Vgl. die mit wertvollen Materialien ausgestattete Darstellung über den Frankfurter Friedensverein von A. Dietz, Franz Wirth und der Frankfurter Friedensverein, Frankfurt a. M. 1911.
29 A. Dietz, Frankfurter Friedensverein, S. 25f.
30 Ebd., S. 19.

III. Die Friedensbewegung im Deutschen Kaiserreich

1 J. ter Meulen, Internationale Organisation, Zweiter Band, Zweites Stück, S. 4f.
2 W. Baumgart, Vom europäischen Konzert zum Völkerbund, Darmstadt 1974, S. 15.
3 J. ter Meulen, Internationale Organisation, Zweiter Band, Zweites Stück, S. 67.
4 Ebd., S. 48–55.
5 R. Eickhoff, Die Interparlamentarische Union (1889–1914). Der Vorläufer des Völkerbundes, Berlin 1921, S. 457f.
6 J. Braunthal, Geschichte der Internationale, Bd. 1, Berlin, [2]1974, S. 145.
7 Vgl. J. ter Meulen, Internationale Organisation, S. 31–33.
8 K. Kautsky, zitiert nach Fr.-K. Scheer, Friedensgesellschaft, S. 20.
9 Geschichte der deutschen Arbeiterbewegung, Kapitel II. Berlin 1966, S. 122.
10 Fr.-K. Scheer, Friedensgesellschaft, S. 20.
11 A. H. Fried, Die moderne Friedensbewegung in Deutschland und Frankreich, S. 10.
12 Weltausstellung in:

		(1)	(2)
1889	Paris	X	X
1890	London	X	X
1891	Moskau		
1893	Chicago	X	
1894	Auvers, Madrid, San Francisco		
1897	Brüssel		X
1900	Paris	X	X
1901	Glasgow	X	
1902	Hanoi		
1904	Saint Louis		
1905	Lüttich		
1906	Mailand	X	
1910	Brüssel		X

(1) Weltfriedenskongresse
(2) Kongresse der Interparlamentarischen Union

1. Ideologisch-programmatische Positionen in der Deutschen Friedensgesellschaft

1 A. H. Fried, Bertha von Suttner, in: Friedenswarte, 16/1914, S. 242.
2 Zitiert nach: B. von Suttner, Der Kampf um die Vermeidung des Weltkrieges, hg. von A. H. Fried, Zürich 1917, Bd. II, S. 558f.
3 C. von Ossietzky, Rechenschaft. Publizistik aus den Jahren 1913–1933, Frankfurt 1972, S. 40f.

4 Fr. Heer, zitiert nach: G. Brinker-Gabler, Bertha von Suttner, Frankfurt 1982, S. 33.
5 G. Brinker-Gabler, Bertha von Suttner, S. 33.
6 So führen beispielsweise weder Fr.-K. Scheer noch R. Chickering das für B. von Suttners Denken grundlegende Werk »Das Maschinenalter« in ihren Literaturverzeichnissen an.
7 Fr.-K. Scheer, Friedensgesellschaft, S. 84; R. Chickering, Imperial Germany and a World without War. The Peace Movement and Wilhelmine Society, Princeton 1975, S. 93f.
8 Ebd., S. 92f.
9 G. Brinker-Gabler, Bertha von Suttner, S. 22.
10 (B. v. Suttner), Das Maschinenalter. Zukunftsvorlesungen über unsere Zeit. Von Jemand, Zürich 1889, S. 257f.
11 Ebd., S. 173.
12 Ebd., S. 63.
13 Ebd., S. 159.
14 Ebd., S. 279.
15 Ebd., S. 69, S. 252.
16 R. Chickering, Imperial Germany, S. 92.
17 Ebd., S. 92f.
18 So H. Wehberg, in: Die Führer der Friedensbewegung, S. 7.
19 B. v. Suttner, Schach der Qual. Ein Phantasiestück, Dresden/Leipzig 1898.
20 Fr.-K. Scheer, Friedensgesellschaft, S. 67.
21 Aus dem Gründungsaufruf der österreichischen Friedensgesellschaft vom 18. Sept. 1891; zitiert nach: B. v. Suttner, Memoiren, Stuttgart 1909. S. 193
22 Zitiert nach: W. Bredendiek, Stimme der Menschlichkeit und der Vernunft. In: Vermächtnis und Mahnung. Zum 50. Todestag Bertha von Suttners, Wien 1964, S. 30.
23 Friedenswarte 26/1926, S. 326.
24 A. H. Fried, Handbuch der Friedensbewegung, Berlin/Leipzig ^{2}1911/1913, Teil I, S. 9.
25 A. H. Fried, Die Grundlagen des revolutionären Pazifismus, Tübingen 1908, S. 9f.
26 A. Hillgruber, Deutsche Großmacht- und Weltpolitik im 19. und 20. Jahrhundert, Düsseldorf 1977, S. 39.
27 A. H. Fried, Handbuch I, S. 3f.
28 Ebd., S. 41f.
29 Th. Schieder, Europa im Zeitalter der Nationalstaaten und europäische Weltpolitik bis zum I. Weltkrieg, in: Handbuch der Europäischen Geschichte, Bd. 6, Stuttgart 1973, S. 138.
30 A. H. Fried, Handbuch I, S. 4.
31 Ders., Grundlagen des revolutionären Pazifismus, S. 42.
32 Ders., Handbuch I, S. 115.
33 Ders., Grundlagen des revolutionären Pazifismus, S. 64f.
34 Ebd., S. 23f.
35 H. Lüthy, Geschichte und Fortschritt. In: W. Meyer, (Hg.), Das Problem des Fortschritts – heute, Darmstadt 1969, S. 26.

36 Vgl. dazu R. Scheyhing, Recht und Fortschrittsgedanke, in: Die Idee des Fortschritts, München 1963, S. 88.
37 J. Dülffer, Regeln gegen den Krieg? Die Haager Friedenskonferenzen 1889 und 1907 in der internationalen Politik, Frankfurt/Berlin/Wien 1978, S. 315.
38 Das Programm vom Jahre 1905, Punkt III, in: Friedenswarte 26/1926, S. 327.
39 Vgl. A. H. Fried, Handbuch II, S. 246–259.
40 H. Kiesewetter, Von Hegel zu Hitler, Hamburg 1974, S. 158.
41 Zitiert nach: H. Wehberg, Die Führer der deutschen Friedensbewegung, S. 21.
42 W. Schücking, Die Idee der internationalen Organisation in der Geschichte (1908), in: ders., Der Bund der Völker. Studien und Vorträge zum organisatorischen Pazifismus, Leipzig 1918, S. 4; S. 21.
43 Vgl. W. Schücking, Die wichtigste Aufgabe des Völkerrechts, in: ebd., S. 85.
44 S. dazu die Kritik bei L. Gross, Pazifismus und Imperialismus. Eine kritische Untersuchung ihrer theoretischen Begründungen, Leipzig/Wien 1931. S. 121ff.
45 L. Quidde, Die Geschichte des Pazifismus (1922), in ders., Caligula. Schriften über Militarismus und Pazifismus, hg. von H. U. Wehler, Frankfurt 1977, S. 146.
46 Vgl. die Studie über L. Quidde von R. Rürup, in: Deutsche Historiker, hg. von H. U. Wehler, Bd. III, Göttingen 1972.
47 Zusammenfassung des Referats über »Der verachtete Idealismus der Friedensbewegung« von L. Quidde, in: Die Friedenswarte 16/1914, S. 210f.
48 H.-U. Wehler in seiner Einleitung zu: Ludwig Quidde. Caligula, S. 12f.
49 R. Rürup, Ludwig Quidde, S. 143.

2. Die organisatorische Entwicklung der Friedensbewegung

1 Fr.-K. Scheer, Friedensgesellschaft, S. 43.
2 A. H. Fried, Die moderne Friedensbewegung in Deutschland und Frankreich, Gantzsch bei Leipzig, 1908, S. 3.
3 E. Born, Von der Reichsgründung bis zum I. Weltkrieg, in: Gebhardt, Handbuch der Deutschen Geschichte, Bd. 3, Stuttgart 1973, S. 322.
4 H.-J. Puhle, Parlament, Parteien und Interessenverbände 1890–1914, in: M. Stürmer (Hg.), Das kaiserliche Deutschland, Düsseldorf ^{2}1976, S. 354.
5 M. R. Lepsius, Parteiensystem und Sozialstruktur: zum Problem der Demokratisierung der deutschen Gesellschaft, in: G. A. Ritter, (Hg.), Deutsche Parteien vor 1918, Köln 1973, S. 71.
6 B. v. Suttner, Memoiren, S. 275
7 A. H. Fried, Die Ausgestaltung der Friedensaktion in Deutschland. Eine Denkschrift zum zehnjährigen Bestande der Deutschen Friedensgesellschaft November 1892 bis November 1902, Berlin 1903, S. 6.

8 A. H. Fried, Die moderne Friedensbewegung in Deutschland und Frankreich, S. 4.
9 Aufruf »An das deutsche Volk« vom 9. November 1892, in: Friedenswarte 26/1926, S. 326.
10 A. H. Fried, Jugenderinnerungen (= Der Völkerfriede, H. 1; Beihefte zur Friedenswarte), Berlin 1925, S. 36.
11 H. Wehberg, E. Schlief, in: Führer der Friedensbewegung, S. 18. – Zur Auseinandersetzung um den Charakter der Friedensgesellschaft und die Position E. Schliefs ausführlich R. Chickering, Imperial Germany, S. 48f.
12 Aufruf »An das deutsche Volk«, S. 326.
13 J. Unold, Organische Staatsauffassung, in: Das monistische Jahrhundert 1912/13, H. 1, S. 538f.; – vgl. auch J. Zmarc, Über die exakten Grundlagen des Weltfriedens, in: Das monistische Jahrhundert 1912, H. 5., S. 211, der die »Verwandlung der alten unvollkommenen Zivilisation in die wissenschaftliche Kultur« fordert.
14 H. Lübbe, Politische Philosophie in Deutschland, München 1974, S. 144.
15 B. v. Suttner, Memoiren, S. 279.
16 B. v. Suttner, Brief an den »Frauenbund der Deutschen Friedensgesellschaft«, in: G. Brinker-Gabler (Hg.), Frauen gegen den Krieg, S. 51.
17 Diese und weitere bezeichnende Angaben über den BDF sind zusammengestellt bei G. Brinker-Gabler, Frauen gegen den Krieg, S. 20f. – Aufschlußreich für die Haltung des BDF ist auch, daß er keine Traueradresse zum Tod B. von Suttners sandte – wohl aber der Allgemeine Österreichische Frauenverein; vgl. Friedenswarte 16/1914, S. 260.
18 Fr.-K. Scheer, Friedensgesellschaft, S. 120, Anm. 3.
19 Völker-Friede 15/1914, S. 62.
20 Zitiert nach: Fr.-K. Scheer, Friedensgesellschaft, Anm. 3, S. 54f.
21 Ebd., S. 59.
22 Vgl. W. Mommsen, Deutsche Parteiprogramme, München 1960, S. 161ff.
23 K. Simon, Die soziale Struktur der württembergischen Volkspartei und ihre Auswirkungen auf Programm und Politik der Partei (1882–1914), in: G. A. Ritter (Hg.), Deutsche Parteien, S. 229.
24 So hatte der »Evangelisch-protestantische Kirchenbote in Elsaß-Lothringen« O. Umfrid die Berichterstattung über die nationalen und internationalen Friedenskongresse übertragen; vgl. dazu B. Wiegand, Krieg und Frieden im Spiegel führender protestantischer Presseorgane Deutschlands und der Schweiz in den Jahren 1890–1914, Bern/Frankfurt 1976, S. 121f.
25 B. Wiegand, Krieg und Frieden, S. 222; S. 121–124.
26 O. Umfrid, Meine Vortragsreise im Elsaß, in: Völker-Friede 12/1911, S. 12.
27 Fr.-K. Scheer, Friedensgesellschaft, S. 60, Anm. 3.
28 A. Dietz, Franz Wirth und der Frankfurter Friedensverein, S. 3.
29 Ebd., S. 35f.
30 Zitiert nach J. Dülffer, Regeln gegen den Krieg? S. 20.
31 Ebd., S. 26f.
32 Die Große Politik der europäischen Kabinette, Berlin 1922–1927, Bd. XV, Nr. 4328. S. 313f.; mit Frau »Salenko« ist L. Selenka, mit dem Journalisten Stead ist der englische Pazifist W. T. Stead gemeint.

33 Die Friedenswarte 1/1899, S. 115; zitiert nach Fr.-K. Scheer, Friedensgesellschaft, S. 97.

34 R. Chickering, Imperial Germany, S. 53, S. 63.

35 Zum »Bund der Landwirte« vgl. H.-J. Puhle, Agrarische Interessenpolitik und preußischer Konservatismus im wilhelminischen Reich 1893–1914, Bonn-Bad Godesberg [2]1975, hier S. 62.

36 K. Holl, Die deutsche Friedensbewegung im wilhelminischen Reich. Wirkung und Wirkungslosigkeit, in: W. Huber/J. Schwerdtfeger (Hg.), Kirche zwischen Krieg und Frieden, Stuttgart 1976, S. 329.

37 R. Lepsius, Parteiensystem und Sozialstruktur, S. 71.

38 Für eine Untersuchung der gesamten Mitgliederschaft reichen die Daten nicht aus.

39 Vgl. W. Eisenheiß, Die bürgerliche Friedensbewegung in Deutschland während des Ersten Weltkrieges, Frankfurt u. a. 1980, S. 51f.

40 R. Chickering, Imperial Germany, S. 53.

41 Ebd., S. 53.

42 Zitiert nach: Fr.-K. Scheer, Friedensgesellschaft, S. 49, Anm. 2.

43 R. Chickering, Imperial Germany, S. 70.

44 A. H. Fried, Handbuch der Friedensbewegung, Zweiter Teil, S. 188.

45 Nach: B. v. Suttner, Interparlamentarische Union und Pazifismus, in: Friedenswarte 13/1911, S. 227.

46 Diese Unterscheidung traf H. Wehberg, Das Zusammenarbeiten der Interparlamentarier und der Pazifisten, in: Friedenswarte 13/1911, S. 326.

47 Prof. v. Martitz, zustimmend zitiert von R. Eickhoff, Die Interparlamentarische Union (1889–1914), in: Zeitschrift für Politik 8/1915, S. 464.

48 Ausführlicher zur Geschichte dieses Verbandes R. Chickering, A Voice of Moderation in Imperial Germany: The »Verband für internationale Verständigung« 1911–1914, in: Journal of Contemporary History 1973, H. 8, S. 147–164.

49 A. H. Fried, Der Verband für internationale Verständigung, in: Friedenswarte 13/1911, S. 170.

50 O. Nippold und L. Quidde, Der Verband für internationale Verständigung und die Deutsche Friedensgesellschaft, in: Friedenswarte 13/1911, S. 228; im Jahre 1909 hatte O. Nippold die Gründung eines internationalen Zusammenschlusses für Völkerrechtswissenschaftler vorgeschlagen; vgl. O. Nippold, Eine Anregung zum internationalen Zusammenschluß der Völkerrechtsgelehrten, in: Zschr. f. Völkerrecht und Bundesstaatenrecht, 3/1909, S. 217–220.

51 Vgl. § 1 der Statuten des Verbandes über die Zielsetzung und § 4 der Statuten zur Innenpolitik, abgedruckt als Anhang zu O. Nippold, Ziele und Aufgaben des Verbandes für internationale Verständigung, Stuttgart 1913.

52 A. H. Fried, Zweiter Verbandstag des Verbandes für internationale Verständigung, in: »Die Friedenswarte 15/1913, S. 364f.

3. Die Stellung der Friedensbewegung im gesellschaftlichen System des Kaiserreichs

1 Fr. Nietzsche, Werke in drei Bänden, hg. von K. Schlechta, ²1960, Bd. 1, S. 137ff.
2 Kl. Vondung, Zur Lage der Gebildeten in der wilhelminischen Zeit, in: ders. (Hg.), Das wilhelminische Bürgertum, Göttingen 1976, S. 26.
3 F. Messerschmidt, Militär und Politik in der Bismarckzeit und im wilhelminischen Deutschland, Darmstadt 1975, S. 64.
4 E. Deuerlein, Die Konfrontation von Nationalstaat und national bestimmter Kultur, in: Th. Schieder/E. Deuerlein (Hg.), Reichsgründung 1870/71, Stuttgart 1970, S. 240.
5 H. Wolgast, Das Elend unserer Jugendliteratur, Worms ⁶1921, S. 141.
6 So der Verleger einer Sammlung von Bildern aus der Geschichte, zitiert bei H. Wolgast, Jugendliteratur, S. 141.
7 Ebd., S. 141.
8 H. L. Köster, Geschichte der deutschen Jugendliteratur, München-Pullach/Berlin 1972 (Reprint der 4. Auflage von 1927), S. 313f.
9 H. Wolgast, Jugendliteratur, S. 176.
10 E. Deuerlein, Nationalstaat, S. 240.
11 O. Umfrid, Friede auf Erden, Eßlingen 1897, S. 36.
12 P. Hampe, Sozioökonomische und psychische Hintergründe der bildungsbürgerlichen Imperialbegeisterung, in: Kl. Vondung, Lage der Gebildeten, S. 68ff.
13 K. Saul, Der »Deutsche Kriegerbund«. Zur innenpolitischen Funktion eines »nationalen« Verbandes im kaiserlichen Deutschland, in: Militärgeschichtlichen Mitteilungen 2/1969, S. 95f.
14 Ebd., S. 127.
15 H.-U. Wehler, Das Deutsche Kaiserreich, S. 109.
16 O. Umfrid, Europa den Europäern. Politische Ketzereien, Eßlingen 1914, S. 95.
17 Zitiert nach: O. Umfrid, Friede auf Erden, S. 43.
18 Vgl. dazu K. Holl, Die deutsche Friedensbewegung, S. 340.
19 M. Messerschmidt, Die politische Geschichte der preußisch-deutschen Armee, in: Handbuch zur deutschen Militärgeschichte 1648–1939, Bd. 2, München 1979, S. 265.
20 Zusammengestellt aus R. Höhn, Die Armee als Erziehungsschule der Nation. Das Ende einer Idee, Bad Harzburg 1963, S. 222–230.
21 M. Messerschmidt, Die politische Geschichte der preußisch-deutschen Armee, S. 267.
22 O. Umfrid, Europa den Europäern, S. 101.
23 M. Rade, Religion und Moral. Streitsätze für Theologen, Gießen 1898, S. 8f.; vgl. auch S. 9: »Die Ethik, auch die evangelisch-theologische, hat vielfach den Zug gehabt, das Bestehende zu sanktionieren, und damit dem Ernst des christlichen Sittengesetzes Abbruch getan.« – Der Begriff »theologische Ethik« entspricht dem katholischen Begriff »Moraltheologie«. – Zum Protestantismus vor und nach 1914 vgl. auch W. Huber,

Evangelische Theologie und Kirche beim Ausbruch des Ersten Weltkrieges, in: ders. (Hg.), Historische Beiträge zur Friedensforschung (Studien zur Friedensforschung, Bd. 4), Stuttgart 1970; zu M. Rade s. S. 181–186.

24 Vgl. dazu den Brief M. Rades an Th. Heuss vom 11. 8. 1937, zitiert bei: Chr. Schwöbel, Martin Rade. Das Verhältnis von Geschichte, Religion und Moral als Grundproblem seiner Theologie, Gütersloh 1980, S. 126: ». . . ich . . . ließ mich durch ihn (scil. Fr. Naumann, seinen Schwager) nie in die aktive Politik hineinziehen: das ist bei mir erst in Marburg seit 1907 unter Schückings Einfluß anders geworden.«

25 In: Friedenswarte 15/1913, S. 209.

26 Das Mißtrauen des Katholizismus gegenüber der Friedensbewegung gründete sich auch auf den freidenkerischen Einfluß innerhalb der Friedensbewegung; vgl. K. Holl, Die deutsche Friedensbewegung, S. 336.

27 Völker-Friede, 15/1914, S. 74f.

28 Ebd., S. 45.

29 Ebd., S. 69.

30 T. Offermann, Arbeiterbewegung und liberales Bürgertum in Deutschland 1850–1863, Bonn 1978, S. 509ff; – Die verfrühte Trennung zwischen Arbeiterbewegung und liberalem Bürgertum betonte wieder Th. Nipperdey, Deutsche Geschichte 1800–1866, München 1983, S. 735.

31 D. Groh, Negative Integration und revolutionärer Attentismus, Frankfurt/Berlin/Wien 1973, S. 74.

32 So K. Kautsky im Jahre 1913; zitiert nach Fr.-K. Scheer, Friedensgesellschaft S. 225, Anm. 1.

33 O. Umfrid, in: Friedensblätter 3/1902, S. 16.

34 Fr.-K. Scheer, Friedensgesellschaft, S. 225.

35 K. Holl, Die deutsche Friedensbewegung, S. 334.

36 W. Wette, Kriegstheorien deutscher Sozialisten, Stuttgart u. a. 1971, S. 193.

37 Ebd., S. 128.

38 Ebd., S. 132.

39 A. Harnack, in: Neue Freie Presse, 25. April 1909; zitiert nach: A. Wagner, Friedensbewegung und Kirche. in: O. Umfrid (Hg.), Der Wehrverein. Eine Gefahr für das deutsche Volk, Stuttgart 1914, S. 27.

40 A. H. Fried, Sozialdemokratie und Friedensbewegung, in: Friedenswarte 13/1911, S. 129ff.

41 Ebd., S. 130; Zum Wissenschaftsbegriff E. Bernsteins, der in mancherlei Hinsicht dem A. H. Frieds entsprach, vgl. Th. Meyer, Bernsteins konstruktiver Sozialismus, Berlin/Bonn-Bad Godesberg 1977, S. 241ff.

42 D. Düding, Der Nationalsoziale Verein 1896–1903, München/Wien 1972, S. 196f.

43 H. Trotnow, Karl Liebknecht. Eine politische Biographie, München 1982, S. 148ff.

44 W. Eisenbeiß, Die bürgerliche Friedensbewegung in Deutschland während des Ersten Weltkrieges, S. 61; aufschlußreich die Arbeit von A. Wild, Baron d'Estournelles de Constant (1852–1924), Hamburg 1973, S. 399 pass.

45 A. H. Fried, in: Friedenswarte 14/1912, S. 319.

46 Zitiert nach: D. Stiewe, Die bürgerliche deutsche Friedensbewegung, S. 143.
47 D. Stegman, Die Erben Bismarcks. Parteien und Verbände in der Spätphase des wilhelminischen Deutschlands, Köln/Berlin 1970, S. 53f.
48 Zitiert nach: D. Stiewe, Die bürgerliche deutsche Friedensbewegung, S. 170.
49 A. von Boguslawski, Der Krieg in seiner wahren Bedeutung für Volk und Staat, Berlin 1892, S. 7.
50 Zitiert nach: Fr.-K. Scheer, Friedensgesellschaft, S. 53.
51 M. Jaehns, Über Krieg, Frieden und Kultur. Eine Umschau, Berlin ^{2}1893, S. 341 –; M. Jaehns war auch Verfasser des Stückes »Preußisches Festspiel«, das jahrelang mit großem Erfolg von Truppenteilen und Schulen aufgeführt wurde, vgl. K. Sauer/G. Werth, Lorbeer und Palme. Patriotismus in deutschen Festspielen, München 1971, S. 67.
52 L. Koreska-Hartmann, Jugendstil der »Jugend«, München 1969, S. 243.
53 L. Grundscheid/H. Hempel/A. Schroeder, 1813 in Geschichte und Dichtung im Lichte der Gegenwart, Wittenberg 1913, S. 106.
54 Th. Schieder, Das Deutsche Kaiserreich von 1871 als Nationalstaat, Köln/Opladen 1961, S. 84.
55 H.-U. Wehler, Das Deutsche Kaiserreich, S. 173.
56 Die große Politik der europäischen Kabinette, Bd. XV, Nr. 4280, S. 243.
57 J. Dülffer, Regeln gegen den Krieg?, S. 124.
58 Die große Politik ..., Bd. XV, Nr. 4255, S. 189: Aufzeichnung von Holsteins vom 9. Mai 1899.
59 Die große Politik ..., Bd. XV, Nr. 4300, S. 269: Aufzeichnung des Direktors der Rechtsabteilung des Auswärtigen Amtes Hellwig vom 10. Juni 1899.
60 J. Dülffer, Regeln gegen den Krieg?, S. 129.
61 R. Dahrendorf, Gesellschaft und Demokratie in Deutschland, München 1971, S. 70.
62 Kundgebungen gegen die Rüstung, in: Friedenswarte 15/1913, S. 133–136.
63 A. Keim, Erlebtes und Erstrebtes. Lebenserinnerungen, Hannover 1925, S. 166.
64 In: Friedenswarte 15/1913, S. 216; – Die Erklärung bezieht sich in ihrem letzten Teil auf eine Äußerung A. Keims in der Zeitung »Die Welt am Montag« vom 2. Juli 1913: »Es muß dem deutschen Jungen schon klargemacht werden, auch dem deutschen Mädel: Du hast ein Recht, die Feinde deines Vaterlandes zu hassen.«
65 Fr. Fischer, Krieg der Illusionen. Die deutsche Politik von 1911 bis 1914, Düsseldorf 1969, S. 159–164 gibt einen kurzen Überblick über die Entwicklung des Wehrvereins und seinen Einfluß.
66 A. Keim, Irrlehren, in: Die Friedensbewegung und ihre Gefahren für das deutsche Volk, Berlin 1914, S. 8; als Antwort erschien der von O. Umfrid herausgegebene Sammelband: Der Wehrverein. Eine Gefahr für das deutsche Volk.
67 Die Zitate sind dem Aufsatz von Generalleutnant Litzmann, Geistlicher Antimilitarismus, in: Die Friedensbewegung und ihre Gefahren für das deutsche Volk, S. 11–14, entnommen.

68 H.-U. Wehler, Der Fall Zabern von 1913/14 als Verfassungskrise des wilhelminischen Kaiserreiches, in: ders., Krisenherde des Kaiserreiches 1871–1918, Göttingen 1970, S. 70.
69 K. von Litzmann, Geistlicher Antimilitarismus, S. 11.
70 B. v. Suttner, Der Kampf um die Vermeidung des Weltkrieges, Bd. 2, S. 533 und S. 550.
71 H. Fernau, Brief aus Frankreich, in: Friedenswarte 16/1914, S. 9.
72 Ebd., S. 8.
73 H. Fernau, Frankreichs Großmachtstellung und Kulturziele, in: Friedenswarte 15/1913, S. 13.
74 Diesen Vorwurf hat vor allem D. Stiewe, Die bürgerliche deutsche Friedensbewegung, erhoben und auch an vielen Beispielen nachgewiesen.
75 Vgl. z. B. A. H. Fried, Kaiser werde modern! Berlin 1905; noch im Jahre 1913 schrieb A. H. Fried über Wilhelm II.: »Der Pazifismus hat von Seiten des Kaisers noch keine direkte Anerkennung erfahren, aber indirekt und unabhängig von ihm hat der Kaiser im modern-pazifistischen Sinne gewirkt.«, in: Friedenswarte 15/1913, S. 204.
76 H. G. Zmarzlik, Bethmann Hollweg als Reichskanzler, 1909–1914, Düsseldorf 1957, S. 142.
77 Die Anwendung des Autismus-Modells auf dieses Problem schlug erstmals K. Holl, Die deutsche Friedensbewegung, S. 335 vor.
78 D. Stiewe, Die bürgerliche deutsche Friedensbewegung, S. 149 erklärt die fehlende Innovationskraft der Friedensbewegung m. E. nicht richtig, wenn sie die uneinheitliche Interpretation der Gegenwart und Zukunft in der Friedensbewegung dafür verantwortlich macht. – Richtig ist jedoch, daß die Friedensbewegung keine umfassende historisch-politische Theorie entwickelte, so daß eine einheitliche Meinungsbildung zu aktuellen Ereignissen gar nicht möglich war. Aber auch die Existenz einer historisch-politischen Theorie schützt ja vor falschen Einschätzungen langfristiger wie kurzfristiger Prozesse nicht.
79 Der Vergleich mit der Stellung der Friedensbewegung in Frankreich, den R. Chickering, Imperial Germany, S. 327–372 erstmals unternommen hat, bestätigt diese Auffassung.

IV. Die deutsche Friedensbewegung im Ersten Weltkrieg

1 A. H. Fried, Aus meinem Kriegstagebuch, in: Friedenswarte 16/1914, S. 282.
2 O. Umfried, Weltbrand, in: Völker-Friede 15/1914, S. 100.
3 Vgl. die Kommentare A. H. Frieds in der Friedenswarte zu den Krisen der Vorkriegszeit.
4 D. Groh, Negative Integration und revolutionärer Attentismus, Frankfurt/Berlin/Wien 1973, S. 596.

5 I. Kriegsflugblatt der Deutschen Friedensgesellschaft, in: Friedenswarte 16/1914, S. 307.
6 Zitiert nach Fr.-K. Scheer, Friedensgesellschaft, S. 350.
7 Satzung des Bundes »Neues Vaterland« in: P. Grappin, Le Bund Neues Vaterland (1914–1916). Ses rapports avec Romain Rolland, Lyon/Paris 1952, S. 72.
8 B. Gülzow, Der Bund »Neues Vaterland«. Probleme der bürgerlich-pazifistischen Demokratie im Ersten Weltkrieg 1914–1918. Diss. Berlin (Ost, masch.) 1969, S. 501.
9 L. Quidde, Der deutsche Pazifismus während des Weltkrieges 1914–1918, hg. von K. Holl, unter Mitarbeit von H. Donat, Boppard/a.Rh. 1979, S. 68.
10 Fr.-K. Scheer, Friedensgesellschaft, S. 349.
11 P. Grappin, Le Bund, Neues Vaterland, S. 73; zur »Union of Democratic Control« vgl. H. Timmermann, Friedenssicherungsbewegungen in den Vereinigten Staaten von Amerika und in Großbritannien während des Ersten Weltkrieges, Frankfurt 1978, S. 172 pass.; im Unterschied zum »Bund Neues Vaterland« strebte die »Union of Democratic Control« von Anfang an eine Massenbewegung an.
12 L. Quidde, Der deutsche Pazifismus, S. 71.
13 Gründungsaufruf und Mindestprogramm der Zentralorganisation für einen dauernden Frieden vom 8. April 1915 in: ebd., Beilage Nr. 5, S. 248.
14 Kundgebungen des Internationalen Frauenkongresses zum künftigen Frieden vom 1. Mai 1915 in: ebd., Beilage Nr. 6, S. 249.
15 Brief L. Quiddes an G. Bäumer vom 16. Mai 1915 in: ebd., Beilage Nr. 18, S. 297–301.
16 Ebd., S. 79ff.
17 Zur Eingabe der Wirtschaftsverbände vgl. Fr. Fischer, Griff nach der Weltmacht, Düsseldorf 1967, S. 142ff; zur sog. »Intellektuelleneingabe« vgl. K. Schwabe, Wissenschaft und Kriegsmoral, Göttingen 1969, S. 70.
18 L. Quidde, Der deutsche Pazifismus, S. 82.
19 W. Eisenbeiß, Die bürgerliche Friedensbewegung im Ersten Weltkrieg, S. 135.
20 Auszüge aus den Resolutionen bei L. Quidde, Der deutsche Pazifismus, S. 87.
21 O. Umfrid in einer Rezension der Schrift »Das Verhältnis der äußeren Politik zur inneren« von R. Goldscheid, in: Völker-Friede 16/1915, S. 32.
22 L. Quidde, Der deutsche Pazifismus, Beilage Nr. 9, S. 260–265.
23 Text der Eingabe vom 1. Dezember 1915: ebd., Beilage Nr. 10, S. 260–268.
24 Ebd., S. 93.
25 Fr.-K. Scheer, Friedensgesellschaft, S. 317.
26 L. Quidde, Der deutsche Pazifismus, Beilage Nr. 15, S. 288f.
27 Ebd., S. 88
28 U. Cartarius, (Hg.), Deutschland im Ersten Weltkrieg, München 1982, Nr. 195, S. 261.
29 Ebd., Nr. 197, S. 265.

30 Vgl. die monatlichen Nachrichten »Aus der Friedensbewegung« in: Völker-Friede 16/1915, S. 91, S. 66, S. 79.
31 L. Quidde, Der deutsche Pazifismus, S. 96.
32 Völker-Friede 16/1915, S. 43.
33 D. Fischer, Die Münchner Zensurstelle während des Ersten Weltkrieges. Alfons Falkner zu Sonnenburg als Pressereferent im bayrischen Kriegsministerium in den Jahren 1914–1918/19, Phil. Diss. München 1973, S. 161.
34 Zitiert nach L. Quidde, Der deutsche Pazifismus, S. 355, Anm. 338.
35 Zu H. Paasche vgl. H. Donat, »Auf der Flucht erschossen«. Schriften und Beiträge von und über H. Paasche, Bremen/Zeven 1981; zu H. G. von Beerfelde vgl. H. Donat/K. Holl (Hg.), Die Friedensbewegung, S. 37f.
36 So im Bericht des bayrischen Legationsrats von Schoen über sein Gespräch mit von Kühlmann, zitiert in: W. Benz, Der Fall »Muehlon«. Bürgerliche Opposition im Obrigkeitsstaat während des Ersten Weltkrieges, in: Vierteljahreshefte für Zeitgeschichte 18/1970, S. 551.
37 Ebd., S. 563.
38 U. Cartarius, Deutschland im Ersten Weltkrieg, Nr. 215, S. 288.
39 Zitiert nach W. Eisenbeiß, Die bürgerliche Friedensbewegung im Ersten Weltkrieg, S. 301.
40 L. Quidde, Der deutsche Pazifismus, S. 105.
41 A. H. Fried, Die »Friedenswarte« und die Militärzensur, in: Friedenswarte 20/1918, S. 291.
42 Zitiert nach D. Fischer, Die Münchner Zensurstelle, S. 182.
43 J. Kocka, Klassengesellschaft im Krieg, S. 37.
44 Zitiert nach J. Kocka, ebd., S. 42; hier auch weitere Belege über den Umschlag von wirtschaftlicher Unzufriedenheit in politischen Protest.
45 Zitiert nach H. Lutz, Deutscher Krieg und Weltgewissen. Friedrich Wilhelm Foersters politische Publizistik und die Zensurstelle des bayerischen Kriegsministeriums (1915–1918), in: Zeitschrift für Bayerische Landesgeschichte 25/1962, S. 497.
46 Zitiert nach Kl. Schwabe, Wissenschaft und Kriegsmoral. Die deutschen Hochschullehrer und die politischen Grundfragen des Ersten Weltkrieges, Göttingen/Zürich/Frankfurt 1969, S. 244, Anm. 165.
47 In: K. Riezler, Tagebücher – Aufsätze – Dokumente, hg. von K. D. Erdmann, Göttingen 1972, S. 630.
48 Ebd., S. 628.
49 Kl. Schwabe, Wissenschaft, S. 115.
50 Vgl. K. Holl, Die »Vereinigung Gleichgesinnter«. Ein Berliner Kreis pazifistischer Intellektueller im Ersten Weltkrieg, in: Archiv für Kulturgeschichte 54/1972, S. 364–384.
51 Abgedruckt in: ebd., S. 374.
52 W. Eisenbeiß, Die bürgerliche Friedensbewegung im Ersten Weltkrieg, S. 365f., Anm. 358; durch Graf von Arco bestand auch eine Verbindung mit der »Vereinigung Gleichgesinnter«.
53 L. Quidde, Der deutsche Pazifismus, S. 114.
54 Abgedruckt in: Friedenswarte 18/1916, S. 320; vgl. auch L. Quidde, Der deutsche Pazifismus, S. 114.
55 L. Quidde, Die Organisation des Pazifismus in Deutschland während des

Krieges und in der Nachkriegszeit, in: ders., Der deutsche Pazifismus, Beilage Nr. 12, S. 271.

56 Ebd., S. 85.

57 Ebd., S. 280.

58 Eingabe vom 20. April 1917, in: ebd., S. 138; hier auch Auszüge aus der von L. Quidde verfaßten Denkschrift unter der Überschrift »Die Friedensfrage nach der Russischen Revolution«. Interessant ist der Verweis auf den Zwischenfall in Zabern als Beispiel für die Rückständigkeit des Reiches (S. 140).

59 Resolution Nr. 3 der Generalversammlung der Deutschen Friedensgesellschaft und der Zentralstelle Völkerrecht in Erfurt, 1./2. Dezember 1917, in: ebd., Beilage Nr. 14, S. 286.

60 Vgl. J. Kocka, Klassengesellschaft, S. 45.

61 Zitiert nach W. Eisenbeiß, Die bürgerliche Friedensbewegung im Ersten Weltkrieg, S. 176.

62 Vgl. ebd., S. 154.

63 L. Quidde, Der deutsche Pazifismus, Beilage Nr. 14, S. 287.

64 Ebd., S. 198.

65 Vgl. W. Eisenbeiß, Die bürgerliche Friedensbewegung im Ersten Weltkrieg, S. 158.

66 W. Deist, Militär und Innenpolitik im Weltkrieg 1914–1918. (Quellen zur Geschichte des Parlamentarismus und der politischen Parteien), Zweiter Teil, Düsseldorf 1970, Nr. 395, S. 1067.

67 Ebd., Nr. 452, S. 1215.

68 Ebd., Nr. 420, S. 1124.

69 Ebd., S. 1124, Anm. 9; vgl. auch S. 1123, Anm. 1.

70 Vgl. D. Riesenberger, Der politische Katholizismus und der »Friedensbund Deutscher Katholiken« in der Weimarer Republik, in: K. Holl/W. Wette (Hg.), Pazifismus in der Zwischenkriegszeit, Paderborn 1982, S. 97.

71 W. Eisenbeiß, Die bürgerliche Friedensbewegung im Ersten Weltkrieg, S. 159.

72 D. Fischer, Die Münchner Zensurstelle, S. 184.

73 Zum Exilpazifismus vgl. Fr.-K. Scheer, Friedensgesellschaft, S. 334–340; zur »Freien Zeitung« s. L. Wieland, Emigration und Revolution. Die deutsche Revolution von 1918 im Spiegel der »Freien Zeitung«, in: Von der freien Gemeinde zum förderalistischen Europa. Festschrift für A. Gasser zum 80. Geburtstag, hg. von F. Esterbauer u. a., Berlin 1983.

74 Zitiert nach D. Fischer, Die Münchner Zensurstelle, S. 187.

75 A.H. Fried, Aus meinem Kriegstagebuch, in: Friedenswarte 20/1918, S. 19f.

76 L. Quidde, Der deutsche Pazifismus, S. 214.

77 Ebd., Nr. 17, S. 295f.

78 Ebd., S. 226.

V. Pazifistisches und nationalistisches Kriegserlebnis

1 K. Vondung, Propaganda oder Sinndeutung?, in: ders. (Hg.), Kriegserlebnis. Der Erste Weltkrieg in der literarischen Gestaltung und symbolischen Deutung der Nationen, Göttingen 1980, S. 12.
2 K. Sontheimer, Antidemokratisches Denken in der Weimarer Republik, München 1978, S. 93; – weder K. Sontheimer noch K. Vondung gehen näher auf die Inhalte des pazifistischen Kriegserlebnisses ein.
3 Vgl. E. Koester, Literatur und Weltkriegsideologie, Kronberg/Ts. 1977, S. 345.
4 Zitiert nach U. Linse, Das wahre Zeugnis. Eine psychologische Deutung des Ersten Weltkrieges, in: K. Vondung (Hg.), Kriegserlebnis, S. 101.
5 Abgedruckt in: Expressionismus. Manifeste und Dokumente zur deutschen Literatur 1910–1920, hg. von Th. Anz/M. Stark, Stuttgart 1982, Nr. 26, S. 108.
6 K. Pinthus, Menschheitsdämmerung. Ein Dokument des Expressionismus, Hamburg 1959, S. 28 (in seinem Vorwort »Zuvor«, das im Herbst 1919 geschrieben wurde).
7 Zitiert nach H. Denker, Der pazifistische Protest der Aktion, phil. Diss., Freiburg 1972, S. 69.
8 L. Bäumer, Dämmerung im Graben; zitiert nach H. Denker, Pazifistischer Protest, S. 67.
9 In: K. Pinthus, Menschheitsdämmerung, S. 246f.
10 O. Konzelmann, Der andere Dix. Sein Bild vom Menschen und vom Krieg, Stuttgart 1983, S. 83f.
11 L. Fischer, George Grosz, Reinbek (bei Hamburg) 1976, S. 42.
12 Zitiert nach F. Erpel, Max Beckmann, Berlin (DDR) 1981, S. 7.
13 Zitiert nach H. Gruber, Die politisch-ethische Mission des deutschen Expressionismus, in: H. G. Rötzer, Begriffsbestimmung des literarischen Expressionismus, Darmstadt 1976, S. 413.
14 Expressionismus. Manifeste und Dokumente, Nr. 71, S. 288.
15 Ebd., Nr. 81, S. 333f.
16 Ebd., Nr. 80, S. 325.
17 Dieses Manifest und die darauf folgenden Vorgänge sind wiedergegeben in der 1920 von M. Krell zusammengestellten Dokumentation »Manifeste des brüderlichen Geistes«. Die Dokumentation erschien als Band 28 in der von K. Edschmid herausgegebenen Schriftensammlung »Tribüne der Kunst und Zeit.«; zitiert nach Kraus Reprint 18/19–23, 1920, Neudeln/ Lichtenstein, 1973; – hier S. 12.
18 Ebd., S. 52f.
19 M. Nössig/J. Rosenberg/B. Schrader, Literaturdebatten in der Weimarer Republik. Zur Entwicklung des marxistischen literaturtheoretischen Denkens 1918–1933, Berlin/Weimar 1980, S. 44, S. 35.
20 Zitiert nach H. Gruber, Politisch-ethische Mission, S. 424; hier auch weitere Belege für die Resignation der Expressionisten.
21 R. Mayreder, Die Erforschung der Kriegspsychologie, in: Friedenswarte 22/1920, S. 81f.

22 K. Tucholsky, Das Felderlebnis, in: ders., Gesammelte Werke, Reinbek 1975, Bd. 3, S. 261.
23 S. Freud und K. Kraus sind zitiert nach: U. Linse, Das wahre Zeugnis, S. 94; die Belegstellen sind: S. Freud, Gesammelte Werke, Bd. 10, London 1949, S. 355; K. Kraus, Vorwort zu: Die letzten Tage der Menschheit, München 1957.
24 R. Lütgemeier-Davin hat das Verdienst, die »Nie-wieder-Krieg-Bewegung« erstmals untersucht zu haben; vgl. seinen Aufsatz: Basismobilisierung gegen den Krieg: Die Nie-Wieder-Krieg-Bewegung in der Weimarer Republik, in: K. Holl/W. Wette (Hg.), Pazifismus in der Weimarer Republik, S. 47–76.
25 K. R. Grossmann, Ossietzky. Ein deutscher Patriot, München 1973, S. 62.
26 R. Lütgemeier-Davin, Basismobilisierung, S. 55.
27 Ebd., S. 57.
28 K. Holl/A. Wild (Hg.), Ein Demokrat kommentiert Weimar. Die Berichte Hellmut von Gerlachs an die Carnegie-Friedensstiftung in New York 1922–1930, Bremen 1973, S. 56 (Bericht vom Juli 1922).
29 K. Tucholsky, in: Gesammelte Werke, Bd. 3, S. 241.
30 K. R. Grossmann, Ossietzky, S. 63.
31 L. Preller, Sozialpolitik in der Weimarer Republik, Düsseldorf 1978, S. 183.
32 K. Tucholsky, Der Geist von 1914, in: Gesammelte Werke, Bd. 3, S. 431.
33 C. von Ossietzky, »Nie wieder Krieg!« Der Rundlauf einer Parole, in: Friedenswarte 23/1923, S. 208.
34 I. Wrobel (d. i. K. Tucholsky), Machen wir's richtig?, in: Das Andere Deutschland, S. 29.
35 »Nie mehr Krieg!«, in: Deutsche Zukunft. Halbmonatsschrift der norddeutschen Friedensbewegung 2/1925, Nr. 25, S. 1.
36 K. Rohe, Das Reichsbanner Schwarz Rot Gold (Beiträge zur Geschichte des Parlamentarismus und der politischen Parteien Bd. 34), Düsseldorf 1966, S. 148; S. 14.
37 So L. Haas am 19. Februar 1927; zitiert nach K. Rohe, Reichsbanner, S. 183.
38 Ebd., S. 130.
39 R. Lütgemeier-Davin, Basismobilisierung, S. 71.
40 V. R. Berghahn, Der Stahlhelm. Bund der Frontsoldaten 1918–1935 (Beiträge zur Geschichte des Parlamentarismus und der politischen Parteien Bd. 33), Düsseldorf 1966, S. 276.
41 Zitiert nach V. R. Berghahn, Stahlhelm, S. 26f.
42 Ebd., S. 35.
43 W. Wette, Ideologie, Propaganda und Innenpolitik als Voraussetzungen der Kriegspolitik des Dritten Reiches, in: Das Deutsche Reich und der Zweite Weltkrieg, hg. vom Militärgeschichtlichen Forschungsamt, Bd. 1, Stuttgart 1979, S. 40.
44 Abgedruckt bei V. R. Berghahn, Stahlhelm, S. 105f.
45 W. Wette, Von Kellogg zu Hitler (1928–1933). Die öffentliche Meinung zwischen Kriegsächtung und Kriegsverherrlichung, in: K. Holl/W. Wette (Hg.), Pazifismus in der Weimarer Republik, S. 161.

46 K. Prümm, Die Literatur des Soldatischen Nationalismus der 20er Jahre (1918–1933), Bd. 2, Kronberg/Ts. 1974, S. 337, Anm. 2.
47 W. Wette, Von Kellogg zu Hitler, S. 162.
48 E. Jünger, Der Kampf als inneres Erlebnis, in: ders., Sämtliche Werke, Zweite Abtlg., Bd. 7, Essays I, Stuttgart 1978, S. 40.
49 Das Vorwort zur 2. Auflage ist in der Werkausgabe nicht abgedruckt; deshalb ist zitiert nach K. Prümm, Soldatischer Nationalismus, Bd. 1, S. 143.
50 E. Jünger, Sämtliche Werke, Erste Abtlg., Bd. 1, Tagebücher I, Stuttgart 1978, S. 306.
51 K. Prümm, Soldatischer Nationalismus, Bd. 1, S. 200.
52 Ausführliche Darstellung der militaristischen Produktion in Literatur und Film nach 1929 bei W. Wette, Von Kellogg zu Hitler, S. 166–169.
53 R. Lütgemeier-Davin, Basismobilisierung, S. 49.
54 K. Sontheimer, Antidemokratisches Denken, S. 93.

VI. Die Friedensbewegung in der Weimarer Republik

1 S. die Resolutionen der Friedenskonferenz der Internationalen Frauenliga in Zürich 1919, in: G. Brinker-Gabler (Hg.), Frauen gegen den Krieg, S. 251.
2 M. Hequet/M. Steinitz, Kriegsdienstverweigerung während des Weltkrieges, in: F. Koebler (Hg.), Gewalt und Gewaltlosigkeit. Handbuch des aktiven Pazifismus, Zürich/Leipzig 1928, S. 262.
3 Erklärung der »Internationale der Kriegsdienstgegner«, ebd., S. 302.
4 M. Devaldés, Kriegsdienstverweigerung nach dem Weltkrieg, ebd., S. 271.
5 Vgl. dazu F. M. Stratmann, Krieg und Christentum heute, Trier 1959, S. 111ff.
6 Erklärung der »Internationale der Kriegsdienstgegner«, in: F. Koebler, (Hg.), Gewalt und Gewaltlosigkeit, S. 362.
7 K. Lenz/W. Fabian, (Hg.), Die Friedensbewegung, Berlin 1922, S. 30.
8 Ebd., S. 32.
9 H. von Gerlachs Bericht an die Carnegie-Stiftung vom Dezember 1922, in: K. Holl/A. Wild (Hg.), Ein Demokrat kommentiert Weimar, S. 67.
10 R. Lütgemeier-Davin, Pazifismus, S. 293.
11 Vgl. H. Gressel, Weltbund für Freundschaftsarbeit der Kirchen, in: Ökumene-Lexikon.
12 S. Internationaler Kongreß antimilitaristischer Pfarrer, in: Friedenswarte 28/1928, S. 271.
13 Aus dem Wortlaut des Aufrufs: »Da es vorteilhaft erscheint, daß alle internationalen Organisationen, deren Aufgabe darin besteht, die Friedensidee auf der Grundlage des Rechts zu propagieren, miteinander in Fühlung treten, wird ... eingeladen, die Art und Weise einer Zusammenarbeit zu studieren ...«, zitiert nach: H. Wehberg, Bestrebungen nach

Koordination der pazifistischen Kräfte in der Zwischenkriegszeit 1919–1939, in: Friedenswarte 46/1946, S. 294.
14 Zitiert nach: ebd., S. 297.
15 In: Friedenswarte 27/1927, S. 23.
16 In: Friedenswarte 29/1929, S. 379.
17 H. Wehberg, Bestrebungen nach Koordination, S. 302.
18 Vgl. die Auflistung der Belastungsfaktoren bei H. Schulze, Das Scheitern der Weimarer Republik als Problem der Forschung, in: K. D. Erdmann/H. Schulze (Hg.), Weimar, Selbstpreisgabe einer Demokratie, Düsseldorf 1980, S. 37–41.

1. Die organisatorische Entwicklung

1 So der Leiter des Referats, Legationsrat H. Freytag am 24. Juli 1919; zitiert nach U. Heinemann, Die verdrängte Niederlage. Politische Öffentlichkeit und Kriegsschuldfrage in der Weimarer Republik, Göttingen 1983, S. 56.
2 Völker-Friede 191/1919, S. 71.
3 Vgl. R. Lütgemeier-Davin, Pazifismus, S. 87.
4 F. Röttger, Hauptversammlung der Deutschen Friedensgesellschaft, in: Friedenswarte 21/1919, S. 172.
5 A. H. Fried, Braunschweig. Eindrücke vom IX. deutschen Pazifistenkongreß, in: Friedenswarte 22/1920, S. 218.
6 Vgl. zu seiner Person G. Wollstein. Vom Weimarer Revisionismus zu Hitler, Bonn 1973, S. 30, Anm. 36.
7 Auf diese Zusammenhänge weist die Arbeit von U. Heinemann, Niederlage, S. 105 hin; zu den Aktivitäten H. Wehbergs im »Arbeitsausschuß Deutscher Verbände« vgl. auch R. Lütgemeier-Davin, Pazifismus, S. 129; ausführlich zum ADV wiederum U. Heinemann, Niederlage, S. 120 pass.
8 A. H. Fried, Braunschweig, S. 218.
9 Vgl. dazu H. Wehberg, Grundsätzliche Erörterungen zur Politik der deutschen Friedensbewegung, in: Friedenswarte 27/1927, S. 161–167; S. 193–199.
10 Die Gliederung folgt R. Lütgemeier-Davin, Pazifismus (s. Inhaltsverzeichnis).
11 C. von Ossietzky, Die Pazifisten, in: Das Tagebuch 5, Teil II/1924, S. 1400–1403; Nachdruck in: ders., Rechenschaft. Publizistik aus den Jahren 1913–1933, hg., von B. Frei, Frankfurt 1972, S. 38–42; vgl. auch K. Holl, Die deutsche Friedensbewegung in der Weimarer Republik, in: Jahrbuch der Wittheit zu Bremen 20/1976, S. 14.
12 G. Jochheim, Zur Geschichte und Theorie des europäischen Antimilitarismus 1900–1940, in: Friedensanalysen, Bd. 4, Frankfurt 1977, S. 40.
13 Zur Geschichte des Deutschen Friedenskartells vgl. die Arbeit von Lütgemeier-Davin, Pazifismus, pass.
14 Ebd., S. 106.
15 Ebd., S. 94.

16 Fr.-K. Scheer, Friedensgesellschaft, S. 511.
17 Zitiert nach: H. Wehberg, Grundsätzliche Erörterungen zur Politik der deutschen Friedensbewegung, S. 167.
18 R. Lütgemeier-Davin, Pazifismus, S. 240–248.
19 S. den Artikel: Die erste deutsche »Ponsonby-Aktion«, in: Deutsche Zukunft 4/1927, Nr. 11, S. 1.
20 R. Lütgemeier-Davin, Pazifismus, S. 26.
21 Völker-Friede 191/1919, S. 58.
22 Zitiert nach W. Eisenbeiß, Die bürgerliche Friedensbewegung im Ersten Weltkriege, S. 185.
23 K. R. Grossmann, Ossietzky, S. 78.
24 O. Lehmann-Rüßbüldt, Wie kann die deutsche Friedensbewegung zu einer Massenbewegung werden?, in: Deutsche Zukunft 6/1930, Nr. 7, S. 3; vgl. auch ders., Die Revolution des Friedens, Berlin 1930, S. 103ff.
25 D. Riesenberger, Die katholische Friedensbewegung in der Weimarer Republik, Düsseldorf 1976, S. 98.
26 H. Donat/L. Wieland, Einleitung zu: Das Andere Deutschland. Eine Auswahl (1925–1933), Königstein 1980, S. XLI.
27 E. Matthias/R. Morsey, Das Ende der Parteien 1933, Düsseldorf 1979, S. 119.
28 Fr.-K. Scheer, Friedensgesellschaft, S. 424.
29 Vgl. Geographische Übersicht der Ortsgruppen der Deutschen Friedensgesellschaft, in: Friedenswarte 25/1925, S. 9.
30 Fr.-K. Scheer, Friedensgesellschaft, S. 424.
31 Vgl. J. Ohrtmann, Die Friedensbewegung auf dem Lande, in: Deutsche Zukunft 4/1927, Nr. 6, S. 2f.
32 Ebd.
33 S. Fr.-K. Scheer, Friedensgesellschaft, S. 429.
34 Vgl. H. Donat, Johann Orthmann (1898–1978), in: Grenzfriedenshefte 1982, H. 2, S. 90–102.
35 H. Wehberg, Der Erfurter Friedenstag, in: Friedenswarte 27/1927, S. 253.
36 Ebd.
37 In: Der Friedenskämpfer 6/1930, Nr. 5, S. 13.
38 Vgl. D. Riesenberger, Der Friedensbund Deutscher Katholiken in Paderborn – Versuch einer Spurensicherung (= Paderborner Beiträge zur Geschichte 1). Paderborn 1983, S. 19.
39 Angaben nach Fr.-K. Scheer, Friedensgesellschaft, S. 427, Anm. 1.
40 Ebd., S. 425.
41 H. Donat, Die radikalpazifistische Richtung in der Deutschen Friedensgesellschaft (1918–1933), in: K. Holl/W. Wette, (Hg.), Pazifismus in der Weimarer Republik, S. 34.
42 So die mit Fr. W. Foerster eng verbundene Zeitschrift »Die Menschheit«, die wiederum F. Küster nahestand, am 16. Oktober 1925; zitiert bei H. Donat, Radikalpazifistische Richtung, S. 36, Anm. 3.
43 J. Hermann, Alte Ziele – neue Wege, in: Das Andere Deutschland, vom 16. 3. 1929, S. 173.
44 Fr.-K. Scheer, Friedensgesellschaft, S. 427.

45 H. Wehberg, Hat die Friedensbewegung noch Existenzberechtigung?, in: Friedenswarte 27/1927, S. 1.
46 H. Donat/L. Wieland stellen ein Wachstum des Westdeutschen Landesverbandes von ca. 40 Ortsgruppen im Februar 1924 auf etwa 300 Ortsgruppen im April 1926 fest; vgl. dies., Einführung zu: Das Andere Deutschland, S. XXXII und XXXVI.
47 S. dazu Friedenswarte 31/1931, S. 55.
48 Den offensiven Kampf gegen den NS betont vor allem H. Donat, Radikalpazifistische Richtung, pass., ohne jedoch auf die Folgen der von F. Küster verfolgten Taktik für die Friedensgesellschaft näher einzugehen; dagegen betont Fr.-K. Scheer, Friedensgesellschaft, S. 508, stärker die negativen Auswirkungen der Konfrontationspolitik F. Küsters.
49 Vgl. dazu die grundlegende Schrift des »heimlichen« Führers der katholischen Friedensbewegung F. M. Stratmanns, Weltkirche und Weltfriede, Hildesheim 1924.
50 Die Richtlinien des Friedensbundes sind abgedruckt in: Der Friedenskämpfer 1/1924–25, S. 3.
51 Zu Fr. Dessauer und zur Rhein-Mainischen Volkszeitung vgl. meine Artikel in: H. Donat/K. Holl (Hg.), Die Friedensbewegung in Deutschland, Österreich und der Schweiz, München/Düsseldorf 1983, S. 70f; S. 325f.
52 Curatus Hinz, Der Friedensbund 1927/28, in: Der Friedenskämpfer 4/1928, H. 9, S. 16.
53 W. Dirks, Zeit der Krise, in: Der Friedenskämpfer 6/1930, H. 10, S. 5.
54 Curatus Hinz, Der Friedensbund 1927/28, S. 16.
55 B. Höfling, Katholische Friedensbewegung zwischen den Weltkriegen, Waldkirch 1977, S. 21.
56 F. M. Statmann, Unsere Kriegsartikel, in: Der Friedenskämpfer 4/1928, H. 8, S. 6f.
57 Stellungnahme der Schriftleitung des Friedenskämpfers zu der Frage, ob der Friedensbund eine Massenbewegung werden solle, in: Der Friedenskämpfer 5/1929, H. 3, S. 10.
58 F. Hinz, Friedensarbeit und katholische Friedensbewegung, in: Der Friedenskämpfer 5/1930, H. 10, S. 6.
59 Lediglich im Zusammenhang mit der Diskussion um den Panzerkreuzer A kam es in der Zentrumsfraktion zu einer ernsthaften Diskussion mit F. Dessauer, der als Mitglied des Friedensbundes den Bau des Panzerkreuzers ablehnte; vgl. B. Höfling, Katholische Friedensbewegung, S. 137, Anm. 1.
60 Zur CSRP vgl. D. Riesenberger, Die Katholische Friedensbewegung in der Weimarer Republik, S. 67–101.
61 V. Heller, Was ist das Wesentliche unserer christlich-sozialen Bewegung?, in: Das Neue Volk vom 23. 3. 1927 (Nr. 17), S. 5.
62 V. Heller, Zielklarheit für die Wahlentscheidung, in: Das Neue Volk vom 21. 4. 1928 (Nr. 16), S. 1.
63 J. Antz, Warum wir diesmal nicht mitgetan haben, in: Das Heilige Feuer 15/1927–28, S. 499ff.
64 W. Dirks, Das Zentrum, in: Der Friedenskämpfer 4/1928, Nr. 6, S. 11.

65 In: Vom frohen Leben 7/1927–28, S. 275.
66 Gottschalk (i. e. E. Thrasolt), Pazifismus, Zentrum und Wahl, in: Vom frohen Leben 7/1927–28, S. 228.
67 Ebd., S. 209.
68 S. die Übersicht bei K. D. Bracher, Die Auflösung der Weimarer Republik, Düsseldorf 1978, S. 117–134.

2. Die Verteidigung der Weimarer Republik durch die Friedensbewegung

1 A. H. Fried, Die Pazidemokratie, in: Friedenswarte 20/1918, S. 160.
2 Vom »Pazifismus der RMV« und seiner Bedeutung für die junge Generation sprach F. Müller, Politik und Pazifismus, in: Katholische Friedenswarte 2/1925–26, H. 9/10, S. 5.
3 W. Thormann, Die Lebensfrage der deutschen Demokratie, in: Rhein-Mainische Volkszeitung vom 8. März 1929 (Nr. 56), S. 1.
4 Vgl. dazu H. Donat/L. Wieland (Hg.), Das Andere Deutschland. Einleitung, S. XXV.
5 H. Ströbel, Der Triumpf der Kriegslüge, in: Das Andere Deutschland vom 2. 5. 1925, S. 14.
6 H. Ströbel, Militärische Provokationen, in: ebd., vom 25. 7. 1925, S. 19.
7 H. Ströbel, Weder Kriegs- noch Revolutionsromantik, in: ebd. vom 22. 8. 1925, S. 31.
8 W. Thormann, Selbstbesinnung der Demokratie, in: Rhein-Mainische Volkszeitung vom 12. 8. 1930 (Nr. 185), S. 1.
9 H. Herbers, Diktatur oder ganze Demokratie, in: Das Andere Deutschland vom 29. 5. 1926, S. 79.
10 H. Ströbel, Säubert die Republik, in: ebd. vom 20. 11. 1926, S. 102.
11 Ders., Weder Kriegs- noch Revolutionsromatik, in: ebd. vom 22. 8. 1925, S. 32.
12 H. Tiefbauer (d. i. Hans Schwann): Millionäre und andere Kleinigkeiten, in: ebd., vom 13. 7. 1929, S. 178.
13 H. Dankworth, Von Demokratie und Zentrum, in: Das Heilige Feuer 17/1929–30, S. 125.
14 H. Ströbel, Die politische Mordpest, in: Das Andere Deutschland vom 21. 3. 1931, S. 239f.
15 M. Kraft-Fuchs, Der integrale Nationalismus in Frankreich, in: Friedenswarte 32/1932, S. 55.
16 F. M. Stratmann, Carl Schmitts »Begriff des Politischen«., in: Der Friedenskämpfer 4/1928, H. 5, S. 1–6, S. 1–7.
17 K. D. Bracher, Demokratie und Machtvakuum: Zum Problem des Parteienstaates in der Auflösung der Weimarer Republik, in: K. D. Erdmann/H. Schulze (Hg.), Weimar, S. 125.
18 A. Hillgruber, Die Auflösung der Weimarer Republik, in: W. Tormin (Hg.), Die Weimarer Republik, Hannover [9]1973, S. 206.

19 F. Küster, Der Hindenburgkreis beherrscht die Situation, in: Das Andere Deutschland vom 30. 5. 1931, S. 246.
20 W. Dirks, Demokratie vor uns, in: Rhein-Mainische-Volkszeitung, Jubiläumsnummer vom 3. Oktober 1931, S. 5f.
21 F. Küster, Der Hindenburgkreis, S. 247.
22 F. Röttcher, Hauptversammlung der Deutschen Friedensgesellschaft vom 24.–26. Oktober 1931, S. 5f.
23 Darauf verwies ausdrücklich P. von Schönaich, Vom vorigen zum nächsten Krieg, Berlin 1924, S. 17.
24 K. Rohe, Militarismus, soldatische Haltung und Führerideologie, in: V. R. Berghahn (Hg.), Militarismus, Köln 1975, S. 269.
25 F. M. Stratmann, Pazifismus und Demokratie, in: Katholische Friedenswarte 2/1925–26, H. 9/10, S. 3.
26 M. Geyer, Der zur Organisation erhobene Burgfrieden, in: K. J. Müller/E. Opitz (Hg.), Militär und Militarismus in der Weimarer Republik, Düsseldorf 1978, S. 19.
27 G. Seger, Wehrhafter Pazifismus?, Berlin 1926, S. 7.
28 F. C. Endres, Soziologische Struktur und ihr entsprechende Ideologien des deutschen Offizierskorps vor dem Weltkriege. Teilweiser Nachdruck in: V. R. Berghahn (Hg.), Militarismus, S. 99.
29 O. Lehmann-Rußbüldt, Die Blutige Internationale der Rüstungsindustrie, 1929, S. 22.
30 F. M. Stratmann, Militarismus und Katholizismus, in: Der Friedenskämpfer 8/1932, S. 24.
31 So charakterisiert M. Geyer, Burgfrieden, S. 25, die Bedeutung G. M. Pachtlers, dem er eine »verblüffend modern« klingende Definition des Begriffs Militarismus bestätigt. M. Geyer ist die Rezeption G. M. Pachtlers durch F. M. Stratmann unbekannt. G. M. Pachtler war – und dies erklärt eine Rezeption durch F. M. Stratmann – Schriftleiter der »Stimme aus Maria Laach«.
32 F. M. Stratmann, Militarismus und Katholizismus, S. 25f.
33 F. M. Stratmann, Militarismus und Katholizismus, S. 27f.
34 Aufruf des Friedensbundes gegen den Wehrsport, in: Der Friedenskämpfer 18/1932, S. 209f.
35 F. M. Stratmann, Das Ja und das Nein zum Wehrsport, in: Der Friedenskämpfer 18/1932, S. 213.
36 R. Wohlfeil, Heer und Republik, in: Deutsche Militärgeschichte, hg. vom Militärgeschichtlichen Forschungsamt, Bd. VI, München 1983, S. 85, S. 109.
37 R. Lütgemeier-Davin, Pazifismus, S. 116.
38 Ebd., S. 167.
39 In: Friedenswarte 27/1927, S. 22f.; P. Löbe konnte auf die Existenz solcher Zivilkommissare bei den österreichischen Streitkräften verweisen.
40 H. Ströbel, Der Triumpf der Kriegslüge, S. 12.
41 Fr.-K. Scheer, Friedensgesellschaft, S. 487.
42 Der Fall Quidde. Tatsachen und Dokumente, zusammengestellt und eingeleitet von G. Seger, Leipzig 1924.
43 Ausführlich dazu K. Holl, Einleitung zu: L. Quidde, Der Deutsche Pazifismus, S. 21.

44 Vgl. R. Lütgemeier-Davin, Pazifismus, S. 185.
45 H. Pol, Das Reichswehr-Problem, in: Die Weltbühne 21/1925, 1. Halbjahr, S. 736.
46 Gegen den Reichswehretat, in: Friedenswarte 27/1927, S. 86.
47 M. Geyer, Aufrüstung oder Sicherheit. Die Reichswehr in der Krise der Machtpolitik 1924–1936, Wiesbaden 1980, S. 118f.
48 H. Ströbel, Säubert die Republik, in: Das Andere Deutschland vom 5. 3. 1927, S. 113.
49 L. S., Der Wehretat, in: Das Tage-Buch 8/1927, S. 178f.
50 J. Joos auf der Reichstagung des Friedensbundes Deutscher Katholiken im Jahre 1928, in: Der Friedenskämpfer 5/1929, H. 10, S. 17.
51 J. Wrobel (d. i. K. Tucholsky), Keinen Mann und keinen Groschen –!, in: Das Andere Deutschland vom 1. 5. 1926, S. 69.
52 W. Dirks, Panzerkreuzer-Politik, in: Der Friedenskämpfer 4/1928, H. 3, S. 2.
53 Zur Geschichte des Reichsgerichts vgl. D. Kolbe, Reichsgerichtspräsident Dr. E. Bumke, Karlsruhe 1975.
54 O. Lehmann-Rußbüldt, Die Reichswehr, S. 40.
55 E. J. Gumbel, Vom Fememord zur Reichskanzlei, Heidelberg 1964, S. 70.
56 Das Zuchthaus – Die politische Waffe. 8 Jahre politische Justiz. Eine Denkschrift der Deutschen Liga für Menschenrechte, Berlin 1927, S. 211.
57 F.-J. Lersch, E. J. Gumbels Beitrag für die deutsche Friedensbewegung, in: K. Holl/W. Wette (Hg.), Pazifismus in der Weimarer Republik, S. 132.
58 H. Kantorowicz, Der Landesverrat im deutschen Strafrecht, in: Die Justiz 2/1926–27, S. 92.
59 Ebd., S. 93.
60 E. J. Gumbel, Landesverrat begangen durch die Presse, in: Die Justiz 3/1927–28, S. 89.
61 Dr. Hillach-Lewin, Friedensbewegung und Landesverrat, in: Der Friedenskämpfer 6/1930, H. 3, S. 11; E. J. Gumbel, Landesverrat, S. 83 bezeichnete den Paragraphen 92 des Entwurfs als »Antipazifistenparagraphen«.
62 W. Groener im Reichstag am 19. März 1931.
63 Zitiert nach: Friedenswarte 32/1932, S. 28.
64 Tätigkeitsbericht der Deutschen Liga für Menschenrechte für das Jahr 1924, in: Friedenswarte 24/1924. S. 340; zum »Fall Fechenbach« vgl. P. Steinbach, Zur Erinnerung an F. Fechenbach, Berlin 1983.
65 Tätigkeitsbericht der Deutschen Liga für Menschenrechte, S. 343.
66 Landesverratsprozesse gegen Pazifisten, in: Friedenswarte 28/1928, S. 152.
67 Die Denkschrift: Das Zuchthaus – Die politische Waffe. 8 Jahre politische Justiz., ist sicherlich nicht objektiv im Sinne einer neutralen Materialsammlung; sie ist insofern »parteilich«, als sie für die Weimarer Republik und Demokratische Partei ergreift.
68 Ebd., S. 214.
69 Die Republikanische Beschwerdestelle, in: Friedenswarte 32/1932, S. 23.
70 Friedenswarte 27/1927, S. 89.
71 H. Donat, Alfred Falk, in: H. Donat/K. Holl (Hg.), Die Friedensbewegung, S. 10.

72 Friedenswarte 32/1932, S. 28: »Infolge des Anwachsens der nationalsozialistischen Bewegung in Deutschland wurde seit dem letzten Jahr die Haupttätigkeit der RBSt, diesen Gegner der republikanischen Entwicklung... zurückzudämmen.«
73 Zum Republikanischen Richterbund vgl. K. Holl, A. Freymuth, in: H. Donat/K. Holl, Die Friedensbewegung, S. 134f.
74 A. Heilberg, Politische Rechtsprechung, politische Gerichte, in: Die Justiz, 1/1925–26, S. 555–568.
75 Was wir wollen, in: Die Justiz 1/1925–26, S. 5.
76 So H. Hattenhauer, Zur Lage der Justiz in der Weimarer Republik, in: K. D. Erdmann/H. Schulze (Hg.), Weimar, S. 170.
77 Resolutionen der Weimarer Tagung des Deutschen Zweiges der Internationalen Frauenliga für Frieden und Freiheit, in: Friedenswarte 25/1925, S. 349.
78 K. D. Erdmann, Versuch einer Schlußbilanz, in: K. D. Erdmann/H. S. Schulze (Hg.), Weimar S. 356.

3. Die außenpolitischen Ziele der Friedensbewegung: Internationale Organisation des Friedens durch den Völkerbund und Verständigung zwischen den Völkern

1 H. Timmermann, Friedenssicherungsbewegungen, S. 235, S. 89.
2 U. Fortuna, Der Völkerbundsgedanke in Deutschland während des Ersten Weltkrieges, Zürich 1974, S. 122f.
3 E. Fraenkel, Idee und Realität des Völkerbundes im deutschen politischen Denken, in: Vierteljahreshefte für Zeitgeschichte 16/1968, S. 1.
4 R. Lütgemeier-Davin, Pazifismus, S. 193.
5 M. Erzberger, Der Völkerbund, Berlin 1918; H. Graf Kessler nannte M. Erzbergers Schrift ein »Machwerk«; vgl. Tagebücher, S. 178. (24. 4. 1919).
6 Arbeitsplan der Deutschen Liga für Völkerbund, zitiert nach R. Lütgemeier-Davin, Pazifismus, S. 28.
7 H. Graf Kessler, Tagebücher, S. 176 (18. 4. 1919).
8 Vgl. dazu ausführlich Fr.-K. Scheer, Friedensgesellschaft, S. 362f.
9 A. H. Fried, Mein Kriegstagebuch, Bd. 4, Zürich 1920, S. 412f. (17. 5. 1919).
10 Vgl. dazu im einzelnen R. Lütgemeier-Davin, Pazifismus, S. 195–202.
11 K. Holl, Europapolitik im Vorfeld der deutschen Regierungspolitik, in: Historische Zeitschrift 219/1974, S. 44.
12 Vgl. dazu M. Brink, Deutschlands Stellung zum Völkerbund in den Jahren 1918/19 bis 1922 unter besonderer Berücksichtigung der politischen Parteien und der pazifistischen Vereinigung, Phil. Diss. Berlin 1968, S. 194–205.
13 H. Graf Kessler, Der Völkerbund als Wirtschafts- und Arbeitsgemeinschaft, Stuttgart 1920, S. 4.
14 Ders., Tagebücher, S. 111 (2. 1. 1919).

15 Ders., Volkswirtschaft, in: K. Lenz/W. Fabian, Die Friedensbewegung, S. 155.
16 Ders., Richtlinien für einen wahren Völkerbund (o. O.), 1920, S. 1f.
17 Ders., Der Völkerbund als Wirtschafts- und Arbeitsgemeinschaft, S. 2f.
18 Ders., Wiedergutmachung und Arbeiterschaft. Stuttgart 1921.
19 Vgl. L. Freitag, Harry Graf Kessler. Zulassungsarbeit an der Universität Paderborn (mschr.), 1984.
20 Vgl. Richtlinien des Friedensbundes (Punkt 4), in: Katholische Friedenswarte 1/1924–25, H. 1/2, S. 3f.
21 W. Drees, Völkerbund und Völkerfrieden, in: Das Junge Zentrum 3/1926, H. 6, S. 118.
22 F. Hinz, Völkerbund und Paneuropa, in: Der Friedenskämpfer 3/1927, H. 1/2, S. 4.
23 Vgl. D. Riesenberger, Die Katholische Friedensbewegung in der Weimarer Republik, S. 209; zur Rhein-Mainischen-Volkszeitung vgl. die Dissertationen von H. Blankenburg, Politischer Katholizismus in Frankfurt am Main 1918–1933, Mainz 1981 und B. Lowitsch, Der Kreis um die Rhein-Mainische-Volkszeitung, Wiesbaden 1980.
24 E. Michel, Die überstaatliche Forderung der Zeit, in: Schildgenossen 4/1923–24, S. 154f.
25 W. Dirks, Pazifismus. Zur deutschen Politik, in: Erbe und Aufgabe, Frankfurt 1931, S. 165f.; – ähnlich H. Scharp, Um die Organisation des Friedens, in: Rhein-Mainische-Volkszeitung vom 12. 1. 1932 (Nr. 8), S. 3: es sei »unsere eigene Mission, die Abrüstung Wirklichkeit werden zu lassen«, um die allgemeine Abrüstung durchzusetzen. Dazu ist es nötig, daß »wir unsere Abrüstung innerlich und vorbehaltlos bejahen . . .; wenn wir das tun, dann machen wir uns zum Stachel im Fleisch der anderen«.
26 C. Noppel, Wehrproblem oder Friedensproblem, in: Rhein-Mainische-Volkszeitung vom 12. 3. 1929 (Nr. 59), S. 2 (als Nachdruck aus dem Märzheft der »Stimmen der Zeit«); F. Kloidt, »Deutschland am Scheideweg«. Anmerkungen zum Buch eines »Realpolitikers«, in: Das Heilige Feuer 18/1930–31, S. 221.
27 C. Martens, Für eine deutsch-europäische Außenpolitik, in: Das Neue Volk vom 23. 6. 1929 (Nr. 28), S. 3.
28 C. Britz, Um den Völkerbund, in: Das Neue Volk vom 26. 6. 1926, S. 2.
29 H. Wehberg, Hat die Friedensbewegung noch Existenzberechtigung?, in: Friedenswarte 27/1927, S. 2; darin stimmte die katholische Friedensbewegung mit dem völkerrechtlich orientierten Pazifismus überein.
30 E. Kutscher, Abrüstung und Völkerbund (Abhandlungen aus dem Seminar für Völkerrecht und Diplomatie an der Universität Göttingen, H. 5), Göttingen 1932, S. 9.
31 G. Wollstein, Vom Weimarer Revisionismus zu Hitler, S. 32.
32 E. Kutscher, Abrüstung, S. 9.
33 W. Wette, Von Kellog bis Hitler, in: K. Holl/W. Wette (Hg.), Pazifismus in der Zwischenkriegszeit, S. 168.
34 H. Wehberg, Die deutsche Friedensbewegung und die Abrüstungsfrage, in: Friedenswarte 31/1931, S. 36.

35 Deutscher Ausschuß für Abrüstungspropaganda, in: Friedenswarte 32/1932, S. 90f.
36 A. Kirchhoff, Die Frauen und die Abrüstung, in: Friedenswarte 31/1931, S. 170f.
37 Vgl. B. Höfling, Katholische Friedensbewegung zwischen zwei Kriegen, S. 148.
38 Ebd., S. 149; Abdruck des Aufrufes in: Der Friedenskämpfer 7/1931, S. 209f.
39 Vgl. R. Mutz, Die Abrüstungsfrage zwischen den Weltkriegen, in: Aus Politik und Zeitgeschichte 1969, B 5, S. 10.
40 Vgl. »Kreuzzug für Weltabrüstung«, in: Friedenswarte 32/1932, S. 50.
41 Resolution der Interparlamentarischen Konferenz vom Oktober 1931, der SAI und des IGB, in: ebd., S. 60, S. 88f.
42 Vgl. »Das Internationale Friedensbüro und die Abrüstungskonferenz«, in: ebd., S. 50f.
43 H. Graf Kessler, Tagebücher, S. 261 (11. Dez. 1921).
44 Der Aufruf ist abgedruckt bei K. R. Großmann, Ossietzky, S. 335–336.
45 Compte-rendu complet du IIIe congrès démocratique international pour la paix, in: La Démocratie N. S. 1923, S. 445.
46 Zitiert nach F. Krajewski, Die Friedensidee in der deutschen Jugendbewegung, in: Das Heilige Feuer 12/1924, S. 281f.
47 D. Tiemann, Die deutsch-französischen Jugendbeziehungen der Zwischenkriegszeit, in: Jahrbuch des Archivs der deutschen Jugendbewegung 14/1982–83, S. 53.
48 Vgl. das Programm des Kongresses in: Friedenswarte 26/1926, S. 226.
49 D. Riesenberger, Die katholische Friedensbewegung in der Weimarer Republik, S. 11–15.
50 E. R. Senior, Ein Friedenskreuzzug der Jugend nach Frankreich, in: Friedenswarte 29/1929, S. 150.
51 Vgl. D. Tiemann, Jugendbeziehungen, S. 56.
52 Genaue Zahlenangaben bei Lütgemeier-Davin, Pazifismus, S. 465.
53 F. M. Stratmann, Grundsätzliches zur Katholischen deutsch-französischen Konferenz in Berlin, in: Der Friedenskämpfer 6/1930, H. 2, S. 3f.
54 B. Höfling, Katholische Friedensbewegung, S. 191.
55 So konnte nachgewiesen werden, daß der nach 1945 zum Bürgermeister von Paderborn gewählte Chr. Tölle, der sich um die deutsch-französische Städtepartnerschaft verdient gemacht hat, am Kongreß von Bierville teilgenommen hatte; vgl. D. Riesenberger, Der Friedensbund Deutscher Katholiken in Paderborn, pass.
56 M. O. Maxelon, Stresemann und Frankreich, in: G. Stresemann, hg. von W. Michalka/M. M. Lee, Darmstadt 1982, S. 153.
57 M. Broszat, Zweihundert Jahre deutsche Polenpolitik, Frankfurt 1972, S. 231.
58 O. Lehmann-Rußbüldt, Der Kampf für den Weltfrieden, Berlin 1927, S. 111f.
59 R. Lütgemeier-Davin, Pazifismus, S. 213.
60 Abgedruckt in O. Lehmann-Rußbüldt, Weltfrieden, S. 113.
61 ADAP Bd. IV, Nr. 119, S. 259 (vom 9. 2. 1927).

62 ADAP Bd. V, Nr. 17, S. 34 (vom 21. 3. 1927).

63 Die von B. Höfling, Katholische Friedensbewegung, S. 213 angeführten Belege für Anzeichen einer veränderten Polenpolitik des Zentrums – die Zentrumsprotokolle vom 11. 5. 1927 – sind wenig überzeugend; in dem einen Protokoll erklärt der Vorstand sich »grundsätzlich gewillt«, der Teilnahme von Zentrumspolitikern am deutsch-polnischen Parlamentariergremium zuzustimmen; im anderen Protokoll erhebt man »keine Bedenken gegen eine (deutsch-polnische) Konferenz, die akute politische Fragen zum Gegenstand der Verhandlungen macht.« Vgl. R. Morsey (Hg.), Protokolle der Reichstagsfraktion und des Fraktionsvorstandes der deutschen Zentrumspartei 1926–1933 (Veröffentlichungen der Kommission für Zeitgeschichte bei der Katholischen Akademie in Bayern, Reihe A, Bd. 9), Mainz 1969, Nr. 155, S. 122 und Nr. 168, S. 134; über die Reaktion auf die »eigenartigen deutsch-polnischen und deutsch-französischen Verbrüderungspläne« R. Kuenzers vgl. S. 122, Anm. 5.

64 Vom frohen Leben 9/1929–30, S. 134.

65 W. Solzbacher, Eine katholische Friedenskonferenz in Warschau, in: Rhein-Mainische-Volkszeitung vom 12. 6. 1927, (Nr. 133), S. 3.

66 W. Dirks, Der neue »Erbfeind« und die deutschen Katholiken, in: ebd., vom 8. 4. 1931, (Nr. 80), S. 1.

67 C. O. von Soden, Zum Problem der deutsch-polnischen Verständigung, in: Der Friedenskämpfer 2/1925–26, H. 5/6, S. 4f.

68 F. Hinz, Pfingstkonferenz deutscher und polnischer Katholiken in Berlin 21.–24. Mai, in: Der Friedenskämpfer 5/1929, H. 5, S. 1.

69 P. Lenz, Die II. deutsch-polnische Konferenz auf deutschem Boden, in: Der Friedenskämpfer 7/1931, H. 5, S. 79.

70 H. Scharp, Deutschland und Polen, in: Rhein-Mainische-Volkszeitung Nr. 41, vom 20. 2. 1927 (Nr. 41), S. 1.

71 F. Hinz, Deutsch-polnische Konferenz, in: Der Friedenskämpfer 5/1929, H. 6, S. 6.

72 F. M. Stratmann, Deutsch-polnische Verständigungsversuche, in: Allgemeine Rundschau 27/1930, Nr. 19, S. 322.

73 H. Wehberg, Ideen und Projekte betr. die Vereinigten Staaten von Europa in den letzten Jahren, in: Friedenswarte 46/1941, S. 49–122; zitiert nach dem Nachdruck in der Schriftenreihe »Frieden und Völkerrecht« Nr. 1/1984 (Bremen), S. 70.

4. Die politische Ohnmacht der Friedensbewegung in der Weimarer Republik

1 So C. Haussmann im März 1919, zitiert nach: J. C. Heß, »Das ganze Deutschland soll es sein«. Demokratischer Nationalismus in der Weimarer Republik am Beispiel der Deutschen Demokratischen Partei, Stuttgart 1978, S. 25.

2 Die Verfolgung der Pazifisten im neuen Deutschland, in: Friedenswarte 22/1920, S. 280f.

3 H. Schulze, Weimar. Deutschland 1917–1933 (Die Deutschen und ihre Nation, Bd. 4), Berlin ^{2}1982, S. 240.
4 A. Einstein, Über den Frieden, hg. von Nathan H. Norden, Bern 1975, S. 62.
5 Vgl. L. Wieland, Der Fall Paasche und deutsche öffentliche Meinung, in: H. Donat (Hg.), »Auf der Flucht erschossen . . .«, S. 39 pass.
6 Die Verfolgung der Pazifisten im neuen Deutschland, S. 283f.
7 Ebd., S. 284.
8 U. Loham, Völkischer Radikalismus. Die Geschichte des Deutschvölkischen Schutz- und Trutzbundes 1919–1923, Hamburg 1970, S. 22f.
9 So in einem Flugblatt des Schutz- und Trutzbundes aus dem Jahre 1920; zitiert bei U. Loham, Schutz- und Trutzbund, S. 397, Anm. 43.
10 Ebd., S. 397, Anm. 46.
11 G. Seger, Vor den deutschen Reichstagswahlen, in: Friedenswarte 24/1924, S. 23.
12 U. Loham, Schutz- und Trutzbund, S. 90.
13 Ebd., S. 281.
14 G. D. Feldmann, Sozio-ökonomische Strukturen im Industriesektor und revolutionäres Potential 1917–1922, in: ders., Vom Weltkrieg zur Weltwirtschaftskrise, Göttingen 1984, S. 76f.
15 H. Schulze, Weimar, S. 205f.
16 H. Graf Kessler, Tagebücher 1918–1937, S. 197.
17 Zur auswärtigen Politik des neuen Reichstages, in: Friedenswarte 28/1928, S. 219.
18 Fr.-K. Scheer, Friedensgesellschaft, S. 433, Anm. 2.
19 E. Heilfron (Hg.), Die Deutsche Nationalversammlung im Jahre 1918 in ihrer Arbeit für den Ausbau des deutschen Volksstaates, Bd. 1, Berlin 1919, Einleitender Teil, S. 141.
20 W. Stephan, Aufstieg und Verfall des Linksliberalismus 1918–1933, Göttingen 1973, S. 143.
21 Zum Begriff des »demokratischen Nationalismus« vgl. C. Heß, Das ganze Deutschland, besonders S. 318 pass.
22 Vgl. K. Holl, Pazifismus oder liberaler Neu-Imperialismus? Zur Rolle der Pazifisten in der Deutschen Demokratischen Partei 1918–1930, in: J. Radkau/J. Geiss (Hg.), Imperialismus im 20. Jahrhundert. Gedenkschrift für G. W. F. Hallgarten, München 1976, S. 171.
23 C. Heß, Das ganze Deutschland, S. 113.
24 Zitiert nach Fr.-K. Scheer, Friedensgesellschaft, S. 534.
25 Pazifismus. Stellung der D. D. P. zum Pazifismus, Berlin 1928.
26 Ausführlicher dazu W. Stephan, Aufstieg und Verfall, S. 332–336.
27 So der damalige Reichsgeschäftsführer der DDP W. Stephan, Aufstieg und Verfall, S. 336.
28 Vgl. W. Stephan, ebd., S. 265 und S. 280.
29 D. Acker, Walther Schücking (1871–1935), München 1970, S. 40, Anm. 80, charakterisierte die Funktion W. Schückings und der Pazifisten in der DDR als »Aushängeschild«, um die Wähler aus der Friedensbewegung und ihre Unterstützung nicht zu verlieren.
30 K. Holl, Die Deutsche Demokratische Partei im Spannungsverhältnis

zwischen Wehrpolitik und Pazifismus, in: K. Holl/W. Wette (Hg.), Pazifismus in der Weimarer Republik, S. 145.

31 W. Dirks, Zeit der Krise, in: Der Friedenskämpfer 6/1930, H. 10, S. 1f.
32 Brief von A. Erkelenz vom 2. 8. 1930 an Dr. Kronenberg; zitiert nach C. Heß, Das ganze Deutschland, S. 329, Anm. 9.
33 U. Heinemann, Die verdrängte Niederlage, S. 242.
34 Brief von A. Erkelenz an von Voss vom 8. 5. 1930; zitiert nach C. Heß, Das ganze Deutschland, S. 365, Anm. 248.
35 Vgl. Fr.-K. Scheer, Friedensgesellschaft, S. 544f.
36 Abgedruckt in: Protokoll über die Verhandlungen des Parteitages der Sozialdemokratischen Partei Deutschlands 1921, Berlin/Bonn 1973 (Reprint), S. VI.
37 Protokoll ... 1920, S. 105.
38 Protokoll ... 1919, S. 277.
39 Ebd., S. 258.
40 A. Rosenberg, Geschichte der Weimarer Republik, Frankfurt [11]1970, S. 43f.; vgl. auch S. 93: »Aber als die Männer wie Eisner, Bernstein und in gewissem Grad auch Erzberger versuchten, diese Frage der Kriegsschuld des alten Systems in der Öffentlichkeit aufzurollen, fanden sie entrüstete Ablehnung, und sie blieben auch in den republikanischen Reihen fast ohne Unterstützung.«
41 P. Levi, Zwischen Spartakus und Sozialdemokratie, hg. von C. Beradt, Frankfurt/Wien 1969, S. 281.
42 Ebd., S. 283.
43 Ebd., S. 287.
44 U. Heinemann, Linksopposition und Spaltungstendenzen in der sozialdemokratischen Arbeiterbewegung, in: W. Luthardt (Hg.), Sozialdemokratische Arbeiterbewegung und Weimarer Republik. Zweiter Band, Frankfurt 1978, S. 119.
45 A. Münchner, Parlamentstaktik und Klassenstrategie (1928). Nachdruck in: W. Luthardt (Hg.), Sozialdemokratische Arbeiterbewegung, Zweiter Band, S. 75.
46 Unsere Wahlkampfforderungen. Abgedruckt in: ebd., Erster Band, S. 34.
47 U. Heinemann, Linksopposition, S. 121.
48 Protokoll ... 1927, S. 182, S. 247.
49 Fr.-K. Scheer, Friedensgesellschaft, S. 549.
50 K. Holl, Die Deutsche Demokratische Partei, S. 148.
51 Protokoll ... 1931, S. 131.
52 Protokoll ... 1929, S. 14; Protokoll ...1931, S. 211; vgl. auch S. 265.
53 J. Ohrtmann, Zweckgemeinschaft oder Sekte?, in: Deutsche Zukunft 8/1931, Nr. 19, S. 1.
54 E. Lüth, Unheil über Deutschland, in: ebd., 9/1932, Nr. 12, S. 1.
55 U. Heinemann, Linksopposition, S. 126f.
56 Ebd.
57 A. Klönne, Zur Geschichte des »anderen Katholizismus« in: P. Eicher (Hg.), Das Evangelium des Friedens, S. 110; A. Klönne spricht von einigen Hunderttausenden von Katholiken als potentiellen Anhängern und einigen Zehntausenden als aktiven Mitgliedern der katholischen

Friedensbewegung. Vor allem die Höhe der aktiven Mitglieder scheint doch zu hoch angesetzt.
58 W. Mommsen, Deutsche Parteiprogramme, München 1960, S. 483f.
59 H. Lutz, Demokratie im Zwielicht, München 1963, S. 76.
60 Ebd., S. 90.
61 A. Klönne, Geschichte des anderen Katholizismus, S. 108.
62 H. Krone, Die junge katholische Generation in der deutschen Politik, in: Nationale Arbeit. Das Zentrum und sein Wirken in der deutschen Republik, hg. von K. A. Schulte, Berlin/Leipzig 1929, S. 464.
63 Ebd.
64 H. Krone, Jungwähler und Zentrumspartei, in: Das Junge Zentrum 5/1928, S. 104.
65 Anon., Von denen, die nicht mehr Zentrum wählen können, in: Das Junge Zentrum 6/1929, S. 106.
66 K. A. Schulte, Das Zentrum und die neue Zeit, in: Nationale Arbeit, S. 43f.
67 Gemeint ist der schon zitierte Band »Nationale Arbeit«.
68 A. Klönne, Geschichte des anderen Katholizismus, S. 106.
69 Vgl. B. Höfling, Katholische Friedensbewegung, S. 89.
70 Vgl. W. Fritsch, Christlich-Soziale Reichspartei (CSRP) 1920–1933, in: D. Fricke u. a. (Hg.), Lexikon zur Parteiengeschichte, Bd. 1, Leipzig 1983, S. 460.
71 K. Rohe, Das Reichsbanner, S. 184.
72 Schreiben an den Bundesvorstand vom 10. März 1924; zitiert bei K. Rohe, Das Reichsbanner, S. 183.
73 Zitiert nach H. Pol, Das Reichsbanner, in: Die Weltbühne, 1. Halbjahr 1925, S. 746.
74 Vgl. Reichstagsprotokolle Bd. 389, S. 5966f.; s. auch K. Rohe, Das Reichsbanner, S. 186, Anm. 5; das Verdienst der Arbeit von K. Rohe bleibt unbestritten, trotz seiner einseitigen und von Unverständnis gegenüber dem Pazifismus geprägten Darstellung.
75 K. Rohe, Das Reichsbanner, S. 185.
76 J. Wrobel (d. i. K. Tucholsky), Machen wir's richtig?, in: Das Andere Deutschland vom 1. 8. 1925, S. 29.
77 K. Tucholsky, Was brauchen wir –?, in: Die Weltbühne, 2. Halbjahr 1926, S. 241.
78 H. Pol, Das Reichsbanner, S. 748.
79 H. Ströbel, Reichsbanner und Pazifismus, in: Das Andere Deutschland vom 24. 10. 1925, S. 37.
80 H. Pol, Das Reichsbanner, S. 748.
81 Zitiert nach H. Ströbel, Reichsbanner und Pazifismus, S. 40.
82 K. Hiller, Reichsbanner und Reichswehr, in: Die Weltbühne, 2. Halbjahr 1925, S. 944.
83 J. Wrobel (d. i. K. Tucholsky), Der Sieg des republikanischen Gedankens, in: Die Weltbühne, 2. Halbjahr 1926, S. 414; vgl. auch die aufschlußreiche Reaktion auf K. Tucholsky Artikel durch H. Schützinger, einen ehemaligen Offizier und einen der wenigen pazifistischen Reichsbannerführer: Reichsbanner und Republikanischer Gedanke, ebd., S. 494ff.

84 K. Rohe, Das Reichsbanner, S. 186.

85 P. von Schoenaich, Krisis im Reichsbanner, in: Die Weltbühne, 2. Halbjahr 1928, S. 657.

86 K. Rohe, Das Reichsbanner, S. 187.

87 P. von Schoenaich, Krisis im Reichsbanner, S. 659.

88 Ders., Höltermann und ich (3. 11. 1928), Abdruck in: ders., Mein Finale, Flensburg/Hamburg 1947, S. 10.

89 D. Groener-Geyer, General Groener, Soldat und Staatsmann, Frankfurt 1955, S. 313.

90 Für das Reichsbanner vgl. P. von Schoenaich, Krisis im Reichsbanner, S. 10; für die SPD vgl. G. A. Caspar, die sozialdemokratische Partei und das deutsche Wehrproblem in den Jahren der Weimarer Republik, Frankfurt 1959, S. 91ff.; für die DDP vgl. W. Stephan, Aufstieg und Verfall, S. 413; für den politischen Katholizismus vgl. D. Riesenberger, Die katholische Friedensbewegung in der Weimarer Republik, S. 90f.

VII. Friedensbewegung und Nationalsozialismus

1 In: Das Andere Deutschland vom 7. 9. 1929, S. 188.

2 E. Zeigner, die faschistische Gefahr, in: ebd. vom 9. 11. 1929, S. 191.

3 F. Küster, An unsere Mitglieder!, in: ebd. vom 18. 10. 1930, S. 224.

4 H. Ströbel, Entfacht die Gegenkräfte!, in: ebd. vom 4. 10. 1940, S. 223.

5 Zitiert nach: L. Wieland, Gegen »Hakenkreuz und Stahlhelm«. Prognosen zu Deutschlands Zukunft in der pazifistischen Zeitschrift »Das Andere Deutschland«, in: Th. Koebler (Hg.), Weimars Ende, Frankfurt 1982, S. 1981.

6 Im schärfsten Kampf mit den Nazis, in: Das Andere Deutschland vom 8. 11. 1930, S. 229.

7 Zitiert nach: D. Riesenberger, Der Friedensbund Deutscher Katholiken in Paderborn, S. 23.

8 Vgl. H. Donat/L. Wieland (Hg.), Das Andere Deutschland, S. I; D. Riesenberger, Die katholische Friedensbewegung in der Weimarer Republik, S. 66, Anm. 179.

9 In: Der Friedenskämpfer 8/1932, S. 105.

10 Zitiert nach: H. Donat/L. Wieland (Hg.), Das Andere Deutschland, S. LIV.

11 Friedensbewegung in den Katakomben?, in: Der Friedenskämpfer 7/1931, S. 226.

12 H. Ströbel, Wieder wie 1914, in: Das Andere Deutschland vom 4. 6. 1932, S. 299.

13 H. Ströbel, Entfacht die Gegenkräfte!, S. 223.

14 Ders., Die Einheitsfront der Kommunisten und Nazis, in: Das Andere Deutschland vom 13. 9. 1930, S. 218.

15 R. Torsstorff, »Einheitsfront« und/oder »Nichtangriffspakt« mit der KPD,

in: W. Luthardt (Hg.), Sozialdemokratische Arbeiterbewegung und Weimarer Republik, Zweiter Band, S. 210.
16 F. Küster, Wie kann die Naziseuche gebannt werden?, in: Das Andere Deutschland vom 13. 9. 1930, S. 217.
17 Vgl. S. Bahne, Die kommunistische Partei Deutschlands, in: E. Matthias/R. Morsey (Hg.), Das Ende der Parteien 1933, Düsseldorf 1979, S. 673ff.
18 Ist das nicht Arbeiterverrat?, in: Das Andere Deutschland vom 23. 12. 1932, S. 333.
19 R. Kleineibst, Wohin geht die Reise?, in: ebd. vom 11. 6. 1932, S. 303.
20 Proletarier, vereinigt euch!, in: ebd. vom 23. 12 1932, S. 335f.
21 Einheitsfront gegen Sowjetrußland?, in: ebd. vom 26. 6. 1930, S. 215.
22 Vgl. S. Hedler, Die Katholischen Sozialisten. Darstellung und Kritik ihres Wirkens, Phil. Diss. Hamburg 1952, S. 96.
23 K. Breitenborn, Der Friedensbund Deutscher Katholiken, Berlin (DDR), S. 181.
24 Vgl. K. Prümm, Antifaschistische Mission ohne Adressaten. Zeitkritik und Prognostik in der Wochenzeitschrift Deutsche Republik 1929–1933, in: Th. Koebler, (Hg.), Weimars Ende, S. 105f.
25 W. Thormann, Politik der Woche, in: Deutsche Republik 6/1931–32, S. 68.
26 Ebd.
27 J. Radkau, Die »Weltbühne« als falscher Prophet? Prognostische Versuche gegenüber dem Nationalsozialismus, in: Th. Koebler (Hg.), Weimars Ende, S. 71.
28 V. Heller, Das Kabinett der Spitzenreaktion, in: Das Neue Volk vom 4. 2. 1933 (Nr. 5), S. 1.
29 R. Kleineibst, Wohin geht die Reise?, S. 302.
30 H. Abosch, Die Linke und das NS-Phänomen, in: Th. Koebler, (Hg.), Weimars Ende, S. 23.
31 P. P. Delattre, Der Nationalsozialismus von Frankreich aus gesehen, in: Der Friedenskämpfer 8/1932, S. 139.
32 H. von Dembinski, Der Nationalsozialismus von Polen aus gesehen, in: ebd. S. 194f.
33 Vgl. Fr.-K. Scheer, Friedensgesellschaft, S. 583f.; D. Riesenberger, Die katholische Friedensbewegung in der Weimarer Republik, S. 267.
34 W. Dirks, Katholizismus und Demokratie, in: Rhein-Mainische Volkszeitung vom 1. 7. 1932 (Nr. 150), S. 1.
35 G. Risse (i. e. W. Dirks), Abwirtschaften lassen?, in: Deutsche Republik 6/1931–32, S. 1023.
36 W. Dirks, Politisierung der Reparationen – zum Segen oder Fluch?, in: Der Friedenskämpfer 7/1931, S. 39.
37 Ders., Zur Wehridee und Wehrpolitik des Nationalsozialismus, in: ebd., 8/1932, S. 131.
38 J. Radkau, Die »Weltbühne« als falscher Prophet?, S. 71.
39 W. Dirks, Zur Wehridee und Wehrpolitik der Nationalsozialisten, S. 131.
40 Zitiert nach: J. Radkau, Die »Weltbühne« als falscher Prophet?, S. 72.
41 W. Dirks, Zur Wehridee und Wehrpolitik der Nationalsozialisten, S. 132.
42 F.M. Stratmann, Der Nationalsozialismus und wir, in: Der Friedenskämpfer 8/1932, S. 126f.

43 Ebd., S. 129.
44 Die folgenden Zitate sind der Sammlung von Zeitungsartikeln A. Rosenbergs entnommen, die unter dem Titel »Kampf um die Macht« von T. von Trotha herausgegeben wurde (München 1937); – Zitat: S. 187.
45 Ebd., S. 402.
46 Ebd., S. 323.
47 Ebd., S. 304f., vgl. auch S. 316f.
48 Ebd., S. 376; vgl. auch S. 379, S. 717.
49 Ebd., S. 638ff.
50 Ebd., S. 626.
51 Ebd., S. 619f.
52 Vgl. W. Wette, Ideologien, Propaganda und Innenpolitik als Voraussetzungen der Kriegspolitik des Dritten Reiches, in: Das Deutsche Reich und der Zweite Weltkrieg, Bd. 1. S. 34.
53 Vgl. dazu F. M. Stratmann, Der Nationalsozialismus und wir, S. 128: »Den höchsten Grad der Minderwertigkeit bieten natürlich neben den Juden wir Pazifisten, zu deutsch ›Landesverräter‹«.
54 R. Kleineibst, Der Weg ins Freie, in: Das Andere Deutschland vom 17. 2. 1933, S. 30ff.; K. R. Grossmann, Ossietzky, S. 260f.
55 K. R. Grossmann, Ossietzky, S. 260f.
56 F. M. Stratmann, Unser Friedensbund im Dritten Reich, in: Der Friedenskämpfer 9/1933, S. 66.
57 Ders., Der Christ und sein politischer Gegner, in: ebd., S. 90.
58 Der Text des Verbotes ist abgedruckt bei B. Höfling, Katholische Friedensbewegung, S. 284.
59 Vgl. Ursachen und Folgen, Bd. IX, Nr. 2240c, S. 568.
60 F. M. Stratmann, In der Verbannung. Tagesbuchblätter 1940–1947, Frankfurt ^{2}1972, S. 21 pass.
61 G. Weisenborn, Der lautlose Aufstand, Frankfurt ^{4}1974, pass.
62 Zitiert nach: B. Höfling, Katholische Friedensbewegung, S. 282.
63 Ausführlich dazu ebd., S. 284ff.
64 Zu diesem Themenkomplex bereitet K. Holl eine größere Arbeit vor.
65 Vgl. H. E. Tutas, Nationalsozialismus und Exil, München/Wien 1975, S. 169 pass.
66 Ebd., S. 191 pass.; vgl. auch H. Donat/K. Holl, (Hg.), Die Friedensbewegung, s. n. B. Jacob, S. 204.
67 D. Lattmann, Die Kompetenz der Pazifisten. Vorwort zu: ebd., S. 10.

Schlußbemerkungen

1 Hitler, Mein Kampf, München 1937, S. 315.
2 Th. Nipperdey, Die Funktion der Utopie im politischen Denken der Neuzeit, in: ders., Gesellschaft, Kultur, Theorie, Göttingen 1976, S. 75–88.
3 Ebd., S. 79f.

4 Ebd., S. 81.
5 E. Bloch, Das Prinzip Hoffnung. Erster Band, Frankfurt 1973, S. 229.
6 Ebd., Zweiter Band, S. 680f.
7 Th. Schieder, Die Krise des bürgerlichen Liberalismus, in: ders., Staat und Gesellschaft im Wandel unserer Zeit, München 1974, bes. S. 82.
8 E. Bloch, ebd., S. 1052f.
9 Vgl. F. Kobler (Hg.), Gewalt und Gewaltlosigkeit. Handbuch des aktiven Pazifismus, Zürich/Leipzig 1928.
10 F.-K. Scheer, Friedensgesellschaft, S. 603.
11 M. Steinitz, Die deutsche Friedensbewegung vom Auslande aus gesehen, in: Deutsche Zukunft 7/1930, Nr. 12, S. 3f.; vgl. auch dies., Die englische Friedensbewegung, in: Friedenswarte 26/1926, S. 1–5.

Personenregister

erstellt von Michael Porsche

Deutsche Geschichte

Taschenbuchausgabe in zehn Bänden. Hg. von J. Leuschner

Kleine Vandenhoeck-Reihe

Band 1 JOSEF FLECKENSTEIN
Grundlagen und Beginn der deutschen Geschichte

Band 2 HORST FUHRMANN
Deutsche Geschichte im hohen Mittelalter

Band 3 JOACHIM LEUSCHNER
Deutschland im späten Mittelalter

Band 4 BERND MOELLER
Deutschland im Zeitalter der Reformation

Band 5 MARTIN HECKEL
Deutschland im konfessionellen Zeitalter

Band 6 RUDOLF VIERHAUS
Deutschland im Zeitalter des Absolutismus (1648–1763)

Band 7 KARL OTMAR FREIHERR VON ARETIN
Vom Deutschen Reich zum Deutschen Bund

Band 8 REINHARD RÜRUP
Deutschland im 19. Jahrhundert. 1815–1871

Band 9 HANS ULRICH WEHLER
Das Deutsche Kaiserreich 1871–1918

Band 10 GERHARD SCHULZ
Deutschland seit dem Ersten Weltkrieg (1918–1945)

Vandenhoeck & Ruprecht · Göttingen